Lean Malin
Wejwer

SCHULE VERSENKEN

W0192305

Lean Malin
Wejwer

SCHULE
VERSENKEN

100
BUCHVERLAG

Bibliografische Information der Deutschen Bibliothek. Die Deutsche Bibliothek verzeichnet diese Publikation in der Deutschen Nationalbibliografie; detaillierte bibliografische Daten sind im Internet über http://dnb.dnb.de abrufbar.

1. Auflage, Kempen 2020
© 2020 L100 Verlag, Kempen; Hans-Jürgen van der Gieth • Ulli Potofski GbR.
www.L100verlag.de

Nach der neuen deutschen Rechtschreibung

Alle Rechte dieser Ausgabe vorbehalten durch L100 Verlag, Kempen

Lektorat: Hans-Jürgen van der Gieth, Kempen
Gestaltung: Inside Grafik, Kempen
Umschlaggestaltung: Inside Grafik Kempen
Titelfoto: stock.adobe.com

Druck / Bindung: GrafikMediaProduktionsmanagement GmbH, D-Köln

Vertrieb: BVK Buch Verlag Kempen GmbH, *www.buchverlagkempen.de*

Printed in Europe

Best.-Nr.:   L05
ISBN: 978-3-947984-04-6

INHALTSVERZEICHNIS

Für Petra.
97026 Wörter um
„Danke" zu sagen.

1. KAPITEL

Ich habe dir gesagt: Nein, du spielst nicht mit!

Vertretungsstunde. Ich sitze da und starre vor mich hin. Aus meinem Rucksack stinkt es nach Banane. Ich mag keine Bananen, trotzdem bin ich froh, dass meine Schulsachen nur danach riechen. Nach der großen Pause habe ich sie hinten aus dem Müllcontainer gefischt. Ich war ziemlich erleichtert. Manchmal versenken sie meine Sachen auch in der Toilette.

„Paul!" Ich zucke zusammen und fühle mich ertappt. Ein Blick an die Tafel verrät mir allerdings, dass ich nichts verpasst habe. Hatte ich auch nicht erwartet. Sie schaut mich an, tut streng, dabei wissen wir beide, dass sie den Laden hier nicht im Griff hat. Keiner hat das. Deswegen sagt mein Vater ja auch immer, dass ich auf einem Ghetto-Gymnasium bin. Aber das ist eine andere Geschichte. Ich schaue aus dem Fenster, während sich Frau Weber vor meinen Tisch stellt.

„Du sollst nicht aus dem Fenster schauen, Paul. Erledige den Arbeitsauftrag."

„Schon fertig", sage ich und schaue weiter aus dem Fenster. Frühsommer. Manchmal wäre ich gerne ein Vogel oder ein Baum oder – egal was. Hauptsache, etwas ohne Schulpflicht. Vermutlich stünde ich sogar lieber als stinkender Müllcontainer auf dem Schulhof, als jetzt hier drinnen zu sitzen. Bei dem Gedanken muss ich schmunzeln. Die Vertretungstante versteht das falsch. Sie straft mich mit einem Blick, der vermutlich streng aussehen soll.

„Hast du schon zuhause damit angefangen?", fragt sie. Ich schüttle den Kopf und sehe aus den Augenwinkeln, wie meine Mitschüler den Lärmpegel reduzieren und gespannt zu uns in die erste Reihe starren. Die Lehrerin glaubt mir nicht. Mir glaubt keiner. Immerhin hat sie nicht so reagiert wie der Vertretungslehrer letzte Woche, der in voller Lautstärke meinte: „Ja ja, die Streber sind immer als erste fertig!" Dann hat er gelacht. Die anderen haben auch gelacht. Und ich habe mich gefragt, wer diese beschissene Schulpflicht erfunden hat.

Als die anderen merken, dass hier nichts mehr zu erwarten ist, widmen sie sich wieder dem Länderspiel vom vergangenen Abend. Was soll Frau Weber auch machen, mich dafür bestrafen, dass ich den Arbeitsauftrag nach zwanzig Minuten bereits fehlerfrei erledigt habe? Ich hab übrigens keine Ahnung, wer da gegen wen gespielt hat. Mein Blick schweift durch den Raum. Saskia lackiert sich ihre Nägel, heute mal in lila mit Glitzer, und Jonas und Max lästern über Herrn Rademacher.

„So ein Horst, man, echt!", schimpft Max, obwohl Herr Rademacher Markus mit Vornamen heißt.

„Schöne Scheiße! Wenn ich sitzen bleibe, ist es dem seine Schuld!" Jonas und Max sind immer einer Meinung. Ich verkneife mir einen Kommentar. Sowohl zu Herrn Rademacher, als auch zum Genitiv. Ich verkneife mir überhaupt ziemlich viel. Vielleicht ist es das Einzige, was ich in den letzten vierzehn Jahren gelernt habe: Dass es manchmal besser ist, wenn man nicht alles sagt, was man denkt. Auch wenn es die Wahrheit ist. Der Witz ist, dass es den anderen mittlerweile egal ist, was ich sage oder ob ich etwas sage. Dass es überhaupt allen egal ist, was ich sage, was ich denke oder was ich fühle. Die Lehrer ignorieren mich. Und meine Mitschüler ignorieren mich leider eben nicht.

„Ein Fluss mit N", überlegt Hannah laut. Hannah und Sam spielen „**Stadt, Land, Fluss**", obwohl sie den Arbeitsauftrag noch nicht erledigt haben. Vermutlich haben sie noch nicht mal damit angefangen. Aber der Arbeitsauftrag ist ihnen vermutlich eh egal. Frau Weber ist wieder hinter ihrem Buch „Französische Grammatik – leicht erklärt" verschwunden und tut so, als würde sie von all dem hier nichts mehr mitkriegen. Vielleicht tut sie das tatsächlich nicht.

„Es muss doch einen Fluss mit N geben!", meint Hannah. Ich kaue auf meiner Unterlippe, starre aus dem Fenster und bemühe mich, ruhig zu atmen. In der sechsten Klasse haben sie mich in einer Mittagspause mal mitspielen lassen. Ich habe gewonnen, weil ihnen auf die Schnelle kein Land mit D eingefallen ist. Ich glaube, das war das erste und letzte Mal, dass sie mich haben mitmachen lassen. Jetzt interessieren sie sich nur noch für mich, wenn sie ihre Spiele mit mir spielen wollen. Spiele, deren Regeln ich nicht kapiere. Kann sein, dass diese Spiele auch gar keine Regeln haben – oder dass die einzige Regel ist, dass ich verlieren muss. Jedenfalls werde ich Hannah nicht helfen, auch wenn ich sicher über zwanzig Flüsse mit N weiß. Nur dass mir das nichts hilft.

Ich seufze, so leise, dass es keiner hören kann und berechne aus der Schattenlänge meines Füllers die Uhrzeit. Noch zwanzig Minuten bis zur Mittagspause. Wobei ich mir nicht sicher bin, ob ich mich auf die Mittagspause freuen soll. Die Schule lässt einem nur die Wahl zwischen Pest und Cholera. Der Unterricht ist schrecklich, die Pausen sind noch schrecklicher. Wochenende und Ferien sind auch keine Option, denn Familie ist wie Schule, die nicht benotet wird, aber trotzdem schrecklich ist.

Jonas und Max fangen an, sich mit Kreide zu bewerfen. Anscheinend machen Diskussionen keinen Spaß, wenn man derselben Meinung ist. Frau Weber schaut kurz auf, seufzt dann und schaut in meine Richtung: „Heute ist mir das egal. Weißt du, ich habe Baldrian genommen." Sie verzieht die Mundwinkel zu einem leichten Lächeln und liest weiter. Vielleicht sollte ich es auch mal mit Baldrian versuchen.

Meine Deutschlehrerin hat mal zu mir gemeint, dass ich zu sensibel wäre, um in dieser Welt klarzukommen. Vielleicht, weil sie meine Probleme mit der Welt nicht gesehen hat, nicht sehen wollte. Nicht sehen konnte. Nicht sehen konnte, weil ich mich geschämt habe und versuchen wollte, normal zu sein. Tapfer. Nur einmal, als Max mir fast die Rippe gebrochen hat, bin ich dann doch zu Herrn Rademacher. Ich dachte einfach, dass ich noch mehr Zeit in dieser Klasse nicht überleben würde. Aber Herr Rademacher lachte nur. Schlägereien wären unter Jungs in dem Alter ganz normal. Vielleicht, meinte er, wäre es ganz gut, wenn ich mit Kampfsport anfangen würde. Er hat mir dann sogar auf seinem Smartphone ein Video von einer Kampfsportart gezeigt, die er für mich passend fände. Es sah absolut albern aus, mal abgesehen davon, dass der Name der

Sportart genauso gut ein asiatisches Pfannengericht hätte bezeichnen können. Sinn dieser Kampfsportart wäre, dass man lernt, die Schwächen seines Gegners auszunutzen. Ich hab damals den Kopf geschüttelt, weil ich zu dem Zeitpunkt noch ein Nachfolger Gandhis werden wollte. Gewaltverzicht und so. Und wieso sollte ich die Schwächen meiner Mitschüler ausnutzen. Reicht es nicht, dass sie meine Schwäche so gnadenlos ausnutzen? Herr Rademacher kam noch häufiger mit seinem Kampfsport auf mich zu, als wäre das eine Wunderwaffe für alle meine Probleme. Selbst wenn ich damals angefangen hätte mit Kung Fu oder Karate oder KeineAhnungWas, die anderen hätten das sicher ziemlich schnell besser gekonnt als ich. Und einer gegen alle ist in jeder Sportart unmöglich. Außerdem, wieso sollte ich überhaupt noch Kampfsport lernen? Mein ganzes Leben ist ein einziger Kampf. Jeder verdammte Tag an dieser Schule ist ein Kampf. Aber das habe ich ihm so nicht gesagt.

Ich starre weiter aus dem Fenster und versuche, nicht an die Mittagspause zu denken. Nicht an Sport heute Nachmittag und nicht an heute Abend, wenn der Kollege meines Vaters zum Abendessen kommt und wir Jungs wieder in Anzug und Krawatte gezwungen werden, weil die Söhne des Bürgermeisters ja ordentlich aussehen müssen. Ich versuche einfach an gar nichts mehr zu denken, aber das funktioniert nicht. Das funktioniert nie. Wer auch immer mein Gehirn erfunden hat, er hat den Ausschaltknopf vergessen.

Ich überlege, wie ich den Rest der Stunde rumkriegen soll, denn so spannend, dass ich ihn die nächste Viertelstunde noch anschauen will, ist der Schulhof auch nicht. Außerdem betrachte ich ihn über 83,76 % des Schultages. Das habe ich letzte Woche mal ausgerechnet. In meinem Rucksack habe ich Gedichte von Robert Frost, Schillers Wallenstein und ein Buch über Quantenphysik.Natürlich bin ich erst in der Neunten und sollte, statistisch betrachtet, eigentlich fast gar nicht lesen. Aber ich habe mir das nicht ausgesucht. Das mit den Büchern. Das mit meinem Gehirn. Ich kann da einfach nichts für. Wäre ja auch bescheuert, freiwillig schlau zu sein, sich freiwillig jeden Tag in der Schule zu Tode zu langweilen und deshalb auch noch von den anderen fertig gemacht zu werden. Auch wenn die anderen das sagen, ich bin kein Streber. Ich bin einfach nur neugierig. Ich kann nicht anders.

Mein Englischlehrer ist der Meinung, dass man solche Bücher nur liest, wenn man damit angeben will. Schon dieser Satz zeigt, dass er überhaupt keine Ahnung hat. Weder von Quantenphysik noch vom Leben. Jedenfalls hat mein Englischlehrer letzte Woche gemeint, dass ich mit den Leuten reden soll, dass das was hilft. Mit welchen Leuten? Mit den Lehrern, die mir sagen, dass ich mir keinen Stress machen soll, weil Probleme in der Pubertät ganz normal sind? Mit meinen Mitschülern, die mich auch verspotten, wenn ich gar nichts sage? Mit meinen Eltern? Den Leuten von der Telefonseelsorge? Mit dem lieben Gott? Vielleicht hätte ich meinen Englischlehrer nochmal fragen sollen, was genau er damit gemeint hat, dass ich mit den Leuten reden soll. Aber eigentlich ist es mir egal. Denn ich glaube nicht, dass reden hilft. Im Gegenteil. Mit reden habe ich keine guten Erfahrungen gemacht. Vielleicht wollte mein Englischlehrer aber auch, dass ich mit meinen Freunden reden sollte. Was ich sogar eventuell tun würde, wenn ich welche hätte. Bis auf Jackson, den Riesenschnauzer unserer Nachbarin und den finnischen Weltmeister im Kopfrechnen. Der ist allerdings schon fünfundneunzig. Mit dem chatte ich manchmal auf Facebook. Sonst habe ich keine Freunde. Und ich würde mal sagen, dass mein Englischlehrer die beiden auch nicht als Freunde durchgehen lassen würde. Wie gesagt, er hat nicht so viel Ahnung. Erick hatte mir, bei einem unserer wenigen Chats, die nichts mit Teilchenphysik zu tun hatten, geraten, mal mit einem Psychologen zu sprechen. Aber was hätte der mir helfen sollen? Die Schulpflicht kann so einer ja auch nicht abschaffen. Oder meine Mitschüler. Oder mein Gehirn.

Eine Stunde später sitze ich im Sportunterricht auf der Bank. Nachdem Sven mich beim Handball gefoult hat, halte ich mir das Kühlakku an die Beule auf der Stirn und starre mal wieder vor mich hin. Herr Roth, unser Sportlehrer, steht auf der anderen Seite des Spielfeldes und schaut ab und zu zu mir rüber. In seinen Augen war das kein Foul. In seinen Augen bin ich einfach nur tollpatschig. Oder behindert. Zumindest total unfähig. Vielleicht ist er auch froh, dass ich jetzt auf der Bank sitze und das Spiel nicht mehr störe. Ich denke zurück an **Stadt, Land, Fluss**. An Fußball letzte Woche. An die Klassenfahrt. An den Unterricht. Egal, was es ist. Sie lassen mich einfach nicht mitspielen.

Und wenn sie mich mitspielen lassen müssen, weil das irgendwelche Spielregeln sagen, dann sorgt schon jemand dafür, dass ich schnellstmöglich wieder auf der Bank lande. Mittlerweile will ich ja gar nicht mehr mitspielen. Vielleicht bin ich auch schon so sozial geschädigt, dass ich auch gar keine Freunde mehr will. Ich will einfach nur meine Ruhe. Meine Ruhe vor den anderen. Meine Ruhe vor der Schule. Meine Ruhe vor diesem Leben, denn dieses Leben ist ein Spiel, dessen Regeln keinen Sinn ergeben. Ein Spiel, das ich nur verlieren kann, denn ich bin der Ball im Spiel der anderen, der hin- und hergetreten wird und sonst nichts. Ich hasse das! Und ich habe keinen Bock mehr! In Gedanken gehe ich die Neunzehnerreihe durch. Bei 2.476.099 klingelt es zum Glück. Jetzt noch durch die Umkleide, und dann hätte ich zumindest die Schule für heute überlebt.

Da Lars mich mit dem Motorrad abgeholt, damit ich auch ja pünktlich zum Abendessen zuhause bin, bleibt sogar der Heimweg ohne Zwischenfälle. Zuhause geht der Ärger dann allerdings weiter. Mein Vater mag vielleicht an sich ein ganz netter Typ sein, aber nicht, wenn er im Stress ist. Und er ist immer im Stress. In viereinhalb Wochen ist Bürgermeisterwahl. Obwohl er die letzten Wahlen alle gewonnen hat, ist mein Vater nervös. Deswegen hatte er auch den Vorstand der größten Firma hier in der Ecke zum Abendessen eingeladen.

„Wie ich gehört habe, habt ihr schon wieder das Auswahlspiel gewonnen?", wendet sich der Vorstand an meinen Bruder und schaufelt sich das Gratin auf die Gabel. Mein Bruder nickt eifrig, während mein Vater so stolz schaut, als hätte er selbst das entscheidende Tor geschossen.

„Also, das ist schon unglaublich", fährt der Vorstand fort, „wie ihr Sohn den ganzen Verein aus der dritten Liga in die zweite gespielt hat. Phänomenal." Der Vorstand nickt anerkennend und wendet sich schließlich an mich:

„Was machst du denn?" Da ich ihn etwas irritiert anschaue, schiebt er hinterher: „Also sportlich." Ich zucke mit den Schultern. Mein Vater lächelt entschuldigend:

„Der? Der ist total unsportlich. Vermutlich ist sogar ein Tannenbaum ein besserer Fußballspieler als er."

„Wir wissen auch nicht, woran das liegt", fügt meine Mutter hinzu, „schon in der E-Jugend hat er ständig geheult. Sogar schon vor dem Spiel. Irgendwann haben wir ihn dann rausgenommen, es war zu …" Meine Mutter bricht den Satz ab. Zu peinlich, wollte sie sagen. Manchmal frage ich mich echt, was ihr Problem ist. Manchmal glaube ich, dass sie sich für mich schämen. Als ich noch kleiner war, hatte ich deswegen immer ein schlechtes Gewissen. Ich habe jeden Abend gebetet, dass ich mehr Muskeln kriege – oder schneller werde. Aber es hat nichts geholfen. Vor jedem Training haben mich die anderen Kinder in der Umkleidekabine schikaniert, sodass ich schon fix und fertig war, bevor das Training überhaupt angefangen hatte. Aus den Augenwinkeln sehe ich, wie der Vorstand verständnisvoll nickt, fast schon, als ob er Mitleid mit meinen Eltern hätte. Meine Mutter seufzt, während mein Bruder sich ein Grinsen nicht verkneifen kann. Mein schlechtes Gewissen löst sich auf. Ich bin enttäuscht. Und wütend. Und verletzt. Sie wechseln das Thema, als wäre es ihnen unangenehm, über mich zu reden, als wäre ich eine eklige Krankheit, als säße ich gar nicht am Tisch. Aber ich bin da. Und ich höre zu. Mein Gehirn speichert alles ab. Wie Filme laufen diese Gespräche nachts vor meinen Augen ab. Gespräche über den Sohn, den sie nicht haben wollen. Mit dem sie nichts anfangen können. Für den sie sich schämen müssen, weil er nicht so sportlich und so selbstsicher ist wie sein Bruder. Weil er anders ist. Und nicht medienverwertbar. Nicht werbewirksam. Mit Erfolgen bei der Internationalen Physikolympiade lässt sich halt kein Sponsor gewinnen – und auch kein Wahlkampf. Vielleicht ist es das, was mich in den Augen meines Vaters wertlos macht. Vielleicht fürchtet er auch, dass ich ein schlechtes Licht auf die Familie werfen könnte, weil ich irgendwie nicht so bin wie die anderen. Kein Vorzeigeobjekt. Wie mein Bruder. Dabei habe ich es wirklich versucht. Ich habe alles dafür getan, ein Sohn zu sein, auf den meine Eltern stolz sein können. Ich habe hervorragende Noten geschrieben, Wettbewerbe gewonnen, im Haushalt geholfen, mich für soziale Projekte und Umweltorganisationen engagiert, mich bemüht, nett und zuvorkommend zu allen zu sein und meine eigenen Bedürfnisse und Gefühle immer so zu unterdrücken, dass sie den Wahlkampf und das Bild von einer perfekten Familie nicht stören konnten. Ich habe versucht, normal zu sein, cool zu sein, Freunde zu finden, meinen Eltern keine Probleme zu machen. Ich habe alles versucht. Und sie sind trotzdem nicht stolz auf mich. Im Gegenteil. Ich habe das Gefühl, **dass sie sich für mich schämen** und dass sie lieber ein zweites Exemplar von meinem Bruder gehabt hätten. Dabei wissen sie gar nicht so viel über mich. Sie wissen nichts über den Stress mit Max und den anderen, sie wissen nichts von meinem Online-Fernstudium am MIT. **Eigentlich kennen sie mich gar nicht.** Und trotzdem. Auch wenn ich mit der Zeit ziemlich gut darin geworden bin, meine Gedanken und mein wahres Ich zu verstecken, selbst der größte Idiot merkt, dass ich anders bin als mein Bruder. Anders als meine Eltern und vermutlich anders als 98 % der Weltbevölkerung. **Anders und irgendwie falsch.**

„Ich muss dann mal!" Mein Bruder grinst den Firmenvorstand an, nickt meinen Eltern zu und fährt zum Training. Es ist klar, dass ich hier sitzen bleiben muss. Lächeln. Still sein. Ein Kind hält den Mund. Ich versuche, die Gesamtoberfläche der restlichen Kartoffelscheiben in der Auflaufform zu berechnen, bis meine Mutter die Form in die Küche räumt, damit der Vorstand seine Unterlagen auf dem Esstisch ausbreiten kann.

„Das wäre das, was ich mir vorstellen würde, also für den Fall, dass Sie …", deutet der Firmenvorstand an. Mein Vater nickt wissend und betrachtet die Skizze der Lagerhalle. Ich betrachte sie auch. Irgendwie ziehen Zahlen und geometrische Formen mich geradezu magisch an.

„Wer hat Ihnen denn die Karte gezeichnet?", frage ich und versuche, trotz gerunzelter Stirn, freundlich zu gucken. Der Firmenvorstand schaut irritiert:

„Warum fragst du?" Mein Vater schaut verärgert. Er denkt bestimmt: *Warum kannst du nicht einfach mal deine Klappe halten?* Ich zucke mit den Schultern.

„Weil das Gebäude einstürzen wird. Ohne Mittelsäulen ist die Deckenstruktur nicht belastbar genug", sage ich. Für kurze Zeit ist es still. Die Männer starren mich an. Hab ich mich nicht verständlich genug ausgedrückt? Ich spüre den Blick meines Vaters, der sich jetzt entschuldigend an den Firmenvorstand wendet:

„Bitte entschuldigen Sie, der Junge ist ein kleiner Klugscheißer." Mein Vater lacht verkrampft. In mir wächst das Gefühl, dass ich einen Fehler gemacht habe. Dass ich die Klappe hätte halten sollen. Dass es jetzt zu spät ist. Ich kriege Nasenbluten. So plötzlich, dass das Blut auf die Skizze tropft, über die ich mich noch immer lehne.

„Jetzt reicht's aber!", ruft mein Vater und haut mit der Faust auf den Tisch. Schnell halte ich mir die Nase zu und flüchte ins Bad. Ich halte mir Klopapier an die Nase, um das Blut zu stoppen und strecke meinem Spiegelbild nebenher die Zunge heraus. Ich hasse sie einfach. Alle. Dann setzte ich mich auf den Klodeckel. Dass ich so schnell nicht wieder rauskommen sollte, ist klar. Durch die Tür höre ich, wie mein Vater sich wortreich entschuldigt und der Vorstand seine schöne Skizze, auf der nun Blutflecken prangen, beklagt. Vielleicht hätte ich besser nichts sagen sollen. Aber die Skizze ist einfach Schwachsinn gewesen. Noch dazu ziemlich gefährlich. Hat nicht irgendwer mal gesagt: *„Die Wahrheit wird euch freimachen"*? In Wirklichkeit macht Wahrheit einsam. Solange der Vorstand da ist, wird sich der Zorn meines Vaters in Grenzen halten, aber wenn der weg ist, geht es richtig los. Ich bin ja eigentlich gut darin, die Zähne zusammenzubeißen und alles auszuhalten. Aber langsam fehlt mir die Kraft. **Ich hab die ganze Scheiße doch schon in der Schule, wie soll ich dann zuhause das auch noch aushalten?**

Seufzend knülle ich den rot gefärbten Klopapierfetzen zusammen und schmeiße ihn in den Mülleimer. Ich ziehe mein Smartphone aus der Hosentasche und logge mich bei Facebook ein. Irgendwer hat auf meiner Pinnwand ein Handyfoto aus dem Sportunterricht gepostet. Schon dreihundertsiebenundachtzig Likes. **Ich halte das alles einfach nicht mehr aus.** What doesn't kills you makes you stronger. Aber es macht einen nicht alles stärker, was einen nicht umbringt. Was einen nicht umbringt, kann einen auch Tag für Tag weiter zerstören. Mit zusammengebissenen Zähnen schreibe ich eine Nachricht an Erick. Anscheinend ist in seinem Seniorenheim in Joensuu nicht so viel los, denn er antwortet sofort:

„Wenn du Probleme hast, musst du sie lösen."

„Und wie?", frage ich zurück. Die Antwort erscheint sofort:

„Mit allen Mitteln, die dir zur Verfügung stehen natürlich." Erick ist einer von den Wissenschaftlern, die sich nie haben unterkriegen lassen. Er und die Physik, was anderes gab es nicht. Wenn sie das Spiel des Universums gespielt haben, war alles andere egal. Probleme sind nicht dazu da, dass man sie aushält. Probleme sind dazu da, dass man sie löst. Spiele sind nicht dazu da, dass man sie spielt. Spiele sind dazu da, dass man sie gewinnt. Erick hat recht. Ich werde meine Probleme lösen. So lösen, wie gute Wissenschaftler das tun. Überlegt und effizient. Ich werde mein eigenes Spiel spielen. Mit den anderen. Sie werden mitspielen müssen, denn der Physik kann sich keiner entziehen. Mein Spiegelbild grinst mich an. **Ich habe einen Plan. Ein Ziel. Eine Mission.** Erick hat mich da auf eine Idee gebracht. Auf die Idee für mein eigenes Spiel. Die Zeit ist überreif. *Stadt, Land, Fluss.* Im Ozean des Lebens, im Meer der Schule. Es wird Zeit. Ich werde es nach meinen Regeln spielen und alle anderen werden mitspielen. Energie durchströmt mich. Ich fühle mich so gut, wie schon lange nicht mehr. Wie einen Abzählreim murmle ich die Worte tonlos vor mich hin, als ich die Spülung drücke und das Klo verlasse: *Stadt, Land, Fluss. Stadt, Land, Schluss. Stadt, Land, Schuss.* Ich lächle. Mögen die Spiele beginnen!

2. KAPITEL

Wenn deine Trefferquote zu hoch ist …

Deutschunterricht. Ich starre aus dem Fenster. Die anderen bearbeiten das Arbeitsblatt über den Konjunktiv oder tun so als ob. Normalerweise würde ich jetzt die Übungsaufgaben fürs MIT bearbeiten, schließlich beginnt in fünf Wochen die Klausurenphase. Und ich brauche gute Ergebnisse, um mein Online-Stipendium verlängert zu kriegen. Außerdem würde ich mich gerne für das Hauptseminar über die Lösbarkeit diophantischer Gleichungen qualifizieren, aber meine Konzentration ist weg. Nachdem sich der Vorstand gestern mit seiner zerstörten und sowieso sinnlosen Skizze verabschiedet hatte, hat mein Vater mich wie erwartet zur Sau gemacht und mir zur Strafe für mein vorlautes Benehmen meinen Laptop weggenommen. Da ich alle wichtigen Dinge grundsätzlich im Gehirn speichere, hat mich das nicht weiter gestört. Trotzdem konnte ich heute Nacht nicht einschlafen. Die Gedanken rotierten in meinem Kopf wie Elektronen. Ich habe über das nachgedacht, was Erick mir geschrieben hatte. Und über meinen Plan. **Über mein letztes Spiel.** Die Detailfragen sind alle noch ungeklärt, aber es wird ein Spiel geben. Das ist sicher.

Früher war Deutsch mal mein Lieblingsfach. Weil man da manchmal philosophieren konnte. Weil mich Worte faszinieren, Texte faszinieren und weil Sprache manchmal ein bisschen so ist, wie eine etwas andere Art von Mathematik. Aber das ist lange her. Mittlerweile hasse ich den Deutschunterricht. Aber ich hasse jeden Unterricht, also heißt das nicht viel.

„Das Gesetz hat zum Schneckengang verdorben, was Adlerflug geworden wäre." Das sagt Karl Moor in Schillers *Räubern*. Manchmal glaube ich, dass ich mich mit Schiller gut verstanden hätte. Obwohl er kein Mathematiker war. Ich frage mich, ob Karl Moor auch ein Problem mit der Schulpflicht hatte. Mein

Problem mit diesem Schwachsinn wird von Tag zu Tag größer. Es macht einfach keinen Spaß. Und es macht keinen Sinn. Viele Schüler finden Schule doof. Aber es macht einen Unterschied, ob man Schule doof findet, weil man nichts kapiert – oder weil man alles kapiert. Es macht einen Unterschied, ob man Schule doof findet, weil man zu faul ist oder weil man zu schlau ist. Denn wenn man als „normaler" Schüler ein Problem mit Schule hat, kann man das lösen. Nachhilfe, Förderprogramme, ein bisschen lernen. Oder man muss sie gar nicht lösen, weil man nämlich Freunde hat, die genauso doof und genauso faul sind, wie man selbst, und mit denen man die nicht so doofen Schüler fertig machen kann, um ein bisschen Spaß zu haben. Außerdem ist die Schulpflicht für solche Leute schon irgendwie sinnvoll. Die sollen ja was lernen, zumindest könnten sie in der Schule was lernen. Ich glaube, das einzige, was ich in der Schule gelernt habe, ist, dass ich irgendwie falsch bin.

Spätestens, seit ich bei meiner Einschulung gemerkt habe, dass außer mir noch keiner lesen konnte, wusste ich, dass ich nicht in allen Punkten mit meinen Mitschülern übereinstimmte. Aber ich wusste lange nicht, dass der Unterschied so groß ist. Ich dachte irgendwie, dass alle Kinder gerne lernen und mir taten meine Mitschüler leid, weil sie irgendwie nicht schnell genug denken konnten. Irgendwann habe ich dann aber gemerkt, dass meine Mitschüler gar nicht so unglücklich sind, obwohl sie so wenig kapieren. Und irgendwann habe ich kapiert, dass sie sogar wesentlich glücklicher sind als ich, obwohl sie viel schlechtere Noten schreiben. Aber ich dachte nicht, dass das ein grundsätzliches Phänomen war, das auf alle Leute in meinem Alter zutraf. Ich dachte, dass ich einfach nur Pech hätte mit meiner Klasse, dass die halt überdurchschnittlich langsam war. Ich habe versucht, sie zu verstehen, geduldig mit ihnen und den Lehrern zu sein, mich still zu beschäftigen, bis der Rest der Klasse fertig war. Ich habe mich wirklich bemüht, doch es wurde von Schuljahr zu Schuljahr schlimmer. Bis ich die Divergenz zwischen mir und meinen Mitschülern nicht mehr ausgehalten habe. Plötzlich kam mir der Gedanke, dass mein Vater vielleicht doch Recht haben könnte, und ich auf einem Ghetto-Gymnasium war. Da ich annahm, dass eventuell das Einzugsgebiet einen negativen Einfluss auf die kognitive

Leistung meiner Mitschüler hatte, fragte ich meine Eltern, ob ich die Schule wechseln dürfte. Ich glaube, es war das erste Mal, dass mein Vater eine Idee von mir gut fand. Da ich für das Sportgymnasium, auf das mein Bruder geht, glücklicherweise viel zu schlecht war, entschied sich mein Vater für das Gymnasium, das sein Partner im Tennisklub leitete. Dieser bot mir auch sofort an, dass ich die letzte Woche des ersten Halbjahres hospitieren könnte, um dann direkt zum zweiten Halbjahr die Schule zu wechseln. Weil ich wirklich verzweifelt war, nahm ich das Angebot an. Aber als ich am zweiten Tag aufs Schuldach klettern musste, da irgendwer meinen Rucksack samt Geldbeutel in die Regenrinne geschleudert hatte, wurde ich von einem Lehrer erwischt. Dieser hatte allerdings nur mitbekommen, dass ich auf dem Schuldach spazieren gegangen war, nicht aber warum. Also wurden meine Eltern und ich zum Direktor zitiert. Meine Erklärung der Situation glaubte natürlich niemand, O-Ton:

„Auf unserer Schule gibt es doch kein Mobbing, ich bitte Sie!", sodass ich noch vor dem Ende der Woche zurück auf meine alte Schule geschickt wurde. Für meine Eltern war der Schulwechsel damit abgehakt, mein Vater sprach den Rest der Woche nicht mehr mit mir, da ich den Namen der Familie beschmutzt hatte. Ich hatte allerdings gelernt, was ich wissen musste: Die anderen waren genauso. Auch wenn ich weiß, dass eine Stichprobe mit zwei Elementen nicht repräsentativ ist, bildete sich in mir eine neue Hypothese. Nicht meine Klasse war zu dumm, die von der anderen Schule waren ja genauso dumm gewesen. **Ich war einfach zu schlau.** Das wiederum bedeutete, dass nicht die Klasse das Problem war, sondern ich. Und dass war eine ziemlich krasse Erkenntnis. Mir wurde klar, dass Flucht nicht helfen würde und jetzt natürlich sowieso unmöglich war. Ich hatte meine Chance verspielt. Die Recherchen, die ich anschließend unternahm, bestätigten meine Vermutung. Sowohl die Lehrpläne als auch sämtliche Pädagogik- und Erziehungsratgeber gaben ihr Recht. Leute wie ich waren nicht normal. Ich war eine Minderheit und sogar unter denen noch eine Ausnahme. Allein die Tatsache, dass ich angefangen hatte, Ratgeber zu lesen, um zu schauen, ob ich noch ganz dicht war, bestätigte das. Meine Hoffnung in die Zukunft verschwand mit jedem Wort ein bisschen weiter.

„So, ihr schreibt jetzt die Charakteristik fertig!" Frau Kramer reißt mich aus meinen Gedanken. Der Witz ist gut, denke ich, lache aber nicht. Ich hab schon lange nicht mehr gelacht. Mein Blick schweift über den Schulhof. Über Jugendliche, die lieber eine Mülltonne wären, als schulpflichtig, habe ich interessanterweise noch nichts gelesen.

„Paul, die Charakteristik!", mahnt meine Deutschlehrerin und bemüht sich um meine Aufmerksamkeit. Ohne ihr den Blick zuzuwenden, schiebe ich ihr mein Deutschheft entgegen.

„Schon fertig?", fragt sie. Würde ich ihr sonst mein Heft zeigen? Manchmal frage ich mich schon, wie Erwachsene so schwer von Begriff sein können. „Willst du sie nicht noch mal überarbeiten? Da kann man bestimmt noch was verbessern", schlägt sie vor, nachdem sich ihre Überraschung, die eigentlich keine Überraschung ist, gelegt hat. Das Einzige, was ich gerne mal überarbeiten würde, wäre dieses beschissene Schulsystem. Aber wenn ich ihr das so sage, bin ich am Ende doch wieder nur der „Motzknochen". Schweigend schüttle ich den Kopf und balle meine Hände in den Hosentaschen zu Fäusten. Die ganze Wut, die sich in mir angestaut hat, droht, mich zu ersticken. Es wird Zeit, dass was passiert. Dass etwas Großes geschieht, etwas Einzigartiges. Und sie alle werden sich wundern. Meine Lehrer, meine Eltern, meine Mitschüler. Dabei ist es überhaupt kein Wunder, sondern die logische Konsequenz aus fast fünfzehn Jahren Überlebenskampf. Es ist die Summe aus fast fünfzehn Jahren angestauter Wut, das Ergebnis von Einsamkeit, Frust und Gewalt und vor allem das Resultat aus ihrer Passivität.

Sie haben immer nur weggeschaut. Meine Eltern, die nicht wahrhaben wollten, dass ich anders bin, dass es mir nicht gut geht und dass ich vielleicht Hilfe gebraucht hätte. Auch einige meiner Mitschüler werden sich wundern, diejenigen, die immer nur weggeschaut haben. Selbst wenn es so gesehen tröstlich war, dass sie mich nicht auch noch gemobbt haben. Sie haben zugesehen und nichts getan. Das ist noch schlimmer. Fragend schaut mich meine Deutschlehrerin an, aber sie fragt nicht. Keiner der Lehrer hat je versucht, mir zu helfen, keiner hat gefragt, keiner hat auf meine Hilfeschreie reagiert. Keiner hat die

Zeichen gesehen, die ich gesendet habe. Als würde ich in einem Funkloch leben. Und ich hatte so oft gehofft, dass sie fragen. Anlass gegeben habe ich ihnen genug.

Ich war in der zweiten Klasse, als wir in Sachkunde einen Aufsatz über unsere Lieblingsblume schreiben sollten. Mein Aufsatz war verhältnismäßig kurz und lautete:

„Meine Lieblingspflanze ist die Tollkirsche, weil ich damit alle anderen vergiften kann." Damals hatte ich das nur geschrieben, weil es der Wahrheit entsprach. Heute frage ich mich, ob man nicht damals schon hätte merken müssen, dass was schiefläuft. Stattdessen hat die Sachkundelehrerin mich ermahnt, ich sollte doch etwas über richtige Blumen schreiben. Aber selbst wenn sie da noch nichts gemerkt haben, spätestens in der fünften Klasse, als sie in meinem Zeugnis über „Integrationsprobleme" und „Soziale Spannungen" schrieben, die natürlich im Laufe der Zeit nicht weniger würden, hätte man ja mal was merken können. Als Max dann in der sechsten Klasse durch Sitzenbleiben zu uns kam und mir so richtig klar wurde, wieviele Möglichkeiten es gibt, andere fertig zu machen, hieß es in meinem Zeugnis lediglich: „Paul wird inzwischen besser akzeptiert als im vergangenen Schuljahr." Vermutlich mussten sie das schreiben, um meine Eltern nicht misstrauisch zu machen. Das allerdings wäre ohnehin nicht geschehen, denn mein Vater sagte, als er dieses Zeugnis las:

„Du solltest deine Energie lieber mal in den Sport und die Aktivitäten mit deinen Mitschülern stecken, als in die Noten. Wenn du so ein Streber bist, ist es doch kein Wunder, das alles." Damit war die Sache für ihn erledigt. Und spätestens da wusste ich, dass mein Vater mir nicht helfen würde. Selbst, wenn er es gekonnt hätte. Von den Lehrern half mir auch keiner, selbst dann nicht, als das Ganze in der achten Klasse noch schlimmer wurde, weil die anderen in die Pubertät kamen und jetzt auch noch ein Problem mit meinem Aussehen hatten, mit der Art, wie ich mich anzog, mit der Musik, die ich hörte und mit überhaupt allem. Keiner wollte mehr neben mir sitzen, sie redeten nicht mehr mit mir, außer natürlich, wenn sie das Bedürfnis hatten, mich zu beschimpfen und ließen Phasen, in denen sie mich eiskalt ignorierten, unregelmäßig mit Phasen, in denen sie mir permanent an der Ferse klebten, abwechseln.

Stirnrunzelnd hat Frau Kramer sich meine Charakteristik durchgelesen, während ich die Mülltonne auf dem Schulhof betrachte. Seit ich meinen Sportbeutel dort in regelmäßigen Abständen rausholen muss, habe ich fast schon eine persönliche Beziehung zu ihr. Vielleicht sollte ich ihr mal einen Namen geben. Ich muss schmunzeln bei dem Gedanken. Frau Kramer schließt mein Deutschheft und meint:

„So gesehen alles richtig, aber es fehlt die persönliche Bewertung am Schluss." Kann sein. Trotzdem frage ich mich, warum ich unter diesen Aufsatz meine persönliche Meinung schreiben soll. Für mich und meine Meinung interessiert sich hier ja eh niemand. Egal, was ich versuche, um jemanden auf mich und meine Probleme aufmerksam zu machen. Es passiert nichts. Meine Noten sind nicht das Einzige, was einen als Lehrer hätte misstrauisch machen können, denn ich ergänze jede Klassenarbeit um eigene Aufgaben. Allein schon, damit keinem auffällt, dass ich meistens schon nach zehn Minuten fertig bin. Im Laufe der Zeit sind so Erörterungen, Gedichte, philosophische Reflexionen und Rechnungen auf Hochschulniveau zusammengekommen. Interessiert hat das niemanden. Vielleicht ist das der Grund, weshalb ich die Schule am Freitag vorzeitig verlasse. Abgesehen davon, dass irgendwer meinem Saxophon die Schraube geklaut haben muss. Jedenfalls ist es so gerade unspielbar. Die Big-Band-Probe hätte also eh keinen Sinn gehabt. Ganz abgesehen davon, dass sie auch sonst nicht viel bringt. Jedenfalls nicht für mich.

Weil meine Mutter misstrauisch werden würde, wenn ich zu früh von der Schule komme, klingle ich bei Roswitha. Ich höre Jackson, noch bevor sie die Tür öffnet. Für einen Hund sind fünfzig Kilo eine erstaunliche Resonanzmasse. Kaum hat Roswitha die Tür aufgemacht, rennt Jackson raus und springt an mir hoch.

„Cool bleiben, Alter!", sage ich und kann mir ein Grinsen nicht verkneifen.

„Wollt ihr 'ne Runde dreh'n?", fragt Roswitha und wendet ihren Rollstuhl, um die Hundeleine zu holen, die ich Jackson sowieso nicht anlegen werde. Es reicht, wenn ich das beschissene Gefühl ertragen muss, angeleint zu sein. Als sie mir trotzdem die Leine in die Hand drückt, bemerkt sie die Beule auf meiner Stirn.

„Schon wieder?", ich zucke mit den Schultern. Manchmal habe ich das Gefühl, dass Roswitha der einzige Mensch ist, der mich wirklich sehen kann. Sie seufzt: „Wenn du reden willst …". Ich schüttle mit dem Kopf. Reden bringt nichts. Egal, was mein Englischlehrer sagt, aber reden hat noch nie etwas besser gemacht. Meistens sogar schlechter. Roswitha streicht Jackson über den Kopf, drückt mir eine von diesen gelben Kacktüten in die Hand und lächelt mich an. Ich lege mein Saxophon, das ich ohne nachzudenken von der Schule bis hierher mitgeschleppt habe, auf die Gartenbank und zwänge mich hinter Jackson durchs Gebüsch. Weil ich weiß, dass Roswitha zusieht, bemühe ich mich, dabei fröhlich zu wirken. Roswitha ist echt ziemlich in Ordnung, obwohl ich noch nie länger mit ihr geredet habe. Vielleicht aber auch gerade deshalb.

Jackson rennt wie ein Irrer über die Wiese. Seufzend lasse ich mich ins Gras fallen. Die Sonne wärmt meinen Rücken, der Sommer kommt näher. Tag für Tag. Es fühlt sich komisch an zu wissen, dass ich den Herbst nicht mehr erleben werde. Komisch, aber auch tröstlich. Vor allem ist der Gedanke tröstlich, dass die anderen ihn auch nicht mehr mitkriegen werden. Mein Plan. Das ist er, mein Plan. Jackson legt sich auf meine Beine. Natürlich ist es schade um ihn. Kann sogar sein, dass er mich vermissen wird. Aber er wird es verstehen. Jackson versteht alles, sogar, dass das Leben manchmal wie *Schiffeversenken* ist. Ich spiele dieses verdammte Spiel jetzt schon so lange, und ich habe trotzdem kein einziges Mal gewonnen. Woche für Woche versenken sie meine Flotte, alles was bleibt ist Schrott. Schrott, Beulen und blanke Nerven, der Geruch von Müll, der an meinen Schulsachen haften bleibt und unterdrückte Wut. **Viel unterdrückte Wut. Mittlerweile bin ich so gut wie zerstört. Es ist Krieg. Zu lange. Zu viel.** Und an zu vielen Fronten.

„Ich halte das alles einfach nicht mehr aus", flüstere ich Jackson in seine riesigen Riesenschnauzerohren. Er nickt wissend, schließlich ist er der Einzige, mit dem ich je über all das geredet habe. Mir ist klar, dass der Vergleich mit dem Krieg irgendwie hinkt, dass wirklicher Krieg viel schlimmer ist, dass es Menschen gibt, die dadurch sterben, die davor fliehen müssen. Jahrelang habe ich mir eingeredet, dass ich einfach nur stark sein muss, nur durchhalten muss, irgendwie, bis es irgendwann besser wird. Aber dieser Punkt wird nie kommen. Es wird nicht besser werden. Es wird nicht aufhören. Die Lage ist absolut aussichtslos. Ich bin fix und fertig, aber ich will keinen Märtyrer-Tod sterben. Ich will nicht, dass ihre Flotte mich einfach so versenkt und nach vollendeter Operation weiterfährt, als wäre nichts gewesen.

Langsam glaube ich, dass der gewaltlose Widerstand Grenzen hat. Vermutlich war es sowieso von Anfang an verrückt gewesen, zu hoffen, dass ich eines Tages ein zweiter Gandhi werden könnte. Vielleicht liegt es auch daran, dass er, Vorbildfunktion hin oder her, am Ende einfach abgemurkst wurde, ohne, dass alle seine Botschaft verstanden hatten. Ich will nicht, dass mir dasselbe passiert. Die anderen sollen meine Message kapieren, bevor ich verschwinde. Sie sollen mich verstehen oder mir zumindest mal zuhören. Ein einziges Mal. Es hat sich als erfolglos herausgestellt, ihnen mit der Sprache der Gewaltlosigkeit zu begegnen. Es bleibt mir nichts anderes übrig, als ihre Sprache zu sprechen. Die Sprache der Gewalt. Erick hat Recht, man muss die Probleme lösen, mit allen Mitteln, die man hat. Wissenschaft funktioniert nicht immer nur auf die weiche Tour. Und wenn keiner auf meine Worte hört, muss ich halt Taten sprechen lassen. Jahrelang haben die anderen meine Flotte versenkt, mein Handy im Klo, meinen Rucksack im Dorfbach und mein Selbstbewusstsein sicher auch irgendwo. Die anderen haben mich kaputt gemacht und wer mich nicht kaputt gemacht hat, hat einfach zugeschaut. Ich bin am Ende. Schon lange. Natürlich weiß ich, dass es Menschen gibt, denen es noch schlechter geht. Die schwerkrank sind, die im Krieg leben müssen oder verfolgt werden. Und die tun mir auch leid. Aber habe ich deshalb nicht trotzdem das Recht, glücklich zu sein? Ich zu sein, ohne deshalb pausenlos von allen fertiggemacht zu werden? Mir ist klar, dass ich dieses Recht nicht kriegen werde. Nicht in diesem Leben. Aber wer kann mir verbieten, jetzt einmal das zu tun, was ich für richtig halte? Einmal nur auch ihre Schiffe zu versenken? Jahrelang habe ich die Zähne zusammengebissen, alles in mich reingefressen, alles ausgehalten. Aber das ist jetzt vorbei. Sie hatten so viele Möglichkeiten zu erkennen, dass sie falsch liegen, dass es falsch ist, was sie tun, aber sie haben keine davon ergriffen.

„Ich werde sie zerstören, so wie sie mich zerstört haben", sage ich zu Jackson und deute sein Schwanzwedeln als Zustimmung. Auge um Auge, Zahn um Zahn, mit dem einzigen Unterschied, dass sie das, was sie mir die letzten Jahre angetan haben, nun alles auf einmal kriegen. Fast muss ich lächeln bei dem Gedanken. Das Ganze ist mehr als die Summe seiner Teile. Mein Spiel wird alles toppen.

„Komm, Jackson, wir gehen." Lächelnd schaue ich in den wolkenlosen Himmel über mir. Egal, was jetzt noch passiert, es wird nicht mehr lange dauern. Alles hat ein Ende, man muss nur manchmal ein bisschen nachhelfen. Ich bin erstaunlich ruhig. Als ich mich durch die Hecke zwänge, spüre ich fast so etwas wie Glück.

3. KAPITEL

Wenn man mit dir spielt, gewinnst du immer. Keiner verliert gerne.

Ein paar Stunden später sitzen wir zusammen vor dem Fernseher, wie jeden Freitagabend. Meine Eltern sind wild darauf, dass wir nicht nur der Öffentlichkeit, sondern auch uns selbst gegenüber so tun, als wären wir eine normale und vor allem funktionierende Familie. Deshalb ist, seit ich denken kann, Freitagabend Familienabend. Früher haben wir dann immer zusammen irgendwelche Gesellschaftsspiele gespielt, aber anscheinend habe ich zu oft gewonnen. Deswegen schauen wir jetzt fern. Ich fange an, über meinen Plan nachzudenken. Ich muss lächeln.

„Ich glaub, Paul ist verknallt", spottet mein Bruder. Irritiert zucke ich zusammen. Meine Eltern starren mich an. Verknallt zu sein wäre ja ein Anzeichen von Normalität.

„Warum?", frage ich Lars. Der grinst:

„So wie du die ganze Zeit ins Leere starrst und völlig behindert lächelst, musst du einfach verknallt sein. Wie heißt sie?"

„Da gibt's niemanden", sage ich und versuche so zu tun, als würde ich mich voll und ganz auf den Film konzentrieren. Mein Bruder lacht noch immer.

„Sei doch froh, dass du nicht verknallt bist", meint mein Vater, „so einer wie du kriegt eh keine. Wer will schon mit 'nem unsportlichen Freak wie dir zusammen sein?" Schmunzelnd trinkt er einen weiteren Schluck aus der Bierflasche und wendet sich dann wieder dem Fernseher zu. Ich beiße die Zähne zusammen. Vielleicht sollte ich meinen Plan ändern. Die letzten Tage hatte ich angenommen, dass die Schule das Hauptproblem wäre, das ich lösen müsste. Konzentriert nage ich an meiner Unterlippe, dann setze ich meine Familie ebenfalls auf die Liste. Doppelt hält besser – und wieso sollte man nicht zwei Fliegen mit einer Klappe schlagen?

Der Samstagmorgen beginnt mit Wahlkampf. Meine Mutter ist mit dem Frauenkreis unterwegs, mein Bruder hat Training, also bleibt es an mir hängen. Gelangweilt stehe ich auf dem Marktplatz und verteile Kugelschreiber und Flugblätter. Dabei will ich eigentlich gar nicht mehr, dass mein Vater die Wahl gewinnt. Es ist einfach zu viel Scheiße passiert. Für ihn ist Politik nur ein Spiel, das wichtigste Spiel seines Lebens. Das Spiel, für das er sich immer mehr interessiert hat, als für seinen Sohn. Er muss dieses Spiel verlieren. Das soll der Preis sein, den er zu zahlen hat. Den Wahlkampf zu zerstören wird gar nicht so schwer sein. Ich muss meinen Plan nur ein paar Tage vor der Wahl vollenden. Und ich muss sie am Leben lassen. Denn dann verliert er doppelt. Seinen Sohn und seine Politik, auch wenn er vermutlich nur um Letzteres trauern wird, aber immerhin. Der Gedanke, dass mein Vater nicht nochmal Bürgermeister werden wird, da ich mein Spiel ein paar Tage vorher schon spielen werde, beruhigt mich. Irgendwie ist er fast schon ein bisschen tröstlich. Statt der Wahlsiegerrede kann er dann im schwarzen Anzug an meinem Grab stehen, statt mit Neuwählern muss er mit der Polizei reden. Nur die mediale Aufmerksamkeit, die würde ich steigern. So gesehen würde ich ihm sogar einen Gefallen tun. Von einem Tag auf den anderen werde ich ihn überregional bekanntmachen. Vielleicht sogar international. Egal wie perfekt das Spiel wird, zumindest wird er nicht mehr als Bürgermeister im Scheinwerferlicht stehen, sondern als der Vater von dem Jungen, der … Das ganze Spiel fängt an, mir Spaß zu machen. Den Rest des Tages verteile ich Kugelschreiber, Flugblätter und Buttons, strahle jeden an, der vorbeigeht und freue mich, weil ich weiß, dass dieser Wahlkampf erfolglos sein wird. Oder jedenfalls nicht so, wie mein Vater das gerne hätte. Aber auch er kann halt nicht jedes Spiel gewinnen.

Am Sonntag gehen wir alle in die Kirche. Vor der Wahl ist das wichtig. Der Pfarrer redet von Gottes Liebe und Hilfe, aber ich weiß, dass Beten nichts bringt. Ich habe es so lange versucht. Ich habe sogar Hebräisch gelernt, weil ich dachte, dass Gott mich dann besser versteht. Aber nichts. Nada. Rien. Jedenfalls habe ich aufgehört, mir von oben Hilfe zu erhoffen. Der Pfarrer spricht über Nächstenliebe, meint, wir sollen unseren Nächsten lieben wie uns selbst. Entweder heißt das, dass meine Mitschüler ziemlich krasse Selbstwertprobleme haben, oder es heißt, dass der Pfarrer überhaupt keine Ahnung hat, wovon er redet. Eigentlich sollte der Gekreuzigte über dem Altar eher eine Mahnung sein, als ein Vorbild. Die Welt ist auch zweitausend Jahre später noch nicht bereit für ein friedliches Miteinander. Als der Pfarrer die Arme hebt, stehen wir alle auf und beten mehr oder weniger ernsthaft das „Vater unser". Als die Gemeinde bei „Und erlöse uns von dem Bösen" angekommen ist, schweige ich noch immer. Seit zweitausend Jahren werden diese Worte gebetet – und hat sich was geändert? Mein Blick wandert über die betende Gemeinde und bleibt schließlich an den bunten Fenstern hängen. **Ich werde mich selbst erlösen.** So einfach ist das. Mein Blick wandert zum Kreuz über dem Altar. Hatte das was gebracht? Hatten die Menschen was gelernt? War die Welt friedlicher geworden dadurch? Ich glaube kaum. Und gab es nicht in der Bibel auch eine Stelle, in der es hieß, dass man Sturm erntet, wenn man Wind gesät hat? Und Wind haben sie reichlich in meinem Leben verteilt. Eigentlich ist das, was ich vorhabe, nur gerecht. Verglichen mit der Sintflut oder den zehn Plagen ist es sogar echt harmlos. Und man kann wirklich nicht sagen, dass ich es nicht auch anders versucht hatte. Ich habe versucht, mich anzupassen an die anderen. Anzupassen und nicht aufzufallen. Obwohl ich mir wirklich Mühe gegeben habe, waren meine wochenlangen Recherchen zum Thema „Normalsein für Anfänger" erfolglos. Obwohl ich plötzlich mit coolen Klamotten rumlief, versuchte, die Hausaufgaben zu vergessen und an jeden zweiten Satz ein „Alter", „Yo, Mann!" oder „Schwör" gehängt habe, lachten sie mich aus, schlugen mich und zeigten mir deutlich, dass es keinen Sinn machen würde, sich anzupassen. Ich würde es ohnehin nicht hinkriegen, sie würden mir nicht glauben. Mich zu wehren, gab ich ganz schnell auf, als ich mir bei dem Versuch, Max eine reinzuhauen, den kleinen Finger brach und Max nicht mal ein blaues Auge bekam. Da mein Englischlehrer immer meint, dass man mit den anderen reden soll, habe ich auch das versucht. Aber das hat es sogar noch schlimmer gemacht. Als ich mich in der dritten Klasse einmal morgens vor der Schule auf den Gehweg warf, heulte und mich weigerte, aufzustehen und in die Schule zu gehen, fragte mich mein Vater, was mein Problem sei. Froh, endlich sein Interesse geweckt zu haben, erzählte ich ihm unter Tränen, dass die Schule keinen Sinn mache, weil ich doch schon alles könne und sowieso keine Freunde habe und stattdessen ständig nur geärgert würde. Als mein Vater mich anschnauzte, mir sagte, dass ich aufhören solle mit dem Theater und dass es kein Wunder wäre, wenn ich keine Freunde hätte, so „arrogant" wie ich sei, googelte ich zuerst die Bedeutung des Wortes „arrogant" und anschließend die „Kinder-Notfall-Nummer". Die Frau am anderen Ende der Leitung fragte auch, was mein Problem sei, meinte die Frage allerdings nicht rhetorisch und hörte mir immerhin bis zum Schluss zu. Dann jedoch meinte sie, dass ich mir das nicht so zu Herzen nehmen solle, dass ich schon noch Freunde finden würde und dass ich einfach froh sein sollte, dass ich keine Probleme in der Schule hätte. Ein Gedankenfehler, auf den ich später noch häufiger gestoßen bin. Nur weil ich überall, außer in Sport, hervorragende Noten habe, kann man doch nicht darauf schließen, dass es bei mir keine Probleme gibt! Es ist ein absoluter Trugschluss anzunehmen, dass mein Leben so perfekt war wie meine Zeugnisse. Im Gegenteil. Rein statistisch sind die Leute im Bereich zwischen 2,5 und 3,2 am zufriedensten mit sich und ihrer Schulzeit. Jedenfalls habe ich seitdem nie wieder freiwillig irgendwo angerufen, auch wenn ich das ein oder andere mal sicher Grund dazu gehabt hätte.

Weil weder die Gespräche mit meinen Eltern geholfen hatten, noch die Telefonberatung, versuchte ich, mit meinen Lehrern zu sprechen. Also erzählte ich Herrn Rademacher, meinem Klassenlehrer, von meinen Problemen mit den Mitschülern und dem Unterricht, der mich jedes Mal aufs Neue zu Tode langweilte. Doch der lachte nur und meinte, dass das in der Pubertät ganz normal wäre und allen so ginge. Alle hätten Stress mit den anderen Jungs, das läge an der Hormonumstellung, und alle fänden Schule langweilig und unnütz. Als ich vorsichtig einwarf, dass ich den Unterricht nicht wegen irgendwelcher Hormone langweilig fand, sondern einfach, weil er langweilig war, lachte er nur und meinte, dass sich das spätestens in ein paar Jahren von selbst klären würde. Weil er lachte und meinte, ich solle das alles mit Humor nehmen, bemühte ich mich um ein Lächeln und verkniff mir den Kommentar, dass ich mich nicht mehr in der Lage sähe, noch ein paar Jahre in diesem Zustand auszuhalten. Ungefähr so ähnlich liefen auch die Gespräche mit den anderen Lehrern. **Keiner hat mir zugehört. Keiner hat mich verstanden. Keiner hat mich ernstgenommen.** Genauso wenig meine Aufsätze oder Texte in Klassenarbeiten, die von mal zu mal deprimierender wurden. Meine Deutschlehrerin reagierte lediglich auf die eigenwillige Zeichensetzung, mein Englischlehrer schrieb immerhin noch drunter „Why do you allways write such depressing storys?", allerdings ohne darauf eine Antwort zu erwarten.

Es hat ja nicht mal jemanden interessiert, dass ich irgendwann ganz aufgehört hatte zu reden. Zumindest in der Schule. Zuerst ist es den Lehrern gar nicht aufgefallen, dann wurden sie auch noch wütend auf mich, sodass ich am Ende eigentlich mehr Ärger hatte als davor. Sie haben sich provoziert gefühlt, konnten oder wollten einfach nicht verstehen, dass mein „pubertäres Theater" kein Theater war, sondern ein **verzweifelter Hilfeschrei.** Ein Hilfeschrei von jemandem, der so kaputt ist, dass er gar nicht mehr schreien kann. Aber vermutlich hätte ich mich vor ihren Augen erschießen müssen, damit sie gemerkt hätten, dass ich überhaupt da war. Also fing ich dann doch wieder an zu reden. Letztlich war die ganze Aktion ein Reinfall gewesen. So viel zum Thema *Schweigen ist Gold.* Zumindest ist es, wenn man sich das alles so anschaut, kein Wunder, dass ich jetzt zu dem Schluss gekommen bin, dass nur noch Lärm etwas hilft. Nur noch Schmerz. Nur noch Gewalt. Alles andere habe ich ja schon erfolglos versucht.

Mein Blick wandert vom Kreuz in die Spieleecke, in der zwei Grundschülerinnen Memory spielen, während sie darauf warten, dass ihre Eltern endlich aufhören, mit meinem Vater über Politik zu sprechen. Stirnrunzelnd überlege ich, ob wir Menschen nicht auch manchmal wie Memory-Karten sind. Von außen sehen wir alle gleich aus. *But some animals are more equal than others.* Vielleicht ist das das Problem, dass ich von außen so aussehe wie ein normaler Junge in meinem Alter. Und dass sich keiner die Mühe macht, die Karte umzudrehen, um festzustellen, **wie anders ich bin,** wie falsch ich bin in diesem

Spiel, das sich Leben nennt. Pädagogik ist anscheinend auch nur ein Spiel, in dem man die Rückseite der Karten einfach rät oder noch besser, alle in einen Topf schmeißt. Und was nicht passt, wird passend gemacht. Oder bleibt unpassend. Vielleicht ist das auch so wie mit der Schrödingerkatze. Was in einem Menschen drin ist, merkt man erst, wenn man den Deckel aufmacht und den Menschen kennenlernt. Ob die Katze in mir tot oder lebendig ist, hat nie jemanden interessiert. Ich werde ihnen zeigen, dass sie die Katze umgebracht haben und sie werden alle spüren, wie es sich anfühlt. Vielleicht werden sie es dann endlich begreifen.

Mein Blick bleibt erneut am Gekreuzigten hängen. Es ist komisch, dass in zweitausend Jahren keiner auf die Idee gekommen ist, den Menschen im Gottesdienst Nägel in die Hand zu rammen, damit sie wissen, wie sich das anfühlt. Ich bin kein Märtyrer. Mein Tod wird einen Sinn haben. Über meinen Tod werden sie reden. Sie werden darüber reden müssen. Und sie werden es verstehen, sie werden es spüren. Weil sie es selbst am eigenen Leib erfahren werden. Bei dem Gedanken muss ich grinsen, und obwohl ich weiß, dass ich morgen früh wieder zur Schule muss, hält meine gute Laune den Rest des Tages an.

4. KAPITEL

Hattest du schon mal eine Vier? Nein? Dann bist du ein Verlierer!

Es ist Montagmorgen, allein das ist rein statistisch schon ein Grund, um schlechte Laune zu haben. Jedenfalls für alle – außer für Frau Weber. Ungewöhnlich motiviert steht sie vor der Klasse, lächelt freundlich und klatscht in die Hände. Ich frage mich, ob sie Drogen genommen hat. Wenn ja, will ich die nämlich auch, zumindest noch für die nächsten paar Wochen. Danach brauche ich sie ja nicht mehr.

„Holt bitte eure Hausaufgaben raus!" Erwartungsvoll schaut sie uns an. Nichts passiert. Meine Hausaufgaben liegen schon auf dem Tisch, meine Mitschüler haben sie vermutlich wieder nicht gemacht. Frau Weber seufzt:

„Wieder nur Paul?" Wunder gibt es immer wieder, könnte man denken, obwohl ich nichts von Wundern halte. In diesem Universum gibt es keine Wunder. Selbst wenn nicht alles Zahl ist, **ist zumindest alles Logik.** Auch die Tatsache, dass ich der Einzige bin, der hier noch die Hausaufgaben macht, ist kein Wunder. Es liegt lediglich daran, dass mir in der großen Pause langweilig war. Da den anderen anscheinend nicht langweilig war, haben sie keine Hausaufgaben gemacht. Irgendwie ist es eh unnötig, die Hausaufgaben zu machen, weil wir sie ja sowieso gleich in aller Breite besprechen werden. Warum hätte man sie dann schon zuhause machen sollen? Ich kann die Blicke der anderen in meinem Rücken spüren. Vor ein paar Wochen hätte ich jetzt noch Angst bekommen, jetzt habe ich keine Angst mehr. Egal, was sie mir jetzt noch antun, es kann eh nicht mehr schlimmer werden. Und egal, was es ist. In nicht mal vier Wochen ist es vorbei.

Gestern Abend konnte ich nicht einschlafen und habe noch lange darüber nachgedacht, wie ich es machen will. Es soll ja schließlich wissenschaftlich fundiert sein und kein normales Experiment. Dieses Spiel muss auf Anhieb funktionieren. Einen zweiten Versuch werde ich nicht haben. Aus den Augenwinkeln erkenne ich, wie Frau Weber seufzt und den Overhead-Projektor einschaltet.

„Holt bitte eure Bücher raus." Nichts passiert. „Hat außer Paul keiner mehr ein Buch?" Manchmal frage ich mich, ob sie wirklich so schwer von Begriff ist, wie sie manchmal tut. Natürlich hat niemand außer mir ein Buch dabei. Die sind ja auch nicht bescheuert. Mein Blick wandert wieder raus aus dem Fenster zur Mülltonne. Zu meiner Mülltonne. Markus Müllermann wäre ein passender Name. Ich grinse. Frau Weber nimmt sich mein Buch, sie hat ihres anscheinend auch vergessen und liest uns den Text vor, den wir auf heute hätten lesen und zusammenfassen sollen. Ihr scheint nicht aufzufallen, dass ihr keiner zuhört, oder sie hat sich schon daran gewöhnt. Fast tut sie mir ein bisschen leid, aber vielleicht ist sie auch selbst schuld, wenn sie doch immer alles durchgehen lässt. Außerdem wird sie ja nicht gemobbt, sondern nur ignoriert. Aber egal. Meine Gedanken schweifen wieder ab. Soll ich einen Abschiedsbrief hinterlassen? Nur so, als Erklärung, für den Fall, dass sie es trotzdem nicht kapieren. Wobei, die, die es eigentlich hätten kapieren sollen, die würde ich ja mitnehmen. Das war von Anfang an klar, denn ich wollte weder von ihnen umgebracht werden, noch darauf warten, dass ich irgendwann von selbst sterbe. Nein, dieses Leben hier muss schon aufhören, das ist klar. Natürlich gibt es ziemlich viele Möglichkeiten, sich umzubringen. Ich könnte von einem Hochhaus springen, mit Gewichten an den Füßen baden gehen, mir die Pulsadern aufschlitzen oder mich vor einen Zug schmeißen. Wobei ich Letzteres ziemlich asozial finde, schließlich sind die Lokführer meistens die, die am wenigsten dafür können, dass jemand sein Leben so beschissen findet. Sowieso sind alle diese Ideen zwar effektiv, aber nicht wirkungsvoll genug. Ich will ja nicht einfach nur sterben. **Mein Tod soll einen Sinn haben, wenn mein Leben schon keinen hatte.** Ich will sie aufrütteln und sie schockieren. Vor allem aber will ich sie bestrafen für all das, was sie mir angetan haben. Deshalb ist es so wichtig, dass ich wirkungsvoll sterbe und nicht einfach nur irgendwie. Das Letzte, was mir bei diesem Projekt fehlen würde, ist, dass die Leute bei meiner Beerdigung lediglich seufzen und sagen:

„Der war halt in der Pubertät." Nein, ich will, dass sie endlich anfangen, sich Gedanken zu machen. Gedanken über mich und mein Leben und darüber, wie sie es mir zur Hölle gemacht haben.

Dass ich nicht will, dass es so weitergeht, ist mir ja schon lange klar. Doch worüber ich in den letzten Tagen nachdenke, ist vor allem, wie ich meinen Abgang organisiere. Und wer alles mit muss. Außerdem fände ich es doof, alleine zu sterben. Dann hätten sie ja gewonnen. Nee, das geht nicht. Allein deshalb bleibt mir nichts anderes übrig, als sie mitzunehmen. Vermutlich ist es am Einfachsten, wenn ich es hier in der Schule mache. Dann kann ich sie am besten alle gleichzeitig erwischen. Wenn man länger drüber nachdenkt, ist es sogar fast poetisch, es hier zu tun. Oder zumindest tragisch. Jedenfalls zweifelsfrei medienwirksam. Und es können ja ruhig alle wissen. Ich habe lange genug die Zähne zusammengebissen und geschwiegen. Irgendwann reicht's einfach. Was mir noch nicht so ganz behagt, ist der Gedanke, dann ja zum Amokläufer zu werden. Den Gedanken finde ich irgendwie nicht so prickelnd. Zum einen weiß ich nicht, wie gut der Amokalarm an unserer Schule funktioniert, zum anderen haben wir seit letztem Jahr diese Amokschlösser an den Türen. Es wäre mehr als ärgerlich, wenn die Polizei mich erschießt, bevor ich die anderen alle erwischt habe. Noch schlimmer wäre es, wenn sie mich überwältigen würden, bevor ich mich hätte umbringen können, und ich dann im Knast lande und nicht auf dem Friedhof. Was ebenfalls gegen einen Amoklauf spricht, ist, dass es mir schwierig erscheint, sowas sauber zu organisieren und bis zum Schluss unter Kontrolle zu behalten. Außerdem finde ich es nicht besonders intellektuell, einfach in der Schule rumzuballern. Und wenn man sich die Statistik anschaut, besonders individuell ist sowas auch nicht. Ich habe jetzt fast fünfzehn Jahre unter meinem intellektuellen Niveau gelebt, dann sollte wenigstens mein Tod ein bisschen Witz haben. Witz im Sinne von Genie. Wirklich humorvoll stelle ich mir das Ganze nicht vor. Jedenfalls fände ich auch die Vorstellung einigermaßen widerlich, alle Leute einzeln abzuknallen. Natürlich bin ich wütend, aber so rein typmäßig bin ich nicht so krass aggressiv. Eher frustriert. Letzten Endes hätte ein Amoklauf zumindest auch organisatorische Probleme, zum Beispiel, wie ich an eine Waffe kommen könnte. Dank Internet ist das vermutlich gar nicht mehr so schwer, aber ich müsste mit der Waffe zielsicher schießen können. Und wenn ich mir meine sportlichen Fähigkeiten so anschaue, sind da nicht mal mehr vier Wochen ein bisschen knapp. Aber mehr als vier Wochen habe ich nicht. Das mit der Vier-Wochen-Frist muss aber sein. Zum einen, weil ich es wirklich nicht mehr lange aushalte. Und zum anderen, weil ich finde, dass der Freitag vor der Bürgermeisterwahl ein perfekter Zeitpunkt für eine solche Unternehmung ist – und diese Wahl ist nun mal in 27 Tagen. So werde ich meinem Vater damit eiskalt medial die Show stehlen, ihn in negative Schlagzeilen bringen und gleichzeitig auch noch dafür sorgen, dass ihn keiner mehr wählt. Wer will schon einen Amokläufer oder was auch immer als Sohn? Natürlich habe ich ganz am Anfang darüber nachgedacht, dass es vielleicht auch nicht schlecht wäre, meine Familie ebenfalls mitzunehmen. Aber ist es wirklich so eine harte Strafe, tot zu sein? Für einen wie meinen Vater, der dermaßen in der Öffentlichkeit lebt, ist Rufmord viel quälender, als körperlich tot zu sein. Außerdem erspart mir das organisatorische Schwierigkeiten.

Frau Weber klatscht erneut in die Hände. Wenn sie die Leute aufwecken will, die eingepennt sind, während sie den Text über die französische Revolution vorgelesen hat, sollte sie sich lieber eine Sirene oder ein Nebelhorn besorgen. Ich spreche diesen Vorschlag nicht aus.

„Wer von euch kann die wichtigsten Ursachen der Französischen Revolution zusammenfassen?" Totenstille im Raum. Man hört sogar das Piepen des Müllautos und das Scheppern von Markus Müllermann. Ich melde mich nicht. Kein Bock. Außerdem bin ich gerade dabei, über mein Vorhaben nachzudenken. Frau Weber seufzt resigniert. Ob es sie trösten würde, wenn ich ihr sage, dass sie nicht mal mehr vier Wochen durchhalten muss, weil dann alles vorbei ist? Ich vermute mal, nicht. Sie seufzt erneut:

„Ihr wisst schon, dass es letzten Freitag eine Konferenz gab. Wegen euch." Die Klasse schweigt desinteressiert, aber sie fährt fort: „Ich darf natürlich keine

Einzelheiten verraten, aber sagen wir mal so, wenn wir zufrieden mit euch und euren Leistungen wären, hätte es diese Konferenz nicht gegeben." Die Klasse zeigt sich absolut unbeeindruckt. Keiner wundert sich. Warum sollten sie auch? Es gibt keine Wunder. Diese Konferenz war nichts als die logische Konsequenz der letzten Wochen und Monate. Sie war die Konsequenz aus Appeasement und Ignoranz.

Mittlerweile bin ich mir wirklich nicht mehr sicher, ob ich wütender auf die Lehrer sein soll oder auf die Schüler. Vermutlich sind es tatsächlich gerade die Lehrer. Ich meine, ich habe keine Ahnung von Pädagogik, ich hab das nicht studiert, aber bei dem, was manche Lehrer in den letzten Wochen in dieser Klasse unterrichtet haben, kann man sich schon fragen, ob die das studiert haben. Vielleicht hat mein Vater recht und ich bin wirklich arrogant. Vielleicht bin ich aber auch nur zynisch. Oder ehrlich. Wobei ich meinen Mitschülern intellektuell wirklich keinen Vorwurf mache. Mir wäre wahrscheinlich auch dann noch langweilig, wenn hier alle die Hausaufgaben machen würden, an meiner Unterforderung im Unterricht würde das nichts ändern. Mehr und mehr konzentriert sich mein Hass auf die Lehrer, meine Wut, meine Enttäuschung. Es scheint, als würde es ihnen auch nur noch ums Überleben gehen. Anstatt, dass sie in mir einen Verbündeten sehen und sich über meine Neugier und meinen Tatendrang freuen, lassen sie mich einfach in dieser Klasse vergammeln. Jedenfalls schüttelt Frau Weber nun traurig den Kopf:

„Leute, es geht doch um euer Leben. Und nicht nur das. Ihr seid doch Deutschlands akademische Zukunft!" Aus der letzten Reihe kommt Gelächter, dabei ist das alles andere als lustig. Und es ist kein Zufall. Kein Wunder. **Wir leben in einer Gesellschaft, in der die Schlauen am Ende die Dummen sind,** in der alle, denen das Lernen Spaß macht, am Ende einsam in der Ecke stehen und wenn sie Glück haben, nur als Streber beschimpft werden. Manche von den schlauen Leuten landen vielleicht noch bei *Frag doch mal die Maus* oder *Klein gegen Groß*. Doch es wäre absolut falsch zu glauben, dass irgendjemand die Kinder, die da auftreten, toll findet. Es kann sein, dass manche sich denken:

„Boa, sind die schlau. Ich wüsste auch gerne so viel." Eigentlich sind alle Zuschauer froh, dass sie ganz normal sind und nicht solche Freaks und denken: „Wie gut, dass ich sozial kompetent bin und Freunde habe." Vermutlich werden die Kinder, die bei sowas gewonnen haben, hinterher noch krasser von ihren Mitschülern gemobbt. Weil sie nicht normal sind. Weil sie anders sind. Weil sie schlau sind. Wir leben in einer Gesellschaft, in der es normaler ist, viermal sitzen zu bleiben, als einmal zu überspringen, in einer Gesellschaft, die sich vor Intelligenz und Neugier geradezu zu fürchten scheint. Und damit meine ich nicht nur meine Mitschüler.

Kurz, nachdem ich die Schule wechseln wollte und dann doch nicht gewechselt habe, kam ein Brief von der Schule. Mein Vater ist völlig ausgerastet, vor allem, weil ich ihm nicht erklären konnte, warum man meine Eltern zum Elternsprechtag eingeladen hatte, das heißt wohl eher „vorgeladen". Ich hatte wirklich keine Ahnung, warum die mit ihnen sprechen wollten. Jedenfalls ging meine Mutter am Ende alleine hin, weil mein Vater seine Zeit zu kostbar fand, um mit den unfähigen Lehrern von der Ghetto-Schule seines freakigen Sohnes zu sprechen. Interessanterweise hatten sie mich gleich mit zu dem Gespräch eingeladen. Also saßen wir dann am Freitagnachmittag im Klassenzimmer. Meine Mutter war sichtlich irritiert und ich war noch immer so verwundert, dass ich gar nicht wusste, wie ich mich fühlen sollte. Auf der anderen Seite des Lehrerpultes saßen Herr Rademacher und Mr Schmidt, mein Englischlehrer. Allein das war schon einigermaßen spannend, weil die beiden sich überhaupt nicht leiden können. Sie ziehen im Unterricht ständig übereinander her und das meistens auf einem Niveau von nachmittäglichen Reality-Shows. Doch an diesem Freitagnachmittag saßen sie fast schon einträchtig nebeneinander. Dennoch konnte man ihnen anmerken, dass sie sich in dieser Kombination nicht besonders wohlfühlten. Das galt für meine Mutter und mich vermutlich auch. Nach einer halben Minute mehr oder weniger peinlichen Schweigens ergriff Mr. Schmidt das Wort:

„Also, wie Ihnen vermutlich aufgefallen sein dürfte, ist Paul", dabei zeigte er mit der Hand auf mich, als wüsste meine Mutter nicht, wer ich bin, „ein ziemlich schlauer Bursche. Es war uns bisher leider nicht möglich, entsprechende Tests vornehmen zu lassen, aber …"

„Ich denke nicht, dass wir dafür noch irgendwelche Tests brauchen. **Der Junge ist definitiv hochbegabt**", fuhr ihm Herr Rademacher ins Wort. Halleluja, ich konnte es gar nicht glauben. Nach über acht Jahren Schule hatten sie es endlich mal erkannt.

„Jedenfalls sind wir nach reiflicher Überlegung zu dem Schluss gekommen, dass Paul eine Klasse überspringen sollte. Am besten so schnell wie möglich." Vielleicht gab es doch so etwas wie Wunder, ich war jedenfalls ernsthaft überrascht. Meine Mutter starrte die beiden Lehrer an. Allerdings weniger fasziniert als vielmehr – aufgebracht?

„Es ist mir völlig egal, wer von Ihnen beiden diese Idee hatte, jedenfalls kann und werde ich ihr nicht zustimmen", meinte meine Mutter und schaffte es, dabei ernsthaft aufgebracht zu wirken. Völlig irritiert starrten wir sie an. „Ich weiß ja nicht, ob Sie selbst Kinder haben, also jedenfalls ist Paul mein Sohn und nicht Ihrer. Ich bin seine Mutter." Wir alle drei konnten dieser Argumentation nur mit größter Mühe folgen. „Und als seine Mutter kenne ich ihn ja wohl am besten. Also mischen Sie sich da nicht ein. Mein Sohn ist ganz normal. Und definitiv nicht hoch-be-gabt." Sie sprach das Wort aus, als würde es sich dabei um eine hochansteckende Seuche handeln. Keiner von uns wusste, was er sagen sollte. Schließlich sah Herr Rademacher meine Mutter an:

„Das verstehe ich nicht." Er sah dabei aus wie Jackson nach einem Spaziergang im Regen. Meine Mutter seufzte überdeutlich.

„Mein Sohn ist nicht hochbegabt. Ich weiß das, ich bin seine Mutter." Die Logik dahinter war echt beeindruckend. „Und selbst wenn er es wäre, ist so ein Klassenwechsel, noch dazu in eine höhere Klasse und dazu noch in der Pubertät, ja ein nicht einzuschätzendes Risiko!"

„Was meinen Sie damit?", fragte Mr Schmidt, nicht weniger irritiert.

„Ach, man hört ja so einiges. Zu nennen wären da ja vor allem die sozialen Schwierigkeiten, in die solche Kinder dann geraten würden. Man beraubt sie ja dadurch jeder Normalität. Manche von denen werden sogar gemobbt!" Meine

Mutter schüttelte sich, während ich auf meiner Unterlippe kaute und versuchte, ruhig zu bleiben. „Aber auch fachlich", fuhr sie fort. „Viele dieser Kinder sind in der neuen Situation völlig überfordert und kriegen dann gar nichts mehr auf die Reihe. Und wir wollen ja alle nicht, dass Paul durch so ein unüberlegtes Manöver ein gutes Abitur riskiert, nicht wahr?" Sie lächelte liebenswürdig.

„Aber", wollte Herr Rademacher einwerfen, wurde aber prompt unterbrochen:

„Nichts aber. Und wie gesagt, mein Sohn ist ganz normal, wie jeder andere Junge in dem Alter auch." Dann wandte sie sich zu mir. „Paul, wir gehen." Sie packte mich am Arm und schob mich aus dem Klassenzimmer. Die beiden Lehrer blieben schweigend sitzen, vielleicht fingen sie auch gerade an, an Wunder zu glauben. Auf dem Heimweg redete meine Mutter kein Wort mit mir und als wir zuhause waren, rief sie sofort meinen Vater im Büro an. Als ich ihm abends „Gute Nacht" sagen wollte, sah er mich streng an und meinte:

„Bild dir da bloß nichts drauf ein, die Pauker haben doch überhaupt keine Ahnung." Ich weine ja eigentlich fast nie, aber als ich in dieser Nacht endlich einschlief, war mein Kopfkissen klitschnass. Bis heute hatte sich kein Lehrer mehr getraut, dieses Thema auch nur anzusprechen. Auch mir gegenüber war es, als hätte dieses Gespräch nie stattgefunden. Irgendwie einigermaßen logisch. Trotzdem tat es weh zu spüren, dass sie mich aufgegeben hatten. Nur, weil sie Angst vor meinen Eltern hatten und weil sie sich unter Umständen aus ihrer Komfortzone hätten herausbegeben müssen, um mir zu helfen. Und das fühlte sich an wie ein weiterer Tritt in den Magen. Es war ein weiter Tritt in Richtung Abgrund.

Anscheinend ist Frau Weber zu dem Schluss gekommen, dass Kämpfen in dieser Klasse eh sinnlos ist. Sie hat sich ans Pult gesetzt und blättert gedankenverloren in meinem Geschichtsbuch. Nicht mal mehr vier Wochen. Nur noch vier Wochen. Der Gedanke tröstet mich, auch wenn ich mich trotzdem frage, wie ich das noch aushalten soll. Ich kann jetzt schon nachts kaum noch schlafen, bin schon wahnsinnig nervös und unruhig und kann mich nicht mehr konzentrieren. Die ganze Zeit habe ich Angst, dass irgendwas passiert, dass ich jetzt schon die Kontrolle verliere und alles kurz und klein schlage. Dabei bin ich ziemlich unbegabt, was schlagen angeht und Spontanität. Ein guter Plan ist dann ein guter Plan, wenn er – das sagt ja schon das Wort – geplant ist. Das kann man von meinem Endspiel allerdings noch nicht behaupten. Immerhin stehen Uhrzeit und Ort. Der Freitag in dreieinhalb Wochen um 10:24. Ich liebe schöne Zahlen. Außerdem sind um die Uhrzeit fast alle Schüler und Lehrer im Schulgebäude. Bleibt nur noch die Frage, wie ich sie alle erwischen kann, ohne einen standardmäßigen Amoklauf zu starten. Plan A ist echt nur für den Notfall geeignet. Was ich brauche, wäre ein Plan B. B wie – konzentriert knabbere ich an meinen Fingernägeln – Basteln oder B wie Bombe. Das klingt doch nach einer Idee. Individuell und effektiv. Wenn ich mich nicht in knapp vier Wochen in die Luft sprengen würde, hätte ich fast Werbetexter werden können. Es gongt. Man glaubt gar nicht, wie beruhigend es ist, ausrechnen zu können, wie viele Male es noch klingeln wird, bis mein Spiel vollendet wird. Ich unterdrücke ein Grinsen und gehe zum Musikraum.

Dort erwartet mich ein völlig aufgebrachter Herr Bender, der sich darüber beschwert, dass meine Eltern ihn nicht zurückgerufen hätten und das, obwohl ich versucht hätte, Jonas mit einem in Rattengift getränkten Kaugummi zu vergiften. Moment mal, weil ich was …? In meinem Kopf rasen die Gedanken hin und her wie Weltraumschrott durchs All. Auf irgendeine perverse Art und Weise sind Max und die anderen auch sehr intelligent. Mich als Mobber darzustellen dürfte tatsächlich die raffinierteste Art sein, mich zu mobben. Obwohl mir das fast nichts mehr ausmacht, weil die ganzen Probleme ja eh bald gelöst sind, weiß ich nicht, wie ich das meinen Eltern erklären soll. Denn auch, wenn mein Plan alles erledigt, muss ich die nächsten Wochen trotzdem noch durchhalten. Was soll ich jetzt machen?

„Ich hab meinen Radiergummi gesucht. Und … ähm …, was die Sache mit Jonas angeht … ähm. Ich könnte versuchen, das mit ihm persönlich zu klären, so quasi unter Männern." Warum tut sich kein Loch im Boden auf? Es ist echt schockierend, dass es schon soweit gekommen ist. Herr Bender lächelt:

„So gefällt mir das schon besser, Paul. Trotzdem, um den Vermerk in deiner Akte und das Gespräch mit dem Schulleiter wirst du nicht herumkommen.

Versuchte Körperverletzung ist eine Straftat und kein Spiel." Manchmal frage ich mich, ob die Lehrer eigentlich wissen, was sie da sagen. So wie der Bender schaut, weiß er es nicht. Ich zähle im Kopf langsam bis zehn, dann nicke ich und quetsche mich an ihm vorbei aus der Tür. Bin mal gespannt, ob Max gerade seinen Rucksack im Müllcontainer versenkt, um mir das auch noch anzuhängen. Meine Lippe fängt an zu bluten. Ein Blick auf die Uhr verrät mir, dass ich noch fünfzehn Minuten große Pause überstehen muss. Fünfzehn Minuten, dabei will ich einfach nur meine Ruhe. Unruhig wandert mein Blick über den Schulhof. Max und seine Kumpels chillen in der Raucherecke. So schnell ich kann, husche ich ins Kellergeschoss und verstecke mich mit angezogenen Knien auf der Damentoilette. Seit sie mich vor ein paar Wochen auf dem Jungsklo erwischt und vermöbelt haben, verkrümle ich mich hier und hoffe, dass ich nicht in die peinliche Situation gerate, an diesem Ort eine Frau zu treffen. Aber so wie die Toiletten aussehen, war außer mir schon länger keiner mehr hier. Mein Blick bleibt an der Toilettentür hängen. „Schule ist scheiße" hat irgendwer einmal quer drübergeschrieben, mit Tipp-Ex®, der am Rand schon abblättert. Obwohl ich seit Jahren versuche, mich zusammenzureißen und nur zuhause zu heulen, weine ich am Ende doch. Ich hasse sie alle einfach so. Hasse sie für das, was sie mir all die Jahre über angetan haben. Hasse die Lehrer und die anderen Schüler, die einfach wegsehen. Hasse mich, weil ich mich nie gewehrt habe. Hasse das ganze Leben dafür, dass es mich so zerstört hat. Eigentlich ist die Idee mit der Bombe gar nicht so schlecht. So schwer wird das schon nicht sein, auch wenn ich eigentlich ein ziemlicher Theoretiker bin. Aber hatte ich mir nicht schon immer eine intellektuelle Herausforderung gewünscht? Hier war sie und ich würde sie meistern. Mein Spiel würde perfekt werden, einmalig und endgültig.

Ich zähle die Kacheln auf dem Fußboden, um mich zu beruhigen. Quadrate sind wahnsinnig ästhetisch. Vier Ecken, vier Kanten. Vier gewinnt. Vielleicht bin ich deshalb so ein Verlierer in der Schule, weil meine Noten einfach zu gut sind. Weil ich noch nie eine Vier hatte, noch nicht mal 'ne Vier Plus. Vier gewinnt. Ich habe sowieso keine Chance in diesem Spiel. Aber mir wird etwas einfallen, um es auf meine Art und Weise zu gewinnen. Nachdem es zum

Pausenende gegongt hat, öffne ich die Kabinentür und wasche meine Hände., Mein Spiegelbild sieht scheiße aus, aber das kann auch am Spiegel liegen, der ebenfalls scheiße aussieht. Irgendwer hat *Fuck Pubertät* mit einem Messer in die Ecke geritzt. Meine Mundwinkel verziehen sich zu einem Grinsen, denn mir ist gerade der perfekte Spruch für meinen Grabstein eingefallen: **„Es war nicht die Pubertät. Es war das Leben."** Leider ist genau das der Moment, in dem sich die Tür öffnet.

5. KAPITEL

Unser Spiel kannst du nur mitspielen, wenn wir dich mitspielen lassen.

Das Mädchen, das gerade durch die Tür stürmen wollte, bleibt wie angewurzelt stehen und starrt mich an, als wäre ich eine Erscheinung. Vermutlich hat sie nicht damit gerechnet, dass hier überhaupt jemand ist, erst recht kein Junge. Nicht minder überrascht starre ich zurück. Ich hab sie hier noch nie gesehen. Also weder auf dem Klo, noch überhaupt an der Schule. Ihre vor Entsetzen aufgerissenen Augen sehen ziemlich verheult aus. Da ich nicht weiß, was ich tun soll, reiße ich ein Tuch aus dem Papiertücherspender und trockne mir die Hände ab. Im Spiegel sehe ich, wie sie hinter mir vorbeihuscht und in einer der Kabinen verschwindet. Soll ich was sagen? Aber was? Wie soll ich ihr erklären, was ich hier mache? Soll ich das überhaupt? Zum Schluss mache ich das, was ich immer mache. Ich verschwinde schweigend. Vielleicht habe ich ja auch Glück und sie ist selbst so fertig mit den Nerven, dass sie später denkt, sie hätte sich den Jungen auf der Mädchentoilette nur eingebildet. Widerwillig schlurfe ich zurück in den Unterricht. Ausgerechnet Mathe.

Eigentlich liebe ich Mathematik, ich liebe die Zahlen und die Ordnung. In meinen Augen sind sie eine ganz eigene Sprache. Es gefällt mir, dass man doch ziemlich viele Probleme in der Mathematik lösen kann. Mit Zahlen und Buchstaben und Formeln. Es gefällt mir, dass diese Welt logisch und berechenbar ist, also abgesehen von Wahrscheinlichkeiten, Tunneleffekten und der Unbestimmtheitsrelation ist die mathematisch-physikalische Welt absolut ordentlich. In der Chaostheorie des Lebens gibt es nichts Tröstlicheres. Trotzdem, egal, wie toll die Mathematik ist, der Matheunterricht ist der reinste Horror. Dabei habe ich Herrn Rademacher anfangs noch echt gern gehabt, aber er konnte nichts machen gegen die unendliche Langeweile und gegen den Spott meiner Mitschüler. Zumindest hat er nichts getan. Ob er was hätte tun können? Keine Ahnung. Jedenfalls bedeutet Matheunterricht für mich, dass ich erst zusehen muss, wie sie meine Mathematik mit Füßen treten, um anschließend mit mir dasselbe zu tun. Beides hat mich nach und nach zerstört. Anders als die Mathematik schaffe ich es nämlich nicht, den ganzen Hass einfach an mir abprallen zu lassen. Ich schaffe überhaupt nichts mehr. Bleibt zu hoffen, dass ich wenigstens die letzten Wochen noch durchhalte, um meinen Plan zu vollenden.

Als ich vor der Klassenzimmertür stehe, atme ich tief durch. Nicht mal mehr vier Wochen, dann habe ich das alles hinter mir. Einatmen. Ausatmen. Ganz ruhig bleiben. In nicht mal mehr dreißig Tagen ist alles vorbei. Einatmen. Ausatmen. Schließlich drücke ich die Klinke herunter und öffne die Tür.

„Kuchen!", schreit Melanie und die Klasse grölt. Als ich zu meinem Platz gehe, meint Herr Rademacher zu mir:

„Wir haben uns schon gefragt, ob du von Aliens entführt wurdest." Sehr witzig. Als sich die kuchengeile Meute wieder beruhigt hat, fährt Herr Rademacher fort. Allerdings nicht mit Mathe, sondern mit der Planung fürs Landschulheim. Ich verkneife mir ein Lächeln und hole meinen Block aus dem Rucksack. Mit einem halben Ohr höre ich, wie sie lautstark über die Zimmerverteilung reden, über das Programm und über die Frage, ob Handys erlaubt sind oder nicht. Dann höre ich wieder weg. Sollen sie doch ihre Klassenfahrt planen. Sie werden eh nicht fahren, höchstens vielleicht zur Hölle. Grinsend spiele ich mit dem Deckel meines Füllers. Draußen beginnt es zu regnen. Armer Markus Müllermann. Aber es ist ein schöner Regen, ein richtig typisches lauwarmes Sommernieseln. Mein Plan ist absolut notwendig. Fast schon ein bisschen genüsslich stelle ich mir vor, wie die anderen reagieren, wenn die Schule explodiert. Wie sie sich fragen, ob sie noch fliehen können und dann aber, noch während sie das denken, zack, erwischt werden. Nicht mal mehr vier Wochen. Das wird das größte Event, das an dieser Schule je stattgefunden hat. Kein Stein wird hinterher noch auf dem anderen stehen. Die Bilder vor meinem inneren Auge sind fast schon apokalyptisch. Man kann sich beinahe fragen, ob sich Gott auch so toll gefühlt hat, als er darüber nachgedacht hat, den Menschen die Sintflut zu schicken. Das Problem ist nur, dass die Zeit läuft – und ich noch nichts Konkretes habe, mit dem ich meinen Plan realisieren kann.

Die anderen streiten sich gerade darüber, ob wir von Fehmarn aus dann lieber einen Ausflug zum Hansa-Park machen sollen oder lieber nach Dänemark. Mir ist das völlig egal, wir werden ja eh nicht fahren. Ich spitze meinen Bleistift und fange anschließend an, nachdenklich auf ihm herumzukauen. Mittlerweile hat es aufgehört zu regnen. Mein Problem sind die anderen, meine Eltern, die Lehrer. Alle anderen sind mir egal. Schließlich will ich ja auch nicht, dass sie mich am Ende für durchgeknallt halten oder psychopatisch. Das würde meine Message ja völlig kaputt machen. Das ganze Projekt soll so sein, wie sich das für saubere wissenschaftliche Arbeit gehört. Zielgerichtet, punktgenau und effizient. Größter Effekt bei kleinstem Aufwand. Je nachdem, wie viel Zeit ich am Ende noch habe, wären ein paar pyrotechnische Special Effects sicher auch cool. Oder ist das überflüssiger Schnickschack?

Es ist das erste Mal in meinem Leben, dass eine Mathestunde wie im Flug vergeht. Man, wenn ich das gewusst hätte. Ich hätte viel früher mit diesem Projekt angefangen.

„Wartest du noch kurz, Paul? Ich muss noch was mit dir klären", fragt Herr Rademacher. Dabei ist es eigentlich eher ein Befehl. Vermutlich geht es um die Geschichte mit dem Rattengift. So kreativ zu sein, hatte ich Jonas und den anderen gar nicht zugetraut. Als meine Mitschüler den Klassenraum verlassen haben, natürlich nicht, ohne mir vorher noch gegen das Schienbein zu treten und aus „Versehen" ihren Energie-Drink über meinen Notizen fallen zu lassen, warte ich neben dem Lehrerpult und starre an die mehr schlecht als recht gewischte Tafel. Ich mache mir erst gar nicht die Mühe, meine Notizen zu retten und schmeiße sie in den Müll. Außerdem ist das kein Weltuntergang, wie Herr Rademacher sagen würde, mit meinem halbfotografischen Gedächtnis habe ich einen Großteil der Notizen sowieso schon in meinem Kopf gespeichert. Außerdem hatte sich mcine Klasse gerade selbst dafür entschieden, noch ein bisschen leidvoller zu sterben. Natürlich werde ich ihnen diesen Wunsch erfüllen. *Avec plaisir,* wie der Franzose sagt. *Avec plaisir.*

„Vermutlich weißt du, warum ich mit dir sprechen will?", fängt Herr Rademacher an. Bin ich vielleicht doof? Ich zucke gelangweilt mit den Schultern und approximiere die Spur, die der Schwamm an der Tafel hinterlassen hat, durch eine ganz rationale Funktion. „Herr Bender hat mir erzählt, was da am Freitag zwischen dir und Jonas gelaufen ist. Das geht echt gar nicht. Du kannst froh sein, dass du keinen Schulverweis bekommst. Aber auch nur, weil du das erste Mal wegen sowas auffällig geworden bist. Trotzdem ist am Donnerstagmittag Elterngespräch mit dem Schulleiter. Als dein Klassenlehrer werde ich natürlich auch dabei sein. Du kannst dich allerdings schon auf eine saftige Strafe gefasst machen. Sowas können wir an unserer Schule echt nicht tolerieren." Ich starre weiter an die Tafel und denke an all das, was an dieser Schule doch auch toleriert wird. Warum hat mich eigentlich niemand nach meiner Meinung gefragt? Nach meiner Version der Geschichte? Mir ist auch nicht klar, warum ich da Donnerstagnachmittag antanzen soll, es interessiert sich ja eh niemand für mich. Außerdem habe ich keine Zeit. Bombenbasteln ist schließlich kein Kinderspiel.

Die nächsten Stunden verlaufen einigermaßen ereignislos. Weil die anderen merken, dass ich sie nicht verpfiffen habe, lassen sie mich zumindest heute in den Pausen in Ruhe. Sogar der Unterricht ist einigermaßen entspannt, denn ich habe aufgehört, mich über all das aufzuregen. Es dauert ja sowieso nicht mehr lange. Während der Unterricht vor sich hinplätschert, denke ich über mein Spiel nach und überlege, welche Elemente ich wie miteinander kombinieren soll. Außerdem frage ich mich, ob wir im Chemiesaal all das haben, was ich für das Sprengmittel brauche. Wo könnte ich das sonst noch herkriegen? Andererseits, vielleicht kann ich auch ohne Sprengstoff eine Explosion erzeugen. Eventuell könnte man da vielleicht teilchentheoretisch was machen. Das wäre mir natürlich wesentlich lieber. Ich stehe nicht so auf Chemie, verglichen mit Mathe und Physik ist mir das viel zu praktisch und zu unpräzise. Letztes Jahr hatte meine Chemielehrerin mir vorgeschlagen, Chemiker zu werden. Zwar bin ich ein grundsätzlich breit interessierter Mensch, aber Chemie? Früher wollte ich Astronaut werden. Dann Schriftsteller. Dann Universalgelehrter. Dann Richter, Physiker oder Bundeskanzler. Ein paar Monate später wollte ich nur noch dumm werden. Und jetzt? **Jetzt will ich nur noch tot sein.** Wenn ich mich nicht umbringen würde, würden die anderen es tun. Früher oder später.

Vielleicht könnte ich mal Erick fragen, was er von meinem Plan hält. Wobei ich vorsichtig sein muss. Obwohl Erick schon echt alt ist, doof ist er nicht und ich habe keine Ahnung, wie er reagieren würde, wenn ich ihn plötzlich frage, wie man eine Bombe baut. Wobei der bestimmt früher mal den Wehrdienst ableisten musste. Und enden nicht die meisten physikalischen Erkenntnisse früher oder später beim Militär? Ich weiß auch gar nicht, wie Erick reagieren würde, wenn ich ihn jetzt plötzlich was Praxisbezogenes frage, normalerweise sprechen wir nur über Physik. Eigentlich komisch, obwohl wir seit gut einem Jahr miteinander chatten, kenne ich ihn gar nicht wirklich. Und er kennt mich vermutlich auch nicht. Niemand kennt mich. Die ganzen letzten Monate hat mir diese distanzierte Nähe gefallen und gereicht, aber jetzt wäre es schon cool, jemanden zu haben, mit dem ich darüber sprechen könnte, jemanden, der mich bombenbastlerisch berät. Allerdings ist das vermutlich sowieso 'ne Schnapsidee. Am Ende will Erick mich dann daran hindern und versucht, mir das Ganze auszureden. Noch schlimmer wäre es, wenn man ihn am Ende wegen Mitwisserschaft oder so verurteilen würde. Ich verwerfe die Idee wieder. So wie es aussieht, muss ich das mal wieder alles alleine hinkriegen, und zwar ohne, dass jemand misstrauisch wird. Ohne, dass jemand merkt, an was ich gerade arbeite. Irgendwo habe ich mal gelesen, dass „normale" Leute sich über Überraschungen freuen. Bitte. Dann sollen sie auch eine Überraschung kriegen. Wobei ich ja nach wie vor der Meinung bin, dass es eigentlich keine Überraschungen gibt, keine Wunder. Alles folgt einem System. Jedes einzelne Ereignis ist das Ergebnis von anderen Ereignissen. Alles hängt mit allem zusammen. Und selbst wenn nicht jedes Ereignis einen Grund hat, hat zumindest alles, was passiert, eine Ursache. Oder mehrere. Wie mit dem Schmetterling und dem Erdbeben. Jedenfalls gibt es keine Wunder – nur faule Tricks und Mathematik.

Schon als ich die Tür aufmache, merke ich, dass zuhause etwas anders ist. Meine Eltern stehen beide im Flur, obwohl mein Vater um die Uhrzeit eigentlich noch im Büro sein müsste. Sie starren mich an.

„Die Schulleitung hat angerufen", meint mein Vater vorwurfsvoll. Irgendwie bin ich schon überrascht, dass die Schule so schnell reagieren kann, wenn sie es will. Schweigend zucke ich mit den Schultern und drücke mich an ihnen vorbei in die Küche, wo ich mir erst mal Müsli in eine Schüssel schütte. Nachdem ich die Flocken in Milch ertränkt habe, versuche ich, möglichst schuldbewusst auszusehen, obwohl ich vor Wut eigentlich gerade explodieren könnte. Das wäre natürlich auch noch eine Idee. Wenn ich selbst explodiere, muss ich vorher keine Bombe basteln. Allerdings bezweifle ich, dass ich genug Sprengkraft hätte. Vermutlich werde ich ums Basteln nicht herumkommen. Meine Eltern stellen sich vor mich, ich esse weiter, als ob sie gar nicht da wären.

„Was hast du uns dazu zu sagen, junger Mann?", fragt mein Vater und packt mich unsanft an den Schultern. *Wie wär's mit: Liebe Mama, lieber Papa. Ich hasse euch. Ich hasse die Schule. Ich hasse diese Welt. Aber nicht mehr lange. Ich bin gerade dabei, eine Bombe zu basteln, um das alles zu beenden. Viele Grüße, euer Sohn Paul.* Ich vermute, dass es nicht das ist, was mein Vater hören will. Soviel zum Thema „Die Wahrheit macht euch frei". Schweigend kaue ich weiter.

„Jetzt reicht's mir aber!", ruft mein Vater und knallt die Faust so hart auf den Tisch, dass meine Müslischale umkippt und sich über meine Hose ergießt. Wunderbar. Aber mein Vater fängt gerade erst an: „Deine Mutter und ich, wir tun wirklich alles für euch. Tag für Tag reiße ich mir im Büro den Arsch auf, damit es euch gutgeht, damit ihr ein tolles Leben habt. Und was machst du? Du hast deine pubertären Flausen im Kopf. Als ob das nicht schon schlimm genug wäre, machst du dann noch solche dummen Aktionen, Aktionen die mich den Ruf kosten können, wenn sich das herumspricht!" Jetzt reicht es mir aber dann doch.

„Aber", will ich einwenden, als er mich harsch unterbricht:

„Und jetzt komm mir nicht damit, dass der andere Junge angefangen hat. Es ist mir völlig egal, wer angefangen hat. Gewalt ist keine Lösung!"

„Aber", versuche ich es erneut. Dann scheuert er mir eine.

„Lass den Blödsinn einfach. Klär deine Probleme – wie ein Mann. Und zwar ohne, dass der Rest der Welt das mitkriegt." Ich reibe mir die Wange und versuche, aus der Differenz zwischen verbaler und nonverbaler Aussage schlau zu werden. Erfolglos.

„Und nur, damit das klar ist. Du hast den Rest der Woche Hausarrest." Entsetzt schaue ich ihn an. Er grinst hämisch. Vielleicht war mein Vater in meinem Alter auch so einer wie Max. „Ende der Diskussion!" Dann geht er, knallt die Tür zu und fährt zurück ins Büro. Meine Mutter verschwindet ohne ein Wort ins Wohnzimmer. Als sie weg ist, hole ich eine Packung Erbsen aus dem Gefrierfach und halte es mir an die Wange. Meine jahrelange Schulerfahrung hat gezeigt, dass das „Broken-Window-Prinzip" auch für Menschen gilt. Leute, die schon desolat aussehen, kriegen noch schneller eine geknallt, als die, die noch einigermaßen fit wirken. Ein Kühlakku wäre mir jetzt lieber, aber sowas haben wir nicht. Mein Großvater hat immer gesagt:

„Ein Indianer kennt keinen Schmerz." Sehe ich aus wie ein Indianer? Irgendwie habe ich keinen Appetit mehr, also kippe ich den Rest in den Müll und stelle das Geschirr in die Spülmaschine. Dann verkrümle ich mich in mein Zimmer. Das mit dem Hausarrest ist echt ärgerlich. Eigentlich wollte ich nämlich noch in der Universitätsbibliothek recherchieren, aber das muss ich jetzt wohl aufs Wochenende verschieben. Grimmig aber entschlossen mache ich es mir auf dem Bett bequem. *Online tutorials of particle physics in practice.* Über 40 Millionen Treffer. Gleich der erste ist vom MIT. Eigentlich hätte ich da von selbst drauf kommen können. Vielleicht könnte ich notfalls sogar über die an Material kommen. In Amerika soll das ja alles viel einfacher sein. Lächelnd scrolle ich mich durch die Videos. Was Schaltkreise und praktische Beschleunigungsexperimente angeht, habe ich echt noch Lücken. So gesehen kommt das mit dem Hausarrest gerade rechtzeitig. Auf meinem MP3-Player läuft „*The final countdown*". Die Sache fängt langsam an, mir Spaß zu machen.

Am Mittwoch ist der Abistreich. Obwohl die Schule im Chaos versinkt, lächelt Frau Weber wie ein Engel im Krippenspiel. Vermutlich hat sie wieder Baldrian genommen. Oder was Härteres. Unter normalen Umständen hätte ich sie darum beneidet. Jetzt nicht mehr. Seit meine Rechnungen an Gestalt annehmen, werde ich ruhiger. Fast schon proportional zur Anzahl der bereits berechneten Formeln. Gestern in Französisch habe ich sogar eine Konstante gefunden, die in der einschlägigen Literatur am MIT noch gar nicht aufgetaucht ist, was bedeuten dürfte, dass ich sie tatsächlich gefunden habe. Als erster. Überhaupt, dass mit dem MIT ist echt praktisch, denn es erspart mir die Recherche in der Universitätsbibliothek der Nachbarstadt. Außerdem komme ich mit dem Studentenpasswort für mein Fernstudium auch an einen Großteil der geschützten Dokumente. Die Dokumente, an die ich dann immer noch nicht rankomme, öffne ich einfach mit dem Passwort von Erick, das er mir gestern Nacht noch gegeben hat. Manchmal glaube ich, dass er gerne einen Enkel hätte. Früher war es meine absolute Horrorvorstellung, später mal eine eigene Familie zu haben, obwohl ich weiß, dass meine Mutter gerne Enkel hätte. Jetzt hat sich das ja eh erledigt. Glück gehabt. Jedenfalls machen meine Recherchen große Fortschritte und das tröstet mich darüber hinweg, dass vor dem Lehrerpult drei betrunkene Abiturientinnen stehen und uns langweilige Geschichten aus ihrer Schulzeit erzählen. Die eine erzählt uns gerade, dass sie einen Schnitt von 1,4 geschafft hat, dann verlässt sie torkelnd das Klassenzimmer. Vom Flur hört man eklige Geräusche. An dem Abischnitt zweifle ich ja, wenn ich mir das so anschaue, vielleicht hat sie sich einfach vertan und meinte ihren Promillewert. Da könnten 1,4 zutreffen. Manchmal kann man sich schon fragen, wie das noch was werden soll, mit dem Land der Dichter und Denker. Die Situation ist schon irgendwie traurig. Ich bin wirklich nicht arrogant. Außerdem weiß ich, dass ich nichts dafür kann, so schlau zu sein, genauso wenig, wie die anderen was dafür können, dass sie nicht so schlau sind. Es geht mir gar nicht um Intelligenz. Alles, was ich mir für mein Leben oder dieses Land oder wie auch immer gewünscht hätte, wäre, dass jeder akzeptiert wird, so schlau wie er halt ist. Dass die Schlauen nicht die weniger Schlauen unterdrücken und dass die weniger Schlauen die Schlauen nicht ständig fertigmachen. Aber das wird vermutlich nicht passieren. Dafür ist das zu unrealistisch. Wenn nicht sogar unmöglich.

Während wir uns alle in die Aula quetschen, um den Abifilm zu schauen und mitzuerleben, wie sich die Abiturienten an ihren Lehrern mit irgendwelchen kindischen Spielen ‚rächen‘, überprüfe ich die Statik des Gebäudes durch eine

Resonanzmessung. Die Aula überzeugt mich nicht. In diesem Raum gibt es viel zu viel Stahl und viel zu wenige brennbare Elemente. Außerdem würde der Raum selbst bei einer überdurchschnittlichen Sprengkraft stabil bleiben. Vielleicht liegt es daran, dass unsere Schule kurz nach dem Krieg gebaut wurde. Vermutlich hatten die Architekten in den Jahren davor nur Bunker gebaut. Jedenfalls muss ich mir entweder einen anderen Ort suchen oder eine andere Sprengweise. Je nachdem, wie die Bombe letztendlich funktionieren wird, wäre es vielleicht sowieso besser, sie im naturwissenschaftlichen Flügel zu zünden. Da dieser als letztes gebaut wurde, dürfte der etwas weniger stabil sein. Angenommen, ich würde die Bombe im Physikraum zünden, hätte das sogar den Vorteil, dass die Chemieräume im Stockwerk darüber ebenfalls sofort hochgehen würden, inklusive aller Chemikalien. Das würde die Wirkung perfekt verstärken. Unschlagbares Argument ist aber, dass wir freitags in der 3. und 4. Stunde Chemie haben. Das heißt, wenn ich die Bombe um 10:24 im Physikraum zünden würde, der um diese Uhrzeit sogar frei ist, hätte ich meine Mitschüler ganz in meiner Nähe. Trotzdem sollte ich natürlich darauf achten, dass die kreisförmige Reichweite von 120 Metern ziemlich genau eingehalten wird. Vor meinem inneren Auge betrachte ich den Grundriss der Schule und zeichne einen Kreis mit dem Mittelpunkt Physikraum hinein. Volltreffer. Verglichen mit meinem Streich ist das Abirumgealber hier echt Kinderfasching. Auf der Bühne singen sie jetzt „We are the Champions". Mein Blick schweift über die komplette Schul-‚Gemeinschaft', die sich hier versammelt hat. Es dürfte das letzte Mal sein. Ich lächle noch, als die Veranstaltung sich auflöst und ich langsam zur Bushaltestelle schlendere. Plötzlich werde ich von hinten angerempelt. Instinktiv spanne ich mich an, aber keiner schlägt zu. Mittellange braune Haare fallen in mein Sichtfeld. Vor mir steht das Mädchen aus der Damentoilette.

„Sorry", murmelt sie kaum hörbar und hastet weiter. Ihre Schultasche hinterlässt einen Geruch von Banane und faulen Eiern, der mir seltsam vertraut ist.

Am Donnerstagnachmittag sitze ich mit meinen Eltern, dieses Mal ist auch mein Vater gekommen, zusammen mit Jonas und dessen Eltern sowie Herrn Bender und Herrn Rademacher bei unserem Schulleiter im Büro. Herr Sibert streicht sich angespannt die Krawatte glatt und räuspert sich umständlich:

„Ich habe ja immer gedacht, dass es an unserer Schule kein Mobbing gibt. Aber da habe ich mich wohl getäuscht." Es käme sicher komisch, wenn ich jetzt nicken würde. „Vor allem aber", fährt er fort, „haben wir uns in dir getäuscht, Paul. Die meisten deiner Lehrer haben sehr viel von dir gehalten, aber sowas geht echt zu weit." Betrübt schüttelt er den Kopf. „An dieser Stelle möchte ich Ihnen nochmals danken, dass Sie von einer Anzeige absehen und uns die Möglichkeit geben, das Ganze schulintern zu besprechen." Ernst sieht er die Eltern von Jonas an und wendet sich dann an meine Eltern: „Ich hoffe, Sie haben mit Ihrem Sohn bereits eindringlich darüber gesprochen, dass ein solches Verhalten vollkommen indiskutabel ist?" Mein Vater nickt gewichtig:

„Selbstverständlich." Wenn ich nicht schon vorhätte, morgen in drei Wochen die Schule in die Luft zu jagen, dann wäre ich spätestens jetzt auf die Idee gekommen. Es ist fast schon pervers, dieses Gespräch hier. Sogar Jonas sieht aus, als wäre er überrascht davon, wie sich das alles entwickelt hat. Später sollte ich ihn mal fragen, wie genau ich das mit dem Rattengift gemacht haben sollte. Eigentlich ist die Idee nämlich gar nicht so übel, wobei so eine Bombe natürlich wesentlich beeindruckender ist. Allerdings ist es schon erstaunlich, dass es für Jonas und die anderen so einfach ist, den Spieß umzudrehen. Und es ist erschreckend, dass alle ihnen glauben und dass mich noch immer keiner nach meiner Meinung gefragt hat. Vermutlich wird das auch nicht mehr passieren. Warum sollte ich es abstreiten? Für die Wahrheit interessiert sich hier ja eh niemand. Und sämtliche Schulstrafen können ohnehin nicht schlimmer sein, als das, was mir die anderen sowieso antun. Außerdem ist es nur noch für drei Wochen. Meine Mutter stößt mir den Ellenbogen in die Seite, anscheinend ist ihr aufgefallen, dass ich gerade gar nicht mehr zuhöre. Herr Sibert heftet ein DIN-A4-Blatt in meine ansonsten leere Akte und stellt sie wieder ins Regal.

„In einem Fall von Körperverletzung solchen Ausmaßes, selbst wenn wir in diesem Fall Glück gehabt haben, sieht die Schulordnung eine Verwarnung vor, an die sich, sollte so etwas oder etwas Ähnliches wiederholt geschehen, unmittelbar ein Verweis anschließt. Außerdem halte ich in diesem Fall vier Stunden Hausmeisterdienst pro Woche für angemessen. Einwände oder Ergänzungen?" Die Anwesenden schütteln dezent die Köpfe. Mir ist das völlig egal. Vier Stunden pro Woche sind kein Problem, ich kann ja währenddessen an meinem Plan weiterarbeiten. Und da ich sowieso ständig im Müll nach meinen Schulsachen suche, kann ich dem Hausmeister ja gleichzeitig helfen. Anschließend müssen Jonas und ich uns die Hände reichen. Sind wir hier im Kindergarten? Dann können wir endlich gehen.

Als wir zuhause sind, schicken meine Eltern mich ohne Abendessen aufs Zimmer, was mir nichts ausmacht, da ich sowieso schon lange keinen Appetit mehr habe. Solange ich in den nächsten drei Wochen nicht völlig vom Fleisch falle, passt das schon. Der Mensch lebt nicht vom Brot allein. Wir brauchen Liebe. Freunde. Anerkennung. Aufmerksamkeit. Und manche von uns brauchen halt auch Wissen. Mittlerweile habe ich mich erneut mit Ericks Passwort ins Intranet eingeloggt. Meine Recherchen laufen wunderbar, meine Zettel mit Notizen und Formeln werden mehr und mehr. Langsam gerate ich in einen Rauschzustand, den ich zum letzten Mal gespürt habe, als ich in der vierten Klasse meine ersten Abiaufgaben gelöst habe. Wissen ist Macht. Und es macht glücklich. Es macht mich glücklich, zu wissen, dass es nicht mehr lange dauern wird, bis es endlich vorbei ist. Es erfüllt mich mit Vorfreude und Aufregung. Vielleicht sollte ich doch einen Abschiedsbrief hinterlassen, um mich bei den beiden Universitäten zu bedanken. Oder sie zumindest formal von aller Mitverantwortung an meiner Bombe, meinem Spiel, freisprechen. Rausgekriegt hätte ich das ja alles auch alleine, aber mit technischer Unterstützung geht es einfach schneller. Und es geht im Leben meistens um Zeit. Trotzdem wäre es ein Trugschluss zu sagen, dass es immer gut ist, der Schnellste zu sein. Meistens ist es sogar schlecht. Denn wenn man immer der Schnellste ist, lassen sie einen irgendwann nicht mehr mitmachen. Aber das ist jetzt egal, denn dieses Spiel, mein Spiel, geht an mich.

Activity. Ich habe alles versucht. Ich habe versucht, den Begriff ,Verzweiflung' pantomimisch zu erklären, aber alle haben weggeschaut. Also habe ich versucht, ihn zu zeichnen, aber sie fanden meine toten Tiere unter den Klausuren okkultistisch. Und auch das Reden hat nichts geholfen. **Sie haben mich nicht verstanden, weil sie mich nicht verstehen wollten.** Jetzt werde ich die letzte Version ausspielen und es ihnen mit Gewalt erklären. Sie werden es begreifen, begreifen müssen. Sein oder nicht sein. Was die anderen wollen, ist jetzt nicht mehr die Frage.

Aber das ist egal, denn jetzt entscheide ich, wie gespielt wird und wer mitspielt. Und diese letzte entscheidende Runde werde ich gewinnen. Allein.

6. KAPITEL

Wenn du wackelst, gibt es eine Katastrophe – für alle.

Montagmorgen. Deutschunterricht. Aber ich bin nicht da. Nachdem ich das ganze Wochenende wie ein Irrer gerechnet habe, will ich jetzt das Inventar betrachten. Notfalls muss ich nämlich noch was besorgen – oder den Plan ändern. Kurz vor der Schule habe ich mich in einem Hauseingang versteckt und dort gewartet, bis alle in ihren Klassen verschwunden sind. Dann habe ich mich in den Sammlungsraum Physik geschlichen. Montagmorgens ist hier tote Hose. Das habe ich festgestellt, als ich mich gestern Nacht in den Stundenplan gehackt habe. Mit dem Generalschlüssel, den ich mir am Freitagnachmittag bei meinem Hausmeisterstrafdienst ‚ausgeliehen‘ habe, schließe ich die Tür zur Sammlung auf. Hier lagert alles, was man für den Physikunterricht braucht. Mein Herz schlägt höher. Kondensatoren, Spulen, Schwingkreise, Trafos und Kabel aller Art. Da letztes Jahr ein ehemaliger Schüler seinen Elektrowarengroßhandel aufgeben musste und die Reste der Schule gespendet hat, sind die meisten Gegenstände neu und so gut wie ungebraucht. Abgesehen vom Surren des Notstromaggregaten ist es still und friedlich. So ungefähr stelle ich mir den Himmel vor. Euphorisch laufe ich einmal durch alle Regalreihen, bleibe hier stehen und da. Bis auf ein paar Dinge aus der Chemiesammlung, die ich später noch holen muss, habe ich alles hier, was ich brauche. Der Blick auf die Uhr verrät mir, dass ich noch fast eine Stunde bis zur großen Pause habe. Also fange ich an, die ersten Drähte zu verbinden. Fast komme ich mir vor, als würde ich Lego spielen, nur dass dieses Spiel großartiger wird als alles, was je in meinem Kinderzimmer passiert ist. Eigentlich hätte ich auch praktischer Physiker werden können, denn irgendwie macht das Basteln Spaß. Nur das mit dem Stromkreis klappt erst, als ich nach der vierten Wiederholung des Tutorials den Widerstand endlich richtig herum einstecke. Um kurz vor neun klingelt mein Handywecker. Weil ich fürchte, dass einer von den Physiklehrern früher kommt, um seinen Unterricht vorzubereiten, verstecke ich meine Bastelei in einer Ecke, die so verstaubt aussieht, dass da vermutlich nicht mal mehr die Putzfrau vorbeischaut. Ein letztes Mal schaue ich, ob ich Spuren hinterlassen habe, dann schließe ich die Tür hinter mir wieder ab und gehe Richtung Klassenzimmer. Für einen kurzen Augenblick bin ich aufgeregt. Was wird meine Lehrerin denken? Was werden die anderen denken? Schließlich habe ich heute zum ersten Mal so richtig geschwänzt. Leise öffne ich die Tür. Ein Blick auf die Tafel verrät mir, dass ich nichts verpasst habe. Es gibt halt keine Wunder. Unauffällig, so unauffällig, wie das eben geht, wenn man am anderen Ende des Raumes am Fenster sitzt, schleiche ich mich an meinen Platz. Die Klasse scheint so mit sich selbst beschäftigt, dass es ihr gar nicht auffällt. Zumindest brüllt niemand „Kuchen!". Auch meine Deutschlehrerin scheint mich nicht wahrzunehmen, denn sie macht mit den Rechtschreibregeln unbekümmert weiter. Immerhin lässt sie uns als nächstes Aufgaben bearbeiten, die jedoch so einfach sind, dass mir bereits vom Betrachten des Arbeitsblattes langweilig wird. Selbst meine Mitschüler scheinen den Aufgaben nichts abgewinnen zu können, denn sie diskutieren schon wieder über die Bundesliga bzw. die neue Staffel von GNTM, was auch immer diese Abkürzung bedeuten soll. Meine Deutschlehrerin sitzt am Pult und spielt mit den Fingern an ihrer Lesebrille. Warum sagt sie nichts? Also nicht zu meinen Mitschülern, sondern zu mir? Wieso schimpft sie nicht? Klar weiß ich, dass für mich minimal andere Regeln gelten – oder zumindest bis zu dieser Kaugummigeschichte galten, aber trotzdem. Oder ist es ihre Strafe, mich nicht zu bestrafen und zu ignorieren? Irgendwie bin ich enttäuscht. Von mir, weil ich die Idee mit der ‚sinnvollen Zeitentwertung' bzw. dem sogenannten Schwänzen nicht schon früher gehabt habe. Und ich bin enttäuscht von ihr, weil es sie gar nicht zu interessieren scheint, dass ich jetzt sogar anfange zu schwänzen.

Während ich mein Zeug auspacke, frage ich mich, warum ich nicht einfach wieder nach Hause gegangen bin, obwohl mir die Antwort eigentlich klar ist. Ich darf jetzt nicht unnötig auffallen, muss sie in Sicherheit wiegen. Nicht, dass am Ende noch jemand misstrauisch wird und mir das Spiel kaputt macht. Jetzt, nach der absurden Geschichte mit Jonas und seinen Kaugummis haben sie mich vermutlich im Blick. Ein Grund mehr, sich zu bemühen und den Lehrern das Gefühl zu geben, dass alles so ist wie immer. Vielleicht melde ich mich deshalb in den letzten zwanzig Minuten der Stunde häufiger, als einige meiner Mitschüler im gesamten Schuljahr. Immerhin wirkt Frau Kramer ganz zufrieden.

Als die Stunde vorbei ist, strömen fast alle sofort raus auf den Schulhof. Wie so oft hat der Klassenbuchführer das Klassenbuch liegen lassen, sodass ich es einsammeln werde. Gewohnheitsmäßig schaue ich nach, ob Frau Kramer die Stunde schon eingetragen hat, bevor ich das Buch mitnehme. Die betreffende Zeile ist bereits ausgefüllt. Im Feld ,abwesende Schüler' steht mein Name. Mit einem ,e' dahinter. Zusätzlich in Klammern: Beim Zahnarzt. Sofort bekomme ich Nasenbluten. Mir wird schwindelig. Cool bleiben, ganz ruhig, mahne ich mich. Fang bloß nicht an zu heulen, auch nicht, wenn du der sensibelste Junge der Schule bist. Nur nur noch zweieinhalb Wochen. Das schaffst du. Erst jetzt fällt Frau Kramer auf, dass ich Nasenbluten habe. Seit ich vor ein paar Monaten bei einem Film über den Holocaust so stark Nasenbluten bekommen habe, dass mein Kreislauf völlig zusammengekracht ist, kriegt sie immer gleich Panik, wenn meine Nase blutet. Sie legt mir ihre faltige Hand auf die Schulter.

„Hey, mach dir doch deswegen keinen Stress", versucht sie mich zu trösten. „Du darfst doch auch mal verschlafen!" Und das ist der Moment, in dem meine Beine unter mir nachgeben. Fix und fertig rutsche ich mit dem Rücken an der Wand herunter und bleibe auf dem dreckigen Klassenzimmerboden sitzen.

„Alles okay, Paul?", fragt sie mich und man kann hören, wie ihre Stimme zwischen Besorgnis und Panik schwankt. Sehe ich aus, als ob alles okay wäre? Sieht mein Leben aus, als ob es okay ist?

Meine Mitschüler hatten neulich mal behauptet, dass ich selbst mit einem Schnitt von 4,5 nicht sitzenbleiben würde. Zuerst fand ich diese Aussage völlig bescheuert, aber mittlerweile glaube ich, dass sie Recht hatten. Ich bin wie ein verdammtes Mikado-Stäbchen. Ich wackle, wackle mit letzter Kraft, um ihnen zu zeigen, dass ich nicht mehr kann – und sie ignorieren es. Sie ignorieren es, weil sie wissen, dass sie verloren haben, wenn ich wackle. Vielleicht ist das der Grund, weshalb ich keinen Schulverweis, sondern nur vier Hausmeisterstunden bekommen habe. Weil ein Schulverweis heißen würde, dass mit mir irgendwas nicht stimmt. Und wenn ein handzahmer Hochleistungsschüler plötzlich verrückt spielte, dann würde das früher oder später bedeuten, dass da pädagogisch irgendwas schiefgelaufen war, aber das wollen sie sich nicht eingestehen. Mittlerweile fühlen sich meine Beine auch wie zwei wackelnde Mikado-Stäbchen an. Meine Beine zittern. Es gibt Momente, in denen ich so fertig bin, dass ich mich frage, wie ich die nächsten zwei Wochen noch überstehen soll. Meine Nase blutet noch immer. Frau Kramer wirkt, als wäre sie mit der Situation völlig überfordert. Dann bemerkt sie, wie Max und seine Freunde vor der Klassenzimmertür vorbeilaufen.

„Max?", ruft sie in einer Lautstärke, die Max sogar gehört hätte, wenn er taub gewesen wäre. Max kommt ins Klassenzimmer geschlendert und sieht sie fragend an. „Du, dem Paul geht's nicht gut. Könnt ihr ihn ins Sanitätszimmer bringen? Herr Roth soll sich das mal anschauen." Max nickt: „Klar." Sam nimmt sich meinen Rucksack und Anton greift mich hart am Arm, um mir aufzuhelfen.

„Danke, Jungs, das ist echt nett von euch", meint Frau Kramer. Ich werfe ihr einen Blick zu, in dem sich Todesangst und Todessehnsucht vereinen wie Ying und Yang. Natürlich deutet sie ihn falsch. „Kopf hoch, Paul. Das wird schon wieder." Dann schiebt sie die Jungs und mich in den Flur, schließt die Tür ab und verschwindet Richtung Cafeteria. Max und die anderen setzen sich ebenfalls in Bewegung, Anton schiebt mich vor sich her. Ob ich will oder nicht, ich muss mich auf ihn stützen, weil ich sonst umfallen würde. Wir laufen am Sanitätszimmer vorbei. Es gibt keine Wunder. Ich hatte fast damit gerechnet.

Unsere Karawane endet schließlich in der einzigen Ecke unseres Schulhofes, die man vom Lehrerzimmer aus nicht im Blick hat. Unsanft schleudert Anton mich gegen die Steinmauer, die den Schulhof zur Straße hin abgrenzt. Mittlerweile liege ich mehr an der Mauer, als dass ich sitze. Ich weiß, dass uns hier keiner sehen kann. Max und die anderen wissen das auch.

„Was sollte die Scheiße eben mit der Kramer?", fragt Jonas und spuckt mich an. Wenn ich noch Energie und Selbstbewusstsein hätte, würde ich sie fragen, was die Scheiße soll, die sie seit Jahren machen. Aber ich habe keine Energie mehr. Selbstbewusstsein hatte ich vielleicht noch nie.

„Es ging nur um den Eintrag im Klassenbuch", sage ich und weiß, dass sie mir nicht glauben werden. Keiner glaubt mir.

„Ich fand, es sah so aus, als hättest du uns verpfiffen, du Lappen!", zischt Anton und tritt mir voll in den Bauch. Der Schmerz raubt mir für einen Augenblick den Atem. Als ich wieder klar denken kann, beginne ich im Kopf die Vierundsiebziger-Reihe durchzugehen und hoffe, dass es nicht mehr lange dauert, bis sie aufhören oder ich das Bewusstsein verliere. Max tritt erneut. Dieses Mal trifft er den Brustkorb. Ich bemühe mich krampfhaft, Luft zu kriegen, meine Nase blutet wie blöd.

„Wir mögen keine Petzen, das solltest du doch mittlerweile gemerkt haben." Ich kneife meine Augen zu und versuche erfolglos, mich noch kleiner zu machen, als ich bin. „Vielleicht hast du Glück, und sie glaubt dir nicht", überlegt Max und nickt Jonas anerkennend zu: „Dafür war die Idee mit den Kaugummis echt spitze. Wobei es schon irgendwie peinlich ist, dass die Penner Jonas geglaubt haben und nicht dir, Paul. Da siehst du mal, was für ein Loser du bist."

„Wir werden das im Blick behalten!", sagt Sam.

„Und nur, dass wir uns verstehen", ergänzt Max, „wenn sie dir doch glaubt oder du mit irgendwem sonst redest, wir machen dich platt." Um seine Aussage zu unterstreichen, tritt er mir nochmal in den Bauch. Ich könnte kotzen. Schreien. Weinen. Explodieren. Sterben. Leider verliere ich nicht das Bewusstsein, vielleicht soll ich sie bitten, noch mal zu treten. Meine Nase tropft noch immer. Mühsam versuche ich mich an der Mauer hochzuziehen. Es klappt nicht. Anton greift mir unter die Arme, dann lächelt er die anderen an.

„Wir sollten den Schlappschwanz doch ins Sanni bringen. Wie praktisch, dass er schon davor Nasenbluten hatte." Halb schubsen sie mich, halb müssen sie mich tragen. Ich kann nicht mal mehr zählen.

Im Sekretariat angekommen, erschrickt die Sekretärin bei meinem Anblick. Herr Rademacher, der zufällig in der Tür steht, grinst:

„Und, wieder Nasenbluten?" Herr Roth kommt ebenfalls dazu und nickt wissend:

„Frau Kramer hat schon gesagt, dass ihr ihn bringt. Doch warum hat das so lange gedauert?", fragend schaut er die anderen an. Max zuckt entschuldigend mit den Schultern und zeigt auf mich:

„Ging nicht schneller. Außerdem mussten wir noch einen Stopp auf der Toilette machen, weil die Taschentücher nicht gereicht haben." Herr Roth nickt erneut und geht mit dem Schlüssel fürs Sanitätszimmer voraus. Auf halber Strecke kommt uns Mme Sandmüller entgegen, die sich fröhlich mit Frau Weber unterhält. Als sie mich sieht, muss sie schmunzeln:

„Wenn Paul nicht so ein zarter Junge wäre, könnte man fast meinen, er wäre in eine Schlägerei geraten." Ich höre noch, wie sie lachen, dann wird endlich alles schwarz.

Als ich die Augen wieder aufschlage, liege ich im Sanni und schaue direkt in die jetzt doch besorgten Augen von Herrn Roth.

„Alles klar bei dir?", fragt er und misst meinen Blutdruck. Vermutlich fühlt sich mein Blutdruck gerade so unterirdisch an, wie ich mich anfühle. Mittlerweile kommen mir nämlich doch Zweifel, ob ich die restlichen zweieinhalb Wochen noch durchhalte. Oder wäre es am Ende besser, den Spielstart vorzuziehen? Allerdings habe ich noch nicht alle Vorkehrungen getroffen, das Spiel ist noch nicht perfekt vorbereitet. Und es muss perfekt sein. Wie hatte meine Chemielehrerin mal gewitzelt:

„Wenn es nicht perfekt ist, ist es nicht Paul." Andererseits fühle ich mich gerade so mies, dass ich sogar daran zweifle, das große Einmaleins perfekt hinzukriegen und das will was heißen. Herr Roth hat seine Messung beendet und schüttelt mit dem Kopf.

„Du siehst nicht gut aus, Junge." Erschöpft schaue ich ihn an, ehe ich mich auf der Liege zusammenkrümme.

„Mir ist so schlecht", murmle ich leise. Schlecht vor Angst und schlecht vor

Wut. Und schlecht, weil Füße nun mal nicht in meinen Magen gehören. Stirnrunzelnd schaut er mich an. Ich weiche seinem Blick aus.

„Das ist komisch", findet er. Finde ich nicht, aber ich sage nichts. Weiteren Stress mit Max kann ich nicht brauchen und Stress mit den Lehrern auch nicht. „Schwindel wäre noch normal", fährt er fort, „aber Übelkeit? Vielleicht solltest du später zum Arzt gehen." Sicher nicht. Man müsste mir nur das T-Shirt ausziehen. Mittlerweile habe ich so viele blau-lila Flecken, dass mein Spiegelbild mich fast schon an eine Milkakuh erinnert. Und jeder Arzt, der nicht halbwegs bescheuert ist, würde sofort irgendwelche Fragen stellen. Oder meine Eltern informieren. Oder die Polizei. Für all das habe ich keine Zeit, denn ich muss rechnen und basteln. Außerdem sollte ich noch ein paar Sachen klären, quasi meine Löffelliste. Auch wenn ich den Löffel nicht abgebe, sondern wegschmeiße, aber das Prinzip dürfte dasselbe sein. Noch immer weiß ich nicht, ob ich jetzt einen Abschiedsbrief hinterlassen soll oder nicht. Eigentlich wäre es ohne cooler. Es würde Fragen aufwerfen, provozieren und den Medien Spielraum lassen, meinen Vater zu zerreißen. Andererseits wäre es katastrophal, wenn keiner kapiert, was ich mit dieser Bombe eigentlich sagen wollte. Am Ende heißt es noch, ich wäre in der Pubertät gewesen oder unglücklich verliebt. So einen Schwachsinn sollte ich eigentlich verhindern.

„Paul?" Herr Roth schüttelt mich an der Schulter. Keine Ahnung, ob ich wieder weggedämmert bin, Lust dazu hätte ich jedenfalls. Mir ist wirklich schlecht. „Warst du am Wochenende zu lang am Baggersee? Sonnenstich könnte passen", vermutet Herr Roth, der trotz seiner Notfallsanitäter-Ausbildung völlig auf dem Holzweg unterwegs ist. Dabei ist er nicht blöd, er macht nur den größten Fehler, der einem in den Naturwissenschaften passieren kann. Er trifft seine Aussage, ohne alle Fakten zu kennen. Er nähert sich einer Lösung, ohne alle Messwerte mit einzuberechnen. Stattdessen rät er einfach drauflos. Ich mache mir nicht die Mühe, den Kopf zu schütteln und krümme mich stattdessen noch weiter zusammen, weil meine Rippen und mein Bauch wirklich weh tun. Immerhin hat meine Nase aufgehört zu bluten. Die Tür geht auf und jemand trippelt in den Raum. Vermutlich die Sekretärin. „Paul, ich kann deine

Eltern nicht erreichen." Mir fehlt die Kraft, zu reagieren. Was sollte ich auch sagen. Dass es besser so ist? Dass sich mein Vater doch eh nur für seinen Wahlkampf interessiert und mich ohnehin nicht abholen würde? Mein Sportlehrer schüttelt mich unsanft: „Hey, wachbleiben Paul! Versuch mal, die Augen zu öffnen." Mit größter Anstrengung öffne ich mein rechtes Auge ein paar Millimeter und erkenne, wie Herr Roth der Sekretärin einen besorgten Blick zuwirft. Er hilft mir, mich langsam aufzurichten. Schwach lehne ich mit dem Rücken an die Wand. Verschwommen erkenne ich die Anatomie-Poster auf der anderen Seite des Zimmers. Was macht den Menschen zum Menschen? Ich kann nicht mehr. Mühsam öffne ich auch das andere Auge. Mein glasiger Blick, in dem sich Ying und Yang unheilvoll verbinden, scheint keinem aufzufallen. Obwohl ich versuche, mich zu entspannen, tut mein Bauch wahnsinnig weh.

„Auch noch Bauchschmerzen?", fragt Herr Roth und scheint langsam ernsthaft an seiner Diagnose zu zweifeln. Matt zwinge ich mich zu einem Grinsen. Sie sollen mich einfach nur in Ruhe lassen.

„Geht schon wieder", presse ich zwischen den zusammengebissenen Zähnen hervor. Kalter Schweiß sammelt sich auf meiner Stirn. Mein Körper fängt offensichtlich an, gegen mich zu arbeiten. Die Sekretärin und Herr Roth wechseln einen vielsagenden Blick.

„Wenn das in 'ner Viertelstunde nicht besser wird und dich von zuhause keiner abholen kann, müssen wir einen Krankenwagen rufen", meint Herr Roth und nuschelt ein „Schulvorschrift" hinterher. Energisch will ich den Kopf schütteln, aber das mit der Rechts-Links-Bewegungs-Organisation gelingt mir nicht. Schlagartig wird mir schummrig. Dann kotze ich Herrn Roth vor die Füße.

Die Sekretärin hilft mir, mich wieder hinzulegen, während Herr Roth was zum Aufwischen holt. Mir ist so schlecht.

„Bitte keinen Krankenwagen", flehe ich sie an. Das kann ich jetzt echt nicht riskieren. Außerdem passt mir das zeitlich gerade gar nicht ins Konzept. Klar, ich kann verstehen, dass sie sich Sorgen machen, weil sie meine Symptome nicht deuten können. Doch das ist kein Grund, mein Spiel in Gefahr zu bringen. Die

Sekretärin tätschelt mir die Schulter. Vermutlich soll das beruhigend wirken. Mein Gehirn rattert, so gut das in meinem Zustand halt möglich ist. Als mein Sportlehrer wiederkommt und sie zurück ins Sekretariat will, öffne ich erneut die Augen.

„Sie können ja meine Tante anrufen!", sage ich schnell. Hoffentlich weiß sie nicht, dass meine Eltern beide Einzelkinder sind.

„Deine Tante?", fragt sie. Schnell nenne ich ihr die Nummer. Unschlüssig wiegt sie den Kopf hin und her. „Ich kann sie ja mal anrufen. Aber dann werde ich ihr sagen, dass sie mit dir dringend heute noch zum Arzt sollte." Dankbar lächle ich sie an und hoffe, dass Roswitha kapiert, dass ich ein Problem habe. Dabei weiß ich gar nicht, ob sie überhaupt einen Führerschein hat, oder ein Auto. Oder ob sie

vormittags zuhause erreichbar ist. Was arbeitet sie eigentlich? Eigentlich weiß ich gar nichts über sie, nur ihre Telefonnummer, die weiß ich auswendig, auch wenn ich sie damals nur aus Langeweile auswendiggelernt habe.

Nicht mal fünfzehn Minuten später steht Roswitha in der Tür. Dankbar und völlig am Ende versuche ich, sie anzulächeln. Irgendwie sieht sie komisch aus, ohne ihren Rollstuhl. Sie kommt mir langsam entgegen, konzentriert darauf, so auszusehen, als würde ihr das Laufen keine Mühe machen. Doch ich sehe, wie es sie anstrengt. Unbeholfen nimmt sie mich in den Arm, dabei berühren wir uns sonst nie. Vermutlich liegt das an der Tantenrolle. Herr Roth und die Sekretärin wirken erleichtert.

„Am besten ist, Sie fahren mit ihm gleich zum Arzt", schlägt der Sportlehrer vor und hält mir den Arm hin, um mir hochzuhelfen: „Kannst du aufstehen?" Mühsam richte ich mich auf und hätte sofort wieder Lust zu kotzen. Aber ich muss mich zusammenreißen. Nur noch zweieinhalb Wochen. Das sollte doch zu schaffen sein. Mit zusammengebissenen Zähnen quäle ich mich zum Ausgang. Zum Glück sind die anderen schon im Unterricht. Als wir draußen sind, ruft Roswitha uns ein Taxi. Anscheinend hat sie wirklich kein Auto. Wir haben Glück, nach wenigen Minuten trifft das Taxi ein. Erschöpft lassen wir uns auf die Rückbank fallen. Sie nennt dem Fahrer ihre Adresse, während ich mir den

Bauch halte und versuche, den Würgereiz unter Kontrolle zu behalten. Mit geschlossenen Augen lehne ich mich an die Fensterscheibe. Bei jeder Unebenheit im Boden schlägt mein Kopf unsanft gegen die Scheibe, aber das ist mir egal. Roswitha stellt keine Fragen, obwohl sie sicherlich welche hat. Auch der Taxifahrer schweigt. Zehn Minuten später tippt sie mir sanft auf die Schulter:

„Wir sind da." Lächelnd drückt sie dem Fahrer einen Zwanziger in die Hand. Dann schiebt sie mich vor sich her ins Haus, wo sie sich sofort in ihren Rollstuhl fallen lässt.

„Genug Sport für heute", grinst sie und zieht sich umständlich die Schuhe aus. In dem Moment, in dem ich mich vornüber beuge, um meine Schuhe ebenfalls auszuziehen, wird mir schlagartig schwindelig.

„Lass die Schuhe an. Ein Haus mit Hund ist eh nie blitzblank." Als hätte Jackson das magische Wort gehört, kommt er aus dem Wohnzimmer gerannt, verzichtet jedoch ausnahmsweise darauf, an mir hochzuspringen. Langsam folgen wir Roswitha ins Wohnzimmer. Es ist das erste Mal, dass ich bei ihr in der Wohnung bin.

„Leg dich aufs Sofa", meint sie und verschwindet in die Küche. Erschöpft lasse ich mich auf das mit Hundehaaren übersäte Sofa fallen, auf dem vermutlich normalerweise Jackson liegt. Zaghaft wedelt er mit dem Schwanz. Dann schlabbert er mir mit seiner riesigen Zunge übers Gesicht.

„Vorsicht, Jackson", hört man Roswitha aus der Küche rufen, „Paul hatte Nasenbluten." Unbeeindruckt schleckt Jackson weiter. Obwohl es ziemlich eklig ist und Jackson heftigen Mundgeruch hat, ist es irgendwie tröstlich. Er beginnt mit der Pfote am Polster zu kratzen. Kaum bin ich näher an die Wand gerutscht, springt er neben mich aufs Sofa. Es ist ein bisschen eng, aber okay. Begeistert hechelt er mir ins Ohr, aber ich habe keine Energie mehr, um das lustig zu finden.

Ein paar Minuten später kommt Roswitha mit einer Wärmflasche und einer Tasse in der Hand zurück ins Wohnzimmer. Aus der Tasse riecht es nach Fencheltee. Kurz überlege ich, sie zu fragen, ob ich ein Kühlakku oder eine Packung Erbsen haben könnte. Dann verwerfe ich das Ganze wieder. Sie würde Fragen stellen und ich würde sie anlügen müssen. Ich will nicht lügen. Ich will nicht reden. Ich will einfach nur mein Spiel beenden und dann meine Ruhe haben. Das Letzte, was ich jetzt gebrauchen kann, ist, dass sie sich Sorgen macht. Ausgerechnet sie, die nie böse zu mir war. Lächelnd denke ich daran, wie sie mich vor Jahren in ihrem Garten erwischt hat, als ich im Gebüsch lag und Jackson beobachtet habe, der damals noch ein Welpe war. Sie fand das überhaupt nicht komisch, zumindest hat sie mir nie das Gefühl gegeben, dass es komisch war. Stattdessen lachte sie mich an und fragte, ob ich mal mit Jackson spielen wolle. Abgesehen von Erick ist Jackson der einzige Freund, den ich habe. Seit ich etwas größer bin, darf ich häufiger mit ihm Gassi gegangen, obwohl meine Mutter sich immer über die Hundehaare auf meinen Hemden beschwert hat und mein Vater Roswitha zu den Personen zählt, mit denen man sich, warum auch immer, lieber nicht blicken lassen sollte. Vielleicht hat er aber auch einfach nur ein Problem mit Hunden. Dabei ist Jackson echt unglaublich lieb. Und trotzdem gibt er mir das Gefühl, groß und schwarz wie er ist, irgendwie sicher zu sein. Er gibt mir das Gefühl, dass jemand da ist, der auf mich aufpasst und mich im Notfall verteidigen würde. Wir haben viel zusammen gespielt, ich habe ihm von der Schule erzählt. Egal was war, er hat mir zugehört und mich häufiger mal aufmunternd mit der Schnauze in den Rücken gestupst. Mit Roswitha hatte ich gar nicht so viel Kontakt. Irgendwie haben wir uns auch ohne Worte verstanden. Sie hat keine Fragen gestellt, ich habe keine Fragen gestellt. Wir haben uns immer nur die Hundeleine über die Türschwelle gereicht. Umso krasser ist es jetzt, dass sie mir jetzt so hilft. Manchmal frage ich mich, ob sie vielleicht einsam ist und gerne eine Familie hätte. Zwar ist es in meinen Augen völlig lebensmüde, sich eine Familie zu wünschen, aber es soll ja Menschen geben, die sowas brauchen und denen sowas fehlt. Roswitha stellt die Tasse auf den Couchtisch und hält mir die Wärmflasche hin. Ich schüttle ansatzweise den Kopf und deute auf Jackson, der wie eine riesige atmende Wärmflasche neben mir liegt. Mal abgesehen davon, dass ich wirklich lieber was zum Kühlen hätte.

„Wie spät ist es?", frage ich und versuche, den Schmerz zu ignorieren. „Halb elf", antwortet sie leise und streicht mir über den Kopf, als wäre ich ein Kleinkind. Oder ein Hund. „Versuch einfach, ein bisschen zu schlafen." Wie aus weiter Ferne höre ich Jackson hecheln, mein Atem wird ruhiger. Plötzlich ist Einschlafen gar nicht mehr so schwer.

Ich wache erst wieder auf, als es an der Tür klingelt. Aufgeregt springt Jackson vom Sofa, ich bleibe liegen. Aus dem Flur höre ich die Stimme meiner Mutter: „Paul?" Eigentlich habe ich keine Lust zu antworten. Eigentlich will ich, dass sie wieder geht und mich einfach hier bei Jackson lässt. „Alles okay bei dir?", fragt sie. Widerwillig öffne ich die Augen und versuche, mich aufzurichten. Nach einigen Sekunden hört das Bücherregal gegenüber auf, sich zu drehen und ich schaue sie an. Jetzt kommt es darauf an, unauffällig zu wirken.

„Ich glaube, ich hab was Falsches gegessen", flüstere ich und hoffe darauf, die Art von mütterlichem Mitleid zu erregen, die blind macht für die Fakten.

„Warst du wieder heimlich beim Döner?", will sie wissen. Meine Strategie greift. Scheinbar schuldbewusst senke ich meinen Kopf. „Ich hab dir doch gesagt, dass das nicht alles koscher ist, was die machen." Sie ist sich der Ironie dieses Satzes nicht bewusst. Roswitha rollt hinter ihr ins Wohnzimmer und lächelt mich aufmunternd an. „Also wie gesagt, danke, dass Sie ihn abgeholt haben", bemüht sich meine Mutter höflich zu bleiben und bedeutet mir, aufzustehen, damit wir gehen können. Jackson schaut mich erwartungsvoll an, als ich aufstehe und langsam zur Tür gehe. Der Fencheltee steht unberührt auf dem Tisch. Die Kirchturmuhr schlägt halb fünf. Immerhin habe ich jetzt noch zwei Stunden, bis mein Vater aus dem Büro kommt.

„Gute Besserung, Paul!", sagt Roswitha und hält uns die Haustür auf. Ohne sie anzuschauen, trotte ich meiner Mutter hinterher. Besserung ist eines von den Worten, an die ich nicht mehr glaube.

Zuhause angekommen, will ich eigentlich nur noch ins Bett. Meine Mutter besteht jedoch darauf, bei mir Fieber zu messen, um eine Sommergrippe auszuschließen. Anschließend erzählt sie mir noch was davon, dass es nicht geht, fremde Leute einfach als Familienangehörige anzugeben. Allerdings vermute ich, dass sie genau wie ich weiß, dass es gut ist, dass die Schule meinen Vater nicht erreichen konnte. Es kommt ja ohnehin einer Todsünde gleich, ihn bei der Arbeit zu stören. Ihn jedoch bei der Arbeit zu stören, wenn er im Wahlkampf ist und es nur um seinen kranken Sohn geht, wäre geradezu lebensmüde. Jedenfalls hoffe ich, dass er heute Abend noch Überstunden macht. Je später ich ihn zu Gesicht kriege, desto besser. Nachdem meine Mutter festgestellt hat, dass ich wirklich kein Fieber habe, was sie in ihrer Döner-Hypothese bestätigt, macht auch sie mir noch eine Wärmflasche. Dann lässt sie mich endlich im Bett allein. Allein mit meiner Übelkeit und meinen schmerzenden Rippen. Allein mit meiner Angst und meiner Wut. Bei Jackson habe ich mich sicherer gefühlt, geborgener. Auch wenn ich nicht mehr lange da bin, ist es ein schönes Gefühl zu wissen, dass es Leute wie Roswitha gibt. Oder zumindest Roswitha, denn noch mehr Leute, die so sind wie sie, kenne ich leider nicht. Wieder frage ich mich, ob ich nicht doch mal mit ihr reden sollte. Also wenn mit irgendwem, dann mit ihr. Aber was sollte das noch helfen? Was sollte das noch ändern? Mein Entschluss steht ja ohnehin schon fest. **Mein Spielplan ist alternativlos.** Vielleicht kann ich ja für sie einen Abschiedsbrief hinterlassen. Oder etwas anderes, womit ich mich bei ihr bedanken kann. Für die Stunden mit Jackson und dafür, dass sie mir heute echt den Arsch gerettet hat. Oder zumindest mal meine blauen Flecken und die Spielvorbereitung. Das ist nicht selbstverständlich. Es gibt zu wenig gute Menschen auf der Welt. Ich denke an Erich Kästners Gedicht „Warnung vor Selbstschüssen". Anders als meine Mitschüler liebe ich Lyrik. Vermutlich liebe ich alles, was sie nicht lieben. Im Deutschbuch der siebten Klasse stand das Gedicht „Entwicklung der Menschheit". Zuerst habe ich es nur aus Langeweile gelesen, dann aus Begeisterung. Bis heute beeindruckt es mich, wie Kästner es geschafft hat, seine ernsthafte Kritik so humorvoll rüberzubringen. Wie Gandhi und Martin Luther King war er mein Vorbild, zumindest bis ich zu dem Schluss kam, dass es manchmal nicht ohne Gewalt geht. Wobei, eigentlich ist Kästner noch immer mein Vorbild. Nur, dass ich mich mittlerweile von dem Gedanken getrennt habe, ihm nachzufolgen. Blind greife ich in das Bücherregal neben meinem Bett und blättere in dem Band, den ich ohnehin in- und auswendig kenne. Aber es ist schön, die Worte schwarz auf weiß vor meinen Augen zu haben und den eigentümlichen Geruch des alten Papiers in meiner Nase. Das Gedicht ist großartig. In den letzten Monaten hat es mir Kraft gegeben, durchzuhalten, daran zu glauben, dass es möglich ist, die Welt zu verändern. Zum Besseren. Mittlerweile hat sich mein Schwerpunkt jedoch verschoben, denn meine neue Lieblingszeile ist: *„Hast Du wirklich Lust zum Zielen, ziele bitte nicht nach Dir."* Auch wenn es vermutlich nicht in Kästners Sinne ist, was ich bald abziehen werde und auch, wenn er ganz andere Repressalien aushalten musste und erfolgreich ausgehalten hat, hat dieses Gedicht eine beruhigende Wirkung auf mich. Mich *und* die anderen zu töten ist dann ja auch eine Art Kompromiss.

Mein ganzes Leben war ich ein betoniertes, regloses Mikadostäbchen. Heute habe ich angefangen zu zittern, aber keiner hat es gemerkt. Auch wenn es mich die letzte Kraft kostet, ich werde stillhalten.

Noch zwei Wochen. Dann werde ich wackeln, bis allen anderen Stäbchen Hören und Sehen vergeht. Obwohl es draußen fast dreißig Grad heiß ist, denke ich an Rilkes *„Herbst".* Auch sehr beeindruckend. Ich weiß nicht, ob da einer ist, der dieses Fallen unendlich sanft in seinen Händen hält, der all die Stäbchen wieder einsammeln wird. Es ist mir egal. Ich wackle. Und ich werde fallen. Und alle anderen fallen mit. Ob sie wollen oder nicht. Dieses Fallen wird in allen sein. Erschöpft kuschel ich mich in mein Kopfkissen und lege das Buch aus der Hand. Dann schlafe ich endlich wieder ein.

7. KAPITEL

Mensch, ärger dich nicht, oder ärger dich. Mach was du willst, denn dir hört eh keiner zu.

„Wie, Paul musste abgeholt werden?" Die Stimme meines Vaters weckt mich aus meinem wirren Schlaf. Schon höre ich seine Schritte die Treppe raufpoltern. Meine Zimmertür geht auf. „Hättest du nicht einfach die Zähne zusammenbeißen können, wie man das so macht, als Mann?", fragt er mich. Irgendwie verstehe ich nicht, was sein Problem ist. Vermutlich hatte er einen schlechten Tag im Büro. Kann auch sein, dass die Umfragewerte gerade schlecht sind. „Man geht doch nicht schon nach der zweiten Stunde ins Sanitätszimmer!", schimpft er weiter. „Dein Bruder hätte …"

„Ist gut jetzt", unterbricht ihn meine Mutter und legt ihm beschwichtigend die Hand auf die Schulter. „Paul kann nichts dafür", fährt sie fort. „Die Sekretärin konnte uns nicht erreichen und die haben sich wirklich Sorgen gemacht in der Schule. Wenn die Frau Hagedorn ihn nicht abgeholt hätte, hätten sie einen Krankenwagen rufen müssen."

„Die Frau Hagedorn hat ihn abgeholt?" Mein Vater ist außer sich. Keine Ahnung, er kann Roswitha einfach nicht leiden. Vielleicht hat Jackson als Welpe mal den Fehler gemacht, auf seinen Katalog-Rasen zu pinkeln oder so. Kopfschüttelnd verlässt mein Vater den Raum. Meine Mutter zuckt mit den Schultern und setzt sich zu mir aufs Bett. „Nimm's ihm nicht übel. Er ist halt gerade gestresst", meint sie. Entweder ist mein Vater immer gestresst, oder er ist tatsächlich ein Choleriker. Ich zucke zusammen, als meine Mutter auf die Bettdecke klopft, meine Rippen tun weh, als wäre ein LKW drüber gefahren. Wie gut, dass mein Spiel verhindert, dass ich miterleben muss, wie Max den Führerschein bekommt. Wobei, Max würde ich zutrauen, dass er auch ohne

69

Lappen Auto fährt. So einer wie er interessiert sich nicht für Regeln. Und schon gar nicht für Verkehrssicherheit.

„Brauchst du noch was? Soll ich dir noch einen Tee kochen?" Ich schüttle den Kopf und hoffe, dass sie bald wieder verschwindet. „Vielleicht lässt du das mit dem Döner einfach. Eine Lebensmittelvergiftung sollte reichen." Wenn sie wüsste. Wobei ich manchmal glaube, dass es gar keinen Unterschied machen würde, wenn die Karten offen auf dem Tisch lägen. Sie würden es trotzdem nicht verstehen.

Am nächsten Morgen entscheidet meine Mutter, dass ich zuhause bleiben soll, weil ich anscheinend noch nicht wieder fit genug bin. Mir ist das egal. Da ich normalerweise sogar mit Fieber in die Schule gehen würde, kommt sicher niemand auf die Idee, dass ich schwänzen würde. Sind sie ja gestern auch nicht. Und da hätte ich nicht mal eine Entschuldigung gehabt.

„Ich finde, wir sollten uns bei der Dönerbude beschweren. Oder vielleicht besser beim Gesundheitsamt?" Meine Mutter rührt die Milch in ihrem Kaffee um, während mein Vater in der Zeitung blättert.

„Ich finde, der Junge ist selber Schuld, wenn er sowas isst. Außerdem könnte die Gegenpartei mir sowas als Ausländerfeindlichkeit auslegen", antwortet mein Vater und blättert durch den Wirtschaftsteil. „Dann hätte ich die Wahl verloren, noch bevor sie angefangen hat. Schätze mal, Paul hat seine Lektion gelernt." Scheinbar schuldbewusst bemühe ich mich zu nicken. Kann sein, dass es das erste Mal ist, dass ich mich darüber freue, dass ich ihm so egal bin. Denn wie ich die Dönersache hätte richtig stellen sollen, ohne mir selbst dabei ein Grab zu schaufeln, will ich mir nicht vorstellen müssen. Meine Eltern stehen auf. Mein Vater klimpert mit dem Schlüsselbund, um meinem Bruder zu signalisieren, dass er ihn mit dem Auto mitnimmt.

„Tschüss, Schlappschwanz!", grinst mein Bruder und schlägt mir so stark auf den Rücken, dass ich mich an meinem Toast verschlucke. Lachend verlässt er das Haus. Um meine ‚Lebensmittelvergiftung' zu kurieren, lege ich mich wieder ins Bett. Von meinem Zimmer aus kann ich hören, wie meine Mutter in der Küche den Abwasch macht und anschließend im Bad verschwindet. Wenige

Minuten später kommt sie in mein Zimmer und hält mir zwei Blusen vor die Nase. Fragend schaue ich sie an.

„Welche findest du besser?" Schulterzucken. „Für das Gespräch", schiebt sie hinterher. „Ich treffe mich mit dem Vorsitzenden der Umweltstiftung. Dein Vater hat gemeint, es könnte nicht schaden, mit ihm vor der Wahl noch einen Kaffee zu trinken", erklärt sie. Ohne richtig hinzuschauen zeige ich auf eine Bluse. Was sie wohl bei meiner Beerdigung tragen wird?

Als meine Mutter weg ist, logge ich mich bei Facebook ein. Jonas hat ein Foto von meinem kalkweißen und nasenblutenverschmierten Gesicht gepostet. Graf Dracula 2.0. Meine ganze Klasse hat das Foto geteilt. „Döner macht schöner", hat Max gepostet, Timon hat darunter geschrieben: „Leber macht Streber." Mittlerweile habe ich mich an die Sprüche gewöhnt und scrolle weiter.

„Alles okay?", fragt Erick. Er hat die Frage durch einen besorgten Smiley ergänzt, obwohl er sonst nie Emoticons benutzt. Vielleicht hat ihm ein Zivi im Altenheim gezeigt, wie das funktioniert. Natürlich ist nichts okay. Aber das muss Erick ja nicht wissen. Außerdem glaube ich, dass nicht mal er das verstehen würde. Niemand versteht mich, das ist ja das Problem.

„Der Vorgang wird bearbeitet. SUSY bringt mich aber nicht weiter", schreibe ich zurück und hoffe, dass wir wieder auf einer wissenschaftlichen Kommunikationsebene landen.

„Ich meinte nicht die Supersymmetrie. Meinte das Foto." Weil ich nicht antworte, schreibt er ein paar Minuten später:

„Das bist doch du, oder?" Während ich die Antwort tippe, kaue ich auf meiner Unterlippe. Der metallische Geschmack beruhigt mich.

„Das war für ein Theater. Dracula", schreibe ich und hoffe, dass sein Deutsch so schlecht ist, dass er die Postings meiner Mitschüler nicht verstehen kann. Ericks nächste Antwort wirkt beruhigter. Allerdings will er wissen, wann die Aufführung ist und ob er ihm ein Video davon schicken kann. Ich schreibe ihm irgendwas von kurz vor den Sommerferien. Aber die Frage hat mich auf eine Idee gebracht. Meine Facebookseite hat total viele Fans. Und es ist meine eigene. Die Seite, die Max im Internet für oder besser über oder gegen mich eingerichtet hat, ist noch viel beliebter. Streberknödel.de heißt sie und kommt auf fast 10.000 Abonnenten. Es wäre bestimmt medienwirksam, die Sprengung live zu übertragen. Noch cooler wäre es natürlich, die Schulsprengung über die Schulhomepage hochzuladen oder noch besser auf den Bildungsserver. Oder die Parteiseite meines Vaters. Allerdings bin ich in Praktischer Informatik nicht so fit, als dass ich das mal eben hinkriegen würde. Schätze mal, bevor ich mich um die Medienverwertung kümmere, sollte ich erst mal die Bombe fertig basteln. Leider kann ich das nicht, wenn ich hier im Bett liege. Aber wenn ich jetzt zur Schule gehe, wo meine Mutter mich heute morgen schon krankgemeldet hat, wäre das alles andere als unauffällig und damit ja quasi ein Eigentor. Stöhnend rapple ich mich auf und hole mir erneut eine Packung Tiefkühlerbsen aus dem Gefrierfach. Vor dem Flurspiegel hebe ich mein Schlafanzughemd hoch. An mir ist wirklich eine Milkakuh verloren gegangen. Lediglich der gelbgrüne Fleck an der Hüfte passt nicht ins Bild. Vielleicht sollte ich eine Hypothese aufstellen, wie viele Flecken in den nächsten Wochen noch hinzukommen? Aber irgendwie ist es mir auch egal. Ich weiß jetzt schon: mehr als genug. Mehr, als gut für mich ist. Vielleicht sollte man zusätzlich zum *Club der toten Dichter* mal einen Club der toten Denker gründen.

Da ich nichts basteln kann und irgendwie zu schlapp bin, um die MIT-Hausaufgaben zu erledigen, setze ich mich vor den Fernseher. Vielleicht zeigen sie ja irgendwo eine Kochshow, in der ein runder und freundlich dreinschauender Fernsehkoch mir erzählt, was ich mit meinen Kühlakkuerbsen machen soll. Aber es kommt keine Kochsendung. Auf ARTE läuft ein Naturfilm, und ARD-Alpha zeigt eine Wiederholung der Quantenphysikeinführung, eine Folge, die ich schon vor fünf Jahren so gut wie auswendig konnte. Gelangweilt zappe ich mich durch, auf der Suche nach Ablenkung. Eigentlich will ich ja auch gar nichts sehen, ich will nur nicht nachdenken müssen. Meine Gedanken machen mich verrückt. Mein Hirn macht mich verrückt. Schon im Normalzustand macht mich das nervös, aber wenn ich krank bin, und irgendwie bin ich das ja gerade, ist es noch viel schlimmer. **Fragen, Vorwürfe, Gefühle. Angst, Wut, Verzweiflung.** All das zischt und zischt durch meine Gehirnzellen. Da das Gehirn, wie die meisten anderen Dinge in unserem Körper auch, zu einem großen Teil aus Wasser besteht, müsste es doch eigentlich überkochen können? Manchmal frage ich mich, warum die ganze Gedankenchemie in meinem Kopf noch nie explodiert ist und wie genau das dann abläuft, falls es doch irgendwann passiert. Vielleicht sollte ich mit dieser Frage mal zu *„Frag doch mal die Maus"* gehen. Davon zeigen sie gerade eine Wiederholung im WDR.

Meine liebste Fernsehsendung, die ich als Kind hatte, war *„Willi will's wissen"*, eine Sendung, die es schon lang nicht mehr gibt. Vielleicht zeigt auch das, dass die Bedeutung von Wissensdurst in unserer Gesellschaft abgenommen hat. *Paul will's wissen* gibt es ja auch bald nicht mehr. Bildung ist einfach nicht mehr massentauglich, falls sie das überhaupt mal gewesen ist. Dabei habe ich kein Problem damit, dass nicht alle Leute gerne lernen. Das Problem ist nur, dass man die Leute, die gerne lernen wollen, nicht mehr in Ruhe lernen lässt. Auch dann nicht, wenn sie ganz friedlich mit einem Buch auf dem Schulhof stehen. Trotzdem haut man ihnen eine rein. Warum? Vielleicht hätte Willi mal eine Sendung über Hochbegabung drehen sollen. Oder über Wissensdurst. Oder über Mobbing. Aber das hätte vermutlich keiner geguckt. Leute wie ich sind nicht interessant, sie bleiben unterm Radar und tauchen in keiner Statistik auf. Nur, wenn dann irgendjemand eine größere Aktion startet, dann finden die Medien das interessant. Wenn überhaupt. Diese Welt ist schon verrückt und voller Probleme. Das größte Problem ist nur, dass zu wenige Fragen gestellt werden. Dabei lernen ja schon die Kinder in der Sesamstraße: *„Wer nicht fragt, bleibt dumm."* Komisch nur, dass man trotzdem doof angeschaut wird, wenn man als Kind Fragen stellt. Als ich vier war, habe ich meine Mutter nach der Gute-Nacht-Geschichte nach dem Schmelzpunkt von Aluminium gefragt, weil ich wissen wollte, ob man eine Dose Ravioli einfach ins Feuer stellen kann, um sie zu erwärmen, oder ob sie dann kaputtgeht. Sie hat nur gemeint:

„Frag das später mal deinen Chemielehrer." Als ich ein paar Jahre später wissen wollte, ob es eine größte Primzahl gibt, wuschelte sie mir durch die Haare und sagte: „Schlaf einfach", und als ich mit acht gefragt habe, wie das mit der schwarzen Materie im Weltall funktioniert, hat sie gar nichts mehr gesagt.

Vermutlich hat sie sich dann gefragt, ob ich wirklich ihr Kind bin. Und ob bei mir alles noch stimmt.

Weil ich nicht will, dass mein Gehirn und ich uns jetzt schon gegenseitig zerfleischen, zappe ich weiter und bleibe schließlich in der Werbepause von GNTM hängen. Darüber hatten die anderen doch neulich geredet. Interessiert lehne ich mich nach vorne und betrachte die Autowerbung. Möglicherweise ist das ein Autofilm? Grandiose Neuwagen, toll motorisiert oder so. Als nach dem Jingle noch der Name der Autofirma eingeblendet wird, denke ich an den Musikunterricht in der siebten Klasse. Wir sollten uns ein Produkt überlegen und dazu einen Werbefilm drehen, mit Musik. Eigentlich war die Aufgabe echt spannend. Das Problem war nur, dass unser Musiklehrer der Meinung war, man könne sowas nur in Gruppenarbeit machen und Gruppenarbeiten liefen damals schon nicht so. Da mich keiner bei sich in der Gruppe haben wollte, obwohl ich auch in Musik Klassenbester war, teilte mein Musiklehrer mich am Ende einer Gruppe zu, die mich natürlich nur semibegeistert aufnahm. Bis Johanna die tolle Idee hatte, dass wir doch eine ‚Umstyling-Kabine‘ erfinden könnten. In diese ‚Umstyling-Kabine‘ könnte man so uncoole Leute wie mich reinstecken, dann müsste man nur den Knopf drücken und sie kämen gestylt und supercool wieder heraus. Natürlich fanden die anderen die Idee echt super, natürlich fand ich sie schwachsinnig und noch natürlicher interessierte sich natürlich keiner dafür, wie ich das fand. Glücklicherweise fuhr ich in der Zeit zwei Wochen zur Internationalen Mathematik-Olympiade nach Peking. Als ich wiederkam, hatten wir noch eine Stunde Zeit, um das Projekt zu filmen. Nur hatten die anderen leider rein gar nichts geschafft, während ich weg war, keine Titelmusik, kein Drehbuch, keinen Slogan. Da ich sowas schon geahnt hatte, hatte ich mir auf dem Rückflug bereits meine Gedanken gemacht und einen nichtkrümelnden Keks erfunden, inklusive Jingle, Titelmusik und Skript. Die anderen wussten, dass sie keine andere Wahl hatten, als meinen Vorschlag anzunehmen. Und obwohl wir am Ende die Gruppe mit dem besten Ergebnis waren, waren wir alle unzufrieden mit dem Projekt. Gute Noten sind halt nicht gleich gut. Schon komisch, warum Willi nicht wissen wollte, wie es ist, immer nur gute Noten zu haben. In der nächsten Werbepause werde ich mich an *„Wissen macht Ah!"* wenden. Außerdem sollten sie ihren Titel schleunigst korrigieren: *„Wissen macht Aua!"* Alles andere wäre gelogen.

Nach dem letzten Werbespot für eine Pizza habe ich schon fast die Hoffnung, dass es bei GNTM um Essen geht, aber schon die ersten Sekunden machen klar, dass es, wenn überhaupt, ums Nicht-essen geht. Das Einzige, was auch nur annähernd Ähnlichkeiten mit Lebensmitteln hat, sind die spaghettidünnen Beine der Mädchen. Hungerstreik wäre auch noch eine Idee gewesen, aber vermutlich bin ich für sowas zu undiszipliniert. Die Mädchen auf dem Bildschirm sehen allerdings nicht so aus, als würden sie eine politische oder gesellschaftskritische Botschaft ausdrücken wollen. Manche Posen wirken fast irgendwie erotisch, sofern ich das beurteilen kann. Ich schalte den Fernseher wieder aus, tausche die mittlerweile aufgetaute Packung Erbsen gegen eine Tüte Prinzessböhnchen und verschwinde wieder ins Bett. Dann mache ich das Einzige, was man sinnvoll mit solchen Tagen anfangen kann und schlafe bis zum Abend durch.

Mittwochmorgen gehe ich wieder in die Schule. Wir haben die ersten beiden Stunden Deutsch. Frau Kramer spricht mit uns über das Vier-Ohren-Modell nach Schulz von Thun. Mir ist der Bezug zu den Rechtschreibregeln aus der letzten Stunde nicht ganz klar, aber ich weiß, dass es besser ist, jetzt nicht nachzufragen. Ein Kind hält den Mund. Früher wäre es mir egal gewesen, auf welchem Ohr mir jemand zuhört. Hauptsache, es hätte jemand getan. Jetzt ist es mir sowieso egal, denn ich werde nicht mehr viel sagen. Irgendwie verstehen sie mich ja doch nie. Oder falsch. Anscheinend bin ich nicht so dermaßen kommunikationskompetent. Obwohl meine Ausdrucksweise vermutlich überdurchschnittlich gut ist. Oder halt nicht gut, wie man's nimmt. In der siebten Klasse sollten wir einen inneren Monolog schreiben, über den *„Knaben im Moor"* von Droste-Hülshoff. Es ist mir überhaupt nicht schwergefallen, mich in den Jungen hineinzuversetzen. Ich weiß, wie es ist, Angst zu haben. Die Klassenarbeit ist auch ganz gut geworden. Nur eine Stelle hat meiner Lehrerin nicht gefallen. An dieser Stelle hatte ich das Wort „Schande" benutzt. Es war auch kein Ausdrucksfehler, denn ich hatte es semantisch und grammatikalisch korrekt verwendet. Sie schrieb nur mit rotem Fineliner daneben: „Authentizität! Dieses Wort würde ein Grundschüler nie verwenden." Irgendwie hat mich das überrascht. Im Kindergarten waren ,Schande' und das andere Sch-Wort meine beiden Lieblingswörter. Erst später kamen ,Redundanz' und ,tautochron' dazu. Vielleicht hätte ich mir mal ein Buch kaufen müssen: „Deutsch für sozial inkompente Muttersprachler. So werden Sie verstanden." Ich fürchte nur, dass es dieses Buch bis heute nicht gibt. Andererseits werde ich es auch nicht mehr brauchen. Gewalt versteht schließlich jeder.

Nach dem Gong verschwinde ich so schnell ich kann und schaffe es dieses Mal tatsächlich, die anderen abzuhängen und unbemerkt auf die Mädchentoilette im Keller zu gelangen. Hoffe ich zumindest. Dort angekommen setze ich mich mit angezogenen Beinen auf den Klodeckel, den es hier zum Glück noch gibt und warte darauf, dass die Pause vergeht. Und mit ihr der ganze Rest. Nach ein paar Minuten höre ich, wie die Tür wieder aufgeht. Mein Herz schlägt wie wild. Haben sie mich gefunden? Aber es bleibt erstaunlich still. Dann höre ich, wie jemand bei den Spiegeln stehen bleibt und den Wasserhahn aufdreht. Dann wieder Stille. Plötzlich höre ich, wie jemand schnieft und die Schritte sich der Kabine neben mir nähern. Die Tür wird verriegelt. Ich höre sie atmen. Zumindest bin ich mir ziemlich sicher, dass sie es ist. Ganz ruhig, ganz ruhig, rede ich mir zu und versuche, keine Geräusche zu machen, wobei sie vermutlich eh weiß, dass ich hier bin. Zumindest, dass irgendjemand hier ist. Jedenfalls, wenn das rote Plättchen an der Türklinke nicht schon längst verblasst ist. Sobald es zum Ende der Pause gongt, verschwindet sie so leise, wie sie gekommen ist. Ohne zu spülen. Ich bleibe sitzen. Warte noch ein paar Minuten. Dann gehe ich auch.

Der Gang ist wie ausgestorben. Alle sind in ihren Klassen. Eigentlich hätte ich jetzt eine Doppelstunde Musik, aber ich habe keine Lust. Musik war mal eins meiner Lieblingsfächer. Jetzt ist es das nicht mehr. Musik ist wie alle anderen Fächer nur noch soziale und intellektuelle Quälerei. Warum sollte ich auch die dritte Stunde in Folge das eine Arbeitsblatt zur achttaktigen musikalischen Periode besprechen, wenn wir es doch eh morgen ein viertes Mal durchkauen und ich es aber schon vor dem ersten Mal verstanden hatte? Stattdessen gehe ich zum Sammlungsraum der Physik. Laut Vertretungsplan ist die Sammlung jetzt frei. Nachdem ich die Tür hinter mir abgeschlossen habe, hole ich meine angefangene Bastelei aus der Staubecke und mache da weiter, wo ich am Montag aufgehört habe. Schnell gerate ich in eine Art flow. Ich hätte nicht gedacht, dass mir auch die praktische Physik so viel Spaß macht. Ob die Profs aus den Online-Tutorials wissen, dass man mit ihren Informationen grandiose Bomben bauen kann? Man muss nur die Informationen richtig kombinieren und anschließend die dazugehörigen Kabel. Dann ist der Rest ein Kinderspiel. Hatte Herr Rademacher nicht irgendwann mal gesagt:

„Das Leben ist ein Spiel"? Vermutlich hatte er es tröstlich oder humorvoll gemeint, letztlich war es nichts als eine Provokation. Eine Herausforderung. Präzise ergänze ich die Schulsicherung durch eine Zusatzsicherung, da ich fürchte, dass die Sicherungen aus den 70ern meine Spannung nicht aushalten werden, denn die sind viel höher, als im Bildungsplan vorgesehen. Sehr viel höher. Man könnte auch sagen, effektiver. Ziel des Ganzen ist aber, dass die Sicherungen erst durchbrennen, wenn das hier fertig ist.

Während ich ein Kabel mit dem anderen verbinde und dazwischen noch einige Spulen schalte, summe ich ein Kinderlied. Kinderlied, Kinderspiel. Das Leben ist kein Kindergeburtstag. Und wenn doch, dann bin ich vermutlich der Topf, auf dem die anderen Kinder herumschlagen. Aber das Leben ist ein bisschen wie *Mensch-ärgere-dich-nicht*. Übrigens auch einer von Herrn Rademachers Lieblingssprüchen. Jedenfalls habe ich wohl zu wenig Sechsen gehabt, um groß rauszukommen. Aber vielleicht habe ich auch mit dem falschen Würfel gewürfelt. Heißt es nicht, jeder ist seines Glückes Schmied? So gesehen habe ich alles richtig gemacht, als ich angefangen habe, meinen eigenen Würfel zu schmieden. Den Würfel, der mich mit einem Mal hier rausholt, weil auf jeder Seite eine Sechs steht. Sobald ich draußen bin, werde ich sie alle rausschmeißen und ich muss dazu noch nicht einmal auf dem selben Feld stehen, wie sie. *Mensch-ärgere-dich-nicht*. So gesehen ist da was dran. Ein bisschen ist es sogar wie das Gedicht von Kästner. Ärgere nicht dich. Ärgere die anderen. Das Spiel soll ja schließlich Spaß machen.

Nach zehn Minuten habe ich auch den Transformator richtig herum angeschlossen, das Lämpchen am Messgerät blinkt, es ist soweit für den ersten Testlauf, nur ohne Sprengmaterial. Mit einem Hebel steuere ich die Elektronenrichtung, mit dem anderen die Geschwindigkeit. Es fühlt sich fast ein bisschen an, wie Motorrad fahren. Mit einem Mal bin ich wie in einem Rausch. Ich bin eins geworden mit der Physik um mich herum. Es ist wunderbar. **Ich fühle mich leicht und lebendig,** fast schwerelos. Mächtig. Alles ist vergessen, der ganze Stress, der ganze Ärger, die ganze Quälerei. Auge um Auge, Zahn um Zahn. Es macht mich glücklich, zu wissen, dass die Sache funktioniert. Alles fließt. Heute sind es nur die Elektronen. In zwei Wochen fließt das Blut. Niemand wird mich daran hindern, keiner kann sagen:

„Hey, Paulchen, das kommt erst in der Zwölften!", denn ich habe die Bombe bereits gebaut. Die Würfel sind bereits präpariert und sie werden fallen. **Wir alle fallen. Es gibt keine Wunder. Es gibt nur Physik. Und die gilt für alle Menschen gleich.** Mein Lächeln spiegelt sich auf der metallischen Platte des Kondensators. Ruhe überkommt mich und Frieden.

Nach wenigen Minuten sind die Elektronen auf Hochgeschwindigkeit, es müsste gigantisch aussehen, wenn man diesen Strom jetzt beobachten könnte. So richtig und nicht nur auf dem Oszilloskop. Aber auch dort werden die Wellen immer besser. Fast wie bei einem Tsunami. Sekunde mal, Tsunami? Irritiert schaue ich auf meine Notizen und überschlage die Zahlen im Kopf. Wenn man die Spannung mit der Stromstärke verrechnet und dann noch mit vierhundertsiebzig über die Glockenkurve und die Schrödingergleichung approximiert und dann das Gesamtergebnis … Mein Hirn rattert. Die Rechnung scheint endlos lang und schwer. Mein Gehirn kennt es nicht anders und pflügt sich durch, wie eine Kettensäge durch Margarine. Das alles noch mit der Konstante multipliziert ergibt … Ich halte inne. Wenn ich mich nicht verrechnet habe – und das tue ich eigentlich nie – habe ich jetzt nur noch 0,027 Sekunden bis die Sicherungen durchbrennen und das bei einer Stromstärke von … – schlagartig wird alles dunkel.

Ich höre Schritte, viele Schritte, schnelle Schritte. Es gelingt mir nicht, sie auseinanderzuhalten, sie laufen phasenverschoben und unordentlich. Warum kann ich mich nicht bewegen? Warum sehe ich nichts? Und warum, verdammt, tut es trotzdem so weh? Eine Hand greift nach meinem Handgelenk.

„Schnell, einen Rettungswagen, Sanitätsdienst!", brüllt eine Stimme. Irgendwie kommt sie mir bekannt vor, aber ich weiß nicht, woher. Was will die Person überhaupt mit einem Krankenwagen? Es ist doch keiner krank. Außerdem ist doch Schule, oder nicht? Gedanken schwimmen in meinem Kopf wie Buchstabensuppe, die man in eine Badewanne voller Schlamm gekippt hat. Jetzt packt die Hand stärker zu, die Stimme beginnt zu zählen. Langsam und stockend. Für einen Erstklässler ist sie viel zu tief. Komisch. Ich würde ihr ja gerne helfen, sonst wird das heute nie was. Aber ich schaffe es nicht, mich zu bewegen, schaffe es nicht einmal, meine Augen zu öffnen. Alles tut weh. Mein Gesicht ist warm und klebrig. Warum?

„Hey, ganz ruhig!", sagt die Stimme zu einer zweiten, „du kannst nichts dafür!".

„Außerdem", fügt eine dritte hinzu, „du hast ihn entdeckt. Vielleicht hast du ihm das Leben gerettet. Die Sanitäter sind schon da. Der Krankenwagen kommt jeden Augenblick. Wir werden die Schuldigen finden." Ich habe überhaupt keine Ahnung, wovon sie reden. Mein Kopf fühlt sich an wie frisch explodiert. Meine Arme gehorchen mir nicht. Nichts bewegt sich. Ich spüre nur, wie mir Flüssigkeit die Wange runterrinnt. Alles fließt. Zwei Stimmen unterhalten sich gedämpft in der Ferne, während die dritte Stimme noch immer mein Handgelenk umfasst und Zahlen aneinanderreiht.

„Leute, er wird langsamer." Wer wird langsamer? Ich höre, wie die anderen Stimmen wieder näherkommen.

„Der Notarzt kommt grade. Ganz locker", sagt die tiefste Stimme, „alles wird gut." Spätestens jetzt ist klar, dass es sich bei den Stimmen nur um Lehrer handeln kann, denn sonst kann sich niemand so irren. Schön für sie, wenn sie irgendwelche Schuldigen finden und Antworten. Mir haben sie nie geantwortet, aber das ist jetzt auch egal. In mir wird alles ganz schwer. Ich falle und falle und falle. **Mitten hinein in ein großes schwarzes Loch.**

8. KAPITEL

Nicht einmal du spielst Karten, die deiner Burg schaden.

„Also, er hat einen Puls", meint eine eindeutig fremde Stimme. Natürlich habe ich einen Puls. Das ist eine der wenigen Gemeinsamkeiten, die ich mit meinen Mitschülern habe. Aber was bringt mir das? Ich kann meine Augen nicht öffnen. Gedanken rasen durch mein Gehirn wie Weltraumschrott durchs All, aber ich kann sie nicht halten. Meine Arme gehorchen mir nicht, meine Beine gehorchen mir nicht. Mein Gehirn muss ich gar nicht erst fragen. Ich habe die Kontrolle verloren. Panik kriecht in mir hoch, doch ich kann nicht einmal schreien. Unsanft werde ich hochgehoben, irgendwo hinaufgelegt. Der Kollaps der Wellenfunktion kann sich nicht grausamer anfühlen.

„Mensch, pass' doch auf!", brüllt jemand. „Es kann sein, dass er sich 'ne Rippe gebrochen hat!" Reden sie von mir? Vielleicht. Jedenfalls geht es gleich vorsichtiger vorwärts – oder rückwärts? **Ich fühle mich schwerelos. Unendlich leicht. Um mich herum dunkle Materie.** Mir ist kotzschlecht, alles tut weh und doch kann ich nichts spüren. In meinen Ohren rauscht es. Wasser, Blut, dunkle Energie? Ich weiß, dass ich nichts weiß. Nichts. Nichts. Nichts.

„Also, du redest mit der Klasse, du rufst die Mutter an und du", die Stimme scheint sich ihres nächsten Opfers nicht ganz sicher zu sein, „und du sorgst dafür, dass hier keiner reinkommt. Auch nicht zum Aufräumen." Wieso aufräumen? Die Welt ist das Chaos, Entropie zu beseitigen unmöglich, das besagt die Energieerhaltung. Eigentlich krass, dass der Maxwellsche Dämon keine psychische Krankheit ist.

„Wieso nicht aufräumen?", fragt eine andere Stimme.

„Kann sein, dass die Polizei hier rein muss." Polizei? Warum das denn? Die kann doch auch nichts gegen die Energieerhaltung machen?

„Ich fahr dann mit ihm mit. Du wirst sehen, alles wird gut." Vorläufig wäre es schon gut, wenn ich überhaupt etwas sehen könnte, doch die Dunkelheit um mich wird nicht weniger. Und ob ich schon wanderte durchs finstere Tal. Aber ich wandere nicht, ich schwebe. Alles wird gut. Wann denn? Wie denn? Ohne die Frage auszusprechen, weiß ich die Antwort: Später. Typisch Erwachsene. Später. Aber mir bleibt wohl nichts anderes übrig. Muss ich halt später weiter basteln und nicht morgen früh, wie ich das geplant hatte. Vielleicht weiß ich dann ja wenigstens, was passiert ist. Hauptsache, ich kriege die Bombe rechtzeitig fertig.

Mir ist so schlecht. Und alles tut weh. Noch immer schwebe ich durch das Nichts. Noch immer ist alles dunkel. Was mache ich eigentlich, wenn ich in zwei Wochen immer noch nichts sehen kann? Dann werde ich einfach zum Blindgänger. Irgendwer hat mal gesagt, dass Kleinkinder die Augen zumachen, weil sie denken: Wenn ich niemanden sehe, sieht mich auch keiner. So gesehen ist diese Dunkelheit allerhöchste Zeit und zeigt mal wieder, dass es keine Wunder gibt, nur logische Konsequenzen. Das Leben wäre einfacher, wenn alles Mathematik wäre. Vielleicht wäre das Leben dann sogar lebenswert – oder zumindest mal erträglich. Anders als die Schmerzen. Normalerweise würde ich versuchen, Primzahlen zu zählen. Das mache ich immer, wenn es mir nicht gut geht. Aber so sehr ich es auch versuche, mir fallen keine mehr ein. Was ist passiert? Und vor allem, warum?

„Alles wird gut", meint die tiefe Stimme, die mir noch immer bekannt vorkommt, auch wenn ich nicht sagen kann, wer das ist. Trotzdem glaube ich der Stimme nicht. Ich glaube ja nicht mal meinem Taschenrechner. Mein Gehirn ist das Einzige, dem ich glaube. Aber momentan kommt aus der Schaltzentrale keine Unterstützung. Noch immer ist mir schlecht. Irgendwer legt mich irgendwo ab. Schnallt mich fest. Rammt mir etwas Spitzes in die Hand. Einen Stift? Eine Nadel? Plötzlich wird das Schweben zu einem Rotieren. Wo ist oben? Wo ist unten?

„Gleich wird's besser", meint die unbekannte Stimme. Vielleicht fühlt es sich so an, wenn man spaghettisiert wird. Eine Hand tätschelt meine Schulter. Ich zucke nicht zusammen. Spaghettisierungen enden im Normalfall tödlich. Ich spüre noch eine Nadel. Mein Gehirn hört auf zu denken.

„Paul, was machst du nur für Sachen?" Noch immer ist alles dunkel. Die Stimme gehört eindeutig meiner Mutter. Was macht die denn jetzt hier? Wo bin ich überhaupt? „Was machst du nur?" Tja, wenn ich das wüsste. Noch immer kann ich mich nicht bewegen, aber ich weiß gerade auch gar nicht, ob ich das will.

„Er, nun ja, also …", antwortet Herr Rademacher. Anscheinend hat auch er keine Ahnung. Die Stimmen verändern sich, ebben auf und ab. Das Meer in meinen Ohren rauscht. Dopplereffekte. Wenn ich das absolute Gehör hätte, könnte ich meine Geschwindigkeit berechnen. Was hätte ich davon? Orientierungslos liege ich da und höre durch die Gegend, ohne irgendetwas zu verstehen. Dabei wäre es sicher interessant, was mein Klassenlehrer berichtet. Was los ist, wüsste ich nämlich auch gerne. Schon wieder ruckelt es, wieder schwebe ich durch die Luft. Wieder verliere ich mich im Nichts.

„Du bist Paul?" Die dummen Fragen sterben nicht aus. Wer sollte ich sonst sein? Irgendwann mal hatte ich in *„Wer bin ich und wenn ja wie viele?"* reingelesen, weil ich den Titel lustig fand. **Später wurde es mir mehr und mehr egal, wer ich war.** Die anderen nennen mich Looser, Opfer, Streber, Nerd, Freak, Lappen, Streberknödel oder noch schlimmer. Mir war das mehr als genug an Namen, wobei die Identität dahinter sich nicht änderte.

„Wir versorgen dich jetzt", reißt mich die Stimme aus den Gedanken, die ohnehin keinen Sinn ergeben. „Ich meine, medizinisch", fügt Mr. X hinzu. Keiner lacht. Mathematisch wäre ja auch schwierig. „Ich hoffe, du kannst mich verstehen, denn …" Ich höre Mr. X schweigen, während ich noch immer durch die schwarze Unendlichkeit schwebe. Unter mir quietscht irgendwas. Warum sollte ich ihn nicht verstehen? Vermutlich würde ich ihn sogar verstehen, wenn er japanisch sprechen würde. Zumindest in Grundzügen. „Ich weiß nicht, was man mit dir gemacht hat, aber es hat dich übel erwischt. Wir sind hier im Krankenhaus und ich werde dich jetzt wieder zunähen, bevor du ausläufst. Du hast schon viel zu viel Blut verloren, mein Freund." Kurz spüre ich es ruckeln, dann bin ich wieder weg.

„Also der Junge ist jetzt wieder einigermaßen stabil. Er hat echt Glück gehabt, so wie die ihn zugerichtet haben." Diffus, wie aus dem Off erkenne ich die Stimme von Mr. X. Wieder wabern Schallwellen durch den Raum. Worte, die keinen Sinn ergeben, werden hin und her geworfen, wie Russisch Brot auf einem Kindergeburtstag. Zumindest habe ich das mal im Fernsehen gesehen, mich hat ja nie einer eingeladen. Alles tut weh. Noch immer kann ich meine Augen nicht öffnen. Nur die Bewegung dürfte jetzt weniger geworden sein oder sogar angehalten haben. Mir ist schlecht.

„Aber er ist doch jetzt nicht querschn …" Die Stimme meiner Mutter bricht mitten im Wort. Kurz ist es still.

„Wir sind uns recht sicher, aber ganz ausschließen können wir es nicht. Eine Rippe ist mindestens angebrochen. Dann ist da natürlich noch die Frage, inwieweit auch Wirbelsäule und Rückenmark betroffen sind." Meine Mutter schluchzt auf. Mr. X atmet tief ein: „Das größte Problem ist jetzt aber sein Kopf." Vermutlich ist das der erste Mensch, der die Sachlage korrekt erkannt hat. **Mein Kopf war schon immer das größte Problem.** „Auch die Augen, aber vor allem das Gehirn. Er hat eine sehr große Platzwunde am hinteren Schädel. Wir müssen ihn erst weiter untersuchen, um eine Hirnblutung ausschließen zu können." Meine Mutter stöhnt. „Das Gehirn ist ein wirklich sensibles Organ. Bei Verletzungen dieser Größenordnungen sind Komplikationen mit dem neuronalen Sektor nicht selten." Ich höre meine Mutter schluchzen. „Die haben ihn wirklich schwer erwischt", meint Mr. X. Meine Mutter schnäuzt sich bemüht dezent.

„Hätten wir doch mal besser auf seinen Vater gehört. Mein Mann hatte völlig recht, Paul gehört einfach nicht auf diese Schule, obwohl es ihm da immer so gut gefallen hat." Meine Mutter schafft es tatsächlich, zwei so große Irrtümer in einem Satz unterzubringen. Rekordverdächtig. Da kann man ja nur hoffen, dass irgendwas mit meinem Gehirn kaputt ist, alles andere wäre echt schlimm.

Langsam lassen die Schmerzen nach, das schwarze Nichts weicht einem diffusen, zähflüssigen Nebel. Die Worte dringen nicht mehr in mein Gehirn, aber vielleicht hat Mr. X mit dem 1,0-Abi ja recht und mein Gehirn ist wirklich kaputtgegangen. *Carcassonne, Carcassonne.* Hoffentlich habe ich nicht meine eigene Burg in Gefahr gebracht? Gegen Sterben spricht ja grundsätzlich nichts, aber ich wollte doch wenigstens vorher noch mein Spiel starten. Wenigstens eindrucksvoll abtreten, formvollendet, mit einer Botschaft. Den ein oder anderen zum Sterben zu bringen – oder zumindest zum Nachdenken. Was, wenn ich das jetzt nicht mehr machen kann? Aber ich muss die Bombe doch noch fertig bauen! Was, wenn ich jetzt für immer blind bin? Oder querschnittsgelähmt? Was bedeutet überhaupt eine Hirnblutung? Fragen. Fragen. Fragen. Willi Weizel moderiert mittlerweile eine Kurzsendung: „Gute Frage, nächste Frage." **Von Antworten hat keiner was gesagt.**

Vermutlich haben die anderen jetzt schon Schule aus. Wobei … keine Ahnung. Ich habe jedes Zeitgefühl verloren. Es könnten Stunden vergangen sein, Sekunden, Minuten, Tage. Mir fehlt das Gefühl, für alles. Als ob ich keinen Körper mehr hätte, kein Gehirn. **Nur Gedankenkrümel, die durch das Nichts fliegen,** wie Staubkörner. Von fern – oder aus der Nähe? – höre ich Geräusche, Stimmen, Sätze, die ich nicht verstehe. Noch immer liege ich irgendwo, irgendwie. Meine Beine gehorchen mir nicht. Auch meine Arme kann ich nicht bewegen. Wieso kann ich nichts sehen? Noch immer nicht? Dunkelheit umgibt mich. Stille. Die Stimmen unterhalten sich leise und unverständlich. Mein Schädel tut immer noch weh, der Rest geht einigermaßen. Hoffentlich ist nichts kaputt. Nicht, dass mir meine Gesundheit wichtig wäre, aber zumindest die nächsten zwei Wochen muss ich noch irgendwie durchhalten. Wie soll ich denn in dem körperlichen Zustand eine Schule in die Luft jagen? Was ist denn überhaupt mit mir passiert?

Je länger ich darüber nachdenke – so gut ich mit meinem explodierten Gehirn eben denken kann – desto klarer wird mir, dass etwas ziemlich Krasses passiert sein muss. Sonst würden sich die Erwachsenen nie so für mich interessieren. Wobei ich mich tatsächlich ernsthaft frage, ob sie das wirklich tun. Vielleicht ist das hier auch nur eine Art Halluzination. Es wäre wirklich gut zu wissen, was passiert ist. Am Ende habe ich Drogen genommen, oder so. Vielleicht habe ich auch einen Schlag auf den Kopf bekommen. Irgendwo muss die Platzwunde ja herkommen. Irgendwo muss dieser nicht endende Schmerz herkommen. Zwischendurch ziehen Nebelschwaden durch meine Gedanken. Der Mond ist nicht aufgegangen. Es ergibt einfach alles keinen Sinn mehr.

„Das MRT ist neurologisch gesehen weitgehend unauffällig." Leicht verzerrt erkenne ich die Stimme von Mr. X. „Eine Hirnblutung liegt demnach nicht vor."

„Gott sei Dank!" Meine Mutter scheint ernsthaft erleichtert.

„Alles andere können wir aber erst nach weiteren Tests sicher sagen", fügt Mr. X hinzu. „Was mir momentan Sorgen macht, ist der hohe Blutverlust. Außerdem war er sehr lange bewusstlos."

„Was bedeutet das?", fragt meine Mutter.

„Na ja. Auch wenn das Gehirn nicht unmittelbar geschädigt wurde, eine Unterversorgung mit Sauerstoff kann ihm dennoch extrem geschadet haben." Stille. Das Schweigen der Lämmer. Kurz vor meinem finalen Spiel kann ich keine Störfälle in meinem Gehirn brauchen. Die Rechnungen sind doch noch gar nicht alle fertig. Außerdem muss ich basteln. Dringend. Obwohl ich jedes Zeitgefühl verloren habe, weiß ich, dass sie mir wegrennt. Als hätte die Uhr ein Loch, aus dem die Zeit einfach raussickert. Dabei habe ich mir die letzten Jahre nichts sehnlicher gewünscht, als dass mein Gehirn einfach mal kaputtgeht und ich meine Ruhe habe. Dieser Gedanke macht mir allerdings jetzt Angst. Mein Spiel muss fertig sein, bevor ich fertig bin. Mein Kopf tut weh, aber ich muss durchhalten. Durchhalten. Durchhalten. Ich hätte mich fast als Klebstoff irgendwo bewerben können, so viel, wie ich ausgehalten habe. Jetzt geht es nur noch um Wochen. Ich darf einfach nicht schlappmachen. Nicht jetzt. Aber mein Gehirn hört mir nicht zu. Wieder trete ich weg.

Ich habe keine Ahnung, wie viel Zeit vergangen ist, als Mr. X das nächste Mal nach meinem Handgelenk greift.

„Ich denke, er kann bald auf die Normalstation", sagt er. Ob ich von meinem Aufenthalt dort eine Bescheinigung kriegen kann? Ich war noch nie irgendwas Normales. Und Normalstation heißt ja zumindest, dass ich teilweise normal bin, oder? Was, wenn mein Gehirn aber doch was abgekriegt hat? Panik erfasst mich. Obwohl mir das Atmen schwerfällt und das Plastik in meiner Nase mich eher stört, als dass es mir beim Atmen hilft, versuche ich ruhig zu bleiben. Ruhig zu atmen. **Vertrauen ist blöd. Rechnen ist besser.** Vor meinen Augen ist noch immer alles schwarz, doch der Nebel in meinem Kopf wird langsam weniger. Ich bin mir nicht sicher, ob ich es wirklich wissen will, aber ich muss es versuchen. Ganz langsam fange ich an zu zählen. Tatsächlich gelange ich ohne größere Probleme bis fünfhundertzwölf. Weil ich das Gefühl habe, dass das kein Problem ist, zähle ich als nächstes in Primzahlen und dann in Zweierpotenzen. Bei 17.179.869.184, also zwei hoch vierunddreißig, höre ich auf. Auch in der Liste der Französischen Staatsoberhäupter komme ich zumindest noch bis zu Robert dem Frommen zurück. Erleichterung durchströmt mich. Zumindest kognitiv funktioniert noch alles wie vorher. Entweder, es hat mich doch nicht so schlimm erwischt, wie sie alle behaupten, oder ich komme problemlos mit ein paar Gehirnzellen weniger klar.

„Hallo, Paul. Kannst du mich hören?". Die Stimme von Mr. X klingt, als wäre sie direkt in meinem Kopf. Ich weiß nicht, was ich sagen soll. Ob ich überhaupt was sagen soll. Mr. X scheint aber wie die Lehrer gar nicht so zwingend auf meine Antwort zu warten. Er redet einfach weiter. „Du bist im Krankenhaus. Kinderklinik. Wir wissen noch nicht genau, was mit dir passiert ist, aber es war zumindest einigermaßen knapp." Ich spüre, wie eine Hand meinen Kopf hebt. „Die anderen haben dich echt übel erwischt. Mal abgesehen von den ganzen Hämatomen an deinen Armen und Beinen und an deinem Brustkorb hast du auch 'ne angebrochene Rippe und noch eine Schnittverletzung am Arm. Zum Glück war die nicht so tief." Mr. X wickelt irgendetwas um meinen Schädel, dann legt er ihn wieder zurück auf das Kissen. „Was uns eher Sorgen macht, also abgesehen von den Tatumständen, ist dein Gehirn." Was für Tatumstände? Wenn es nicht so ernst wäre, fände ich es fast lustig, dass er sich Sorgen um mein Gehirn macht. „Ein Schädel-Hirn-Trauma oder eine Gehirnblutung hast du zum Glück nicht", fährt Mr. X fort und beschäftigt sich nun mit einer piepsenden Maschine, die vermutlich neben mir steht. Sehen kann ich noch immer nichts. „Mach dir keine Sorgen, das wird schon." Manchmal frage ich mich, wie Leute ein 1,0-Abi machen können und trotzdem so dumme Sachen sagen.

Eine Tür quietscht.

„Irgendwie passt mir das zeitlich gar nicht." Es ist die Stimme meines Vaters. Vermutlich ist echt was Größeres mit mir passiert, sonst hätte er nur seine Sekretärin geschickt. Hinter ihm höre ich das Trippeln meiner Mutter, das heißt, das Trippeln ihrer Schuhe. „Wie geht's ihm?", will mein Vater wissen. Mr. X schweigt einen Augenblick.

„Sind Sie nicht der Bürgermeister?", fragt Mr. X. „In welchem Verhältnis stehen Sie zu Paul? Wir dürfen nämlich nur engere Angehörige zu ihm lassen", erklärt Mr. X. Die Luft lädt sich spürbar auf, als mein Vater nach Luft schnappt. Meine Mutter flüstert ihm etwas ins Ohr. Er seufzt. Dann sagt er provozierend langsam und deutlich: „Ich bin der Bürgermeister und ich bin Pauls Vater. Da ich mich zur Zeit im Wahlkampf befinde, wie Sie sicher wissen, ist es mir leider erst jetzt möglich, ihn zu besuchen. Außerdem hat meine Frau gemeint, dass er ohnehin nicht ansprechbar ist, und dann erschien es mir auch nicht sinnvoll, ihn zu besuchen." Ich frage mich, ob er das auch sagen würde, wenn er wüsste, dass ich ihn hören kann. Vermutlich ja. Es ist wirklich wichtig, dass mein Spiel rechtzeitig startet.

„Nun, auch wenn Paul derzeit nicht ansprechbar ist oder auf Ansprachen zumindest nicht reagiert, kann man doch nie wissen, wie viel Patienten in diesem Zustand von ihrer Umwelt mitkriegen. Jedenfalls ist es gerade für Kinder in einer solchen Situation sehr wichtig, vertraute Menschen um sich zu haben. Deshalb tut es Paul sicherlich gut, dass Sie heute kommen konnten. Jedenfalls stabilisieren sich seine Werte zusehends. Sie sehen also, Ihr Sohn ist bei uns in den besten Händen. Melden Sie sich einfach, wenn Sie noch etwas brauchen." Mr. X – oder soll ich ihn besser Mr. Schleimscheißer nennen – verlässt den Raum und lässt mich mit meinen Eltern alleine.

„Ach, Paulchen", seufzt meine Mutter und setzt sich neben mich auf die Bettkante. Obwohl mich der Schlauch in meiner Nase stört, rieche ich ihr Parfüm. Die Schritte meines Vaters gehen unruhig durch den Raum. Ich denke an den *Panther* von Rilke. *Und hört im Herzen auf zu sein.* Mein Vater trampelt weiter durch den Raum, während meine Mutter meine verkabelte Hand hält, die ich nicht zurückziehen kann.

„Dass uns das ausgerechnet jetzt passieren muss", stöhnt er.

„Er hat sich ja den Zeitpunkt nicht ausgesucht", meint meine Mutter. Ich weiß noch immer nicht, was genau passiert ist. Warum ich hier bin, also abgesehen davon, dass es mir anscheinend nicht gut geht.

„Und außerdem", fährt meine Mutter fort, „kannst du nicht auch davon profitieren? Also ein Kind auf der Intensivstation sollte doch bei einigen Bürgern einen deutlichen Mitleidsbonus geben." Mein Atem beschleunigt sich. Ich weiß nicht, was mich mehr schockiert. Dass ich noch immer nicht auf der Normalstation gelandet bin, oder dass meine Eltern mich für den Wahlkampf instrumentalisieren. Mein Vater klingt besänftigt, als er meint:

„Doch, schon. Die Anteilnahme ist groß. Allerdings wird sich das ändern, falls die wahren Ursachen über diesen ‚Unfall' an die Öffentlichkeit geraten." Meine Mutter schweigt. „Jedenfalls ist es auch schon wieder vierzehn Uhr." Mein Vater scheint es eilig zu haben. „Die Samstage vor der Wahl sind immer die wichtigsten. Es ist besser, wenn ich wieder zurück in die Fußgängerzone gehe." Meine Mutter murmelt irgendetwas Zustimmendes. Samstag? Ist wirklich schon Samstag? Dann steht es um mein Zeitkonto ja noch schlimmer als ich dachte. **Ich muss hier unbedingt raus.** Aber wie soll ich das machen, wenn ich mich nicht bewegen kann? Wenn ich nicht mal was sehe! Meine Mutter küsst mich auf die Stirn, dann verlassen sie das Zimmer und lassen mich allein. Allein mit der piependen Maschine und der **lauten Stille meines Gehirns.**

Das Piepen der Maschine macht mich wahnsinnig. Wobei, vielleicht war ich das davor schon. Jedenfalls nervt es abartig. Vor allem aber nervt mich das Gefühl, hier gefangen zu sein. Hier zu liegen und nicht in der Schule an meinem Spiel zu basteln. Ich stehe unter Zeitdruck und habe Angst, nicht rechtzeitig fertig zu werden. Plötzlich fängt meine linke Hand an zu kribbeln. Vorsichtig versuche ich, meine Finger zu bewegen. Es funktioniert! Sofort durchströmt mich ein Gefühl von Glück, dass ich sonst nur spüre, wenn ich irgendeine MIT-

Aufgabe auf Anhieb fehlerfrei gelöst habe. Wenn ich die Finger bewegen kann heißt es, dass es besser wird. Wenn es besser wird, kann ich hier vielleicht bald wieder raus. Die Bewegung fühlt sich noch anstrengend an, aber es funktioniert. Langsam bewege ich meine Finger zur Faust und öffne sie wieder. Ich glaube nicht, dass ich mich schon mal so intensiv über eine so einfache Bewegung gefreut habe.

Als die Tür das nächste Mal aufgeht, versuche ich gerade, die Hand zu heben. Zwei bis drei Zentimeter gelingen mir, dann fällt sie wieder schlaff nach unten. „Du bist wach, Paul?" Mr. X ist richtig aus dem Häuschen. Da ich beschlossen habe, dass ich alles tun muss, um hier schnellstmöglich wieder herauszukommen, halte ich es für das beste, mit ihm zu kommunizieren. Er ist schließlich Arzt, er muss mich ja irgendwie hier rauskriegen können. Mit größter Anstrengung gelingt es mir, den Mund zu öffnen. Doch als ich sprechen will, kommt nur heiße Luft. Frustriert mache ich den Mund wieder zu.

„Ganz langsam, Kumpel", meint Mr. X. „Es kann sein, dass bei der Intubation deine Stimmbänder beschädigt wurden. Das legt sich aber wieder, braucht nur ein bisschen Zeit. Du kannst mir ja einfach mit deiner linken Hand zeigen, ob du mich verstehst. Daumen nach oben heißt ‚ja'." Meine Finger krümmen sich entsprechend. „Klasse!", freut er sich. „Du bist echt ein tapferes Kerlchen. Vermutlich bist du jetzt aus dem Gröbsten raus. Trotzdem werden wir dich noch 'ne Weile hierbehalten müssen. Aber das wird schon." Ich würde ihn gerne fragen, was passiert ist und warum ich noch immer nichts sehen kann, aber mit nur einer Hand ist das schwierig. Vermutlich könnte ich mich so nicht mal schriftlich verständigen. Weil mir nichts Besseres einfällt, versuche ich, ihm binär zu signalisieren, dass ich hier raus will. Daumen nach oben für Eins, Daumen nach unten für Null. Bereits nach dem ersten Wort verkrampft sich meine Hand und ich lasse sie wieder auf die Bettdecke sinken. „Ganz sachte, Junge. Das ist ganz normal, wenn am Anfang alles schwieriger ist. Wie ist das denn mit der rechten Hand. Kannst du die auch bewegen?" Mein linker Daumen zeigt nach unten. „Beine?", fragt er. Mein linker Daumen bleibt unten. „Kannst du das spüren?" Mit seinen Fingern klopft er unrhythmisch auf meinem Schienbein. Langsam drehe ich den Daumen wieder nach oben. „Das ist super." Ich frage mich, ob er wirklich begeistert ist oder ob die Begeisterung zu den Einstellungskriterien in der Kinderklinik gehört. „Wenn du schon was spüren kannst, dann wird auch die Bewegungsfähigkeit höchstwahrscheinlich wieder zurückkommen." Was heißt höchstwahrscheinlich? Es regt mich auf, dass ich mit dieser einen Hand nicht nach dem Signifikanzniveau und der Standardabweichung fragen kann, aber vielleicht hat er Recht und ich sollte einfach froh sein, dass ich überhaupt schon wieder irgendwas bewegen kann. „Das Wichtigste ist jetzt, dass du wieder fit wirst, alles andere können wir dann klären." Was alles andere? Was denn noch? Unruhig balle ich meine Hand zur Faust. Wie gern würde ich jetzt verschwinden.

Meine Gedanken schweifen ab. Früher, als am Familienabend noch gespielt wurde, haben wir auch manchmal *Carcassonne* gespielt. Noch immer weiß ich nicht, was mit mir passiert ist, ich hoffe nur, dass mir diese Geschichte hier nicht meine eigene Burg zerstört hat, dass keiner irgendwas gelegt hat, was meine Zukunft zerstört. *My Hirn is my castle.* Aber es scheint, als wäre dieses Castle ohne meinen Körper zwar denkfähig, nicht aber handlungsfähig. Irgendwer hat mal gesagt, dass Taten besser sind als Worte. So begabt, dass ich allein durch die Kraft meiner Gedanken die Schule in die Luft sprengen könnte, bin ich nämlich leider auch nicht.

„Ich werde deine Eltern informieren, die werden sich freuen, dass es dir wieder besser geht", sagt Mr. X schließlich. Vielleicht werden sie das. Längerfristig gesehen verhält sich meine Gesundheit jedoch antiproportional zum Glück der anderen. Mein linker Arm hebt und senkt sich. „Ich werde mit der Physiotherapeutin sprechen, dass sie sich das mal anschaut und dir ein paar Übungen zeigt", meint der Arzt, bevor er geht. Mir egal. Hauptsache, ich komme hier so schnell wie möglich raus.

9. KAPITEL

Ein Königreich für ein Pferd, oder für den, der dich endlich zum Schweigen bringt.

„So, und jetzt ganz langsam wieder nach unten." Ich spüre die Hand der Physiotherapeutin. Sehen kann ich immer noch nichts. Mr. X hat gesagt, dass das an dem Verband über meinen Augen liegt, den ich mir auf keinen Fall runterreißen dürfte. Noch immer habe ich keine Ahnung, was eigentlich passiert ist. Es ist so schwierig, Fragen zu stellen, wenn man nicht sprechen und nicht schreiben kann. Ich kann ja nicht mal fragend schauen. Was ist passiert? Wann kann ich hier raus? Welcher Wochentag ist heute überhaupt? Auch wenn sich der Nebel in meinem Gehirn gelichtet hat und es wenigstens nur noch schwarz ist, habe ich das Zeitgefühl komplett verloren. Seit wieviel Tagen war ich nicht mehr auf Facebook? Ich frage mich, was die anderen dort gerade über mich schreiben. Eigentlich ist es mir egal, aber es gibt mir ein Gefühl von Ohnmacht, nicht zu wissen, was genau passiert. Denn wenn schon sie nicht wissen, was sie tun, sollte wenigstens ich das mitkriegen. Wir hatten in der Siebten mal einen Austauschschüler aus Irland in der Klasse. Irgendwann, nach ein paar Wochen, kam er auf mich zu und meinte auf Englisch: „Warum tust du eigentlich nichts?"

„Warum soll ich was tun?" Ich hatte keine Ahnung, wovon er sprach.

„Ich finde es krass, dass du das alles so aushältst, ohne dich zu wehren."

„Wieso sollte ich mich wehren?" Er sah mich an, als wäre ich völlig verrückt.

„Vielleicht, weil die anderen auf Facebook ständig peinliche Fotos von dir posten und dich schlechtmachen?" Dann ging er. Als ich später an dem Tag nach Hause kam, legte ich einen Facebookaccount an. Bis zu diesem Zeitpunkt wusste ich noch gar nicht, dass das geht. Am Anfang verschlug es mir echt die

Sprache. Ich habe nie was gegen das ganze Zeug getan, weil ich der Meinung bin, dass das eh nichts bringt, aber ich habe es gelesen. **Wort für Wort für Wort.** Das meiste davon habe ich mir gemerkt und werde es vermutlich auch nicht wieder vergessen. Auch wenn es das nicht besser gemacht hat, gab es mir zumindest für kurze Zeit das Gefühl, das alles unter Kontrolle zu haben. In Wirklichkeit hatte ich das natürlich nie.

„Immer schön hoch und wieder runter." Ich kann mich nicht konzentrieren, wenn die Physio-Tante die ganze Zeit so rumquatscht, aber vermutlich kennt sie das. Da ich ihr nicht zuhöre und entsprechend auch nicht reagiere, bewegt sie meine Arme und Beine allein. So krass kann ich sie eh noch nicht dabei unterstützen. Am Ende der Übungen habe ich Muskelkater, obwohl ich fast nichts getan habe. Vermutlich bin ich wirklich schlecht in Sport und Bewegungsdingen. Immerhin. Für ein paar Minuten kann ich jetzt schon Däumchen drehen. Die Physiotherapeutin scheint dennoch zufrieden zu sein, aber vielleicht ist auch die zufriedene Ausstrahlung eine Einstellungsvoraussetzung für den Job hier.

„Üb einfach weiter so, Paul, du machst das gut", meint sie zum Schluss und fügt hinzu: „Aber keinen Stress. Dein Körper braucht jetzt vor allem Zeit, um all das zu verarbeiten und wieder gesund zu werden. Das braucht jetzt halt ein bisschen Geduld." Ich schätze mal, dass ich mich die ganzen letzten Jahre im Unterricht so sehr gelangweilt habe, dass meine Geduld jetzt für den Rest meines Lebens aufgebraucht ist, aber der ist ja auch nicht mehr lang. Hoffentlich. Gerade als ich höre, wie die Schritte der Therapeutin Richtung Tür verschwinden, höre ich, wie sie sich öffnet. Die Schritte von Mr. X füllen den Raum, ebenso das Parfüm von meiner Mutter.

„Es freut mich, Ihnen sagen zu können, dass es Paul bereits wieder sehr viel besser geht. Morgen werden wir ihn auf die Normalstation verlegen können." Mr. X Stimme tropft vor Lächeln. Obwohl ich eigentlich nicht will, hebe ich die Hand, um meine Eltern zu begrüßen. Hauptsache, sie holen mich so schnell wie möglich hier raus. Meine Mutter zerquetscht mir fast vor Freude die Hand. Ich schaffe es nicht mal, zu stöhnen.

„Wie geht es dir denn?", fragt sie mich. Auch ihr Lächeln tropft, wobei, bei Müttern ist das vermutlich normal. Tonlos bewege ich meine Lippen. Meine Mutter schweigt irritiert.

„Vielleicht stellen Sie ihm besser Ja-Nein-Fragen", schlägt Mr. X vor, um die unangenehme Stille zu beenden.

„Wieso denn das? Sie haben doch gesagt, es geht ihm besser!", meint mein Vater entrüstet.

„Habe ich, ja, und das stimmt auch. Es gibt nur, sagen wir, einen Unterschied zwischen besser und gut", versucht Mr. X zu erklären. Endlich kapiert das mal jemand. „Das bedeutet, dass Paul sich zwar auf dem Weg der Besserung befindet, aber dass er noch lange nicht am Ziel ist. Er kann sich jetzt langsam schon wieder etwas bewegen. Sprechen funktioniert aber noch nicht. Aber Fragen beantworten, das läuft ganz gut. Oder, Paul?" Mein Daumen zeigt nach oben. Nur leider kann ich selbst keine Fragen stellen. Aber wie hat Herr Rademacher so oft grinsend zu mir gesagt: Die Welt ist böse und ungerecht. Herr Rademacher findet das lustig, ich weiß, dass es das nicht ist.

„Wann kann er denn wieder nach Hause?", will meine Mutter wissen. Mr. X schweigt.

„Vielleicht wäre es besser …", ich kann fast hören, wie er nach draußen zeigt.

„So schlimm?", fragt mein Vater, wirkt aber nicht wirklich erschüttert.

„Na ja, es kann sich schon noch um einige Wochen handeln", räumt Mr. X ein, „schließlich ist er erst eine Woche hier." Erst eine Woche? Von wegen. Eine Woche bedeutet ja, dass das Spiel nächste Woche schon starten soll. Und ich weiß gar nicht, wieviel Zeit ich noch brauche, um es fertigzustellen. Außerdem habe ich mir über die Sache mit den Medien noch keine Gedanken gemacht und das mit den Abschiedsbriefen habe ich auch noch nicht geklärt. Warum hat mich mein Bruder eigentlich noch nicht besucht?

„Jedenfalls sollte es uns nun vorrangig um seine Genesung gehen. Die Vitalparameter müssen sich noch weiter stabilisieren, auch der Bewegungsapparat. Vor allem aber müssen wir weitere neurologische Tests durchführen, um abzuklären, inwieweit das Ganze seine kognitiven Fähigkeiten beeinträchtigt hat."

Mr. X beendet seine Erklärung, vermutlich mit einem weiteren Lächeln.

„Kann es denn sein, dass das alles bleibende Schäden hinterlassen hat?", fragt meine Mutter. Vermutlich hat sie keine Lust auf ein behindertes Kind. Wobei das sicher wahlkampftauglich ist. Verbittert beiße ich mir auf die Unterlippe, das kann ich mittlerweile wieder, aber es fällt keinem auf.

„Um ehrlich zu sein, es wäre nicht unwahrscheinlich. Zum derzeitigen Zeitpunkt können wir darüber aber wirklich keine sichere Aussage treffen", meint Mr. X.

„Können Sie denn schon sagen, wann er vernehmungsfähig sein wird? Die Polizei hat gestern bei uns angerufen." Die Stimme meines Vaters klingt ernst. Warum Polizei? Hat er mich angezeigt? Habe ich was verbrochen, also abgesehen davon, dass ich so bin wie ich bin? Vielleicht haben sie auch bemerkt, dass ich den Generalschlüssel des Hausmeisters nachgemacht habe oder mich in das Intranet des Teilchenphysiklabors reingehackt habe? Was für eine Pleite. Nicht nur, dass ich es nicht schaffe, Freunde zu finden. Ich schaffe es nicht mal, meine Feinde zu vernichten.

„Ich denke, in ein, zwei Tagen sollten seine stimmlichen Fähigkeiten langsam zurückkehren." Mr. X gibt sich zuversichtlich. „Und auf Ja-Nein-Fragen kann er ja jetzt schon antworten." Mein Vater brummt wenig begeistert:

„Sie wollen vor allem Namen." Namen? Namen von wem denn? Den Namen vom Schlüsseldienst? Erneut höre ich das Brummen meines Vaters. Auch Mr. X scheint es gehört zu haben.

„Machen Sie sich da mal keine Gedanken. Auch wenn das in der Kinderklinik nicht so häufig vorkommt, aber wir haben da unsere Verfahren. Genaue Vorschriften, wie das alles zu regeln ist." Ich frage mich, was das Krankenhaus damit zu tun hat. Vielleicht haben sie doch recht und mein kognitives System hat was abgekriegt. Irgendwie ist es fast schon unheimlich, wie wenig ich im Moment verstehe.

„Wir sollten wieder." Mein Vater tippt lautstark auf seine Armbanduhr.

„Wir kommen morgen wieder, Paul", sagt meine Mutter und streicht mir über den Verband an meinem Kopf.

„Wir kümmern uns um ihn." Mr. X Lächeln läuft aus.

„Das hoffe ich doch für Sie", meint mein Vater nüchtern. Er hofft es für sie. Und nicht für mich. Ohne, dass es die anderen merken, balle ich die Hand zur Faust. Keine Ahnung, ob Gott für Deals zu haben ist. Keine Ahnung, ob es ihn überhaupt gibt. Eigentlich ist es auch kein Deal. Es ist nichts als ein Eintopf aus verkochter Wut und Verzweiflung. Bitte, bitte, lass mich das Spiel noch vor der Wahl gestartet kriegen.

Ich habe immer gedacht, dass es auf der Welt nichts Langweiligeres als Unterricht gibt. Aber im Bett zu liegen, nicht aufstehen zu können, weil einen sogar das Heben der Arme Mühe kostet, nicht lesen zu können, weil man einen Turban auf dem Kopf und über den Augen hat, das ist noch viel langweiliger. Da meine Stimme zwar langsam zum Flüstern reicht, aber immer noch ziemlich schwach ist, kann ich nicht mal reden. Es ist bereits Abend, als die Tür wieder aufgeht, obwohl die Visite schon vorbei ist. Ich spüre, dass jemand da ist, aber ich höre keine Schritte. Dann quietschen Bremsen.

„Man könnte ja meinen, dass so ein Krankenhaus barrierefrei ist, aber anscheinend gibt es nicht so viele Rollstuhl fahrende Kinder." Man hört es, wenn Roswitha lächelt. Ihr Lächeln klingt nach Sommer und blauem Himmel. „Eigentlich wollte Jackson ja auch mit. Aber der Mann an der Pforte hat gesagt, dass hier Hundeverbot herrscht, Hunde wären unhygienisch und daher ihr Aufenthalt im Krankenhaus verboten." Vermutlich schüttelt sie sich gerade vor Unverständnis. „Ich hab mich echt gewundert, als du plötzlich nicht mehr bei uns vorbeigeschaut hast. Dann hab ich vermutet, dass deine Eltern Stress gemacht haben, wegen unserer Notlüge letzte Woche." Sie sagt ‚unsere'. Roswitha ist wirklich in Ordnung. Kurz ist sie still. „Aber dann hab ich das hier gehört. Und dass es knapp war. Mensch, Paul. Da hast du ja echt noch mal Glück gehabt." In meinem Kopf drehen sich die Gedanken wie kleine Windräder. Glück gehabt. Die Vorstellung, dass ich fast allein gestorben wäre und noch dazu einigermaßen sinnlos, schockiert mich. „Ich weiß gar nicht, was ich sagen soll." Roswitha schluckt. „Das, was deine Mutter erzählt hat, ist echt schrecklich." Ihre Anteilnahme klingt echt, auch wenn mir das nichts hilft, denn ich habe überhaupt keine Ahnung, wovon sie redet. Noch immer weiß ich nicht, was passiert ist.

„Was denn?", krächze ich kaum hörbar. Meine Stimme ist, wenn überhaupt, nur ein Flüstern. Ein Hauch von Nichts.

„Ach, Paul." Roswitha legt vorsichtig ihre Hand auf meinen Arm. „Wieso hast du mir nicht was davon erzählt? Du hättest doch mit mir reden können." Dann schweigen wir beide. Ich weiß noch immer nicht, worüber, aber mir fehlt die Energie, um sie erneut zu fragen. „Jackson vermisst dich. Es wird Zeit, dass du hier wieder rauskommst." Erschöpft deute ich ein Nicken an. Langsam wird es besser, ich hoffe nur, schnell genug. „Wir sind beide echt froh, dass du noch lebst." Noch, denke ich und muss schlucken. Ich weiß nicht, ob Roswitha versteht, was ich tun werde. Sie ist der letzte Mensch, dem ich weh tun will. Vielleicht sollte ich ihr einen Brief schreiben, wenn ich wieder schreiben kann. Falls … Vielleicht kann ich ihr etwas hinterlassen, was sie an mich erinnert. Nur was?

„Der Arzt hat gesagt, du darfst noch nicht so lang Besuch kriegen. Außerdem ist die Besuchszeit ja eigentlich schon vorbei. Aber ich komm bald wieder. Kümmere dich einfach darum, dass du wieder gesund wirst." Vorsichtig drückt sie meine Hand. „Da sind nämlich zwei, die dich sehr gern haben und darauf warten, dass du sie mal wieder besuchst." Dann rollt sie aus dem Raum. Zum ersten Mal bin ich froh über den nervigen Verband, der mittlerweile anfängt zu jucken. Aber ich bin mir einigermaßen sicher, dass dieser Verband über meinen Augen der einzige Grund ist, weshalb ich nicht anfange zu heulen. Sowas hat noch nie jemand zu mir gesagt, in den ganzen vierzehn Jahren nicht.

Tatsächlich komme ich am nächsten Morgen endlich auf die Normalstation. Mein neues Zimmer teile ich mit Oliver, er ist dreizehn und soll morgen am Blinddarm operiert werden. Ich kann hören, wie er auf seinem Handy Spiele spielt. Wusste gar nicht, dass das im Krankenhaus erlaubt ist. Allerdings höre ich, wie er das Handy in die Nachttischschublade legt, als Mr. X kommt. Anscheinend darf man das also doch nicht.

„Hallo, Paul!", begrüßt mich der Arzt. Ohne Anstrengung hebe ich meine Hand. „Super!" So wie es klingt, ist seine Freude echt. „Was macht der andere

Arm?" Während ich winke, ziehen sich meine Mundwinkel nach oben. „Perfekt! Beine?" Unbeholfen mache ich eine Bewegung, als würde ich Fahrradfahren. Vermutlich sieht es eher aus, als wäre ich ein halbtoter Käfer, der mit den Beinchen wackelt. „Spitze. Also natürlich hat sich die Muskulatur durch das Liegen schon ein bisschen abgebaut, aber wenn du die Übungen so weitermachst, sollte das bald wieder alles funktionieren. Kopfschmerzen?" Ich schüttle mit dem Kopf. „O.k. Gut. Wie läuft das mit der Stimme?"

„Hält sich", flüstere ich. Es klingt eher wie ein Krächzen.

„Ist doch schon besser als gestern." Anscheinend ist Mr. X ein unerschütterlicher Optimist. Die Stimme ist mir egal. Die brauche ich zum Basteln nicht. Aber ich muss hier raus. So schnell wie möglich. Schließlich ist heute doch schon Donnerstag.

„Was ist eigentlich mit ihm?", will Oliver von Mr. X wissen.

„Schon mal was von Schweigepflicht gehört?", fragt der zurück.

„Schon", räumt Oliver ein, „aber warum kann er nicht sprechen? Hat er etwa auch Schweigepflicht?" Es ist erstaunlich. Die meisten Leute denken, dass Menschen, die nicht sprechen können, auch nicht hören. Als wären Ohren und Mund irgendwie dasselbe. „Paul wird vermutlich morgen oder übermorgen wieder normal sprechen können, vielleicht fragst du ihn das dann selbst", meint Mr. X und fährt mein Bett von der Liege- in die Sitzposition. Anschließend betastet er vorsichtig meine Rippe. „Du kannst echt froh sein, dass die sich nicht in irgendwelche Organe gebohrt hat. Ich schau dann später noch mal nach dir. Vielleicht können wir sogar deinen Verband abnehmen. Zumindest den Teil über den Augen." Das fände ich allerdings mal eine gute Idee. Mit gehobenem Daumen lächle ich in die Richtung, aus der seine Stimme kam. Dann höre ich, wie er geht und mich mit Oliver alleine lässt.

„Kannst du wirklich nicht reden oder tust du nur so?", will er wissen. Er macht mir Angst. Vermutlich ohne das zu wissen, aber schon seine Anwesenheit erinnert mich an Max und die anderen. Was die wohl gerade machen? Vermutlich sitzen die in der Schule. Oliver macht mich nervös. Wenn er mich jetzt ärgern wollte, ich wäre ihm schutzlos ausgeliefert. Allerdings wirkt Oliver nicht so, als wollte er mich fertigmachen. Je mehr Zeit vergeht, desto mehr habe ich das Gefühl, dass er selbst ziemlich fertig ist. „Ich hab echt Schiss, wegen morgen", meint er schließlich. „Ich weiß, so 'ne Blinddarmoperation ist 'ne ganz normale Geschichte. Und wird ständig gemacht und ist ungefährlich. Aber, irgendwie hab ich trotzdem Angst, ich könnte dabei … sterben." Irgendwie krass, dass die Angst vor dem Sterben bei den meisten Menschen so viel größer ist als die Angst vor dem Leben. Beim Leben weiß man, was man hat. Beim Tod kann man ja wenigstens noch hoffen, dass es besser wird.

Am Nachmittag kommt tatsächlich mal mein Bruder zu Besuch. „Hey, du Saftsocke", begrüßt er mich. Wortlos hebe ich meine Hand. „Mam und Dad haben schon gesagt, dass es dir die Sprache verschlagen hat." Ich kann hören, wie mein Bruder grinst. Oliver daddelt auf der gegenüberliegenden Seite am Handy. „Dad ist echt fertig wegen dem Wahlkampf." Wegen des Wahlkampfes. Aber auch der Genitiv ist mir langsam egal. Es gibt wesentlich Wichtigeres. Ich will einfach nur raus hier. Weiterbasteln. Alle töten und dann sterben. Endlich meine Ruhe haben. Ruhe für immer. Mein Bruder fängt an, mir was vom Qualifikationsspiel für die A-Jugend zu erzählen und davon, dass Trainer vom DFB-Kader sich das Spiel in zwei Wochen anschauen wollen. Er genießt es hörbar, dass ich gezwungen bin, ihm zuzuhören. Dass ich ihn nicht unterbrechen, nicht abhauen kann. Wenn ich das Spiel nächste Woche gestartet kriege, kann es sein, dass ich ihm das Auswahlspiel versaue. Meine Mundwinkel ziehen sich nach oben. So schön kann das Leben sein, beziehungsweise das Sterben. Fast bin ich ein bisschen zufrieden. Nach einer Weile langweilt sich mein Bruder. Es macht keinen Spaß, jemanden zu ärgern, wenn der sich überhaupt nicht wehren kann.

„Ich muss dann auch mal zum Training. Gib mir die Flosse, Genosse!" Eigentlich ist das das Zeichen für unseren Bruder-Check, den wir seit Jahren nicht mehr gemacht haben. Da ich keine Ahnung habe, wo seine Faust ist, haue ich einfach nach Gefühl. Natürlich völlig ins Leere. Mein Bruder lacht. Auch von Olivers Seite aus hört man Laute der Belustigung. Dann nimmt Lars mit einer Hand meine Hand und schlägt sie gegen seine andere Hand. „Tschüss,

Alter", sagt er zum Abschied und verlässt das Zimmer.

Oliver wird von Stunde zu Stunde stiller und ist fast völlig verstummt, als Mr. X mit einer Schwester reinkommt. „So, Paul. Dann wollen wir dir mal tief in die Augen schauen." Außer der Schwester lacht niemand über seinen Witz. Falls es überhaupt ein Witz war. Ich höre, wie er sich neben mich auf einen Stuhl setzt, dann spüre ich seine behandschuhten Hände an meinem Kopf. Er zieht den Verband ab. „Augen zulassen", befiehlt er und scheint die Wunde auf meiner Stirn zu begutachten. „Das ist echt selten", meint er, „dass man gleich zwei Platzwunden auf einmal kriegt. Eine überm Auge und eine am hinteren Schädel. Hm." Er nimmt meinen Kopf zwischen seine Hände, als wäre er ein Kürbis und als wüsste er nur noch nicht, ob ich Suppe werde oder etwas anderes. „Für die hintere Wunde hätte ich gerne noch mal einen Verband. Die Schwellung am Auge ist deutlich zurückgegangen." Als die Schwester mich neu verbunden hat, klebt er mir ein großes Pflaster auf die Stirn und legt meinen Kopf zurück aufs Kissen. Gut, dass er ihn nicht in den Topf geschmissen hat. Ich frage mich, ob es in Deutschland Kinderärzte gibt, die Kannibalen sind. „Versuch mal, die Augen zu öffnen", sagt Mr. X und wirkt fast ein bisschen aufgeregt. „Aber erwarte nicht zu viel. Nach so einer Verletzung kann man nicht wissen, wie die Sehnerven das verkraftet haben." Mein Atem beschleunigt sich. Wenn ich nichts sehen kann, werden sie mich vermutlich noch länger hierbehalten und das, obwohl morgen in einer Woche schon der Spielstart sein sollte. Noch schlimmer wäre es, wenn ich nie wieder etwas sehen könnte. Mit der linken Hand Klausuren zu schreiben, ist eine Sache. Aber so hochbegabt, dass ich sogar blind eine Bombe basteln könnte, bin ich auch nicht. „Ganz ruhig, Paul. Einatmen, ausatmen. Entspann dich. Und dann öffnest du ganz einfach die Augen." Ganz ruhig. Der ist lustig. Für ihn geht es hier ja auch nur um den Job. Für mich geht es um meine Zukunft. Um das letzte und größte Projekt meines Lebens. Mir ist schlecht. Trotzdem öffne ich ganz langsam meine Augen. Fast bin ich überrascht, dass sie mir überhaupt gehorchen. Alles ist unscharf. Total vernebelt. „Und?" Mr. X ist anscheinend mindestens so aufgeregt wie ich. Es dauert einen Augenblick, bis sich das Bild vor mir scharfstellt. Es fühlt sich an, als würde mein Herz aufhören zu schlagen. Ich schaue direkt in das Gesicht von Albert Einstein.

„Alles klar bei dir?" Mr. X mustert mich besorgt. „Kannst du was sehen?" Sanft berührt er mich am Arm. Ich reagiere nicht. „Paul, kannst du mir bitte ein Zeichen geben, ob du was sehen kannst?" Reglos starre ich geradeaus. In meinem Kopf geht es drunter und drüber, denn schlagartig fällt mir wieder ein, warum ich hier bin. Das letzte, woran ich mich noch erinnere, ist, dass ich am Mittwoch in der dritten Stunde in die Physiksammlung gegangen bin, um an meiner Bombe weiterzubasteln. Dann habe ich den Stromkreislauf geschlossen, und dann muss mir irgendwie die Sicherung durchgebrannt sein. Also nicht mir, sondern meinem Bausatz. Und wenn sie mich da gefunden haben, das müssen sie ja, sonst wäre ich jetzt nicht hier, dann bedeutet das, dass sie da waren. Dann bedeutet das, dass sie sie Bombe gesehen haben und meine Notizen dazu. Dann bedeutet das, dass sie meinen Plan durchschaut haben. Und das bedeutet, dass … Ich schaffe es nicht, meinen Atmen zu kontrollieren. Obwohl ich immer schneller und tiefer atme, habe ich das Gefühl, keine Luft mehr zu kriegen. Meine Hände krampfen sich in die Bettdecke. Ein. Aus. Ein. Aus. Ich starre ins Leere und habe das Gefühl zu ersticken.

„Ganz ruhig, Paul. Einatmen. Ausatmen. Ganz langsam." Mr. X fasst mich nun stärker an, aber ich spüre es kaum. Wenn ich jetzt ersticke, war alles umsonst. Aber macht es überhaupt noch Sinn, weiter zu leben? Jetzt, wo sie wissen, was ich geplant habe? Plötzlich ergibt auch das mit der Polizei einen Sinn. Es ging nicht um den Schlüssel oder den Hack. **Es geht um die Bombe.** Scheiße, Scheiße, Scheiße. Mein Brustkorb hebt und senkt sich. Ich kriege trotzdem keine Luft mehr.

„Ganz ruhig, Paul. Schau mich an." Mr. X hält mich nun an beiden Armen und schaut mir ins Gesicht. Ich starre wie durch ihn hindurch. Mir ist so schlecht. Es ist vorbei, es ist vorbei, es ist vorbei. Ich bin echt ein Versager. „Schnell, geben Sie mir eine Tüte", meint Mr. X zur Schwester. Atmen. Atmen. Atmen. Um mich dreht sich alles. Die Welt vor meinen Augen verschwimmt im Nichts. Dann kippe ich vorneüber.

„Anscheinend war der Schock zu groß." Wie von weit weg höre ich die Stimme von Mr. X. „Das ist aber auch grad' alles ein bisschen viel für ihn", höre ich die Schwester sagen. Ich will einfach nur noch tot sein, am besten sofort. „Jedenfalls sollten wir Dr. Timmendorf informieren. Er soll sich das mal anschauen. Ist ja kein Wunder, dass der Junge mit den Nerven völlig runter ist", meint Mr. X. „Ist sowieso in der Verordnung so vorgesehen." Neben mir spüre ich einen Windzug, Mr. X sitzt anscheinend wieder neben mir. „Kannst du mich hören, Paul?" Gedanken rasen durch mein Gehirn. Ich muss hier raus, ich muss einfach hier weg. Vermutlich wird das nichts mehr mit der Bombe. Mein Lebenstraum zerfällt wie ein Atom. Selbst wenn ich jetzt noch abhauen könnte. Was ich in meinem gesundheitlichen Zustand sicher nicht kann. Ich würde es zeitlich nicht schaffen, die Bombe fertig zu basteln, bevor mich die Polizei findet und einlocht. „Paul?" Die Stimme von Mr. X klingt nach wie vor besorgt. „Piepen Sie doch bitte mal Dr. Timmendorf an", sagt er zur Krankenschwester. „Außerdem wäre es vermutlich gut, wenn Paul ein Einzelzimmer kriegen würde. Er braucht vor allem Ruhe. Vielleicht hat er eine PTBS." Für einen kurzen Augenblick ist es still. Selbst Oliver scheint es die Sprache verschlagen zu haben. „Paul?" Mr. X zählt meinen Puls. Meine Gedanken fahren Karussell. Oder eher Geisterbahn. „Blutdruck sieht nicht gut aus." Von rechts höre ich ein nachdenkliches Brummen. „Bleiben Sie bitte bei ihm, bis Dr. Timmendorf da ist." Noch immer habe ich das Gefühl, keine Luft mehr zu kriegen, aber vielleicht ist das jetzt auch egal. „Paul, du musst keine Angst haben. Wir kriegen das alles wieder hin. Dr. Timmendorf ist eine Koryphäe auf seinem Gebiet, also, äh, Koryphäe ist, wenn jemand in etwas richtig gut ist, sowas wie ein Superstar. Jedenfalls wird Dr. Timmendorf dir helfen, mit allem klarzukommen. Mach dir keine Sorgen, das wird schon."

Mein Herz rast noch immer, krampfhaft ringe ich nach Luft. Ich habe versagt. Habe meinen eigenen König in Gefahr gebracht. Ich habe mich selbst schachmatt gesetzt. Mr. X hält mich fest und redet beschwörend auf mich ein. „Ganz ruhig. Einatmen. Ausatmen. Alles wird gut. Einatmen. Ausatmen. Du schaffst das. Du bist nicht allein." Ich höre, wie die Schwester ins Telefon spricht, kann aber nichts verstehen. Plötzlich klopft es an die Tür. Ich zucke zusammen. Dann höre ich, wie die Tür sich quietschend öffnet. Schwere Schuhsohlen trampeln in den Raum.

„Guten Abend. Müller und Schulz. Kriminalpolizei. Wir suchen einen Paul." **Ohne Vorwarnung fällt in meinem Gehirn der Strom aus.** Ich sacke weg.

10. KAPITEL

Doppelte Ration für den, der dir die Räuber aufs Feld stellt.

Als ich die Augen öffne, ist es draußen bereits dunkel. Oliver ist weg. Vielleicht liege ich auch in einem anderen Zimmer. Langsam gewöhnen sich meine Augen an die Dunkelheit, die verglichen mit dem Schwarz der letzten Wochen wahnsinnig hell ist. Irgendwie fühle ich mich seltsam benebelt, dabei hatte ich die letzten Tage eigentlich das Gefühl, die Kontrolle über mein Gehirn Stück für Stück wiederzubekommen. Jetzt allerdings fühlt sich alles ganz warm an und leicht. Die Gedanken schweben über dem Boden wie Libellen an einem Sommerabend. Fast schon poetisch. Plötzlich geht die Tür auf. Mr. X, der so aussieht wie Albert Einstein, auch wenn seine Haare etwas ordentlicher wirken, setzt sich neben mein Bett.

„Ist es jetzt wieder besser?" Ich zucke mit den Schultern. „Es tut mir leid, dass ich das mit der Polizei nicht verhindern konnte. Wir mussten ihnen Bescheid sagen, als wir dich auf die Normalstation verlegt haben, aber dass sie ausgerechnet in einem so schwierigen Moment kommen, war natürlich nicht geplant. Na ja, eigentlich hätten wir uns ja denken können, dass du noch nicht vernehmungsfähig bist." Er schweigt kurz, dann strafft er seine Schultern und lächelt mich an. „Morgen früh kommt Dr. Timmendorf zu dir. Er wird dir helfen können. Und erst wenn er meint, dass du das packst, kommen die Polizisten wieder. Ich weiß, dass das sehr anstrengend für dich ist, aber die machen das ja auch nicht zum Spaß." Mein Atem beschleunigt sich schon wieder. Ich habe das alles nicht mehr unter Kontrolle. Erneut fasst er mich am Arm. „Ruhig bleiben, Paul. Einatmen. Ausatmen. Es wird alles wieder gut." Obwohl ich versuche, mich aufs Atmen zu konzentrieren, merke ich, wie er mit der anderen Hand den roten Knopf an meinem Bettende drückt. „Ruhig, Paul. Einatmen. Ausatmen."

Mr. X ist wie eine Yoga-CD mit Hänger. Nicht, dass ich sowas schon mal gehört hätte, aber ungefähr so stelle ich mir das vor. Mir ist heiß und kalt zugleich und ich merke, wie ich mich wieder verkrampfe. Verhör. Verwahrung. Jugendknast. Heim. **Ich habe Angst.** Angst vor Morgen. Angst vor der Polizei und den anderen. Angst vor Knast. Und Angst vor dem Rest des Lebens, das eigentlich nächste Woche hätte aufhören sollen. Dann öffnet sich die Tür. Verschwommen erkenne ich die Schwester. Sie beugt sich über mich.

„Ganz ruhig, Paul." Dann spüre ich eine Nadel in meinem Arm. Oh Tannenbaum, oh Tannenbaum. Plötzlich wird alles leichter und ich beginne zu schweben, obwohl ich gleichzeitig spüre, wie ich unglaublich schwer werde.

„Alles wird gut", meint Mr. X, „schlaf jetzt einfach."

Ich werde wach, als es draußen bereits wieder anfängt zu dämmern. Sobald Dr. Timmendorf hier war, wird die Polizei kommen, hat Mr. X gestern gesagt. Wer ist überhaupt dieser Dr. Timmendorf? Und wieso soll er beurteilen können, ob ich bereit bin, mit der Polizei zu sprechen? Es ist, als hätte jemand einen Hebel umgelegt, das Karussell in meinem Kopf startet wieder und ist bereits nach wenigen Sekunden auf Hochgeschwindigkeit. Heute ist Freitag. In genau einer Woche hätte mein Spiel starten sollen.

Mein Blick bleibt am Baum vor dem Fenster hängen. Dem Stamm nach liegt mein Zimmer im ersten oder zweiten Stock. Ich könnte abhauen, bevor jemand kommt. Vielleicht schaffe ich doch noch, meine Vorbereitungen zu Ende zu bringen. Dabei weiß ich, dass der Plan völlig bescheuert ist. Mal abgesehen davon, dass ich keine Ahnung habe, wie ich unbemerkt zur Schule komme, weiß ich ja auch gar nicht, was von meinem Bausatz noch übrig ist. Anscheinend hat es ja doch ziemlich geknallt. Ich muss hier raus. Ich muss basteln. Ich muss zur Schule. Mit einem Knopfdruck fahre ich das Bett in die Sitzposition. Das Fenster ist meine einzige Möglichkeit. Obwohl es mich Mühe kostet, gelingt es mir, mich aufzurichten. Langsam hebe ich erst ein Bein und dann das andere über die Bettkante. Zum ersten Mal seit über einer Woche habe ich wieder festen Boden unter den Füßen. Wobei, fest ist übertrieben. Irgendwie habe ich schon das Gefühl, dass er wackelt. Dann versuche ich, aufzustehen. Es dauert ein paar Sekunden, bis ich das Gleichgewicht gefunden habe, dann mache ich den ersten Schritt. Geht doch, denke ich und schmunzle über das Wortspiel. Auch der zweite Schritt gelingt mir, doch schon beim dritten fange ich an zu schwanken. Hätte nie gedacht, dass die drei Meter zwischen Bett und Fenster dermaßen lang sind. Oder ist das schon ein Zeichen der Raumzeitverkrümmung? Meine Beine fangen an zu zittern, anscheinend bin ich noch unsportlicher, als ich dachte. Nur noch vier Schritte. Noch vier popelige Schritte. Rechts. Links. Rechts. Links. Anscheinend bin ich genauso schlecht im Einreden wie Mr. X. Anstatt mich meine Beine zum Fenster tragen, zittern sie einfach noch stärker. Noch bevor ich den ersten der vier Schritte tun kann, geben meine Beine unter mir nach. Unsanft lande ich auf dem Fußboden und schaffe es nicht, mich wieder aufzurichten. Vielleicht hätte ich doch mehr Sport machen sollen. Aber wie hätte ich ahnen können, dass ich das später mal brauche? Mann, sie haben mich so oft getreten und geschubst. Und ich bin immer wieder aufgestanden, habe immer wieder die Zähne zusammengebissen, weiter gekämpft, obwohl es aussichtslos war. Nur jetzt, wo es so wichtig wäre durchzuhalten, machen meine Beine nicht mit. Ich kann einfach nicht mehr. Frustriert lasse ich den Kopf auf den Zimmerboden fallen, in den Sand stecken kann ich ihn ja leider nicht. Und da bleibe ich gezwungenermaßen liegen, schließe die Augen und hoffe, dass das alles einfach aufhört.

„Hallo, Pa…“, die Stimme von Mr. X bricht ab, ich höre, wie er mit schnellen Schritten auf mich zukommt und routiniert an mein Handgelenk fasst. „Puls ist da“, meint er knapp und klopft mir vorsichtig auf die Wange. Ich öffne meine Augen. „Warum bist du nicht im Bett?“, fragt die Schwester, als sie gemerkt hat, dass es mir so gesehen einigermaßen gutgeht. *Weil ich vorhabe, die Schule in die Luft zu sprengen?* Meine Augen fallen wieder zu.

„Hey, Paul, hierbleiben.“ Wie schön wäre es, wirklich bewusstlos zu sein, aber leider bin ich mir der ganzen Scheiße mehr als bewusst. In meinem Kopf geht es drunter und drüber. Irgendwie bin ich mit der Situation völlig überfordert. Und mit dem Gefühl, überfordert zu sein, bin ich auch überfordert. Anders als die meisten anderen Kinder in meinem Alter, hatte ich nie die Möglichkeit, mich an das Gefühl zu gewöhnen oder es zumindest mal kennenzulernen. Vielleicht hat Mr. X Recht und ich sollte versuchen, ruhig zu bleiben. Zumindest wäre es gut, so ruhig zu bleiben, damit sie mich nicht wieder an den Libellenteich spritzen müssen. Dann habe ich wenigstens keinen Nebel im Kopf und kann besser an meinem Fluchtplan arbeiten.

Während Mr. X meine Wunde am Kopf betrachtet, bringt die Schwester ein buntes Tablett mit Frühstück. Eigentlich habe ich überhaupt keinen Hunger. Aber egal was ich vorhabe, ich kann es mir zeitlich nicht leisten, noch mal irgendwo umzufallen. Außerdem kann es auch meinem Gehirn nicht schaden, neue Energie zu tanken. Und, zugegebenermaßen, es hat was, endlich wieder alleine essen zu können. Also versuche ich, möglichst viele der Dinge auf dem Tablett zu essen, während Mr. X und die Schwester leise miteinander reden und mich dabei hin und wieder besorgt mustern. Das Essen hilft. Mein mathematischer Kampfgeist kommt langsam wieder zurück. Einige Nanogramm Optimismus pulsieren durch mein Blut. Noch ist es nicht zu spät.

Als ich mit Essen fertig bin, ist mir schlecht. Ich weiß nicht, ob es am Frühstück liegt oder an der Angst.

„Meinen Sie, dass ich mal raus in den Hof kann?", frage ich den Arzt. Das Sprechen ist noch anstrengend, aber es funktioniert. Er scheint sich über meine Frage zu freuen.

„Na ja, zu Fuß sicher nicht. Aber ich denke mal, dass wir einen Rollstuhl organisieren können." Auch sein Blick schweift aus dem Fenster. „Bist du deswegen aufgestanden?", fragt er. „Weil du auf den Hof wolltest?" Ich nicke. Stimmt ja auch irgendwie. Ich bin aufgestanden, weil ich raus wollte. Weg wollte, allerdings nicht, um mir Blumen anzuschauen.

„Wann?", frage ich und versuche, so auszusehen wie ein vierzehnjähriger Junge, der dringend, aber nur so zum Spaß, frische Luft braucht.

„Ich werde schauen, was sich machen lässt. Bisschen frische Luft wird deinem Kreislauf sicher gut tun. Aber natürlich nicht zu lang. Dein Kreislauf ist ja immer noch …" *Bisschen am Arsch,* aber das sagt er so natürlich nicht. Dann klopft es an die Tür, die sich umgehend öffnet. Ohne Richtung Tür zu schauen, schließe ich präventiv die Augen. Es ist acht Uhr dreißig, ich heiße Paul, will noch immer meine Schule in die Luft jagen und werde jetzt von der Polizei festgenommen.

„Na endlich!" Mr. X geht auf die Tür zu. Als die schweren Stiefelschritte ausbleiben, öffne ich die Augen vorsichtig. An der Tür steht ein Mann ohne Uniform und ohne weißen Kittel. Stattdessen trägt er eine blaue Jeans und ein Hawaiihemd, das aussieht, als wäre bei ihm im Kleiderschrank eine Tüte Konfetti explodiert. Dieser Mann ist auf jeden Fall keiner von den Polizisten von gestern. Vielleicht ist er aber auch nur in Zivil.

„Hallo, Paul. Mein Name ist Dr. Timmendorf. Hab schon viel von dir gehört." Lächelnd schaut er mich an. Abwartend schaue ich zurück. Ich weiß nicht, was ich von ihm halten soll, ich weiß ja noch nicht mal, wer er überhaupt ist.

„Dann lass ich euch mal allein." Mr. X lächelt mir zu und verschwindet. Ohne zu fragen, setzt sich Dr. Timmendorf auf den Stuhl neben mein Bett. Unruhig kaue ich auf meiner Unterlippe und warte darauf, dass er das Gespräch beginnt. Oder zumindest mal sagt, wer er ist, also wer genau.

„Ich hab gehört, dass du schon wieder sprechen kannst?" Noch immer bin ich mir nicht sicher, inwieweit ich mit ihm kooperieren sollte. Ich zucke mit den Schultern. Mein Blick wandert zum Fenster, mehr aus Gewohnheit, als weil ich es will, denn mir ist schon klar, dass ich den Timmendorf im Auge behalten sollte. Andererseits, da sie ihn auf mich angesetzt haben, ist er vermutlich so ausgebildet, dass ich gegen ihn eh keine große Chance haben werde. Aus den Augenwinkeln erkenne ich, dass er meinem Blick gefolgt ist. „Ich habe gehört, dass du heute morgen zum ersten Mal aufgestanden bist. Wolltest du in den Hof schauen?", fragt Dr. Timmendorf. Er redet mit mir wie mit einem kleinen Kind. Ich weiß nicht, ob mich das nervt, aber ich nicke. Es macht mich nervös, nicht zu wissen, was er von mir will. „Der Klinikinnenhof ist sehr schön. Es gibt sogar einen Teich mit Enten und so. Magst du Tiere?" Sofort denke ich an Jackson. Noch ehe ich entschieden habe, ob ich nicken soll oder nicht, redet er bereits weiter. „Ich weiß, dass es nicht leicht für dich ist." Dass was nicht leicht für mich ist? Zu wissen, dass ich im Jugendknast lande, sobald ich gesund genug dafür bin? Mann, ich bin zu doof, um die Schule in die Luft zu sprengen, natürlich ist das nicht leicht! All das sage ich natürlich nicht laut, sondern schaue weiterhin an Dr. Timmendorf vorbei aus dem Fenster. „Du wirst an der ganzen Geschichte noch lange zu knabbern haben, das ist klar." Zuversichtlich schaut er mich an, doch ich schaue nicht zurück. „Aber es kann besser werden. Du musst diesen Weg nicht alleine gehen, weißt du?" Dann schweigt er wieder. Anscheinend macht es ihm nichts aus, dass ich nicht reagiere. „Auch wenn es sich gerade vielleicht nicht so anfühlt, reden hilft." Wer's glaubt wird selig. Reden hat mir noch nie was geholfen. Reden hat immer nur alles noch schlimmer gemacht. Draußen am Himmel fliegen Vögel. Dr. Timmendorf seufzt: „Du wirst über all das reden müssen. Die Polizei wird Fragen stellen. Macht dir das Angst?" Angespannt krallen sich meine Finger in die Bettdecke, hoffentlich fällt es ihm nicht auf. „Was denkst du gerade?", will Dr. Timmendorf wissen. Ich antworte nicht. „Du wirkst ziemlich angespannt." Wahnsinn, wie scharfsinnig er ist. Es gelingt mir nicht, meine Finger zu lockern, obwohl die Knöchel schon weiß hervortreten. „Das muss dir nicht peinlich sein. Eigentlich ist es eine ganz normale Reaktion deines Körpers nach einer solchen Ausnahmesituation. Auch die Panikattacken, die du gestern hattest, sind in solchen Fällen fast schon normal." In diesen Fällen? Sowas gibt es häufiger? Dr. Timmendorf scheint meine Irritation zu bemerken, denn er fügt hinzu: „Also – einen so krassen Fall hatte ich jetzt auch noch nicht. Aber ganz unüblich ist es leider nicht. Ich bin jetzt seit fast zwanzig Jahren Psychiater für Kinder und Jugendliche, da könnte ich dir schon einige traurige Geschichten erzählen." Ich unterdrücke ein sarkastisches Auflachen. Im Moment kommt es mir so vor, als wäre **mein ganzes Leben eine einzige traurige Geschichte.** Immerhin weiß ich jetzt endlich, wer er ist. Freundlich lächelt er mich an: „Wichtig ist es, dass du weißt, dass auch eine traurige Geschichte ein Happy End haben kann." Ob er weiß, was er da gerade gesagt hat? Vermutlich ist auch so ein Happy End nur eine Frage der Definition. „Willst du mir sagen, was du denkst? Oder schreiben?" Will ich das? Alles was ich will, ist abhauen. Aber das sollte ich ihm so nicht sagen. Andererseits sollte ich es mir auch nicht mit ihm verscherzen.

„Bäume sind Gedichte, die die Erde in den Himmel schreibt", sage ich schließlich, ohne den Blick vom Fenster abzuwenden. Dr. Timmendorf wirkt ernsthaft erfreut.

„Ja, Bäume sind wirklich etwas Beeindruckendes." Ob man mich in einem Friedwald bestatten kann, wenn man mich nicht auf einem Friedhof beerdigen darf? Wobei, eigentlich hatte ich ja eh vorgehabt, die ganze Geschichte so gründlich zu konzipieren, dass hinterher nichts mehr von mir übrigbleibt. Asche zu Asche und Staub zu Staub. Letztendlich sind wir alle doch nur Energie, die sich im Kreis dreht.

„Glaubst du, du kannst schon drüber reden?", fragt Dr. Timmendorf. *Drüber reden* kann ich über alles, die Frage ist nur, ob ich das will. „Ich weiß, dass es nicht leicht ist. Aber es hilft, wirklich. Und ich bin ja auch da, wenn was ist." Und das soll mich beruhigen?

„Darf ich denn danach in den Hof?", frage ich. Für einen Deal wäre ich eventuell zu haben. Dr. Timmendorf lächelt.

„Du scheinst mir ja echt ein Naturliebhaber zu sein. Aber ich kann verstehen, dass einem hier drinnen die Decke auf den Kopf fällt. Hm." Er schaut nachdenklich aus dem Fenster, dann schaut er auf seine Uhr. „Was hältst du davon, wenn wir uns einen Rollstuhl besorgen und unser Gespräch im Hof fortsetzen? Dann kannst du auch noch ein bisschen Kraft tanken, bevor dann um elf die Polizei kommt." Bei diesem Satz rutscht mir das Herz in die Hose, aber ich nicke tapfer. Selbst wenn mir noch die Energie fehlt, um abzuhauen. Zumindest könnte ich so schon mal unauffällig nach Fluchtwegen suchen. Und nebenbei diesem Psychiater das Gefühl geben, dass ich mich auf ihn einlasse oder wie auch immer man das in der Psychologie sagt. Hauptsache raus hier.

Zehn Minuten später sind wir tatsächlich draußen. Der Innenhof ist gar nicht so hässlich. Dr. Timmendorf parkt den Rollstuhl direkt am Seerosenteich. Das Rauschen des Wassers beruhigt tatsächlich ein bisschen. Auch Dr. Timmendorf scheint es zu genießen.

„Alles fließt, weißt du?" Panta rhei. Wieso sollte ich das nicht wissen? „Auch wenn es mal nicht so läuft im Leben. Es kann besser werden. Immer." Wut steigt in mir hoch, dabei kann er vermutlich nichts dafür. Wahrscheinlich ist es sein Job, sowas zu sagen. „Alles ist immer im Wandel. Immer im Fluss." Komm, wir geh'n zusammen den Bach runter. Ich glaube nicht, dass es besser werden kann. Nicht mehr. Lang genug habe ich mich selbst verarscht, habe mir nach jeden Ferien eingeredet, dass Schule doch gar nicht so schlimm ist, und dass ich das schon schaffen werde. An manchen Tagen hat mein Optimismus die ersten Schulstunden über gehalten, an anderen Tagen hat Max mich bereits auf dem Weg zur Schule begrüßt. Mir fehlt die Hoffnung. Mir fehlt die Energie. Das Beste, was diesem Leben jetzt noch passieren kann, ist, dass es aufhört.

„Bist du jetzt ruhiger?", fragt er mich. Ich gönne ihm das Erfolgserlebnis und nicke. „Schön. Dann bringe ich dich jetzt wieder hoch. Schließlich kommen später die Herren von der Kripo." Motiviert schiebt er meinen Rollstuhl Richtung Aufzug. Ich komme mir vor wie auf dem Weg zu meiner Hinrichtung. Was ja vielleicht gar nicht so schlecht wäre! Doch: Alles in mir will nur noch weglaufen. Aber jede einzelne Faser meines Körpers weiß, dass ich das gerade nicht kann. Die Welt ist böse und ungerecht. Quod erat demonstrandum.

Kaum hat Dr. Timmendorf mich wieder ins Bett verfrachtet, klopft es an der Tür. Mein Herz schlägt in Überschallgeschwindigkeit. Aber ich will es hinter mich bringen, ich habe ja eh keine Wahl. Und je schneller ich weiß, was alles auf mich zukommen wird, desto schneller kann ich überlegen, wie ich das alles umgehen kann. Es ist wie bei den *Siedlern von Catan*. Ich habe große Städte an mein Feld mit der acht gebaut. Eigentlich kann ich nur noch gewinnen. Nur, dass ich mir dummerweise selbst den Räuber aufs Feld gestellt habe. Alles, was ich jetzt gerade tun kann, ist warten. Warten darauf, dass jemand eine Sieben würfelt. Warten darauf, dass es besser wird. **Warten auf den Tod, denn im Grab findet man Ruhe. Warten. Warten. Warten.** Was sonst.

Müller und Schulz nicken mir freundlich zu, dann setzen sie sich auf zwei Klappstühle neben mein Bett. Dr. Timmendorf sitzt auf der anderen Seite. Langsam fühle ich mich umzingelt.

„Also, wie du dir sicher denken kannst, haben wir ein paar Fragen an dich", beginnt Müller.

„Da du ja quasi die Hauptfigur in dieser Geschichte bist, sind uns deine Antworten natürlich besonders wichtig", ergänzt Schulz.

„Dem Protokoll des Notarztes nach, der die Erstversorgung übernommen hat, hat man dich am Mittwoch vor neun Tagen bewusstlos und schwerverletzt im Physikraum eurer Schule gefunden. Laut Protokoll hat ein Herr …", Schulz blättert in seinen Papieren, „ein Herr Rademacher dich zuerst gefunden und auch den Notruf abgesetzt. Schon vor Ort hat der Notarzt die besonderen Verletzungsmuster bemerkt und umgehend die Kriminalpolizei informiert. Zusammen mit dem Bild der Zerstörung, das sich in deiner unmittelbaren räumlichen Nähe gezeigt hat, lassen deine Verletzungen keinerlei Zweifel am Tathergang." Natürlich lassen die keine Zweifel. Wenn es sowas wie Physiker-medizin gäbe, wäre eindeutig klar, dass es sich dabei um typische Laborver-letzungen handelt. Schulz und Müller tauschen einen bedeutungsschweren Blick, anschließend schaut Müller fragend zu Dr. Timmendorf. Dieser nickt ermutigend, rückt aber mit dem Stuhl noch ein paar Zentimeter näher an mich heran. Müller schaut mich an. Sein Blick ist ernst und düster. Ich merke, wie sich mein Atem beschleunigt. Einatmen. Ausatmen. Möglichst unauffällig gucken. Lächeln. Anscheinend funktioniert meine Selbstberuhigung nicht wirklich. In den Augen der Polizisten erkenne ich Besorgnis. Gedanken rasen durch meinen Kopf. Wieso sagt keiner was? Wieso holen sie nicht einfach ihre Handschellen raus und nehmen mich mit?

„Also jedenfalls war das kein Kavalliersdelikt mehr, sondern eine ernstzu-nehmende Straftat. Wir müssen diesbezüglich ermitteln", erklärt Müller.

„Unter Umständen handelt es sich hierbei sogar um versuchten Mord", fügt Schulz hinzu, scheint sich aber, kaum das er das ausgesprochen hat, nicht mehr sicher zu sein, ob er das überhaupt hätte sagen dürfen. Einen Moment lang ist es still. Das Chaos meiner Gedanken rauscht in meinen Ohren.

„Du musst keine Angst haben, Paul." Als er das sagt, versucht Dr. Timmendorf, Blickkontakt mit mir herzustellen, doch ich schaue weiter an ihm vorbei. „Die Polizisten wollen dir nichts Böses. Sie wollen nur wissen, wer die Leute waren, die dir das angetan haben." Ich glaube, man kann fast hören, wie das Chaos in meinem Kopf explodiert.

11. KAPITEL

Die ganze Welt ist vermonopolt – das Ziel des Lebens ist es, dich in die Insolvenz zu treiben.

„Vielleicht sollten wir besser eine Pause machen?", fragt Müller und wirft Dr. Timmendorf einen fragenden Blick zu. Schulz mustert mich besorgt. Erst jetzt merke ich, dass ich den Atem angehalten habe und hole wieder Luft. Obwohl es hier drinnen einigermaßen kalt ist, bin ich total verschwitzt. Dr. Timmendorf nickt. „Eine halbe Stunde sollte reichen." Müller und Schulz verlassen den Raum. Ich kann das ja leider nicht. „Ich muss mich bei dir entschuldigen", bricht Dr. Timmendorf das Schweigen. Mein Blick schweift wieder aus dem Fenster. „Mir hätte klar sein sollen, dass dich das Ganze noch zu sehr mitnimmt. Aber die Polizei muss wissen, wer das war. Die müssen doch ermitteln, die Täter müssen doch bestraft werden." Durch meinen Kopf rasen Gedanken wie ICEs zwischen Hamburg und Berlin. „Die gebrochene Rippe und die Wunden am Kopf sind eindeutig. Außerdem ist dein ganzer Körper übersät mit Blutergüssen und Prellungen. Einige von denen dürften sogar schon Wochen alt sein. Der Fall war für den Notarzt absolut klar, und dann müssen sie die Polizei informieren." Sein Blick ist absolut ernst. „Paul, wir wissen beide, dass das keine pubertäre Schlägerei war, das war kein Spaß, das war schwere Körperverletzung, das war eine schwere Straftat. Vielleicht sogar versuchter Totschlag." Vielleicht gibt es doch sowas wie Wunder. „Ich hatte zwar noch keinen Fall in diesem Ausmaß, aber ich weiß, dass es für die Opfer von solch massiver Gewalt extrem schwer ist, darüber zu sprechen. Aber Paul, darüber sprechen ist das Einzige, was hilft." Noch immer starre ich an ihm vorbei aus dem Fenster. Ich kann es einfach nicht fassen. Da bin ich fast gestorben vor Angst, dass ich jetzt verhaftet werde, weil ich die Schule in die Luft sprengen wollte und dann kommt die Polizei, weil sie meine Mitschüler verdächtigt, mich krankenhausreif geprügelt zu haben – und für den „Anschlag" im Physikraum verantwortlich zu sein. Das alles ist doch total absurd. Zum ersten Mal empfinde ich so etwas wie Freude darüber, dass die Erwachsenen einfach nie kapieren, was los ist. Manchmal, ganz selten, hat das anscheinend auch Vorteile. Und die werde ich gnadenlos ausnutzen, auch wenn es mich trotzdem stört, dass die anderen jetzt ausnahmsweise zu Unrecht verdächtigt werden. Vor allem Max wird nicht begeistert sein, da werde ich echt aufpassen müssen. Aber es ist meine Chance. Dieses Missverständnis, diese Fehlinterpretation der Realität, ist meine Chance, hier rauszukommen und die Bombe doch noch fertig zu kriegen. mein Spiel doch noch fertig zu spielen. Fast spüre ich so etwas wie Hoffnung.

„Was denkst du gerade?", fragt Dr. Timmendorf. Ich vertraue keinem Erwachsenen. Ich vertraue niemandem. Das Beste wird sein, wenn ich sie in ihrem Glauben lasse, ohne sie ausdrücklich darin zu bestätigen. Vielleicht ist meine Recherche zum Thema Mobbing doch noch zu was gut. Eigentlich hatte ich all die Bücher gelesen, weil ich wissen wollte, was man dagegen tun kann, wie man sich helfen kann. Antworten darauf hatte ich natürlich nicht gefunden, aber ich habe viel darüber gelesen, wie Mobbing-Opfer reagieren, wenn herauskommt, was ihnen passiert ist. Mit Angst. Mit Scham. Mit Abstreiten. Ich habe keine Angst mehr vor Max, nicht wirklich. Geschämt habe ich mich deshalb nie. Abstreiten kann ich, glaube ich, ganz gut. „Paul, kannst du mir sagen, was du gerade denkst?", wiederholt Dr. Timmendorf seine Frage. Ich zucke mit den Schultern.

„Ich habe Angst", antworte ich nach langem Zögern. Nicht die Wahrheit, aber auch nicht gelogen. Dr. Timmendorf nickt verständnisvoll. Natürlich versteht er trotzdem nichts. Man kann sowas nicht studieren, man muss es erlebt haben. Oder besser nicht. Meine Hände hören auf, sich in die Bettdecke zu krallen. Es ist erstaunlich, was ein bisschen Hoffnung ausmacht.

„Vor was genau hast du Angst?", fragt er und schaut mich an. Wieder lasse ich mir Zeit mit der Antwort.

„Vor allem", murmle ich dann.

„Wie lange geht das denn schon?", fragt Dr. Timmendorf. Ich kaue auf meiner Unterlippe herum. Wenn man meiner Mutter glauben kann, wurde ich schon in der Krabbelgruppe von den anderen Kindern geärgert. Das Einzige, woran ich mich noch erinnern kann, dass sie mich einfach nicht in Ruhe mein Bilderbuch haben anschauen lassen, sondern ständig nur Krach gemacht haben. Und richtig sprechen konnten sie auch noch nicht. Immer, wenn ich dann zu meiner Mutter gekrabbelt bin, laufen konnte ich ja noch nicht, weil ich mit ihr sprechen oder noch lieber, nach Hause gehen wollte, sah sie mich bettelnd an und sagte:

„Paulchen, spiel doch noch ein bisschen mit den anderen Kindern." Die wollten aber nicht mit mir spielen. Und ich nicht mit ihnen.

„Wie lang?", wiederholt Dr. Timmendorf seine Frage. Ich denke an die Grundschule, wo die anderen nach dem Schwimmunterricht meine Klamotten auf einem Baum versteckt hatten. Die Bademeisterin hatte mich nach ein paar Stunden halberfroren – es war Januar – in Badehose auf dem Baum gefunden, wo ich erst bemerkt hatte, dass ich meine Anziehsachen um eine Armlänge verfehlte und dann feststellen musste, dass ich mich nicht mehr traute, wieder runterzuklettern. Das Einzige, was daraufhin passierte, war, dass mein Vater mich in den Sommerferien zum Kletterkurs verdonnerte, weil er nicht einsah, dass man wegen seinem Sohn, wegen so einer Lappalie, die Feuerwehr hatte rufen müssen. Ich denke an all die Momente, in denen ich meine Schulsachen aus Mülltonnen oder Gartenteichen fischen musste, an die Momente, in denen sie mir Kleber auf den Stuhl gestrichen hatten, Honig in die Schulsachen gekippt oder mich auf dem Schulhof verprügelt oder beklaut haben. Oder beides. Dann denke ich an die Internetseite *Streberknödel.de* und frage mich, wie lang die Polizei braucht, um die zu finden, oder ob Max die schon längst aus dem Netz genommen hat. Wenn ich ehrlich bin, glaube ich sowieso nicht, dass diese ganze Geschichte hier ernsthafte Konsequenzen hat, aber das ist auch nicht mehr schlimm. Um die Konsequenzen kann ich mich ja dann hoffentlich bald selbst kümmern.

„Ich will nicht drüber reden", flüstere ich irgendwann, als ich das Gefühl habe, dass Dr. Timmendorf langsam nervös wird. Wieder nickt er verständnisvoll.

„Die meisten Jugendlichen, die gemobbt werden, wollen das nicht. Vielen haben sie ja auch über Wochen hinweg eingeschärft, was passiert, wenn sie mit anderen darüber sprechen. Haben sie dir auch gedroht?" Dr. Timmendorf versteht meine ausbleibende Reaktion als Zustimmung. „Aber wenn man die Leute ‚verrät‘, die einen quälen, die einem wehtun, die einen verletzten, dann ist das kein Petzen, weißt du? Dann ist das absolut richtig!" Irgendwie muss ich es schaffen, ihnen so viel zu erzählen, dass sie ihrer eigenen Theorie nach wie vor glauben. Trotzdem darf ich ihnen keinesfalls die Wahrheit erzählen, denn dann würden sie sich vermutlich so krasse Sorgen machen, dass sie mich gar nicht mehr zurück in die Schule lassen. Oder dass mich Dr. Timmendorf gleich auf seine Station überweisen lässt. Dabei habe ich gar keine psychischen Probleme. Ich habe die ultimative Lösung für alles gefunden. Jetzt müssen sie mich hier nur noch rauslassen.

Die Tür geht wieder auf. Müller schaut Dr. Timmendorf fragend an, dann setzen sie sich wieder auf ihre Plätze.

„Geht’s jetzt besser?", fragt Schulz und sucht Blickkontakt, den er nicht kriegt, weil ich noch immer wie festgenagelt aus dem Fenster starre. Dann räuspert er sich. „Also, eigentlich reicht es uns vorerst zu wissen, wer das war. Wir brauchen ihre Namen." Ich schaue weiter aus dem Fenster. Der Ahorn gehört zur Familie der Rosskastaniengewächse. Natürlich werde ich ihnen keine Namen verraten. Warum auch? Es hat sich die ganzen letzten vierzehn Jahre niemand für mich interessiert. Dieses Problem werde ich alleine lösen, auf meine Art und Weise. Vielleicht ein bisschen brutal, aber dafür effizient. Außerdem sind die anderen nicht unschuldig. Sie haben die Rache verdient.

„Wer hat dir das angetan?" Es fällt mir gar nicht schwer zu weinen. Vielleicht sind es tatsächlich Tränen aus Wut und Angst und Verzweiflung, über das, was in den letzten Jahren alles passiert ist und über das, was alles nicht passiert ist. Vor allem: was alles nicht passiert ist. Alle dachten immer, dass Schüler mit guten Noten keine Probleme in der Schule haben können. Vielleicht sind es auch Tränen der Erleichterung. Erleichterung, dass ich mein Leben selbst in die Hand nehmen kann, dass ich nicht auf ihre armseligen Hilfeversuche angewiesen bin, die sowieso viel zu spät kommen.

„I-i-ich, ich w-w-weiß eess ni-i-icht", stammle ich schließlich und vergrabe meinen Kopf in den Händen.

„Hast du die Kleidung erkennen können? Die Stimmen? Wieviele es waren?", fragt Müller. Noch immer habe ich den Kopf in den Händen vergraben, dann muss ich sie beim Reden nicht anschauen.

„Ich weiß es nicht", sage ich erneut. Man muss eine Lüge nur so lange wiederholen, bis sie irgendwann wahr wird.

„Du weißt es nicht?", fragt Schulz und guckt dabei so, als wäre er der Meinung, dass es sich bei diesem Überfall um ein Ereignis handeln müsste, dass man gar nicht vergessen kann. Hätte ich auch sicher nicht, wenn es denn überhaupt stattgefunden hätte, aber das sage ich nicht. Stattdessen wische ich mir die Tränen aus den Augen und murmle:

„Ich kann mich nicht erinnern, was passiert ist."

„An gar nichts?", fragt Müller. Sein skeptischer Blick fällt erst auf mich und dann auf Dr. Timmendorf.

„Weiß nicht." Ich schaue aus dem Fenster. „Ich kann mich an den Deutschunterricht in den ersten beiden Stunden erinnern. Und dann weiß ich noch, dass ich in der großen Pause aufs Klo wollte. Und dann ...", ich ziehe die Nase hoch und zucke mit den Schultern, „... dann weiß ich nichts mehr."

„Auch wenn du versuchst, dich ganz fest daran zu erinnern?" Ich kneife konzentriert die Augen zu, berechne im Kopf das Produkt von 3498 und 2377 und schüttle dann den Kopf.

„Nichts."

„Hm", Schulz und Müller sehen sich nachdenklich an. „Es ist wirklich wichtig, dass du dich erinnerst. Zum einen natürlich, weil wir die Täter ermitteln müssen, damit sie bestraft werden, zum anderen, weil du ja sicher auch nicht willst, dass das nochmal passiert." Erschöpft lasse ich mich zurück ins Kissen fallen, schließe die Augen und halte mir mit einer Hand den Kopf.

„Brauchst du noch mal 'ne Pause?", fragt Dr. Timmendorf. Ich deute ein Nicken an. „Das ist alles sehr anstrengend für ihn, er ist ja auch körperlich noch nicht wieder fit." Ich höre, wie sich Dr. Timmendorf und Müller leise unterhalten.

„Tut er nur so, oder kann er sich wirklich an nichts erinnern?", fragt Müller. Dr. Timmendorf zögert kurz, dann meint er:

„Ich denke nicht, dass Paul nur so tut als ob. Auf mich wirkt er sehr ehrlich und sensibel. Sowieso ist eine retrograde Amnesie nach solch traumatischen Ereignissen nicht unüblich. Außerdem hat Paul ja auch diverse Kopfverletzungen erlitten. Neben psychologischen wären also auch neurologische Ursachen denkbar." Müller seufzt leise:

„Und was heißt das für uns?"

„In beiden Fällen vermutlich erst mal abwarten. Wir müssen hier ohnehin noch weitere Tests durchführen. Es besteht zumindest medizinisch die Möglichkeit, dass die Erinnerung wieder zurückkehrt. Wobei es für Paul vielleicht besser wäre, es würde so bleiben. Sein Gehirn macht das ja schließlich, um ihn vor dieser Belastung zu schützen. Wir hatten ohnehin vor, nächste Woche differenziertere neurologische und psychologische Untersuchungen und Tests durchzuführen." Ich bemühe mich, tief und gleichmäßig zu atmen und möglichst schlafend zu wirken, obwohl mein Gehirn wieder auf Hochtouren läuft.

„Gut. Dann werden wir die Befragung im familiären und schulischen Umfeld fortsetzen und auch mal mit seiner Klasse sprechen", meint Müller.

„Vielleicht kriegen Sie ja noch was raus, wenn Sie sich mit ihm über die vergangenen Wochen unterhalten. So wie der Junge aussieht, wurde der mehr als einmal geschlagen. Das kann der gar nicht alles vergessen haben", meint Schulz und steht auf. Dann höre ich, wie sie mein Zimmer verlassen. Ein leises Lächeln breitet sich auf meinem Gesicht aus. Sie werden ihre Antworten alle kriegen. Nächsten Freitag. Live und in 3D.

Nach dem Mittagessen döse ich ein und werde erst wieder wach, als sich die Tür ruckartig öffnet. Meine Eltern kommen herein, gefolgt von Dr. Timmendorf. Missmutig stapft mein Vater meiner Mutter hinterher.

„Hallo Paul, wie geht es dir?" Sie küsst mich zur Begrüßung auf die Stirn. Mein Vater bleibt an meinem Bettende stehen.

„Der Verband ist ab", meint er nüchtern. Er ist schon irgendwie scharfsinnig.

„Ich hatte mich Ihnen ja bereits kurz vorgestellt", wendet sich Dr. Timmendorf nun an meine Eltern. „Wie gesagt. Ich bin Dr. Timmendorf, Psychiater für Kinder und Jugendliche."

„Psychiater?", mein Vater klingt entsetzt, bemüht sich dann aber schnell, sein professionelles Politiker-Pokerface aufzusetzen.

„Ja. Schwerpunktmäßig arbeite ich auf der Nachbarstation. Allerdings werde ich in besonderen Fällen, und Paul ist definitiv ein besonderer Fall, von meinen Kollegen hier zur Unterstützung hinzugezogen." Meine Mutter schaut irgendwie besorgt. Mein Vater spielt genervt an seinem Smartphone. Dr. Timmendorf lächelt, als würde er dafür bezahlt. „Vermutlich hat Sie die Polizei schon darüber informiert, dass Paul Opfer einer Gewalttat wurde. Dem Grad der Verletzungen nach handelt es sich hier eindeutig um Vorsatz, vielleicht sogar um versuchten Mord." Man hört meine Mutter nach Luft ringen, mein Vater schnaubt genervt: „Versuchten Mord?" Dr. Timmendorf nickt.

„Die Lage ist also durchaus ernst. Leider werden die polizeilichen Ermittlungen dadurch erschwert, dass Paul sich derzeit nicht an den Tathergang erinnern und damit die Täter nicht identifizieren kann." Täusche ich mich, oder sieht mein Vater irgendwie erleichtert aus? „Hat Paul denn Ihnen gegenüber mal etwas in dieser Richtung erwähnt? Also, dass er in der Schule gemobbt wird, oder so?" Meine Eltern schütteln einträchtig den Kopf.

„Ich kann mir sowas gar nicht vorstellen. Doch nicht bei unserem Paul", ungläubig sieht meine Mutter Dr. Timmendorf an. „Er ist doch so ein beliebter und umgänglicher Junge." Ich frage mich, ob meine Mutter und ich gerade an denselben Paul denken. „Nein, Paul geht gerne in die Schule. Er hat da ja auch Freunde und alles." Seit wann gehe ich gerne zur Schule? Seit wann habe ich Freunde? Vielleicht bin ich am Ende gar nicht ihr Sohn.

„Nun, Mobbing kann leider jeden treffen. Und es ist auch kein Zeichen von Schwäche oder Versagen", fügt er im Blick auf meinen Vater hinzu, der immer noch irgendwie unbeeindruckt am Bettende steht. „Jedenfalls würde ich Ihnen dringend raten, das alles aufzuarbeiten, mit professioneller Unterstützung. Ich habe Ihnen da mal eine Liste mit Adressen von Kollegen zusammengestellt." Dr. Timmendorf reicht meinen Eltern ein Blatt Papier. Meine Mutter überfliegt es.

„Heißt das etwa, unser Sohn braucht eine Therapie?" Man kann förmlich sehen, wie das Pokerface meines Vaters entgleist.

„Ich denke nicht, dass sich das vermeiden lässt." Dr. Timmendorf schaut meine Eltern ernst an. „Paul hatte gestern zwei psychisch bedingte Krampfanfälle. Beim ersten hyperventilierte er sogar bis zur Bewusstlosigkeit. Auch die polizeiliche Vernehmung musste deshalb verschoben werden. Außerdem zeigt er deutliche Anzeichen von Angstattacken, in einem solchen Ausmaß, dass man ihn letztlich nur noch medikamentös beruhigen konnte."

„Ich bitte Sie! Mein Sohn ist doch kein Psycho!", wirft mein Vater ein. Wenn ich nicht wüsste, dass es ihm eigentlich nur um seinen guten Ruf geht, würde ich sagen, dass das das erste Mal ist, dass er so deutlich für mich Partei ergreift.

„Das sagt doch auch niemand", versucht Dr. Timmendorf meinen Vater zu beschwichtigen. „Alles, was ich sagen will, und da sind Pauls behandelnder Arzt und ich uns absolut einig, ist, dass Paul nach diesem traumatischen Erlebnis und den Ereignissen, die davor stattgefunden haben dürften, eine professionelle Unterstützung braucht. Und so etwas mit außenstehenden Profis zu besprechen, fällt gerade Jugendlichen erfahrungsgemäß einfacher, als das mit ihren Eltern zu klären." Meine Mutter deutet ein Nicken an, auch wenn man sieht, dass sie skeptisch ist. Mein Vater gibt sich sichtlich Mühe, nicht sofort wieder aufzubrausen und versucht, sein Wahlkampflächeln wieder einzuschalten. Das gelingt ihm allerdings nur mittelmäßig, und spätestens als Mr. X fröhlich grüßend das Zimmer betritt, wechselt sein Gesichtsausdruck wieder zu extrem genervt.

„Wie lange muss er denn noch hierbleiben?", fragt mein Vater, anstatt die Begrüßung von Mr. X zu erwidern.

„Nun, Paul befindet sich zwar auf dem Weg der Besserung, dennoch ist er noch nicht wieder wirklich fit. Außerdem sollten wir noch einige neurologische Tests durchführen, allein schon, um ausschließen zu können, dass die

Kopfverletzungen bleibende Schäden hinterlassen haben", erklärt Mr. X. Dr. Timmendorf nickt zustimmend.

„Was heißt das denn konkret?", will mein Vater wissen.

„Nun ja. Bis Ende nächster Woche sollten wir ihn auf jeden Fall noch hierbehalten", antwortet Mr. X. Meine Eltern schweigen.

„Und wann kann er dann wieder in die Schule? Nicht, dass er am Ende den Anschluss an die Klasse verpasst. Man hört doch so oft, dass Kinder in der Pubertät so schnell den Anschluss an den Schulstoff und so verlieren", sorgt sich meine Mutter. Manchmal frage ich mich wirklich, ob sie weiß, was sie für einen Sohn hat. Und ob sie weiß, dass die Klasse es vermutlich bis zum Abi nicht schaffen würde, mich fachlich wieder einzuholen, selbst wenn ich ab jetzt gar nichts mehr machen würde. Mein Englischlehrer hat mal gemeint, dass ich mit 20 Prozent meiner Aufmerksamkeit mehr schaffe, als meine Mitschüler mit 200. Aber aus dieser Erkenntnis folgten keine Konsequenzen. Noch nicht.

„Das mit der Schule wäre auch noch eine Sache, die ich gerne mit Ihnen besprechen würde", meint Dr. Timmendorf. „Paul will beziehungsweise kann im Moment nicht darüber sprechen, was da alles passiert ist. Allerdings ist anzunehmen, dass Paul schon länger gemobbt wird, denn die Hämatome und Prellungen sind eindeutig, ebenso einige Kommentare auf seiner Facebookseite."

„Was für Kommentare?", fragt mein Vater misstrauisch.

„Da möchte ich jetzt nicht im Detail drauf eingehen. Jedenfalls handelt es sich um Kommentare, aus denen einwandfrei hervorgeht, dass Paul systematisch verbal und körperlich drangsaliert wird."

„Von wem?", will mein Vater wissen.

„Das ist noch nicht ganz klar, da die Leute im Web ja nur selten Klarnamen verwenden. Aber die Polizei ermittelt bereits", erklärt Dr. Timmendorf. „Also jedenfalls ist zu vermuten, auch durch den Tatort in der Schule, dass die Täter aus Pauls unmittelbarem schulischen Umfeld kommen. Unter weniger extremen Umständen rate ich meinen Patienten, sich des Problems anzunehmen und den Tätern zu signalisieren, dass sie sich nicht einschüchtern lassen. Auch, weil deutlich gemacht werden sollte, dass nicht die Opfer die Schule verlassen sollten, sondern die Täter. In Pauls Fall ist das jedoch insofern anders, als dass Paul ja bereits in eine lebensbedrohliche Situation hineingeraten ist. Die Täter sind also skrupellos. Also, alles was ich sagen will, ist, dass Sie ernsthaft über einen Schulwechsel nachdenken sollten", schlägt Dr. Timmendorf vor. Alles, bloß das nicht. Ich muss mein Spiel spielen. An dieser Schule, mit diesen Mitspielern. Alles andere macht keinen Sinn. Anscheinend kann ich mich wenigstens hier auf meine Eltern verlassen. Der besorgte Blick meiner Mutter, die vermutlich gerade an irgendwas mit „fachlichem Anschluss" und „Stofffülle" denkt, ist jedoch nichts verglichen mit der Reaktion meines Vaters: „Ich bin absolut dagegen." Man sieht meinem Vater an, dass ihm das Rednerpult fehlt, auf das er jetzt mit der Faust schlagen könnte. „Mein Sohn ist kein Weichei, der wird nicht nachgeben, nur, weil er mal eine auf die Schnauze kriegt." Dr. Timmendorf und Mr. X tauschen einen entsetzten Blick. „Was uns nicht umbringt, macht uns stärker. Das galt schon für unsere Großväter. Und, hat es uns was geschadet?" Die Stille im Raum dehnt sich aus.

„Ich denke schon, dass man das etwas differenzierter betrachten sollte", wirft Dr. Timmendorf ein.

„Aber ist so ein Schulwechsel nicht auch ein Risiko?", fragt meine Mutter.

„Natürlich weiß man nie, ob es an der neuen Schule besser wird, aber manchmal ist so ein Neuanfang das Einzige, was hilft." Mr. X nickt zustimmend.

„Vielleicht sollten wir mal mit der Schule sprechen", schlägt meine Mutter meinem Vater vor. „Die Sache ist die", erklärt sie den beiden Ärzten, „Paul fühlt sich an seiner Schule nämlich schon sehr wohl, vor allem in seiner Klasse." Manchmal frage ich mich schon, ob so viel irren noch menschlich ist. „Also wenn das so ist, wie Sie sagen, und Paul an der Schule gemobbt wird", dabei spricht sie das Wort ‚gemobbt' aus, als wäre es ein neuenglisches Fantasiewort, „dann sind das sicher nicht die aus seiner Klasse. Im Gegenteil. Ich denke sogar, dass seine Klasse ihm helfen kann, das Ganze zu verarbeiten und so." Das ist der Moment, in dem absolut alle im Raum sie überrascht anstarren. „Die mögen ihn wirklich. Ein Max hat sogar vorhin noch einen Brief für Paul vorbeigebracht."

Für einen kurzen Moment fühlt es sich an, als würde die Welt stehen bleiben. Aber wenn ich mir jetzt was anmerken lasse, dann ist es vorbei. Obwohl der Brief von Max ganz dünnes Eis ist, versuche ich das Spiel meiner Mutter mitzuspielen. Mundus vult decipi, ergo decipiatur.

„Kann ich den Brief haben?". Sie reicht ihn mir. `Für Paul` steht drauf. Mit zitternden Händen öffne ich den Umschlag. *„Lieber Paul, wir haben von der Sache im Physikraum gehört und dass du jetzt im Krankenhaus bist. Das tut uns leid. Die Schule ist sehr langweilig, wenn du nicht da bist. Vor allem in den Pausen. Wir hoffen, dass du bald wiederkommst, denn wir haben uns schon viele neue Dinge überlegt, die wir gerne mit dir spielen würden. Wir denken an dich und hoffen, dass du nicht vergisst, wieviel du uns bedeutest. Viele Grüße und gute Besserung, deine Klasse!"* Unter dem getippten Brief haben alle unterschrieben. In bunt und Schönschrift. Ich zwinge mich, glücklich auszusehen, dabei ist dieser Brief an doppeldeutiger Perversion nicht mehr zu überbieten. Nach fast fünf Jahren, die ich jetzt in dieser Klasse bin, kann ich mir sehr gut vorstellen, was das für Spiele sind, die sie mit mir spielen wollen. Und das Max nicht weiß, was er ohne mich in den Pausen machen soll, das glaube ich sofort. Allerdings scheint die doppeldeutige Botschaft des Briefes außer mir niemandem aufzufallen, im Gegenteil. Meine Eltern schauen ziemlich triumphierend und Mr. X und Dr. Timmendorf wirken positiv überrascht.

„Das ist dann natürlich was anderes", sagt Dr. Timmendorf und lächelt: „Unter diesen Umständen wäre es vielleicht sogar gut, Paul möglichst bald wieder am Schulunterricht teilnehmen zu lassen. Vielleicht auch erst mal nur stundenweise. Aber der soziale Umgang mit Gleichaltrigen kann natürlich Kräfte freisetzen, die keine Therapie je offenbaren kann." Kräfte freisetzen. So ein Blödsinn. Wobei, im Prinzip könnte man meine Bombe ja tatsächlich als eine Art Kraft sehen, die die anderen in mir freigesetzt haben. Ich versuche zu lächeln. Möglichst bald wieder in die Schule zu dürfen, ist natürlich schon sehr praktisch, das gebe ich zu.

Ziemlich versöhnt verlassen die vier das Zimmer. Anscheinend ist nur mir klar, dass es noch offene Rechnungen gibt. Aber das werde ich klären. Ich denke an die Abrechnung bei *Monopoly*. Die anderen wollten mich in die Insolvenz stürzen. Sie haben mich immer nur fertiggemacht und abgezockt. Sie haben Geld gesammelt und sich cool gefühlt. Aber sie haben eines vergessen: Sie haben vergessen, dass ich ihr Leben beenden kann. Und dass ihre Coolness ihnen dann nichts mehr hilft. Ich werde ihnen einen Strich durch die Rechnung machen. Mit einem dicken Filzstift. Mit Physik. **Mit einer Art von Gewalt, die größer ist, als alles, was sie je davor erlebt haben.** Sie werden ihr blaues Wunder erleben, ein Wunder, das sie nie vergessen werden. Ein Wunder, das man einfach nicht mehr vergessen kann.

Als ich mir sicher bin, dass die anderen weg sind und nicht wiederkommen werden, lese ich den Brief erneut. Ich kann es fast vor mir sehen, wie sie den bei Frau Kramer im Unterricht geschrieben haben und Frau Kramer das sogar bestimmt noch total sozial fand, mir so einen netten Brief zu schreiben. Es ist echt irre, was in dieser Welt alles möglich ist. Ich zerreiße den Brief in konfettigroße Stücke. Dann beiße ich die Zähne zusammen und versuche aufzustehen. Schritt für Schritt taste ich mich vorwärts. Immer an der Wand lang. Ich ignoriere den Schwindel und die Schmerzen in meinem Kopf. Endlich stehe ich im Badezimmer. Schnipsel für Schnipsel streue ich ins Klo. Dann spüle ich so lange, bis ich das Gefühl habe, dass das Spülwasser durch mein Gehirn rauscht. Mir ist schlecht. Die Welt vor meinen Augen fängt erneut an zu verschwimmen. Erschöpft lasse ich mich auf die Knie sinken. Dann muss ich kotzen.

12. KAPITEL.

Eine Elf besteht aus zwei Einsern, zwei Elfer aus vier. Der mit den meisten Elfern muss raus.

Ich weiß auch nicht, wie ich es unfallfrei wieder zurück ins Bett geschafft habe. Jedenfalls ist es mir gelungen, auf dem Weg dorthin sogar am Fenster vorbeizukommen und es zu öffnen, damit der Kotzgeruch verschwindet. Fast schon gemütlich kuschle ich mich anschließend unter die Bettdecke. So muss sich die Ruhe vor dem Sturm anfühlen. Für einen Moment ist das Leben fast so etwas wie schön. Dann allerdings holt mich die Realität zurück, mein Gehirn gerät wieder in den Arbeitsmodus. Jetzt, wo ich weiß, dass tatsächlich alles nächsten Freitag aufhört, sollte ich mich nicht nur beeilen, meine letzten physikalischen Recherchen abzuschließen, sondern auch versuchen, alles andere abzuschließen. Mit allem anderen meine ich vor allem Jackson, Roswitha und Erick. Vor allem Erick sollte ich dringend mal schreiben, bevor er auf den dummen Gedanken kommt, dass ich auf dumme Gedanken gekommen bin. Leider hat mir keiner ein internetfähiges Gerät mitgebracht. Meine Eltern haben mir ja nicht mal das Buch mitgebracht, um das ich sie gebeten hatte. Dabei liegt es immer auf meinem Kopfkissen. Egal. Jedenfalls bleibt mir jetzt nur die Möglichkeit, irgendwo außerhalb meines Zimmers nach einem Internetanschluss zu suchen.

Nach einer gefühlten Ewigkeit sitze ich endlich in diesem Rollstuhl, nach einer weiteren halben Ewigkeit habe ich es endlich geschafft, die Vorwärts-Rückwärts-Rechts-Links-Koordination dieses Fahrzeugs zu kapieren und schaffe es dann tatsächlich, damit bis zur Tür zu rollen. In dem Moment kommt Mr. X. vorbei. Wenn ich mir seine ständige Präsenz betrachte, ist Mr. X entweder maßlos überengagiert oder burnout-gefährdet – oder seine Arbeit macht ihm tatsächlich Spaß.

„Was hast du vor?", fragt er mich. *Die Schule in die Luft jagen,* denke ich.

„Ich muss mal unter Leute, sonst drehe ich noch durch", sage ich und versuche, entschuldigend zu lächeln. Gelingt mir nur bedingt, aber er glaubt mir.

„Zum Aufenthaltsraum geht's da hinten lang, aber übertreib's nicht, Sportsfreund!" Er klopft mir kumpelhaft auf die Schulter. Ich zucke zusammen. „Sorry", entschuldigt er sich, als er mein schmerzverzerrtes Gesicht bemerkt. „Also, ich denk mal, 'ne halbe Stunde ist o.k.", meint Mr. X, „doch dann solltest du wieder zurück ins Bett." Gehorsam nicke ich. Eine halbe Stunde sollte ausreichen.

Den Aufenthaltsraum zu finden, ist nicht schwer. Einfach immer dem Lärm nach. Der Raum ist freundlich eingerichtet, für meinen Geschmack etwas zu farbenfroh tapeziert. In den Regalen stehen Bilderbücher und Kinderbücher. In einem weiteren Regal stehen Brett- und Gesellschaftsspiele. Dazwischen stehen kleine Sofas, Tische oder Sitzsäcke. Computer finde ich keinen. Am Fenstertisch sitzen zwei Mädchen im unteren Grundschulalter und spielen irgendein Kartenspiel, was nicht ganz einfach zu sein scheint, weil Uneinigkeit über die Reihenfolge der Zahlen besteht.

„Die Neunzehn ist viel kleiner als die Achtzehn! Echt, die Neunzehn hat ja nur ein Loch, aber die Achtzehn hat zwei", versucht das Mädchen mit dem Pferdeschwanz zu argumentieren. „Ach ja?", fragt die andere skeptisch. Auf ihrem Schlafanzug-Oberteil prangt ein großer Löwe.

„Und was ist dann mit der Sechzehn? Die hat ja auch nur ein Loch? Ist die jetzt größer oder kleiner als die Neunzehn?" Ratlos betrachten die Mädchen die Karten in ihren Händen. Ich frage mich, ob es zu dem Spiel keine Spielanleitung gibt. Kann natürlich auch sein, dass es die gibt und dass die Mädchen mit Buchstaben ebenfalls Probleme haben. Jedenfalls kann ich das nicht länger mit ansehen. Zwischen Legosteinen, Bauklötzen und spielenden Kindern kurve ich durch den Raum, bis ich am Fenster ankomme.

„Kann es sein, dass ihr Hilfe braucht?", frage ich die mit dem Pferdeschwanz.

„Möglich", antwortet sie und man merkt, dass ihr das Ganze irgendwie peinlich ist. Ich schnappe mir einen dicken Holzstift und kritzle auf die Rückseite eines Mandalas die Zahlenreihen von eins bis zwanzig. Die Elf in der Mitte male ich jeweils bunt.

„So sollte das am Ende aussehen." Das Pferdeschwanz-Mädchen lächelt mich dankbar an. „Und du hast recht, die Reihenfolge von den Zahlen ist nicht wirklich logisch. Aber das ist einfach so. Irgendwer hat das vor Tausend Jahren mal so gemacht und dann haben sich da alle Leute dran gewöhnt. Und ihr werdet euch da auch noch dran gewöhnen." Das Löwenmädchen schenkt mir ein Zahnlückengrinsen und mischt die Karten noch mal neu. Ich grinse zurück.

„Du siehst übrigens cool aus, mit deinem Turban. Wie Aladin oder so." Wie viel einfacher wäre das Leben mit einer Wunderlampe. Erst jetzt fällt mir auf, dass sie die Karten in drei Stapel ausgeteilt hat.

„Du, ich kann nicht mitspielen", sage ich. Trotzdem bin ich irgendwie gerührt. Irritiert schauen sie mich an.

„Aber du kannst doch alle Zahlen", meint das Löwenmädchen verwundert.

„Das schon, aber ich darf noch nicht so lange unterwegs sein. Der Arzt hat gemeint, ich darf nur kurz und muss danach sofort wieder ins Bett. Außerdem suche ich eigentlich einen Computer. Fürs Internet." Die Mädchen nicken verständnisvoll.

„Aber Computer gibt's hier nicht. Die sind nämlich verboten." Ernst schauen sie mich an. So eine Pleite.

„Aber", fängt das Pferdeschwanzmädchen an und bedeutet mir mit dem Finger näherzukommen und flüstert mir ins Ohr: „Der Oliver mit dem Blinddarm, der hat ein Smaahrtfooohn – mit Internet." Verschwörerisch grinst sie mich an. Ich grinse zurück. Auf die Idee hätte ich selbst kommen können.

„Und wo ist der Oliver?", frage ich sie.

„Meistens versteckt er sich in der Kuschelhöhle." Sie zeigt mit dem Finger auf ein Loch in der Wand, das alles andere als barrierefrei ist.

„Danke", sage ich zu den beiden und rolle rückwärts an den Legosteinen und Bauklötzen vorbei. Dann stehe ich vor dem Eingang der Kuschelhöhle. Einigermaßen ungeschickt versuche ich aufzustehen, dabei rollt mir der Rollstuhl nach hinten weg und ich lande unsanft auf den Knien beziehungsweise auf dem Bauch. Lachen erfüllt den Raum. Als ich mich umdrehe, merke ich, dass alle Kinder aufgehört haben, zu spielen. Alle starren mich an. Panik steigt in mir auf, legt sich aber wieder, als ich merke, dass sie nicht böse schauen dabei. Sie sehen aus, als würden sie es einfach nur lustig finden. Schließlich stellt sich ein etwa sieben-achtjähriger Junge vor mich hin.

„Brauchst du Hilfe?" Grinsend hält er mir seinen linken Arm hin, der Rechte ist bis zur Schulter eingegipst.

„Ich wollte eigentlich nur in die Höhle", erkläre ich und zeige auf das Eingangsloch, nehme aber dankbar seine kleine Hand, um mich etwas aufzurichten.

„Findest du nicht, dass du ein bisschen zu dick dafür bist?", fragt er.

„Ich bin doch kein Elefant!", grinse ich gespielt empört und krabble demonstrativ schwerfällig durch das Loch. Es ist tatsächlich ein bisschen eng. Innendrin wird es glücklicherweise etwas größer. Grundschüler müssten hier drinnen stehen können. Ich finde das Krabbeln schon anstrengend genug. Als sich meine Augen an das dämmrige Licht gewöhnt haben, erkenne ich in der Ecke zwei Beine. Tatsächlich. Zwischen zwei überdimensionierten Kuschelkissen erkenne ich den Rest von Oliver – und sein Smartphone. Heute ist mein Tag. Es ist fast, als würde sich das Schicksal bei mir für alles andere entschuldigen wollen.

„Hey, Alta!", begrüßt er mich grinsend. „Hatte schon Angst, du wärst abgekratzt, weil du plötzlich nicht mehr in meinem Zimmer warst."

„Bin ich aber nicht", meine ich und versuche ein Grinsen. Ich brauche sein Handy. Dringend.

„Du kannst ja wieder reden!", staunt er und haut mir begeistert auf die Schulter. Erneut beiße ich mir auf die Lippen, versuche den Schmerz zu ignorieren. „Alles klar bei dir?", fragt er. „Jep. Du hast nur auf die falsche Schulter gehauen." Ich warte darauf, dass der Schmerz nachlässt.

„Schlüsselbein?", fragt er neugierig. Dank sei Gott für die ärztliche Schweigepflicht.

„Es war ein Unfall", sage ich. Meine Finger suchen automatisch nach einem Kissen, an dem ich mich festhalten kann.

„Und warum bist du so abgegangen, gestern? Mann, das war echt spooky!"
Fast schon bewundernd schaut Oliver mich an. „Posttraumatische Belastungs-
störung. Das passiert manchmal nach Unfällen. Der Schock und so." Jetzt nickt
Oliver.

„Mich hat's auch schon mal auf der Halfpipe echt krass hingelegt."

„Apropos, hingelegt. Musst du nicht eigentlich im Bett sein? Du hattest
doch heute morgen die OP, oder?"

„Ja und nein", sagt Oliver, während seine Hände weiterhin am Handy
spielen. Er muss gar nicht auf den Bildschirm schauen dazu. „Im Bett liegen ist
mordslangweilig, außerdem hab ich Angst, dass sie mich da doch irgendwann
am Handy erwischen. Am Ende kassieren die das noch ein! Und die OP haben
sie auf morgen früh verschoben. Da kam irgendein Notfall dazwischen." Kurz
ist es still. Es gelingt mir tatsächlich, eine Sitzposition zu finden, die nicht so
krass wehtut.

„Ähm." Ich versuche Olivers Aufmerksamkeit auf mich zu ziehen. „Meinst
du, ich könnte mal kurz dein Handy haben? Ich war seit über 'ner Woche nicht
mehr online."

„Über eine Woche?" Aus Olivers Augen spricht blankes Entsetzen. „Und
dann lebst du noch?"

„Was meinst du, warum ich im Krankenhaus gelandet bin?", grinse ich.
Irgendwie ist es tatsächlich lustig mit ihm. Meine Anspannung lässt nach. „Also,
kann ich?", frage ich.

„Warum sollte ich dir mein Handy geben?", fragt Oliver. Ich glaube, er fragt
das gar nicht, um mich zu ärgern, vielleicht ist er einfach nur ein Junkie.

„Weil du nur dann die ultimative Geschichte von meinem mordsmäßigen
Unfall erfährst", versuche ich ihn an seiner Sensationslust zu packen. Mit Erfolg.

„Deal", sagt er und hält die Hand hoch. Vorsichtig schlage ich ein. „Aber
nicht lang." Wie einen Schatz überreicht er mir sein Handy.

„Lang kann ich eh nicht. Eigentlich müsste ich sowieso schon wieder im
Bett sein", versichere ich ihm. Er wirkt nur bedingt beruhigt. Ich dagegen bin
die Ruhe selbst. Automatisch loggen sich meine Finger bei Facebook ein. Sieb-

zehn Nachrichten von Erick, das ist für seine Verhältnisse echt viel. Angefangen von *How does your problem?* über *Hast du dir den Kopf zerbrochen? ;-)* bis *Paul?*, *PAAUUL?* und *Alles o.k. bei dir?*. Die letzte Nachricht stammt von gestern, 22:48 Uhr. *Bitte melde dich. Ich mache mir Sorgen.*

„Ist das dein Opa?", will Oliver wissen und zeigt auf Ericks Profilfoto, auf dem nichts weiter zu erkennen ist, als ein sehr alter Mann mit sehr grauen Haaren. Ich zucke zusammen, dabei hätte ich mir ja eigentlich denken können, dass er mitliest. „Jep", sage ich und fange schon mal an, Spuren zu verwischen. „Er wohnt auf Island. Züchtet da Pferde."

„Und was sind das für Zahlen?", fragt er weiter. Erick und ich chatten binär. Das ist praktischer.

„Das ist ein Code", antworte ich. „Mein Opa wurde im Krieg verfolgt. Seitdem ist er ein bisschen paranoid. Deshalb ist er ja auch nach Island ausgewandert. Und er besteht darauf, alles zu verschlüsseln, weil er Angst hat, dass die ihn sonst finden."

„Krass!", staunt Oliver. Vermutlich bin in Wirklichkeit eher ich paranoid. Egal. Binär schreibe ich ihm zurück, dass ich einen Fahrradunfall gehabt hätte und jetzt im Krankenhaus bin, aber dass es mir soweit gutgeht.

„Was schreibst du ihm?", will Oliver wissen. Obwohl ich langsam glaube, dass er ungefährlich ist, macht er mich nervös.

„Ich hab ihm nur geschrieben, dass er sich keine Sorgen machen muss. Dass ich nur einen kleinen Unfall hatte. Und ich hab ihn gefragt, wie es seinen Stuten geht und ob er mir mal Fotos von den Fohlen schicken kann." Glücklicherweise hat Erick in letzter Zeit keine Bilder vom CERN geteilt, die seine Glaubwürdigkeit als Pferdezüchter zerstören würden.

„Scheiße", sage ich dann und versuche, nervös auszusehen.

„Was ist?", fragt Oliver. „Ich hab meinen Rollstuhl nicht versteckt. Kann sein, dass die mich suchen. Aber ich will nicht, dass die mich jetzt schon finden", sage ich. Oliver springt auf.

„Keine Panik. Mit Verstecken kenne ich mich aus." Verschwörerisch zeigt er mir das Daumen-hoch-Zeichen und verschwindet nach draußen. Alles weitere kostet mich nur ein paar Sekunden. Während für mich nächste Woche Plutonium im Postfach landet, wird es für Roswitha etwas, womit sie etwas mehr anfangen kann, als das mit Plutonium der Fall sein dürfte: Montag oder spätestens Dienstag sollte Roswitha ein hochdotiertes Preisausschreiben gewinnen. *Es gibt nichts Gutes, außer man tut es.* Mit einem Grinsen, das ich so gar nicht von mir kenne, google ich nach „Fitnessübungen" und „Muskelaufbau nach Krankheit". Plötzlich kommt Oliver reingestürmt.

„Sorry, man, ich hab's voll verbockt. Schnell, versteck das Handy unter den Kissen", raunt er mir hektisch zu und zerrt mich anschließend Richtung Höhleneingang. Dann stopft er mir zwei Kissen in den Rücken und ruft aus dem Eingangsloch: „Hab ihn gefunden, er ist hier drin." Nach wenigen Sekunden hört man das Geräusch von Knochen auf Wand.

„Scheiße, ist das eng hier!", stöhnt Mr. X. Vermutlich werde ich wirklich bald paranoid. Hat der Typ keine Hobbys? „Wir hatten eine halbe Stunde ausgemacht, Paul, du hättest schon seit 'ner Stunde wieder im Bett liegen müssen", meint Mr. X und setzt sich vor mich auf den Boden. „Alles in Ordnung bei dir?" Ich nicke. „O.k. Trotzdem gehörst du ins Bett. Und du", er wendet sich Richtung Oliver, „gehörst auch schleunigst wieder in dein Zimmer." Halb trägt, halb zieht mich Mr. X aus dem Eingangsloch, natürlich nicht ohne sich ein weiteres Mal den Kopf anzuschlagen. Verschwörerisch zwinkere ich Oliver zu.

„Wir sehen uns." Er zeigt mit dem Daumen nach oben.

„Geht klar, Alter."

Eigentlich hatte ich mir nie Freunde gewünscht. Ich hatte ja auch nie welche gehabt. Außer Erick und Jackson. Ich hatte auch nie das Gefühl, dass mir ohne Freunde was fehlte. Mathe und Physik haben mir als Freunde gereicht. Trotzdem. Als Mr. X mich aus dem Raum rollt, frage ich mich, ob das Leben nicht doch besser gewesen wäre, wenn ich sowas wie Freunde gehabt hätte.

In meinem Zimmer angekommen, verfrachtet mich Mr. X ins Bett und hält mir den Teller mit Suppe und Zwieback hin. Als ob mein Darm schuld daran gewesen ist, dass es in meinem Zimmer noch immer dezent nach Kotze riecht. Gerade als Mr. X aus dem Zimmer laufen will, um bei einem anderen

Patienten seine unerschöpfliche Energie zu versprühen, öffnet sich die Tür. Dr. Timmendorf.

„Na, wie geht's dir?", fragt er und lässt sich neben dem Bett auf einen Stuhl fallen, als wäre das total gemütlich. „Hab gehört, dass du dich mit Oliver angefreundet hast." Angefreundet ist übertrieben. Vermutlich hätte ich mich sogar mit Max ‚angefreundet', um an sein Internet zu kommen, nur, dass das natürlich nicht funktioniert hätte. Also nicke ich. „Vielleicht können wir euch ja ab Sonntag wieder zusammen in ein Zimmer stecken. Wie wäre das?" Ich zucke mit den Schultern, versuche aber, dabei zu lächeln. Hauptsache, sie halten mich für sozial belastbar und damit für schulfähig. „War ein krasser Tag heute, oder?", fragt Dr. Timmendorf. Er ist so scharfsinnig. Ich nicke erschöpft. „Du hast ja echt 'ne tolle Klasse", sagt der Seelendoktor und zeigt auf den Briefumschlag auf meinem Nachttisch. Zum Glück habe ich den nicht auch noch zerrissen. Hoffentlich will er ihn nicht noch mal lesen. „Vielleicht können wir deine Mitschüler auch irgendwie in die therapeutischen Maßnahmen mit einbeziehen. Oder zumindest diesen Max, der scheint dich ja besonders gern zu haben." Lächelnd sieht Dr. Timmendorf mich an. „Vielleicht kann er dich ja auch mal hier besuchen?", meint er. Ich zucke mit den Schultern. Dafür, dass er einige Jahre Psychologie oder so studiert haben muss, hat er erstaunlich wenig Ahnung davon, wie die Dinge wirklich sind. Aber vermutlich sind Max und ich beide zu extrem, um in einer Psychologie-Vorlesung erwähnt zu werden. „Ich denke trotzdem, dass du um eine Therapie nicht herumkommst. Auch wenn deine Klasse dir helfen wird, damit fertig zu werden, bleibt das ein traumatisches Ereignis. Man sieht ja, wie dich das mitnimmt." Dr. Timmendorf zeigt auf meine Hände, die Knöchel sind ganz weiß hervorgetreten. Ich denke an Hänsel und Gretel. Gibt es ein Märchen, in dem ein Schloss explodiert? Vielleicht hätte ich außer Lexika und Physikbüchern auch mal was anderes lesen sollen. „Aber das müssen wir ja wirklich nicht alles schon heute klären. Die Tests machen wir dann sowieso alle am Montag." Zuversichtlich schaut er mich an.

„Und was ist, wenn ich das alles gar nicht wissen will?", frage ich und schaue aus dem Fenster, genau auf einen riesigen Baum. Vermutlich kenne ich jeden Zweig und jedes Blatt.

„Hm", macht Dr. Timmendorf nachdenklich. „Wenn deine Amnesie psychische Ursachen hat, dann liegt das schon daran, dass dein Gehirn dich schützen will und sich deshalb nicht mehr daran erinnern kann. Aber du kannst nur das psychisch verarbeiten, was du auch aktiv weißt, verstehst du? Und wenn du dieses Ereignis jetzt nicht richtig verarbeitest, dann wird es dich dein ganzes Leben lang quälen. Außerdem, es gibt ja noch einen ganz anderen Grund, weshalb es so wichtig ist, dass du dich wieder erinnerst. Ganz egal, ob das versuchter Mord war oder nur eine echt harte Version von Mobbing, die Täter müssen bestraft werden für das, was sie dir angetan haben." Ich muss grinsen, als ich mir vorstelle, wie man den Stromkreis vor Gericht dafür verklagt, dass die Sicherung durchgebrannt ist. „Ich meine das ernst, Paul!", sagt Dr. Timmendorf. Klar, wie sonst. „Wir müssen dich vor weiteren solchen Angriffen schützen, aber auch die anderen Menschen in der Schule. Und überhaupt. Wenn Jugendliche in dem Alter schon anfangen, Mitschüler so zu drangsalieren und wenn ihre Aggressivität nicht rechtzeitig bestraft und begrenzt wird, dann machen die später noch viel schlimmere Sachen. Es gibt dafür zahlreiche Beispiele. Wenn wir die Täter jetzt nicht kriegen, dann machen die bald noch ganz andere Dinge. Im schlimmsten Fall können aus solchen Schülern sogar Attentäter werden." Vermutlich nennt man das Ironie des Schicksals. „Das wird schon alles. Schau einfach, dass du übers Wochenende neue Kräfte tankst und dich aufs Gesundwerden konzentrierst."

Dann lässt er mich endlich allein. Ich spüre, wie die Anspannung des Tages langsam von mir abfällt. In nicht mal einer Woche ist alles vorbei. Als ich einschlafe, bin ich fast sowas wie glücklich.

Der Samstagmorgen beginnt mit Toastbrot, Obst und Müsli. Ich esse alles, bis auf den letzten Krümel. Dann mache ich die Übungen aus dem Internet. Mein Gleichgewicht funktioniert auch schon viel besser als gestern. Nach ein paar Minuten schaffe ich es sogar unfallfrei ins Bad. Den Jungen, der mich aus dem Spiegel heraus angrinst, erkenne ich erst gar nicht. Aber Physik lügt nicht. Anscheinend sehe ich echt übel aus. Wenn ich mich länger betrachte, sehe ich mit dem Turban nicht wirklich aus wie Aladin. Ali Baba erscheint mir sehr viel realistischer.

Als Mr. X reinkommt, überlege ich gerade, was ich sonst noch mit den restlichen Stunden meines Lebens anfangen will. Jetzt am Wochenende kann ich noch nicht in die Schule, außerdem kann ich ohne die „Zutaten", die ich im Internet bestellt habe, sowieso nicht viel machen. **Was soll ich noch anfangen – mit dem Rest meines Lebens?** Die Sache mit den Abschiedsbriefen habe ich noch immer nicht geklärt. Bei Erick und Roswitha reicht es vermutlich, noch mal ‚Danke' zu sagen und ihnen zu versichern, dass sie nicht schuld daran sind. Ich frage mich nur, ob meine Eltern was brauchen, damit sie es kapieren. Vielleicht könnte ich auch einen Brief an irgendeine Zeitung schreiben oder so. Hm.

„Wie viel Freigang hab ich heute?", frage ich Mr. X, als er meinen Kopf, frisch turbanisiert, wieder aufs Kissen legt. Mr. X grinst.

„Man merkt, dass es dir schon besser geht", meint er. „Heute Morgen kannst du schon eine Stunde in den Aufenthaltsraum. Und wenn du das gut verkraftest, dann vielleicht am Nachmittag nochmal. Aber mach langsam." Ich nicke brav.

„Wie geht es eigentlich Oliver?", frage ich.

„Oliver ist noch im OP, aber ich denke mal, dass du ihn morgen schon besuchen kannst. Finde ich übrigens echt stark von dir, dass du trotz der ganzen Geschichte das Vertrauen in die Menschen nicht verloren hast. Dass du dich jetzt nicht von der Welt zurückziehst." Anerkennend nickt er mir zu. Wenn er wüsste, was ich vorhabe, wäre ihm klar, dass es mir eher um den Internetzugang geht, als um das soziale Drumherum. Außerdem habe ich, glaube ich, schon so viel erlebt, dass es gar nicht mehr schlimmer kommen kann.

Als ich wenige Minuten später mit quietschenden Reifen aus meinem Zimmer zum Aufenthaltsraum rolle, hat das vermutlich auch keine sozialen Gründe. Ohne Mathebücher und Internet ist mir einfach langweilig geworden. Am Fenstertisch sitzen wieder Pferdeschwanz und Löwenshirt. Wieder spielen sie Karten, *Elfer raus*.

„Das, was du gemalt hast, hilft echt gut." Pferdeschwanz zeigt mir ihre Zahnlücken. Löwenshirt grinst und schaut mich an:

„Willst du mitspielen?". In dem Moment bin ich wirklich dankbar dafür, in diesem Rollstuhl zu sitzen. Meine Knie sind total weich. Pferdeschwanz fängt bereits an, neu zu mischen. Ich glaube, es ist das erste Mal, dass mich jemand gefragt hat, ob ich irgendwo mitspielen will, jedenfalls, ohne, dass es ein Trick war oder ein total gemeines Spiel. Und ich glaube kaum, dass die beiden Mädchen Böses im Sinn haben. So sehen die irgendwie nicht aus.

„Gern", sage ich und bin fast ein bisschen aufgeregt.

Kurze Zeit später halten wir alle drei unsere Karten in der Hand. Pferdeschwanz zieht eine Karte. Auch Löwenshirt muss eine Karte ziehen. Das ist alles so krass. Mein Blick wandert aus dem Fenster.

„Hey, du bist dran." Löwenmädchen zupft an meinem Ärmel. „Hä, was?", frage ich einigermaßen verpeilt.

„Hier!", sie zeigt mit dem Finger auf die Karte in der Mitte, „das sind zwei Einser nebeneinander. Zwei Einser ohne Lücke dazwischen sind eine Elf. Und der wo eine Elf hat, muss raus." Sie nimmt mir die rote Elf aus der Hand und legt sie in die Mitte. Kurze Zeit später zupft sie schon wieder an meinem Shirt.

„Sag mal, heulst du?" Ich ziehe die Nase hoch. Wenn sogar Erstklässler das merken, muss das ja so sein. Es ist das erste Mal, dass ich mit anderen spiele. Und nicht die anderen mit mir. Das tut weh, irgendwie.

„Quatsch", sage ich trotzdem, „das liegt an den Augentropfen. Die brennen echt." Ich deute auf meine Ali-Baba-Narbe. Die Mädchen nicken.

„Hm", meint Pferdeschwanz zustimmend und zieht die rote Zehn aus meiner Hand. „Kann ich mir vorstellen, wie sich das anfühlt." Ich hoffe sehr für sie, dass sie das nicht kann.

13. KAPITEL

In Sport bist du immer der Letzte. Und sonst? Es lässt dich eh keiner

mitspielen.

Jetzt sind es nicht mal mehr 432.000 Sekunden. Nicht mal mehr eine halbe Million. Ich merke, wie die Energie zurückkommt. Langsam laufe ich zum Fenster. Obwohl ich weiß, dass es völlig absurd ist, fühle ich mich wie ein Spitzensportler. Ich bin wieder autonom. Oder zumindest automobil. Lächelnd schaue ich in meinen Baum, den ich hoffentlich ab morgen nicht mehr sehen muss. Der Innenhof wirkt seltsam verlassen, dabei ist draußen echt gutes Wetter. Vielleicht kann ich heute raus. Alleine. Spätestens morgen muss ich ja eh zur Post, wegen dem Postpäckchen, beziehungsweise wegen des Postpäckchens. Aber man muss das mit dem Genitiv nicht übertreiben. Unten, neben dem Teich, entdecke ich einige Kaninchen. Ein Blick auf die Uhr, die ich jetzt endlich habe, verrät mir, dass es schon halb zwölf ist. Pferdeschwanz hat mir die Uhr geliehen. Sie ist rot und voller kleiner Herzchen, aber sie tickt regelmäßig und weiß, wie spät es ist. Mehr kann man von einer Uhr nicht verlangen. Draußen ist es menschenleer. Entweder die Welt schläft noch, oder sie ist in der Kirche. Kann auch sein, dass es Leute gibt, die in der Kirche schlafen.

„Guten Morgen, Paul!", begrüßt mich Mr. X. „Wie geht's?".

„Gut", sage ich und es ist nicht mal gelogen. Wenn man weiß, dass man es nicht mehr lange aushalten muss, ist es irgendwie sehr viel erträglicher.

„Freut mich sehr, das zu hören. Du siehst auch schon viel fitter aus als gestern." Nachdem er mir den Turban abgenommen hat, begutachtet er konzentriert meine Narbe an der Stirn, dann sieht er mich nachdenklich an. „Paul, hör mal zu. Ich will dir deinen Optimismus nicht nehmen und ich bewundere das echt, wie tapfer du mit der ganzen Situation umgehst. Aber nur, weil es jetzt gerade bergauf geht, heißt es nicht, dass das die ganzen nächsten Wochen so bleiben wird. Also, nicht, dass du dir Sorgen machen musst, aber pass einfach ein bisschen auf dich auf, du bist schließlich nicht Phönix." Weiß man das? Im Moment habe ich jedenfalls das Gefühl, dass die nächsten fünf Tage super werden. „Gib dir einfach Zeit." Ich versuche, das Thema zu wechseln, bevor Mr. X in seinem Übereifer auch noch psychologisch wird. Dr. Timmendorf reicht mir völlig. Hoffentlich bestehe ich seine Tests, ohne dabei völlig durchzudrehen.

„Wie geht es Oliver?", frage ich also.

„Besser. Er hat die OP gestern gut überstanden."

„Kann ich zu ihm?", will ich wissen. Nicht nur wegen dem Handy. Vielleicht auch, um die Zeit hier rumzukriegen, ohne wahnsinnig zu werden, und weil ich ihm versprochen hatte, ihm von meinem fiktiven Unfall zu erzählen. So wie Oliver auf mich wirkt, geht es ihm hauptsächlich um die Geschichte. Ob sie wahr ist, geht ihn ja sowieso nichts an.

Als Mr. X wieder verschwunden ist, gehe ich tatsächlich in den Aufenthaltsraum. Heute schaffe ich es sogar zu Fuß und ohne mich an der Wand abzustützen.

„Wo ist dein Rollstuhl?", fragt Pferdeschwanz.

„Nicht da", sage ich und grinse sie an.

„Wo ist Löwenshirt?", frage ich. Pferdeschwanz sieht mich total irritiert an: „Was?"

„Wo ist Löwenshirt?", wiederhole ich die Frage. „Deine Freundin mit dem Löwenschlafanzug."

„Ach so, du meinst Leonie?" Nomen est omen. „Leonie ist mit ihren Eltern im Innenhof. Meine Eltern haben keine Zeit, mich zu besuchen." Traurig sieht sie mich an.

„Wie lang sitzt du denn schon hier?"

„Schon ewig", sagt sie und stöhnt dabei theatralisch. Dann muss sie lächeln. „Wo ist dein Rollstuhl?", fragt sie noch mal.

„Wie kommst du auf Rollstuhl?", frage ich sie. „Aladin fliegt doch auf einem Teppich."

„Echt?"

„Na logisch", antworte ich, obwohl das eigentlich total unlogisch ist. Aber im Bezugsrahmen von *1001 Nacht* sind fliegende Teppiche nichts Ungewöhnliches. „Weißt du überhaupt, wer genau Aladin war?", frage ich.

„Nö, nur irgendwas mit Wünschen", antwortet sie. „Kannst du's mir erzählen?" Seufzend schaue ich in ihre lächelnden Augen. Irgendwas ist dran an diesem Hundeblick.

„Okay", sage ich. Mir ist langweilig. Mein Gehirn dreht durch, wenn ich nichts mache, und Pferdeschwanz sieht mich an, als könnte sie ein bisschen Aufheiterung gut vertragen. Außerdem, nur für den Fall, dass an der Sache mit Himmel und Hölle was dran ist, schadet es sicher nichts, ein bisschen gutes Karma zu sammeln. „Am Besten ist es, wenn wir uns auf den Teppich setzen. Sonst können wir nicht fliegen", schlage ich vor und lasse mich unkoordiniert auf den Autobahnteppich fallen, der in einer Ecke am Fenster liegt.

„Wir können auf dem Teppich fliegen?" Ich weiß nicht, ob ich jemals in zwei erstauntere Augen geschaut habe. „Wenn du die Augen zumachst, dann können wir das vielleicht." Lächelnd schließt sie die Augen und legt sich auf den Rücken. Mitten über die Autobahn. Mir fällt auf, dass Pferdeschwanz der erste Mensch ist, vor dem ich keine Angst habe, der erste seit langem, der mich nicht nervös macht. Sie ist einfach nur süß, irgendwie. Ich lege mich neben sie, schließe die Augen und fange an zu erzählen.

„Paul!", irgendjemand schüttelt mich unsanft am Arm. Desorientiert schlage ich die Augen auf und brauche einige Zeit, bis ich wieder weiß, wo ich bin. Über mir schwebt das Gesicht von Mr. X. „Alles o.k. bei dir?" Im Türrahmen stehen meine Eltern. Hätte nicht gedacht, dass mein Vater seine Wahlkampfzeit für mich opfert. Meine Mutter sitzt blass auf einem der Kinderstühle, mein Vater dreht genervt am Saum seiner Krawatte.

„Was ist mit Aladin?", fragt Pferdeschwanz irritiert. Vermutlich sind wir beide irgendwie eingepennt. Anscheinend bin ich jetzt doch nicht so erzählkompetent. Als sie in meine Augen schaut, lächelt sie: „Jedenfalls bin ich geflogen", flüstert sie mir ins Ohr. Ich zwinkere ihr zu.

„Was ist passiert?", will Mr. X wissen. Vermutlich bekommt man als Kinderarzt immer gleich Panik, wenn man Kinder reglos auf dem Boden liegen sieht.

„Ist alles in Ordnung", sage ich.

„Wir sind geflogen", erzählt Pferdeschwanz ihm begeistert.

„Warum bist du eigentlich nicht im Bett?", fragt der Arzt sie.

„Wir waren in Arabien. Wieso soll ich da ins Bett?", fragt sie zurück.

„Komm mit." Mr. X nimmt sie an die Hand und bringt sie zurück in ihr Zimmer. Ich frage mich, ob ich mich jemals so sorglos gefühlt habe, wie in der letzten halben Stunde. Vielleicht war ich auch in Arabien.

„Kannst du dich nicht einfach mal wie ein normaler Junge benehmen?", empört sich mein Vater, kaum dass Mr. X außer Hörweite ist. Wenn ich das richtig verstehe, machen normale Jungs in meinem Alter die ersten Erfahrungen mit Alkohol, Nikotin, Drogen und kleineren kriminellen Erlebnissen.

„Ich habe ihr nur eine Geschichte erzählt", versuche ich zu erklären.

„Aha, so so", mein Vater scheint weder überzeugt noch begeistert. „Und deshalb liegt ihr hier auf dem Boden wie tot, sodass deine Mutter erst mal einen halben Herzinfarkt bekommt, als sie dich so sieht?" Woher sollte ich wissen, dass meine Eltern mich heute besuchen kommen? Zum Glück kommt Mr. X wieder, bevor die Sache zwischen mir und meinem Vater eskaliert.

„Anscheinend sind die beiden tatsächlich hier auf dem Fußboden eingeschlafen." Beschwichtigend hebt Mr. X die Hände. „Dem Mädchen geht es jedenfalls gut. Und dir, Paul?" Ich nicke. Vermutlich ging es mir nie besser. „Jedenfalls, wenn die Tests morgen gut ausfallen und soweit unauffällig sind, dann denke ich, dass wir Paul bald entlassen können." Mr. X lächelt meine Eltern an. Es ist unschwer zu erkennen, dass mein Vater Mühe hat, sich einen weniger begeisterten Kommentar zu verkneifen. „Haben Sie denn bereits über den Vorschlag von Dr. Timmendorf nachgedacht?", will Mr. X von meinen Eltern wissen. Meine Mutter schüttelt vorsichtig den Kopf:

„Sie müssen verstehen, wir sind gerade im Wahlkampf." Mr. X nickt, sieht aber überhaupt nicht so aus, als würde er etwas verstehen. „Wir werden das alles in Ruhe besprechen, wenn der Wahlkampf vorbei ist", bestätigt mein Vater unwillig. Ich bin so froh, dass es dazu nicht mehr kommen wird.

„Wann kann Paul denn wieder in die Schule?", will meine Mutter wissen. „Also man verpasst in der neunten Klasse so viel, der Stoff ist doch so wichtig, als Vorbereitung für die Oberstufe. Sollten wir ihm eine Nachhilfe suchen, um den verpassten Stoff aufzuholen?" Erneut frage ich mich, ob meine Mutter überhaupt weiß, wer ich bin. Mr. X vertröstet sie auf die Tests morgen.

„Gut. Wir müssen dann auch wieder. Eine Wahl gewinnt sich nicht von selbst." Mein Vater lächelt kalt und gewichtig und reicht Mr. X die Hand. Meine Mutter küsst mich auf die Stirn und eilt ihm hinterher. Mr. X und ich bleiben im Aufenthaltsraum zurück. Er scheint ziemlich verdattert, ich bin einfach nur wütend. Oder erleichtert. Oder beides. Was bin ich froh, wenn ich die beiden nicht mehr sehen muss.

Zum Mittagessen gibt es Kartoffeln mit Spinat. Langsam merke ich, wie ich aufgeregt werde, wegen den Tests morgen. Vor allem der Psychotest macht mir Sorgen. Ich will nicht, dass sie mir einen Strich durch die Rechnung machen, mich aufhalten. Außerdem muss ich hier raus. Zur Schule. Basteln. Und ich vermisse Jackson. Manchmal frage ich, warum sie ausgerechnet Hunde im Krankenhaus verbieten. Meiner Meinung nach sind Hunde die tröstlichsten Wesen überhaupt. Ich denke an Jacksons warmes Fell, an seinen stinkenden Hundeatem, an das Gefühl, dass er mich beschützen könnte, auch wenn er das de facto nicht kann. Ein Hund wäre jetzt schon cool. Aber in der Not frisst der Teufel Fliegen aus Tofu. Ich stelle den Teller zurück aufs Tablett und besuche Oliver.

„Cool, dass du kommst, Alta!" Oliver scheint ehrlich begeistert.

„Irgendwie siehst du nicht gut aus, Alta", gebe ich zurück. Keine Ahnung, ob das noch an der OP liegt, oder daran, dass er bestimmt auf Handyentzug ist.

„Es fehlt mir schon", gibt er zu, als hätte er meine Gedanken erraten.

„Und sonst so?", frage ich.

„Ich will deine Geschichte hören!", meint er. „Und erzähl sie ausführlich. Ich will alles wissen." Wenn auch nur rein aus Langeweile, denke ich, aber da mir auch gerade langweilig ist, passt das schon. Außerdem würde ich mir morgen in dem Psychotest vermutlich auch alles Mögliche zusammen lügen müssen, dann kann ich ja jetzt schon mal damit anfangen.

„Also, das war so", fange ich an und setze mich auf den Stuhl neben sein Bett. Vielleicht erzähle ich das Ganze so spannend, wie die Geschichte von Aladin und auch wir pennen beide ein. Sicherheitshalber lehne ich mich mit dem Rücken an die Wand. „Es war ein Fahrradunfall. Also ich bin Down-Hill-Fahrer."

„Krass", staunt Oliver.

„Genau. Jedenfalls, wenn der Salto nicht klappt." Und dann erzähle ich ihm eine Geschichte, die absolut wahr ist, bis auf die Tatsache, dass sie nicht mir, sondern meinem Sportlehrer Herrn Roth passiert ist. „Letzte Woche, da war ich in den Bergen. Mit dem Bike natürlich. Und dann wollte ich 'ne neue Abfahrt testen. Ich stehe nämlich nicht so auf immer das Gleiche." Das ist sogar wahr. „Dann war nur das Problem, dass sie die Abfahrt, die ich fahren wollte … die haben sie noch gar nicht fertig gekriegt, obwohl das schon so im Internet stand. Tja, und dann stand ich da im Wald, so voll Adrenalin und so, und der Weg vor mir war einfach noch gesperrt. Mit so rotem Flatterband. Und da hing dann auch so ein Zettel wegen Sicherheit und so und dass es verboten ist, da lang zu fahren."

„Und was hast du dann gemacht?", will Oliver wissen. Er schläft also noch nicht. Gut.

„Tja, ich habe mein Fahrrad genommen, über die Absperrung getragen und bin den Trail trotzdem gefahren. Die ersten fünf Kilometer hat das auch super geklappt, aber dann war da plötzlich die Kante und dann kam der Salto. Und weil ich keine Zeit hatte, den vorzubereiten, ging der ein bisschen schief. Aufgewacht bin ich dann erst wieder hier."

„Echt irre", ist Oliver begeistert. „Viel spannender als so ein langweiliger Blinddarm." Ich frage mich, wie er reagieren würde, wenn er die Wahrheit wüsste. „Und was machst du sonst so, wenn du nicht Downhill fährst?", fragt Oliver neugierig. Ich zucke mit den Schultern. Physik studieren, Bomben basteln, meine Sachen aus Mülleimern zusammensuchen. Was Max wohl in der

Zeit macht, in der er nicht damit beschäftigt ist, mich fertig zu machen?

„Computer", sage ich also, „und Musik hören." Am Liebsten Bach und Rachmaninoff, aber das ist bei Max glaub ich anders. „Aber die meiste Zeit bin ich schon am Biken. Und du?" Oliver wird rot und schaut auf seine leere Hand. Ich verstehe, hätte man sich ja fast denken können. „Wann kommst du hier wieder raus?", frage ich.

„Übermorgen", sagt er. „Und du?".

„Hoffentlich auch." Notfalls muss ich mich selbst entlassen. Eigentlich habe ich überhaupt keine Zeit für dieses kaffeelose Kaffeekränzchen hier. Außerdem überlege ich, ob es für Oliver nicht doch besser wäre, nicht allzu viel mit einem baldigen Schulsprenger zu sprechen, nicht, dass der am Ende auch noch verhört wird. „Auf welche Schule gehst du?", frage ich, nur zur Sicherheit.

„Schiller-Gesamtschule." Glück gehabt. Die Schiller ist am anderen Ende der Stadt. Eine Welle der Erleichterung durchströmt mich, obwohl ich nicht sagen kann, warum. „Und du?"

„Schumann-Gymnasium", antworte ich.

„Echt, krass!" Man kann ihm das Staunen total ansehen.

„Wieso krass?", frage ich.

„Na ja, man, du siehst echt aus wie Hauptschule." Schätze mal, das ist das schönste Kompliment, dass ich je gekriegt habe. Fast bin ich sowas wie gerührt. „Weißt du," fährt Oliver fort, „als ich das mit dem Downhill noch nicht wusste, hab ich gedacht, du kämst krass aus 'ner Schlägerei. Oder aus dem Drogen-krieg." Er grinst. Ich grinse zurück. Schätze mal, ein Drogenkrieg wäre weniger kompliziert als das, was ich hier vorhabe. Eine Schwester kommt rein:

„Jetzt war hier aber lang genug Besuch für heute. Ihr könnt ja morgen weiterquatschen." Als ich zur Tür gehe, ruft Oliver mich zurück. Dann sagt er:

„Du bist echt cool." Keine Ahnung, warum er das sagt. Dann grinse ich ihn an und sage:

„Du auch!" Ich kann nicht sagen, warum. Aber irgendwie ist es nicht gelogen.

Auf dem Weg zurück in mein Zimmer hole ich mir aus dem Aufenthalts-raum noch einen Stapel Bücher. Ich habe es mir gerade in meinem Bett mit

‚Pippi Langstrumpf' gemütlich gemacht, als die Tür aufgeht und Mr. X seinen Kopf hereinsteckt. Schnell lasse ich das Buch unter dem Bett verschwinden.

„Hallo, Paul!" Manchmal frage ich mich schon, was Mr. X macht, damit er jeden Tag so gute Laune hat. „Ich habe eine Überraschung für dich." Er grinst über beide Ohren. „Besuch!" In dem Moment, als er den Jungen in mein Zimmer schiebt, will ich nur noch tot sein. Möglichst schnell. Schade, dass ich hier keine Mini-Bombe habe. Schade. Und scheiße. „Ich habe Max an der Pforte gefunden. Er wollte zu dir. Ist das nicht schön?" Ja. Schön schrecklich. Mr. X ist völlig aus dem Häuschen.

„Hallo, Paul." Max hebt eine Hand zur Begrüßung. Ich glaube, so freundlich hat er mich noch nie begrüßt. Wobei natürlich auch jetzt seine Freundlichkeit nicht echt ist. Ich liege in der Falle. Lebendig begraben. Damit es keiner sieht, kralle ich meine Finger unter der Decke in den Saum meines T-Shirts.

„Ich lass euch dann mal allein." Mr. X lächelt Max begeistert zu und schließt die Tür hinter sich, als er geht. Wir sind allein.

„Und?", fragt Max, als er sich sicher ist, dass Mr. X außer Hörweite ist. Trotz dreißig Grad Außentemperatur merke ich, wie ich eine Gänsehaut kriege. Und dass, obwohl er mich noch nicht gerupft hat. Abwartend sehe ich ihn an. Sein Schleimerlächeln fällt sofort in sich zusammen. „Du kannst heilfroh sein, dass wir rechtzeitig noch die Idee mit dem Brief hatten. Und dass sie uns jetzt nicht verdächtigen, das alles getan zu haben. Und ich warne dich." Max senkt seine Stimme bis sie nur noch flüstert. Demonstrativ hält er mir die Faust unter die Nase.

„Du kannst deine Faust da wegnehmen, ich kenne dich, ich glaube dir", meine ich. Er schiebt sie noch ein Stück näher. Hätte ich mir denken können, dass ihn das nicht beeindruckt.

„Du kennst mich nicht. Aber du wirst mich kennenlernen, sobald irgendjemand Wind davon bekommt, dass wir das waren, mit der Rippe und den blauen Flecken und der Internetseite. Wenn du irgendwem erzählst, was zwischen dir und uns in Wahrheit so läuft, dann bringe ich dich um, höchstpersönlich." Max lässt seine Faust wieder sinken, er weiß, dass ich trotzdem

Angst vor ihm habe. Dabei habe ich gar nicht wirklich Angst, dass er mich umbringt, ich habe nur Angst, dass er mir dazwischenfunkt, bevor ich ihn erwischt habe. Mein Blick wandert aus dem Fenster. Der dumme Ahorn hat überhaupt nichts Beruhigendes mehr. Alt wie ein Baum will ich schon lang nicht mehr werden. Stark wie ein Baum wäre vielleicht noch was. Allerdings, wenn man sich Filme über die Abholzung des Regenwaldes reinzieht, erscheint das auch nicht so verlockend. Vielleicht ist der Ahorn vor dem Fenster am Ende so ein armes Würstchen – wie ich. Kurze Zeit schweigen wir uns an.

„Du fehlst uns wirklich", sagt er. Ich glaube, auf eine perverse Art und Weise hat er mich tatsächlich vermisst. Sie fehlen mir nicht, aber es stört mich, zu wissen, dass sie noch da sind. Und dass ich die nächsten Tage noch in die Schule muss, um sie endlich vernichten zu können. „Sag mal, wer war das überhaupt?", fragt Max nach einer Weile. Ich glaube, wir haben noch nie so lange miteinander gesprochen, ohne dass ich zwischendurch seine Fäuste gespürt hätte. Vielleicht ist ihm das hier zu riskant. Vielleicht sehe ich aber noch so zerstört aus, dass er das gar nicht für nötig hält. Vielleicht hat er aber auch einfach nur ein Wahlkampf-Buch meines Vaters gelesen. **Zerstöre deinen Feind nie physisch. Zerstöre ihn psychisch.** Dann zerstört er sich nämlich von selbst, während du deine Hände in Unschuld waschen kannst. Kann sein, dass ich doch noch einen Abschiedsbrief brauche. „Sag schon, wer war das?" Max sieht mich an. Sein Blick ist ernst und ungeduldig.

„Wer war was?", frage ich. Noch immer habe ich keine Ahnung, was er von mir will.

„Wer das getan hat, das im Physikraum. Wir wissen ja beide, dass ich das ausnahmsweise mal nicht war. Aber wer war es dann?" Ungeduldig trommeln seine Finger auf meiner Bettkante. Langsam spüre ich, wie mir der Schweiß ausbricht.

„Warum?", frage ich ihn, allerdings mehr um Zeit zu gewinnen, als aus wirklichem Interesse.

„Weil das nicht geht. Weil du unser Freund bist. Unserer." Das ganze Leben ist so absurd. Max wirkt richtig sauer. „Du gehörst mir. Ich darf mit dir machen, was ich will. Aber doch nicht jemand anderes! Also, wer war's?" Ich zucke mit den Schultern, hoffe, dass er genauso doof ist wie Mr. X und die anderen.

„Ich weiß es nicht. Retrograde Amnesie. Kann mich nicht daran erinnern." Skeptisch runzelt Max die Stirn. Er sieht aus, als wüsste er selbst nicht, ob er mir gerade glaubt. Panik steigt in mir hoch. Dann entdeckt Max das Pippi Langstrumpf-Buch unter dem Bett. War wohl kein so tolles Versteck.

„So so, Pippi Langstrumpf, Hosenscheißer." Max lächelt hämisch. „Wir kriegen das schon alles raus. Wie du ja weißt, kriegen wir früher oder später eh alles raus. Jedenfalls", Max nimmt sich das Buch und zerreißt ohne mit der Wimper zu zucken, das erste Kapitel, „jedenfalls weißt du hoffentlich, was mit dir passiert, sobald irgendwer von uns von den Lehrern oder den Bullen verdächtigt wird. Und es ist mir scheißegal, ob die das von dir wissen oder anderswo her. Sobald mich jemand komisch anschaut, komme ich wieder. Sollte uns wirklich jemand verdächtigen, kann ich dir nicht mal mehr versprechen, ob du wieder im Krankenhaus landest. Vielleicht, wenn du Glück hast." Genüsslich lässt er die zerrissenen Seiten über meinem Kopf auf die Decke fallen. Ich bin wie festgefroren, dabei weiß ich, dass Totstellen bei Max nicht zieht. Bei Max zieht gar nichts. „Sammel die Fetzen wieder ein", befiehlt Max. Wahrscheinlich ist das eines der neuen Spiele, von denen er geschrieben hat. Noch immer kann ich mich nicht bewegen. „Los, mach schon. Bevor jemand reinkommt." Max droht mir mit der Faust. Langsam fange ich an, die Fetzen wieder einzusammeln. Meine Hände zittern, als wäre ich auf Entzug. Die anderen haben mir so viel kaputt gemacht, sie haben mich kaputt gemacht, sie dürfen jetzt nicht auch noch gewinnen. Diese letzte Runde muss an mich gehen. Aber ich kann sie nur gewinnen, wenn ich bis Freitag irgendwie überlebe. Am besten noch so, dass ich die Bombe fertigbasteln kann. Als ich alle Fetzen eingesammelt habe, zwingt er mich, sie in der Toilette runterzuspülen. Ich frage mich, ob er wirklich nichts Besseres zu tun hat, an einem Sonntagnachmittag. Fast tut er mir irgendwie leid. Dann schubst er mich unsanft gegen die Wand. Ich rutsche an den kalten Fliesen herunter. O.k. Er tut mir nicht leid. Wie aus Gewohnheit beiße ich die Zähne zusammen und krümme mich nach vorne, denn ich bin mir ziemlich sicher, dass das erst der Anfang ist. Von unten sehe ich Max grinsen. „Du bist schlau, kleiner Paul, du bist schlau. Und du hast recht, ich bin noch nicht fertig. Mann, ich hab dich wirklich vermisst! Aber hier ist mir das zu unsicher. Wir müssen woanders hin. Irgendwo, wo man uns nicht sieht." Er grinst. Ich habe es so satt. Und ich halte es einfach nicht mehr aus. Aber wenn ich Max jetzt auffliegen lasse, dann ist das Märchen von meiner sozialen Klasse vorbei, dann kann ich nicht so bald wieder zur Schule und dann wird es noch ewig so weitergehen. Irgendwie erinnert mich das Ganze an *Uno*. Auch wenn man nur noch eine Karte hat, heißt das lange nicht, dass man das Spiel gewinnen wird. Es kann noch ein paar Runden so weitergehen, man kann sogar noch verlieren. Ich fand *Uno* schon als Kind doof und irgendwie unkontrollierbar. Aber ich habe keine Wahl. **Diese eine letzte Runde muss ich gewinnen.** Um jeden Preis. Also beiße ich mir auf die Lippe und versuche aufzustehen. Hoffe, dass es nicht so lange dauert, bis Max sich abreagiert hat. Das Eis ist dünn, er wird versuchen, keine Spuren zu hinterlassen.

„Du warst schon lang nicht mehr auf *streberknödel.de*", stellt Max fest, während wir zusammen in tiefster Eintracht zum Aufenthaltsraum gehen.

„Hab kein Internet hier", sage ich und zucke mit den Schultern, was vermutlich gar nicht auffällt, weil ich ein einziger Zitteraal bin. Schritt für Schritt stütze ich mich an der Wand ab. Der Aufenthaltsraum ist menschenleer. Manchmal wäre ich gerne so mutig wie Pippi Langstrumpf.

„Das sieht doch gut aus", sagt Max. Zufrieden schaut er sich um. Dann schubst er mich, so dass ich quer über den Basteltisch falle. Stöhnend richte ich mich wieder auf. „Zum Aufwärmen, o.k." Max dehnt sich, als wäre ich nichts anderes als eine kleine Fitnessübung für ihn. Meine Beine bewegen sich keinen Zentimeter. Es fühlt sich an, als würde mein Gehirn gerade zum Fossil. Mein Kopf ist so leer, als wäre jemand mit dem Staubsauger hindurchgefahren und hätte alle Gedanken aufgesaugt. „Vielleicht wäre es realistischer am Fenster", meint Max und tritt mir einmal gegen jedes Knie. Komischerweise bleibe ich stehen, das schaffe ich normalerweise nicht. Gerade als ich mich noch über meine Standhaftigkeit wundere, nimmt er einen Schritt Anlauf und schlägt auf die Narbe an meinem Hinterschädel. Den Aufprall meiner Stirn auf der Fensterbank kann ich schon gar nicht mehr spüren.

14. KAPITEL

Keep cool. Das Leben ist doch auch nur so eine Phase.

„Paul?" Verschwommen höre ich die Stimme von Mr. X. „Paul? Kannst du mich hören?" Ich spüre, wie mir jemand auf die Wangen klopft. „Scheiße, Mann." Das ist die Stimme von Mr. X, der gleichzeitig meinen Puls prüft. Ich lasse die Augen zu. Einfach aus Prinzip.

„Ich wusste nicht, was ich sonst machen sollte", meint Max und klingt tatsächlich irgendwie aufgeregt oder sogar überfordert. Kann sein, dass Max auch irgendwie hochbegabt ist. Zumindest im Lügen.

„Wie ist das denn passiert?", will Mr. X wissen und rüttelt mich am Arm.

„Keine Ahnung", antwortet Max. „Paul wollte mir unbedingt den Aufenthaltsraum zeigen. Und dann ist ihm irgendwie schwindelig geworden. Ich hab ihn noch gefragt, ob er sich nicht lieber hinsetzen will, aber das wollte er nicht", erzählt Max drauflos.

„Ja, der Paul überschätzt sich manchmal, das stimmt." Mr. X betastet vorsichtig meine Narbe am Auge.

„Und als er dann doch losgegangen ist, um sich auf den Stuhl zu setzen, ist er einfach umgekippt", schließt Max seine Geschichte.

„Wirklich gut, dass du da warst und mich sofort geholt hast. Paul kann echt froh sein, dass er dich hat." Mr. X verknotet meinen Körper so, dass ich am Ende in der stabilen Seitenlage auf dem Boden liege und mich trotzdem alles andere als stabil fühle. Echt, wie ich Max und seine Leute hasse, wie ich alles hasse. Vom Gang her kommen Schritte.

„Oh, cool. Spielt ihr schon wieder Aladin?", höre ich die Stimme von Pferdeschwanz.

„Was sollen sie spielen?", fragt die Stimme von Löwenshirt. „Und wieso ist da an der Fensterbank rote Farbe? Und was macht der Junge hier? Bist du neu?" Wieso kann man sich nicht einfach in Luft auflösen? Wieso kann man nicht einfach aufhören zu denken, aufhören zu atmen, aufhören zu sein? Die Kinderschritte kommen näher.

„Ihh, ist das Blut?", Pferdeschwanz klingt entsetzt.

„Ja, das ist Blut. Und das ist Pauls Blut", erklärt Mr. X leise. „Das hier ist Max, der zum Glück da war, als Paul umgekippt ist."

„Wie, umgekippt?", will Löwenshirt wissen, „einfach so?". Natürlich nicht einfach so.

„Nun, dem Paul geht es halt noch nicht so gut. Der war ziemlich schlimm verletzt. Und wenn man dann nicht lange genug im Bett bleibt, dann kann es passieren, dass man sein Gleichgewicht nicht mehr halten kann und umfällt", meint Mr. X und zielt damit ziemlich deutlich an der Wahrheit vorbei. „Könntest du mal 'ne Schwester holen, Max?", bittet Mr. X schließlich. Endlich höre ich, wie sich die Schritte von Max entfernen, aber ich habe keine Kraft mehr, um erleichtert zu sein.

„Ist er jetzt tot?", fragt Löwenshirt entsetzt. „Natürlich nicht", erwidert Mr. X entschieden. Ich spüre, wie sich eine kleine Kinderhand auf meine Schulter legt. Obwohl ich mit geschlossenen Augen auf dem Boden liege, dreht sich alles. **Mir ist einfach alles zu viel. Zu viel. Zu viel. Zu viel.**

„Alles wird wieder gut", sagt Löwenshirt. Ich kann nicht mehr. In mir windet sich alles. Dann muss ich mich übergeben.

„Kannst du aufstehen?" Erschöpft schaue ich in die fragenden Augen von Mr. X. Sehe ich etwa so aus, als würde ich überhaupt etwas auf die Reihe kriegen? Immerhin ist Max jetzt verschwunden. Irgendwer hat die Kotze weggewischt, aber die Autobahnkreuzung neben meinem Kopf stinkt noch immer. Mir wird gleich wieder schlecht. „Hatte ich dir nicht gesagt, dass du es nicht übertreiben sollst?", fragt Mr. X. Habe ich etwa darum gebeten, von Max besucht zu werden?

„Dein Kreislauf ist jetzt wieder stabil", meint die Schwester. Fühlt sich irgendwie nicht so an. Hoffentlich hat das hier meiner Entlassung nicht geschadet. Andererseits, den Besuch vom ach so tollen und oh wie netten Max müsste man mir ja positiv anrechnen. Pferdeschwanz und Löwenshirt stehen noch immer unschlüssig in der Tür.

„Ich will auch die Geschichte von Aladin hören", meint Leonie und zieht dabei einen Schmollmund.

„Mädchen, so wie's aussieht, wird Paul euch jetzt erst mal nichts erzählen können." Da hat Mr. X vermutlich recht. Meine Augen fallen wieder zu.

Als ich die Augen wieder aufschlage, liege ich wieder im Bett. Draußen ist es dunkel. Ein Blick auf die Herzchenuhr sagt mir, dass es bereits Montag ist. Ich habe Angst. Je näher der Freitag kommt, desto mehr fürchte ich mich auch vor dem Tod. Vermutlich ist das so was typisch Menschliches, ein Hauch von Normalität in meinem Gehirn. Ich weiß nicht, wie es sich anfühlt, tot zu sein. Keiner weiß, wie sich das anfühlt, weil keiner jemanden kennt, der das schon mal erlebt hat. Vielleicht hat man deswegen Gott erfunden. Oder vielleicht hat Gott deshalb den Tod erfunden. Ich kann mir nicht vorstellen, dass es eine Erziehungsmaßnahme gibt, die besser oder zumindest effektiver funktioniert als Angst. **Angst macht alles möglich. Fast.** Die Angst vor dem Tod hat die Menschen trotzdem keinen Respekt vor dem Leben gelehrt. Böse Menschen haben keine Angst.

Ich frage mich, wie es sich anfühlt, zu sterben. Aber je länger ich lebe, desto weniger sehe ich eine Alternative. Ich kann einfach nicht mehr. Es macht keinen Sinn mehr. So lang habe ich versucht, zu kämpfen, mir Mühe zu geben, die anderen zu verstehen, versucht, normal zu sein. Es hat nichts geholfen. Erst recht nichts besser gemacht. Manchmal ist Widerstand zwecklos. Nicht nur in der Physik. Mittlerweile kommt mir mein ganzes Leben wie eine einzige Rolltreppe abwärts vor. *Highway to hell.* Irgendwie kann ich mit dem Musikgeschmack meiner Eltern nichts anfangen. Was in der Schule die letzten Tage wohl passiert ist? *Non vitae, sed scholae discimus.* Das einzige, was ich in den letzten achteinhalb Jahren gelernt habe ist, dass man es grundsätzlich nicht leicht hat, wenn man lernen will. Wenn man lieber Bücher liest, anstatt sich mit Mitschülern zu prügeln, wenn man lieber rechnet als Computer zu spielen und wenn man mit

Legosteinen nicht Bauernhöfe baut, sondern Teilchenbeschleuniger. Ob man auch aus Legosteinen, die einem in den Weg gelegt werden, Schönes bauen kann? Meine Schulzeit war sinnlos. Mein Leben ist es auch, außer, meine Existenz hat insofern Sinn, dass Max sein aggressives Potential an mir ausleben kann und deshalb alle anderen in Frieden lässt. Dann wäre mein Leben fast schon sozial. Aber ich habe die Schnauze voll, von der Opferrolle, von der Streberrolle, von überhaupt jeder Rolle, die sie mir aufzwingen wollten. Vermutlich ist es besser, wenn ich jetzt schlafe. Aber ich kann nicht. Mein Gehirn will mir den Gefallen nicht tun. Nervös wälze ich mich im Bett hin und her. Irgendwo schlägt eine Kirchturmuhr halb drei. Seufzend mache ich das Licht an und lese das, was Max von Pippi Langstrumpf noch nicht zerrissen hat.

Ich werde wach, als die Schwester um halb acht das Frühstück bringt. Es fühlt sich so an, als hätte ich gar nicht geschlafen. Da meine Finger aber auf Seite 32 liegen, muss ich doch irgendwie eingepennt sein. Aus der Tasse strömt der Geruch von Kamillentee. Mir ist sofort wieder schlecht. Als Mr. X eine halbe Stunde später hoch motiviert in den Raum schlendert, habe ich das Frühstück noch immer nicht angerührt.

„Kein Hunger?", fragt er und leuchtet mir in die Augen. „Vermutlich doch 'ne leichte Gehirnerschütterung. Heute zumindest hast du Ausgehverbot. Klar?" Ich nicke. Was sollte ich sonst tun? „Du musst besser auf dich aufpassen." Mr. X wechselt das Pflaster. Zumindest mit der Wunde an meinem Kürbisschädel scheint er zufrieden zu sein. Noch 98 Stunden. Meinen Berechnungen nach kann es gar keine Verletzten geben. Alleine deshalb, weil keiner überleben wird. Ein sauberer Schnitt. Ein goldener Schnitt. Vielleicht ist doch alles Zahl.

„Bist du soweit?", reißt mich Mr. X aus meinen Gedanken. Bereit für was? Irritiert schaue ich ihn an. „Für das Testprogramm?" Vermutlich ist mein Gehirn mehr als erschüttert. Ich erinnere mich noch an die erste und einzige Drei meines Lebens. Die hatte ich letztes Jahr in Mathe. Meine Mitschüler fanden die Geschichte total lustig. Auch mein Vater und mein Bruder wirkten einigermaßen erleichtert, als wäre diese Arbeit ein bisschen Normalität mit Hoffnung auf mehr. Mich selbst hat das Ganze ziemlich fertiggemacht, weil ich zu dem

Zeitpunkt plötzlich nicht mehr sicher war, was ich von mir und meinen Noten halten sollte. War ich jetzt plötzlich dumm geworden? Oder normal? Oder tatsächlich in der Pubertät? Das Beste an der Geschichte war jedoch meine Mutter, die Herrn Rademacher eine Mail schrieb, in der sie meinte, dass es sich bei dieser Mathe-Drei um ein mittelschweres Erdbeben handele, dass so nie wieder vorkommen dürfe. Bis zu dem Zeitpunkt hatte ich gar nicht gewusst, dass sie sich überhaupt für meine Noten interessierte, aber vielleicht hat sie das auch nie getan. Sie war auch nicht wirklich begeistert, als ich wenige Monate später wieder eine 1,0 in Mathe hatte und außerdem zu den Preisträgern des Bundeswettbewerbs Mathematik gehörte. Vermutlich bin ich den anderen einfach unheimlich, egal, was ich für Noten schreibe. Manchmal entwickle ich Sympathien für das hässliche Entlein. Verstanden zu werden ist ein unterschätztes Vergnügen.

Nachdem ich ein bisschen was von meinem Frühstück heruntergewürgt habe, spanne ich erst den rechten, dann den linken Arm an. Verschränke die Arme vor der Brust und hüpfe auf einem Bein über den Flur.

„Sieht gut aus." Mr. X scheint zufrieden, also bin ich es auch. Anschließend machen wir noch einen Seh-, einen Hör- und einen Gleichgewichtstest und sogar ein MRT. „Alles im grünen Bereich", sagt Mr. X dann endlich und schickt mich wieder zurück ins Bett. „Die Verletzungen sind erstaunlich gut verheilt. Jetzt musst du nur noch wieder zu Kräften kommen." Gerade als ich mich erleichtert zurücklehnen will, wedelt er mit einem Stapel Papier. „Wir müssen diese Tests auch noch machen." Wenig begeistert sehe ich ihn an. „Nun ja, die Technik ist schon supermodern, aber man kann auch nicht alles auf so einem MRT erkennen. Was mich beunruhigt, ist die Sache mit den Gedächtnislücken. Für die kann ich nämlich bis jetzt keine neurologischen Ursachen erkennen. Und die Frage, ob du kognitive Schäden erlitten hast, haben wir auch noch nicht geklärt." Widerwillig nehme ich Fragebogen und Stift aus seiner Hand. „Eigentlich sollten 1,5 Stunden Bearbeitungszeit ausreichen. Wenn du in der Zeit nicht alles schaffst, dann ist das aber auch nicht schlimm. Mach dir keinen Stress und schau einfach, wie weit du kommst." Ermutigend lächelt er mich an. Mein Herzschlag beschleunigt sich, als ich die Fragen überfliege. Dieser

Test ist eine Sache von maximal zwanzig Minuten. Wie bei den Klassenarbeiten überkommt mich Nervosität. Was soll ich machen? Wenn ich den Bogen schon nach zwanzig Minuten abgebe und dann auch noch alles richtig ist, wird Mr. X garantiert misstrauisch. Wenn wirklich jemand rauskriegt, wie schlau ich bin, werden sie jetzt anfangen, die Fragen zu stellen, die sie vielleicht vor zehn Jahren schon hätten stellen sollen. Kann sein, dass sich Mr. X freuen würde, meine Eltern jedenfalls ganz sicher nicht. Wenn ich Pech habe, kommt sogar jemand auf die Idee, dass ich auf meiner alten Schule falsch bin. Die Idee ist zwar irgendwie gar nicht doof, allerdings käme die jetzt auch ein bisschen zu spät. Diese Woche muss ich noch auf meine alte Schule gehen. Unbedingt. Ich will keine Fragen zu meinem Gehirn. Ich will einfach nur meine Ruhe. Andererseits, völlig verhauen kann ich den Test auch nicht. Denn das würden sie mir entweder nicht glauben oder sie würden mich für weitere Untersuchungen hier behalten. Theoretisch bleibt mir noch die Möglichkeit, den Test mittelgut zu machen. Allerdings ist das auch nicht ganz so toll. Denn wie sollen sie hinterher kapieren, dass sie mich zu Tode gelangweilt haben, wenn ich ihnen gleichzeitig den schriftlichen Beweis dafür geliefert habe, dass mein Gehirn ganz normal ist? Gedanken überschlagen sich in meinem Kopf. Das Ganze erinnert mich irgendwie an *Phase 10*. Eigentlich ist jeder Test wie *Phase 10*. Wenn nicht sogar mein ganzes Leben. Letzlich bin ich schon dadurch zum Verlieren verdammt, dass ich immer, ohne es zu wollen, die zehnte Phase auf der Hand habe, was mir nichts bringt, weil ich die ganzen Phasen davor nicht schaffe. Ohne etwas dafür zu tun, bin ich einfach immer falsch, einfach nur dadurch, dass ich andere Karten auf der Hand habe. Theoretisch könnte ich sofort ins Ziel. Praktisch finden die anderen das unfair. Und irgendwie unheimlich. Es ist verboten, Phasen zu überspringen, oder Klassen. Es ist verboten, schneller fertig zu sein als andere. Es ist verboten. Einfach nur, damit für alle die selben Regeln gelten. **Manchmal kommt es mir so vor, als würde es gar nicht um das Ziel gehen, sondern um den Weg dahin.**

„Weißt du, Paul, die Schule ist wie eine Gipfelwanderung, der Gipfel ist das Abitur. Und die Schule muss dafür sorgen, dass da am Ende alle ankommen."

Meiner Meinung nach hinkt der Vergleich. Oder das ganze Bildungssystem. Meine Gedanken überschlagen sich. Adler steigen keine Treppen, habe ich mal irgendwo gelesen. Trotzdem haben sie mich jahrelang dazu gezwungen und sich dann gewundert, warum das irgendwie nur halb funktioniert. Warum ich mich ‚im Unterricht konsequent durch Nebentätigkeiten ablenke‘, ‚permanent reinrufe‘ oder ‚teilweise ziemlich abwesend wirke und aus dem Fenster starre‘. Und jetzt werden sie sich vermutlich darüber wundern, dass ich den ganzen Berg in die Luft sprenge. Pech gehabt. Wer zur Quelle gehen kann, der gehe nicht zum Wassertopf. DaVinci kann wirklich froh sein, dass er nicht in meiner Klasse war. Der Prof vom MIT hatte recht gehabt, als er letztes Semester meinte, dass **kein Mensch aus reinem Vergnügen schlau sei.** Vor mir liegt noch immer der Test. Wenn man zu schnell ist, dann denken alle, man schummelt oder spinnt. Anstatt, dass man sich einfach darüber freut. Was kann ein Adler dafür, dass er Flügel hat? Und was hat sich die Natur dabei gedacht, dass Adler Flügel haben? Zum Laufen sicher nicht.

„Alles klar bei dir, Paul? Hast du Fragen?“ Mr. X beugt sich zu mir herunter. Dabei fällt sein Auge auf die quasi sterblichen Überreste von Pippi Langstrumpf. „Was ist das denn?“, fragt er und greift nach dem zerfledderten Kinderbuch.

„Pippi Langstrumpf“, antworte ich und weiche seinem Blick aus.

„Das sieht man. Aber was hast du mit dem Buch gemacht? Und warum?“ Ich borge mir Max Standardausrede:

„Das war ich nicht. Das war schon so.“ Sie zieht tatsächlich. Mr. X nickt und scheint mir zu glauben.

„Manche Kinder haben echt keine Ahnung, wie man mit Büchern umgeht“, meint er. Manche Kinder gehen mit Büchern einfach so um, wie mit anderen Kindern, denke ich. Zwei mal drei macht vier, widdewidewitt und drei macht neune. Manchmal findet man in Büchern echt Antworten auf wichtige Fragen. Lächelnd klicke ich mit dem Kugelschreiber.

„Alles klar?“, fragt Mr. X noch einmal – und verlässt das Zimmer, als ich nicke. Mein Plan geht auf, obwohl es mir wirklich schwerfällt, falsch zu antworten. Die Fragen sind echt total einfach, zumindest für mich. Ich hoffe, dass der Psychotest auch so gut funktioniert.

Gute anderthalb Stunden später kommt Mr. X wieder.

„Ich bin noch nicht fertig", murmle ich und versuche, dabei möglichst konzentriert auszuschen. In Wirklichkeit bin ich nur deshalb noch nicht fertig, weil ich die ganze letzte Stunde Pippi Langstrumpf fertig gelesen habe.

„Das ist schon o.k. Es erwartet ja auch keiner Höchstleistungen von dir." *Erwartungen und Ergebnisse liegen manchmal ziemlich weit auseinander,* denke ich und gebe Mr. X die teilweise nur unvollständig bearbeiteten Aufgaben zurück. „Ich werde mir das anschauen. Und nachher, wenn deine Eltern zum Gespräch kommen, können wir da gemeinsam drüber reden. Brauchst du noch was?" Freundlich lächelt er mich an. Wenn ich nicht gerade im Allein-gegen-den-Rest-der-Welt-Modus wäre, müsste ich ihn fast gern haben. Ich denke an Internet, Gift für den Notfall oder einen Riesenschnauzer. Schließlich lächle ich zurück.

„Ein Buch wäre cool", sage ich. Eins über Atomphysik, die Relativitätstheorie oder Differentialgleichungen, aber das sage ich natürlich nicht. Mr. X lacht.

„Vielleicht finde ich da noch was. Wir haben nur leider nicht so viele Bücher für Jungs in deinem Alter. Statistisch gesehen haben die es nämlich nicht so mit Büchern." Er zwinkert mir zu. Ich weiß nicht, was ich davon halten soll. Mir ist es fast völlig egal, was für ein Buch das ist. Hauptsache, ich kriege ein bisschen Ablenkung. Sonst drehe ich durch.

„Darf ich in den Aufenthaltsraum?", frage ich ihn. Normalerweise stehe ich ja nicht auf die Gesellschaft von anderen Menschen, aber sie könnte mich vielleicht ein bisschen ablenken. Außerdem hatte sich Löwenshirt doch gewünscht, auch mal eine Geschichte zu hören.

„Damit du mir wieder zusammenbrichst und dir dieses Mal das Auge aus dem Kopf schlägst?", fragt Mr. X und schaut mich ernst an. „Paul, so sehr ich deinen Tatendrang und deine Energie auch bewundere, aber ich finde, du solltest dich ein bisschen besser um dich kümmern." *Mache ich ja,* denke ich, schließlich bin ich ja nur umgekippt, weil Max mich geschubst hat. Außerdem ist ein explodiertes Gehirn schlimmer als ein ausgehauenes Auge. Finde ich zumindest, aber nach meiner Meinung fragt Mr. X ja nur rhetorisch.

„Also kein Aufenthaltsraum?" Mr. X schüttelt den Kopf. Für einen Augenblick bin ich kurz davor, ihn zu fragen, ob Oliver oder Pferdeschwanz mich besuchen dürfen, aber ich weiß nicht, wie ich ihm erklären soll, dass ausgerechnet Pferdeschwanz eine beruhigende Wirkung auf mich hat. Außerdem würde das ja voraussetzen, dass ich ihm erzählen muss, wie unruhig ich gerade bin. Also verwerfe ich den Gedanken wieder und versuche, einigermaßen gesund und fröhlich auszusehen.

„Vielleicht ja heute Abend mal kurz", versucht Mr. X mich zu trösten und schließt hinter sich die Tür. Hoffentlich bringt er mir keine Fantasy. Damit komme ich nämlich nicht klar. Fantasy-Bücher sind so ziemlich die einzigen, die ich wirklich nicht abkann. In den Osterferien waren meine Eltern mal über Nacht weg, also hat mein Bruder Fernsehen wollen. Zu dem Zeitpunkt hatte ich gerade wieder eine Phase, in der ich versucht habe, optimistisch und normal zu sein und mit den anderen möglichst gut klarzukommen. Also habe ich mitgeschaut. Lars hatte ‚Herr der Ringe' ausgesucht und es war für mich der absolute Horror. Wie der Film war, kann ich gar nicht sagen. Ich weiß nur noch, dass ich die ganze Atmosphäre absolut bedrohlich fand und am Ende völlig verkrampft auf den Bildschirm gestarrt habe. Ich habe einfach nicht verstanden, wie Leute sich so brutale Filme ausdenken können. Ist die Realität nicht brutal genug? Dabei fand ich die Schlachten gar nicht so schrecklich, schrecklich war, dass die Bösen nicht sterben konnten. Dabei ist Sterben die größte Erlösung, die es gibt. Selbst, wenn danach das Fegefeuer kommt, was aus physikalischer Perspektive zum Glück ziemlich unrealistisch ist. Eine Welt ohne Tod ist wie ein Haus ohne Notausgang. Es kann sein, dass ich damals schon mit dem Gedanken gespielt habe, mich oder die anderen oder uns alle umzubringen. Zumindest fand ich den Gedanken tröstlich, dass zumindest diese eine Regel für uns alle galt: Wir alle können sterben. Wir alle werden sterben! Das mag ich an der Mathematik.

Nach einer Weile kommt Mr. X mit ‚*Emil und die Detektive*' wieder. Obwohl ich das Buch so gut wie auswendig kenne, freue ich mich trotzdem. Alles ist besser, als alleine zu sein mit meinem Gehirn. Leider komme ich nicht wirklich dazu, mich in das Buch zu vertiefen.

„Hallo, Paul! Wie geht es dir?" Ich schrecke hoch. Dr. Timmendorf steht vor mir. Genauso wie das Mittagessen. Lauch mit Kartoffeln. Das hat mir gerade noch gefehlt. Noch immer ist es unberührt und vermutlich mittlerweile kalt. „Bist du nicht so der Gemüsetyp?", fragt Dr. Timmendorf und setzt sich auf den Stuhl neben mein Bett. Ich zucke mit den Schultern. Vermutlich bin ich als Vegetarier der Gemüsetyp schlechthin, aber was heißt das schon. „Wie geht es dir?", will Dr. Timmendorf wissen. Ich denke mal, er muss das fragen. Vielleicht interessiert es ihn auch wirklich. Wenn ich ab morgen wieder in die Schule will, muss ich echt aufpassen, was ich jetzt sage. Reden ist Silber. Schweigen ist Gold. Ich zucke mit den Schultern. „Irgendwie bist du nicht so der verbale Typ, was?" Nach dem Psychotypen bin ich nicht nur nicht der Gemüse-Typ, jetzt bin ich auch nicht der verbale Typ. Was heißt schon verbaler Typ. Und welcher Typ bin ich überhaupt? Ich weiß es nicht. Jedenfalls nicht wie die anderen. In dem Alter, in dem andere Kinder noch nicht mal Ein-Wort-Sätze sprechen konnten, habe ich schon Nebensätze gebaut. In dem Alter, in dem andere Kinder Abzählreime lernen, habe ich schon den *Erlkönig* auswendig gekonnt. Aber ich rede nicht gerne, insofern hat er recht. Warum sollte ich auch reden? Wenn mir eh keiner glaubt! Wenn mir eh keiner zuhört! Wenn mich eh keiner Ernst nimmt! Wieder zucke ich mit den Schultern. „Und so auf einer Skala, von eins bis zehn?" Fragend schaue ich ihn an. Die Aufgabenstellung ist viel zu unpräzise. Außerdem bin ich mir noch nicht sicher, was ich antworten soll. Dr. Timmendorf wirkt so, als ob er mich zumindest teilweise durchschauen könnte. Vermutlich bin ich mittlerweile sowieso so am Arsch, dass es gar nicht mehr schwer ist, mich zu durchschauen. „Also, eins ist der schlimmste Tag deines Lebens. Zehn ist der beste Tag deines Lebens. Sowas wie Weihnachten oder Geburtstag", erklärt Dr. Timmendorf, als hätte er es mit einem lernbehinderten Grundschüler zu tun. Der beste Tag meines Lebens war letztes Jahr in den Sommerferien, als Max im Surfkurs am Mittelmeer war und ich endlich mal meine Ruhe hatte. An dem Tag habe ich die Zusage fürs Online-Stipendium am MIT bekommen. Plötzlich kann ich es fast vor mir sehen, wie ich mit Jackson am Badesee sitze und wir beide zufrieden in die kleinen Wellen starren. Zwei Wochen später war davon nichts mehr zu spüren. Die Schule kam zurück und Max mit ihr. Wenn ich jetzt so zurückdenke, war das der Anfang vom Ende. Abwartend schaut Dr. Timmendorf mich an. Wenn er mich heute gehen lässt, kriegt er eine acht. Wenn er mich nicht gehen lässt, eine minus zehn. Kurzerhand berechne ich näherungsweise den Erwartungswert und antworte:

„Sieben komma vier fünf neun."

„Du musst dich schon für eine Zahl entscheiden", meint Dr. Timmendorf lachend.

„Dann sieben." Der Typ hat mich einfach nicht verstanden. Ich würde mich gerne in den Lauch auf meinem Teller verwandeln, aber das sage ich jetzt besser nicht laut.

15. KAPITEL

Auf der einen Seite steigen deine Chancen mit größerem Wortschatz.

Auf der anderen Seite sinken sie, denn keiner kennt die Wörter, die du

kennst.

„Sieben? So gut?" Ich frage mich, wie Dr. Timmendorf es schafft, so schnell zwischen Humor und Ernst zu wechseln. Schulterzucken. „Weißt du, es bringt auch nichts, wenn du dich belügst, wenn du dir was vormachst", versucht er mir zu erklären, als wüsste ich das nicht selbst. Natürlich hat er recht, und es bringt nichts, mir selbst was vorzumachen. Aber anderen etwas vorzumachen kann sehr wohl helfen. Ich versuche zu lächeln und selbstbewusst zu wirken, und dass, obwohl ich gleich den größten Müll meines Lebens erzählen werde. Vermutlich komme ich an einem Abschiedsbrief dann doch nicht vorbei, denn die Geschichte in meinem Kopf verliert nach und nach alle Bezüge zur Realität.

„Max hat mich gestern besucht", sage ich schließlich. Schon das kostet mich eine wahnsinnige Überwindung. Wie von unsichtbaren Stahlseilen werden meine Mundwinkel mechanisch nach oben gezogen. Dr. Timmendorf ist entweder gutgläubig oder kurzsichtig, jedenfalls deutet er das temporäre Ver-krampfen meiner Gesichtsmuskeln als Lächeln.

„Okay. Hat dich das gefreut, dass er dich besucht hat?", fragt er. *Natürlich nicht*, denke ich und nicke.

„Er hat gesagt, dass sie mich vermissen", füge ich hinzu. Das entspricht sogar der Wahrheit.

„Vermisst du sie denn auch?" Unter der Bettdecke verknoten sich meine Finger. Dr. Timmendorf macht mich nervös. Dieses Thema macht mich nervös. Es macht mich nervös, zu lügen, zu wissen, dass ich sie bis oben hin belügen muss, um hier endlich rauszukommen und gleichzeitig irgendwie das absurde Bedürfnis zu haben, endlich mal mit jemandem darüber zu reden. Irgendwie bin ich selbst überrascht über diesen Gedanken. Aber dennoch ist es wahr. In meinem Gehirn herrscht ein extremer Überdruck. Es ist nicht mehr auszuhalten. Langsam gehe ich in Gedanken die 42er Reihe durch. Anschließend versuche ich es mit der Primfaktorzerlegung von 28934765561342. Ich werde ruhiger. „Klar vermisse ich sie. Ich würde wirklich gerne wieder in die Schule." Um mich zu töten und alle anderen. Es wird Zeit. Dr. Timmendorfs Skepsis verwandelt sich nach und nach in Freude. Er lächelt.

„Hast du denn keine Angst?", fragt er mich.

„Wovor?", frage ich zurück, obwohl ich mir schon denken kann, worauf er hinaus will.

„Vor den anderen. Vor denen, die dir das angetan haben", sagt er und schaut mich ernst an. Fast schon aus Gewohnheit starre ich an ihm vorbei aus dem Fenster.

„What doesn't kills you, makes you stronger", murmle ich dann und versuche, dabei möglichst leicht zu klingen. Er nimmt mir meine Performance nicht ab, aber das ist o.k. Abstreiten oder Kleinreden ist für Mobbingopfer nicht unüblich.

„Paul, man sieht dir an, dass du Angst hast, vor den anderen." Dr. Timmendorf ist echt hartnäckig. Ich habe keine Angst vor den anderen, ich habe Angst, hier bleiben zu müssen, bis es zu spät ist. Manchmal habe ich auch Angst, dass es schon zu spät ist.

„Manchmal", räume ich ein und riskiere einen Blick in seine Augen, schließlich will ich ehrlich und selbstbewusst wirken. „Aber Max hat mir gesagt, dass er auf mich aufpasst. Dass sie dafür sorgen, dass so etwas nicht nochmal passiert." Dr. Timmendorf sieht mich erfreut an:

„Das ist ja wunderbar!". Ich könnte mich dafür umbringen, dass ich das gesagt habe.

„Ja. Die sind echt in Ordnung." Je nachdem halt, wie man Ordnung definiert. Letztlich sind ja die meisten Begriffe ziemlich weit dehnbar.

„Trotzdem ist es natürlich eine Herausforderung, nach einem so traumatischen Erlebnis an die Schule zurückzukehren", merkt Dr. Timmendorf an. Ich nicke. Eine Herausforderung ist die ganze Geschichte wirklich. „Erstens ist es immer eine Herausforderung, nach so langer Fehlzeit in ein Sozialsystem zurückzukehren. Du musst dann anfangs viele körperliche, soziale, emotionale und fachliche Anforderungen bewältigen. Zweitens war das ganze Erlebnis insgesamt sehr belastend und sogar traumatisch für dich. Wenn wir dich jetzt zu früh wieder in den Schulalltag entlassen, kann das schlimmstenfalls dazu führen, dass du weitere Panikattacken erleidest, so wie letzte Woche, und dass sich die Belastung nur noch vergrößert. Drittens, und das sollten wir nicht vergessen, auch wenn dein Gehirn es derzeit für dich vergessen hat, du wurdest an dieser Schule fast getötet. Die Polizei hat die Täter noch nicht identifizieren, geschweige denn festnehmen können, was bedeutet, dass die immer noch frei an deiner Schule herumlaufen." Wie man sieht, war auch das Krankenhaus nicht in der Lage, mich vor Max zu schützen. „Dessen musst du dir im Klaren sein. Auch wenn die Täter natürlich jetzt erst mal sehr vorsichtig sein werden, weil die Polizei ermittelt und weil deine Lehrer diesbezüglich jetzt sicher sensibilisiert sein werden. Trotzdem kann es passieren, dass sie dir erneut auflauern werden." Schweigend starre ich in den Ahorn. Draußen donnert es. Typischer Fall von Sommergewitter. Sommergewitter, die immer viel Krach machen und trotzdem nichts verbessern.

„Das weiß ich", murmle ich.

„Kannst du dich denn mittlerweile an was erinnern?", fragt Dr. Timmendorf. Ich schüttle den Kopf. „Hm", macht er. Keine Ahnung, was das heißen soll.

„Ich würde trotzdem gerne wieder in die Schule. Bald", sage ich. Dr. Timmendorf nickt. Ich glaube, dass man mir anmerkt, dass ich die Wahrheit sage. „Ich will die anderen wiedersehen. Und ich will nicht zu viel verpassen", füge ich hinzu. Dr. Timmendorf gibt erneut ein zustimmendes Brummen von sich.

„Und du bist dir sicher, dass du an deine alte Schule zurückwillst? Trotz allem, was da passiert ist?" Ich nicke. Gerade deswegen. „Okay." Man hört Dr. Timmendorf langsam ausatmen. Aus den Augenwinkeln erkenne ich, wie

Dr. Timmendorf nachdenklich die Stirn kräuselt. Für ihn wird das vermutlich auch komisch, wenn ich am Freitag die Schule in die Luft jage, und er nichts davon gemerkt hat, obwohl er soviel Zeit mit mir verbracht hat. „Wie ist die Beziehung zwischen dir und deinen Lehrern?" Ich schlucke. Früher habe ich meine Lehrer gemocht. Sogar sehr. Sie waren meine Verbündeten. Sie waren die, die wussten, was ich wissen wollte. Aber dann habe ich mal den Fehler gemacht, sie zu verbessern. Zu korrigieren. Nicht, weil ich böse bin, sondern einfach, weil ich Recht hatte. Das ging so weit, dass meine Mathelehrerin in der siebten Klasse zu mir meinte:

„Jedes Mal, wenn du dich meldest, kriege ich Angst, dass ich schon wieder was falsch gemacht habe." Irgendwann habe ich mich dann gar nicht mehr gemeldet, aber das hat ihr dann auch irgendwie Angst gemacht. Oder zumindest nicht gepasst. Keine Ahnung, warum ich dann plötzlich nicht mehr so gut auf meine Lehrer zu sprechen war. Vielleicht habe ich mich auch einfach verraten gefühlt. Verraten, weil sie ihr Wissen nicht mit mir teilen wollten. Ständig hieß es: „Ach Paul, das verstehst du noch nicht." „Paul, ich kann hier nicht auf jeden Schüler einzeln eingehen." „Wie soll ich denn das machen?" oder sogar „Paul, wieso willst du denn das wissen?" Und selbst dann, als ich gar nicht mehr erwartet hatte, von den Lehrern gefördert zu werden oder so, selbst dann haben sie nicht akzeptiert, dass ich in einem anderen Tempo denke, als das wohl normal ist. Als würde ich mich absichtlich im Unterricht langweilen, nur um sie zu ärgern. Mann, genauso, wie die anderen nichts dafür können, dass sie langsamer denken, kann ich nichts dafür, dass ich schneller denke! Aber der sterbenslangweilige Unterricht ist nicht das, was ich den Lehrern vorwerfe. Ich werfe ihnen vor, dass sie mir nicht erlaubt haben, mich leise mit was anderem zu beschäftigen, nicht einmal dann, wenn ich mit den anderen Aufgaben schon fertig war. Und ich nehme es ihnen übel, dass sie mich nicht ernstgenommen haben, wenn ich versucht habe, ihnen von meinen Problemen zu erzählen. Sie haben mich ausgelacht, haben mit dummen Sprüchen um sich geschmissen oder das ganze als Pubertät abgetan. Als wäre es normal in der Pubertät, sich im Unterricht zu Tode zu langweilen und in den Pausen permanent verprügelt zu werden. Vor allem aber nehme ich es ihnen übel, dass sie immer nur weggeschaut haben. Dass sie mich ignoriert haben, weil sie sich sonst hätten Sorgen um mich machen müssen. Oder zumindest mal um die Qualität oder den Sinn ihres Unterrichts. Sie haben weggeschaut, wenn ich nach der großen Pause mit zerrissenen Klamotten zurück ins Klassenzimmer kam, sie haben weggeschaut, wenn ich auf der Rückseite von Klassenarbeiten Gleichungen auf Hochschulniveau löste. Sie haben weggerochen, wenn meine Schulbücher stanken, weil ich sie kurz zuvor aus der Mülltonne holen musste, sie haben weggehört, wenn die anderen mich während des Unterrichts beleidigt und provoziert haben. Meine Lehrer haben über acht Jahre so getan, als wäre ich nicht dagewesen. Sie haben mich ignoriert aus Angst, aus Faulheit oder aus Einfachheit. Sie hätten merken können, wie es mir von Woche zu Woche schlechter ging, aber sie haben nichts gesagt. Nichts getan. Mich nicht einmal gefragt. O.k, vielleicht nicht alle. Herr Rademacher hatte ja zumindest mal versucht, mit meiner Mutter über einen Klassenwechsel zu reden. Trotzdem. Er hätte ja auch mit mir reden können. Oder mit seinen Kollegen. Oder mal für mich kämpfen können, weil er doch wissen musste, das mir längst die Kraft fehlte, das selbst zu tun. Aber nein, keiner von ihnen hatte etwas getan. Sie haben mir nichts beigebracht, sie haben mir nicht geholfen, sie haben mich nicht vor den anderen beschützt. Stattdessen haben sie mich einfach ignoriert – und dafür hasse ich sie. „Mit den Lehrern komm ich gut klar", sage ich. Draußen scheint wieder die Sonne. Die Welt ist echt verrückt. Dann fällt sein Blick auf *Pippi Langstrumpf*.

„Liest du gerne?", fragt er. Ich nicke. „Was ist denn dein Lieblingsbuch?" Dr. Timmendorf lächelt mich an, vermutlich denkt er, dass ich langsam kommunikativ auftaue. *Ars mathematica*, denke ich. Eventuell auch die *Räuber*, das *Decamerone* oder *Macbeth*.

„Ich mag *Asterix*." Auch das ist gar nicht mal gelogen. Wobei der Held meiner Kindheit eher Obelix ist. Es gibt Tage, da frage ich mich, ob ich nicht auch als Kind irgendwann mal in den Zaubertrank gefallen bin. Ohne es zu wissen. Ohne es zu wollen. Immer, wenn alle anderen Zaubertrank kriegen und Obelix auch was will, aber nichts kriegt, erinnert mich das an den Unterricht. Obelix hat Hinkelsteine geschlagen, weil er nicht wusste, wohin mit seiner Energie. Ich habe eine Bombe gebastelt, weil ich sehr wohl weiß, wohin mit meiner Energie. Vielleicht ist Asterix der Grund, weshalb Obelix nicht zum Amokläufer wurde. Darüber könnte man fast mal 'ne Doktorarbeit in Literaturwissenschaft schreiben oder so. Oder Idefix. Manchmal denke ich, dass ich vielleicht doch eher ein Troubardix bin. Jemand, den einfach keiner ernstnimmt und der immer nur eins auf die Fresse kriegt, egal, was er macht. Der an den Baum gefesselt und geknebelt wird, wenn die anderen Bankett feiern und Wildschweine verschlingen. Also nicht, dass ich da hätte mitmachen wollen, aber aufs Fesseln und die Hammerschläge hätte ich schon verzichten können. Gibt es eigentlich einen Band, in dem sich Troubardix an den anderen rächt?

„Im Moment lese ich *Emil und die Detektive*", sage ich dann, damit Dr. Timmendorf nicht irgendwann auf den Gedanken kommt, dass ich Lust hätte, die Römer zu verprügeln, auch wenn es mir eher darum geht, das ganze Dorf in die Luft zu jagen.

„Emil und die Detektive", wiederholt er. „Das habe ich in deinem Alter auch gelesen." Nur, dass ich es lese und parallel auf Latein übersetze, weil es mir nur auf Deutsch zu langweilig ist. Aber das behalte ich für mich. „Hattest du schon mal Kontakt mit der Beratungslehrerin an deiner Schule?", will Dr. Timmendorf wissen. Keine Ahnung. Ich weiß nicht mal, ob wir sowas überhaupt haben. An unserem Ghetto-Gymnasium. Mal abgesehen davon, dass ich gar nicht weiß, was ich mit der sollte.

„Warum?", frage ich. Die Blätter vor dem Fenster glänzen nass in der Sonne. Fast schon irgendwie hübsch.

„Nun, Mobbing ist ja auch immer eine innerschulische Geschichte. Und von den innerschulischen Schwingungen an deiner Schule, um es mal so zu sagen, hat eure Beratungslehrerin mehr Ahnung als ich. Ich fände es gut, wenn sie mal in eure Klasse kommen würde, um gemeinsam mit dir und deinen Mitschülern darüber zu reden." Alles, bloß das nicht. Kurz ist es still.

„Kann ich denn bald wieder in die Schule?" Man sieht, wie Dr. Timmendorf nachdenkt.

„Nun, ich kann das natürlich nicht entscheiden. Das hängt in erster Linie von der Meinung deines Arztes ab und natürlich von deinen Eltern, aber so wie ich dich momentan erlebe, denke ich schon, dass es gut wäre, wenn du bald wieder Anschluss an deine Klasse fändest." Ein einfaches Ja hätte genügt. Immerhin fände er es sogar gut, darauf kann man aufbauen. „Ihr solltet das Thema Mobbing in der Schule intensiv besprechen. Einfach, damit die anderen Schüler etwas sensibler dafür werden. Vielleicht hat ja jemand was gesehen und kennt die Täter. Oder vielleicht gibt es noch andere Opfer, die sich nur bisher nicht getraut haben, was zu sagen? Das sind alles so Dinge, die wir machen können und sollten, damit das nicht nochmal passiert. Weder dir, noch anderen." Sein Engagement ist auf irgendeine Art und Weise fast rührend. Ich hoffe nur, er verrennt sich da in nichts. Vor allem in nichts, was mir früher oder später schaden könnte. „Hast du mit deinen Eltern schon darüber gesprochen, wie es jetzt für dich weitergeht? Wie du an Unterstützung kommst?" Mit gerunzelter Stirn sehe ich ihn an. „Ich meine psychologische Unterstützung und so. Auch wegen deiner Erinnerung und den Panikattacken. Das, was dir passiert ist, ist etwas, das man nicht alleine verarbeiten kann." Das, was ich erlebt habe, ist etwas, das man früher oder später gar nicht mehr verarbeiten kann. Deswegen ist ja auch der Plan, meine To-Do-Liste so abzuarbeiten, dass ich das gar nicht mehr verarbeiten muss. Weil das Problem dann gelöst ist. Oder tot, um es auf den Punkt zu bringen. Manchmal ist der gordische Knoten doch die beste Lösung. Zumindest die schnellste. Und die endgültigste. Denn was man einmal zerschnitten hat, kann man nicht so schnell wieder verknoten. Ich lächle. Der Ahorn vor dem Fenster schweigt, als könnte er mich verstehen.

„Hattest du am Wochenende noch mal eine Panikattacke?", fragt er mich. Langsam schüttle ich den Kopf. Das mit Max war schließlich keine Panikattacke, das war einfach nur Scheiße. Und dass ich gerade ständig zwischen Angst und Nervosität sowie Zuversicht und totaler Ruhe schwanke, dürfte ja auch normal sein, zumindest für Schüler, die vorhaben, ihre Schule in die Luft zu jagen. „Gut." Dr. Timmendorf scheint zufrieden, das ist das wichtigste.

„Wann kann ich denn wieder nach Hause?", will ich wissen.

„Nun, im Moment wirkst du tatsächlich sehr stabil. Natürlich müssen deine Eltern das mit den Ärzten besprechen, aber meiner Einschätzung nach geht es dir wieder gut genug, um in den Alltag zurückzukehren." Wenn er mich jetzt nochmal fragen würde, würde ich zehn sagen. Und das wäre nicht mal gelogen. Max' Besuch hier hat sich anscheinend echt gelohnt. Total erleichtert grinse ich dem Ahorn zu. Ich komm hier raus. Ich komm hier raus. Ich komm hier raus. Noch 327.600 Sekunden. Dann geht es endlich los.

Am späten Nachmittag kommt meine Mutter. Mein Vater hat gerade Vorstandssitzung, die ihm natürlich wichtiger ist als ich. Aber vielleicht ist es auch ganz gut, wenn er nicht dabei ist. Es war schon immer einfacher, meine Mutter von etwas zu überzeugen als ihn. Wir sitzen gemeinsam bei Mr. X im Büro, meine strikte Bettruhe ist jetzt nicht mehr so strikt, außerdem habe ich dann doch noch was von den kalten Kartoffeln gegessen. Irgendwie fühle ich mich fitter, obwohl ich bezweifle, dass das an den fade schmeckenden Kohlehydraten liegt. Der Gedanke, hier endlich rauszukommen, hat mich total beflügelt. Auch meine Mutter wirkt ziemlich erfreut, als Dr. Timmendorf ihr von unserem konstruktiven Gespräch erzählt.

„Sie sollten nun wirklich ernsthaft darüber nachdenken, Paul professionelle Hilfe zu suchen. Auch wenn er ein starker Junge ist, das schafft er nicht allein." Mit dieser Mahnung schließt Dr. Timmendorf seinen Bericht, lächelt aber dabei zuversichtlich. Meine Mutter nickt einsichtig.

„Sein Vater wird zwar nicht begeistert sein davon, aber wenn Sie wirklich sagen, dass ihm das hilft. Ich will ja auch nur das Beste für meinen Sohn." Sie tätschelt meine Hand. Es fällt mir schwer, sie nicht wegzuziehen.

„Nun", ergreift Mr. X das Wort, „ich finde auch, dass Paul beachtliche Fortschritte gemacht hat. Aber wir dürfen das alles nicht unterschätzen. Paul ist noch immer physischen und psychischen Belastungen ausgesetzt, die man nicht so einfach vergessen sollte. Sein Blutdruck ist noch immer recht niedrig, außerdem hat er in den letzten Wochen stark an Gewicht verloren und ist gestern Mittag erneut vor Erschöpfung zusammengebrochen. Wir können von Glück reden, dass sein Mitschüler Max gerade zur Stelle war und mich gerufen hat. Meines

Erachtens wäre es fahrlässig, nach solchen Verletzungen zu schnell wieder zur Tagesordnung zurückzukehren." Nachdenklich sieht er uns an.

„Aber Paul würde doch so gerne wieder in die Schule", meint meine Mutter und hat damit ausnahmsweise mal recht.

„Und soziale Faktoren, wie beispielsweise sein Mitschüler Max, können den Genesungsprozess ja auch gut unterstützen", ergänzt Dr. Timmendorf. Dankbar lächle ich die beiden an, denn sie wissen nicht, was sie tun. Dieses Mal ist das kein Problem für mich. Dieses Mal ist das Teil meines Plans. Mr. X wirkt nachdenklich.

„Also gegen Ihren Willen kann ich Paul ohnehin nicht hierbehalten", meint er schließlich und sieht meine Mutter an. Bitte, bitte, bitte. Meine Mutter überlegt. Sie wirkt irgendwie ein bisschen verunsichert, dabei bin ich so kurz vor dem Ziel.

„Bitte Mama", sage ich deshalb und spiele den letzten Trumpf aus, den ich habe, „Papa würde sich sicher auch freuen, wenn ich wieder nach Hause komme." Die Stirnrunzeln meiner Mutter glätten sich.

„Da hast du Recht, Paul." Lächelnd wendet sie sich an Mr. X. „Dann möchte ich ihn gerne wieder mitnehmen." Mr. X seufzt und reicht ihr einen Stapel Papiere.

„In dem Fall unterschreiben Sie dann bitte hier, dass Sie Paul auf eigene Verantwortung wieder mit nach Hause nehmen. In ein bis zwei Wochen kann dann der Hausarzt die Fäden ziehen." Ernst sieht er meine Mutter an. „Auch wenn Paul sich jetzt schon recht fit fühlt und insgesamt sehr lebhaft wirkt, passen Sie auf, dass er es nicht übertreibt und seine Kräfte überschätzt. Insbesondere mit der Schule würde ich es langsam angehen lassen. Diese Woche am besten noch gar nicht oder nur stundenweise. Sport oder größere körperliche Anstrengungen sind die nächsten vier Wochen grundsätzlich tabu, das ist sicher verständlich." Wir nicken. Dann stehen wir auf, zuerst reicht er meiner Mutter die Hand, dann mir. „Pass auf dich auf, Paul", sagt er. Fast fange ich an, ihn gern zu haben. Auch wenn er keine Ahnung hat und Max für meinen Freund hält. Aber er lässt mich gehen, und das ist jetzt das Wichtigste. Dankbar schenke ich ihm ein breites Grinsen.

„Mache ich", verspreche ich und schüttle seine Hand. Auf meine Art und Weise. Ja, ich werde auf mich aufpassen. Nicht mehr darauf hoffen, dass mich jemand rettet, dass mir jemand hilft. Ich werde mein Leben selbst in die Hand nehmen. Für immer. Vielleicht habe ich gerade wirklich 10-Punkte-Gefühle. Mein Ziel kommt näher, immer näher. Vorfreude, schönste Freude. Ich kann es kaum noch erwarten.

Nachdem ich mich von Mr. X und Dr. Timmendorf verabschiedet habe, holen wir die restlichen Sachen aus meinem Zimmer. *Emil und die Detektive* lasse ich auf dem Nachttisch liegen, die letzten Stunden meines Lebens werde ich nicht damit verschwenden.

„Ich muss noch kurz in den Aufenthaltsraum, den anderen Tschüss sagen."

„Lass dir nur Zeit. Ich sag schon mal deinem Vater Bescheid, dass du heute wieder nach Hause kommst. Vielleicht kann er ja etwas früher von der Sitzung kommen." Kann er sicher, wird er aber trotzdem nicht. Mir ist das egal. Ich bin so glücklich. So frei. Endlich kann ich meinen Plan vollenden. Morgen kann ich wieder zur Schule. Sie alle werden ihr blaues Wunder erleben. Es wird einmalig. Großartig. Genial. Fast hätte ich Lust, über den Flur zu hüpfen, aber ich muss meine körperlichen Ressourcen ja nicht gleich überstrapazieren. Auch meine Mutter wirkt, als würde sie sich freuen.

„Ich geh dann schon mal vor zum Auto", sagt sie und kramt nach dem Schlüssel. Zielsicher biege ich ab in den Aufenthaltsraum. Pferdeschwanz und Löwenshirt stürmen auf mich zu.

„Erzählst du uns eine Geschichte?", bettelt Pferdeschwanz. „Ich will auch auf dem Teppich fliegen. Bitte." Löwenshirt sieht aus wie Jackson, als er noch ein Welpe war. Nur nicht so zottelig.

„Ich komme nur zum Tschüss-Sagen", erkläre ich ihnen. „Ich kann wieder nach Hause."

„Waaas? Jetzt schon?", Löwenshirt und Pferdeschwanz wirken beide gleichermaßen entsetzt.

„Schade. Ich muss noch eine Woche hierbleiben", meint Löwenshirt traurig.

„Und ich sogar noch zwei." Pferdeschwanz schaut mich nachdenklich an.

„Aber du kannst uns besuchen, in zwei Wochen, wenn wir beide wieder zuhause sind." Löwenshirt nickt begeistert. „Wir wohnen nämlich beide im Hochhaus beim Neubaugebiet. Und dann musst du uns alle Geschichten erzählen. Tausendundeine Nacht lang." Pferdeschwanz quietscht fast vor Vorfreude. Wie soll ich ihnen sagen, dass ich nächste Woche gar nicht mehr da bin? Dass nächste Woche in den Zeitungen stehen wird, dass ich ein Attentäter bin? Ein Bombenbastler? Jemand, dem man so eine grausame Tat nie zugetraut hätte?

„Vielleicht", murmle ich. Meine Augen brennen. Der Kotzfleck auf der Autobahnkreuzung ist so gut wie weg. Nur, wenn man es weiß, erkennt man ihn ganz schwach. Man sollte aufhören, wenn es am Schrecklichsten ist. Auch wenn schreckliche und schöne Momente manchmal zusammenfallen. **Heißt es nicht sowieso, dass sich Parallelen im Unendlichen berühren?** Dieser Freitag ist der Fluchtpunkt meines Lebens. Der Punkt, auf den schon so lange alles hinausläuft. Vielleicht sollte ich den Kleinen auch noch was schreiben. Oder ich lasse das besser, um sie nicht mit reinzuziehen. Versuche, sie zu vergessen. Das Brennen hinter meinen Augen lässt nicht nach.

„Vielleicht gildet nicht. Du musst es versprechen." Pferdeschwanz schaut mich an. Kompromisslos. Du sollst nicht lügen. Steht in der Bibel. Obwohl es mir manchmal so vorkommt, als wäre mein ganzes Leben eine einzige Lüge, habe ich Skrupel. Kinder anzulügen ist immer Scheiße.

„Ich versuch's." Pferdeschwanz und Löwenshirt schauen zufrieden und setzen sich mit einem Legespiel an den Fenstertisch. Ich bezweifle, dass das besser klappt als das Kartenspiel *Elferraus*, aber wenn ich etwas weiß, dann, dass es im Leben wenige Dinge gibt, die so viel Spaß machen, wie intellektuelle Herausforderungen. **Gute Worte sind wie gute Gedanken.** Gute Punkte sind wie gute Noten. Nicht jedes gute Wort gibt gute Punkte, nicht jede gute Note führt zu guten Gedanken. ‚Hoffnung' ist ‚Hydroxid' weitaus überlegen, wenn auch nicht punktemäßig. Mann, ich habe so viele Punkte in meinem Leben gesammelt. Es hat mir nichts geholfen. *PayBack* gibt's wohl doch nur im Supermarkt. Trotzdem kann ich sie noch unter den Tisch spielen. Etwas anderes steht gar nicht zur Debatte. Seufzend lasse ich mich vor dem Höhleneingang auf die Knie fallen und krabble hindurch. In der hintersten Ecke hört man das leise Tippen von Fingern auf einem Bildschirm. „Hey, Oliver", sage ich. Er dreht sich grinsend zu mir um.

„Spielst du mit?", fragt er. Nee, ich spiele mein ganz eigenes Spiel. Allein.

„Nett, dass du fragst, aber ich hab keine Zeit. Ich darf jetzt nach Hause."

„Das ist ja super, Alter!", freut er sich mit mir. „Nur doof, dass ich jetzt mit den ganzen Zwergen wieder alleine bin."

„Du hast doch noch dein Handy", meine ich. Olivers Miene hellt sich wieder auf.

„Stimmt."

„Machs gut, Alter!", sage ich und haue ihm fast schon freundschaftlich auf die Schulter. Vielleicht wäre manches anders gewesen, wenn ich Freunde gehabt hätte. Oder zumindest einen. Aber jetzt brauche ich keine Freunde mehr. Jetzt habe ich einen Plan. Danach habe ich meine Ruhe. Für immer. Als ich rückwärts aus dem Eingangstunnel krieche, höre ich Olivers Finger weiter zocken. Dann verlasse ich langsam das Krankenhaus. Wie gut, dass ich auch unter Zeitdruck arbeiten kann. Dieser Zwischenfall hat mich zwar echt aus dem Zeitplan gehauen, aber irgendeinen Vorteil muss es ja haben, so schlau zu sein.

„Ich werde die Zeit einholen. Ich werde gewinnen", sage ich zu dem Ahorn, der noch immer unbeeindruckt vor dem Fenster steht. Die Gedanken sind frei. Ich bin frei. Meine Mutter steht am Auto und schminkt sich im Seitenspiegel nach.

„Ich habe eben mit deinem Vater telefoniert", sagt sie und wirkt resigniert. „Er hat für heute Abend erneut den Firmenvorstand eingeladen. Und dessen Frau." Heißt das etwa, dass sie mich hierlassen, damit ich zuhause keine Schwierigkeiten mache? Damit meine Familie sich nicht für mich schämen muss? Mir wird schlecht. Präventiv lehne ich mich an die Parkuhr. **Wie ich sie alle hasse.**

„Paul, ist alles in Ordnung bei dir?" Meine Mutter klingt besorgt.

„Passt schon", bringe ich zwischen den Zähnen hervor.

„Also, ich hatte gedacht, ähm, also …" Kann sie nicht einfach sagen, was sie will? Die Parkuhr fängt an zu wackeln, oder bin ich das? „Also, ich weiß, dass du noch nicht wieder ganz fit bist, aber könntest du vielleicht noch mal dein Kartoffelgratin machen, bevor du dich ins Bett legst?" Unsicher schaut sie mich an. Die Parkuhr bleibt stehen.

„Kein Problem", sage ich und steige ins Auto. Ich hatte es ja immer für einen Mythos gehalten, dass Kohlenhydrate glücklich machen, aber vielleicht stimmt es ja doch. Glück ist kein gutes *Scrabble*-Wort, aber manchmal hilft es trotzdem.

18. KAPITEL

Eigentlich gibt es in diesem Spiel nur eine einzige Regel: Halt einfach die Fresse!

Obwohl mein Kopf tatsächlich ein bisschen wehtut, bin ich sowas wie glücklich. Ich starre in den Sternenhimmel, der an zwei Pinnnadeln über meinem Bett hängt. Jahrelang hat mir diese Unendlichkeit Angst gemacht. Was kommt nach dem Himmel? Was kommt nach den Sternen? Geht das wirklich alles immer so weiter, ohne aufzuhören? Jetzt finde ich den Sternenhimmel irgendwie tröstlich. Alles ist chaotisch und doch hat dieses Chaos eine Ordnung. Und nicht alles ist unendlich. Freitag hört es auf. Für immer. Und noch fühlt es sich so an, als würde etwas von mir bleiben. Also abgesehen vom Sternenhimmel über meinem Bett und irgendwelchen zu Staub zerfallenen Überresten meines Körpers. Die Energieerhaltung, die mich die ganzen letzten Jahre gequält hat, nimmt mir nun irgendwie die Angst. Eigentlich ist es sowieso egal, was nach dem Tod passiert, denn es kann ja nur noch besser werden.

Der nächste Morgen beginnt mit Toastbrot und lauwarmem Pfefferminztee. Vermutlich habe ich mich in meinem ganzen Leben noch nie so auf die Schule gefreut. Trotzdem, ich sollte mir meine Begeisterung nicht so krass anmerken lassen, nichts kann ich jetzt schlechter gebrauchen als misstrauische Erwachsene. Träge suche ich meine Sachen zusammen und versuche, dabei nur bedingt motiviert zu wirken. Zur Feier des Tages fährt mein Bruder mich mit dem Motorrad zur Schule, vielleicht wollen sie sich auch nur die Peinlichkeit ersparen, dass ich auf dem Schulweg zusammenbreche. Langsam trotte ich die Treppen hoch zu unserem Klassenzimmer. Es ist laut und chaotisch wie immer. Eigentlich hatte ich auch nicht erwartet, dass sich was verändert hat, als ich weg war. Noch fünfundsiebzig Stunden. Nichtmal. Gedankenverloren lasse ich mich auf meinen Platz fallen. Markus Müllermann steht auf dem Schulhof, als wäre nichts passiert. Ist es ja auch nicht. Noch nicht.

„Guten Morgen Paul, schön, dass du wieder da bist!" Frau Kramer klingt ehrlich begeistert, obwohl man sich schon fragen kann, was es für sie für einen Unterschied macht, wenn ich da bin. Sie nimmt mich eh nie dran. Vielleicht bin ich für sie aber auch sowas wie Mr. Müllermann. Jemanden, auf den man im Notfall zurückgreifen kann und den man sonst eigentlich nicht braucht. „Habt ihr Paul schon begrüßt?", will sie jetzt von der Klasse wissen. Die anderen brüllen mir „Hallo Paul!" um die Ohren, das für Frau Kramer vielleicht wie eine begeisterte Begrüßung wirkt, für mich aber etwas total Bedrohliches hat. Dann fängt sie an mit dem Unterricht, beziehungsweise mit dem, was man hier unter Unterricht versteht.

„Wer von euch hat denn das Gedicht gelesen, das ihr zur Hausaufgabe aufhattet?" Fragend schaut sie in die Runde. Alles schweiget. Ich denke an Nachtigallen und ihre süßen Melodien. Allerdings habe ich weder Tränen im Auge noch Sehnsucht im Herz. Ehrlich gesagt bin ich einfach nur froh, dass das hier bald alles vorbei ist. „Hat denn überhaupt jemand den Text gelesen?", fragt sie schließlich. Man sieht Frau Kramer an, dass sie schon so lange in dieser Klasse unterrichtet, dass es ihr nichts mehr ausmacht. Vielleicht stellt sie sich sogar vor, dass vor ihr im Publikum gar keiner sitzt. Irgendwie ist sie aber auch selbst schuld daran. Manchmal jedenfalls denke ich, dass wir zu zweit viel Spaß hätten haben können. Wenn sie mich denn mal dran genommen hätte. Aber wie hat meine Französischlehrerin so schön gesagt? Für sie sei ich der Einäugige unter den Blinden. Tja, und wenn man jetzt noch der Einfachheit halber ein Auge zudrückt, bin ich also auch blind. Und dann ist die Klasse wieder viel einfacher zu unterrichten. Oder alleinzuunterhalten, falls es das Wort überhaupt gibt. Jedenfalls werden sie alle bald merken, was sie davon haben.

„Und es hat wirklich keiner von euch die `Bürgschaft` gelesen? Nicht mal die erste Strophe?" Frau Kramer erwartet gar nicht erst eine Antwort. Überhaupt habe ich das Gefühl, dass die meisten Fragen hier entweder rhetorisch oder erst gar nicht ernst gemeint sind. Heute ist mir das egal. *I waited this long, I can wait another day.* Das stand letztes Jahr in der Englisch-Lektüre, die außer mir und dem Englischlehrer vermutlich bestimmt keiner gelesen hat. Frau Kramer teilt die Ballade aus, obwohl sie die Kopien vermutlich schon gestern oder letzte Woche verteilt hatte. Manchmal ist diese Schule wie ein schwarzes Loch. Sie verschluckt einfach alles.

„Wer möchte vorlesen?", fragt Frau Kramer. Ich melde mich gar nicht erst. Es macht eh keinen Sinn, denn sie nimmt mich sowieso nicht dran. Jeder hier weiß, dass ich die Ballade schon kenne, auch wenn außer mir vermutlich keiner weiß, dass ich sie schon in der Grundschule auswendig gelernt habe. Damals stand ich voll auf Gedichte und auf Schiller ganz besonders. Mittlerweile kommt mir die *Bürgschaft* absolut unrealistisch vor und das nicht, weil sie in der griechischen Antike spielt. Wer denkt, dass man Tyrannen mit Freundschaft besiegen kann, hat noch nie mit einem wirklichen Tyrannen Kontakt gehabt. Es ist einfach völlig naiv, anzunehmen, dass man gewaltfrei was ändern kann. Ich weiß das, ich hab das jahrelang versucht. Nach zwanzig Minuten haben wir es tatsächlich geschafft, die *Bürgschaft* einmal komplett zu lesen. Trotzdem zweifel ich daran, dass das was gebracht hat. Schulbildung ist manchmal auch umsonst.

„Jetzt hätte ich gerne, dass ihr als Vorbereitung auf die Gedichtinterpretation einen Rollenmonolog schreibt", verkündet Frau Kramer noch immer einigermaßen motiviert und schaut erwartungsvoll in desinteressierte Gesichter. „Also ein Rollenmonolog ist ein Monolog, also ein Text aus der Ich-Perspektive von einer Person. Also nicht von irgendeiner Person, sondern von jemandem aus dem Gedicht. Klar soweit?" Die Klasse wird wieder unruhig, Frau Kramer scheint das als Zustimmung zu sehen, wobei nur die wenigsten tatsächlich anfangen zu schreiben. Ich sehe aus dem Fenster. Müllermann glänzt dreckig im Licht der Morgensonne. Götterdämmerung. Lächelnd fange ich an zu schreiben, den Rollenmonolog aus der Perspektive von Zeus, auch wenn der sicher niemanden gnädig aus Räuberhand errettet hat. In der Realität muss man mit den Räubern selbst fertig werden.

Gegen Ende der Stunde fange ich an, unruhig zu werden. Das ist nicht wirklich außergewöhnlich, denn die ganze Klasse ist von einer seltsamen Unruhe erfasst. Max' Augen spiegeln pure Vorfreude. Wenn er ein Hund wäre, würde er jetzt sabbern. Aber ich hatte nicht vor, mich diese Pause schon in ihre Hände zu begeben. Erst muss ich zur Post. Schließlich muss ich meine Lieferung aus dem Postfach holen. Und dann will ich natürlich vollenden, was vollendet werden muss. Jedenfalls habe ich heute absolut keine Zeit, um verprügelt zu werden. Unter dem Tisch wippt Max mit den Füßen. Ich fürchte, dass er nicht kapiert, dass ich in dieser Pause Besseres zu tun habe, als ihm zu seiner persönlichen Belustigung zur Verfügung zu stehen. Dann endlich gongt es. Plötzlich ist die ganze Klasse hellwach. Hastig packe ich meine Sachen zusammen und will gerade als Erster die Tür verlassen, als Frau Kramer mich zurückruft:

„Paul? Wartest du noch kurz?" Frau Kramer ist sehr gut darin, Befehle als Fragen zu formulieren, auch wenn außer mir vermutlich trotzdem keiner darauf hört. Ich bleibe stehen, obwohl sich die anderen schon an mir vorbei aus dem Klassenzimmer drängen. Ich will hier weg. Außerdem muss ich zur Post, aber jetzt ist ein denkbar schlechter Zeitpunkt, um Lehrer auf sich aufmerksam zu machen. Damit mein Plan aufgeht, muss ich wirken wie immer. Als wäre alles normal. Als wäre alles in Ordnung. Max und die anderen warten draußen im Flur. Höflich lächeln sie Frau Kramer an, die jetzt allein mit mir im Klassenzimmer steht.

„Wir warten nur auf Paul", meint Max. Sven nickt zustimmend:

„Schließlich haben wir ihn schon so lange nicht mehr gesehen." Frau Kramer lächelt die beiden an.

„Das ist wirklich total lieb von euch und ich kann gut verstehen, dass ihr ihn vermisst habt. Aber ich muss trotzdem noch kurz mit Paul sprechen. Allein." Sie macht mit der Hand eine ausladende Bewegung. Die anderen verlassen den Flur Richtung Treppenhaus, trotzdem war Max' Blick mehr als deutlich. Man sagt ja, dass ein Blick mehr sagt als tausend Worte. Die Erfahrung sagt jedenfalls mehr, als man aushalten kann.

„Und, Paul, wie geht's dir?" Frau Kramer schließt die Klassenzimmertür hinter sich und setzt sich vor mich auf die Tischkante. Vielleicht ist ihr Interesse tatsächlich ernst gemeint. Ich zucke mit den Schultern. Es kommt nur ein bisschen zu spät.

„Gut", sage ich. Das will sie ja schließlich hören. Nachdenklich schaut sie mich an.

„Ich wollte nur sagen, dass es mir leid tut, dass ich nicht gemerkt habe, dass du, du weißt schon. Eigentlich sollte sowas nicht passieren." Ich starre an ihr vorbei aus dem Fenster und spiele mit meinem Schlüsselanhänger. Langsam werde ich ungeduldig. Meine Mutter will, dass ich heute pünktlich von der Schule komme, damit wir gemeinsam Mittagessen können, was wir sonst nie tun. Allerdings, wenn ich meine neu gewonnene Freiheit nicht gleich wieder verspielen will, sollte ich mich zumindest noch in den nächsten Tagen an die Regeln der Erwachsenen halten. Dazu gehören dann wohl auch sinnlose Mittagessen oder absurde Gespräche mit Lehrern. Trotzdem sollte ich mein Päckchen heute noch abholen.

„Jedenfalls haben wir jetzt in der dritten Stunde einen Termin mit Frau Adler." Entsetzt schaue ich Frau Kramer an. Sie nickt ernst. Mein Zeitmanagement gerät völlig außer Kontrolle. Mal abgesehen davon, dass ich zur Post muss und in die Physiksammlung, sollte ich wirklich aufpassen, dass Max nichts merkt – und dass die Lehrer nicht auf die Idee kommen, dass ihre Theorie doch ein bisschen an der Realität vorbei ist.

„Muss das sein?" Frau Kramers Blick lässt keine Zweifel zu. Irgendwie ist das typisch Schule. Typisch Erwachsene. Jahrelang interessieren sie sich überhaupt nicht für einen und dann – von heute auf morgen – stellen sie fest, dass man sich vielleicht doch mal ein bisschen interessieren sollte und natürlich erst dann, wenn man deren Hilfe nicht nur nicht mehr braucht, sondern gar nicht mehr will.

„Der Herr Rademacher kommt dann auch dazu", erzählt sie mir. Anscheinend ist das alles schon eine abgemachte Sache.

„Und was ist mit Unterricht?", will ich wissen, nicht, weil es mich interessiert, sondern weil ich mich an diese Alternative klammere wie an einen letzten Strohhalm, auch wenn Erdkunde in Wahrheit natürlich auch keine ernstzunehmende Alternative ist. „Paul, du hast jetzt so lange gefehlt, da kommt es auf die halbe Stunde auch nicht mehr an. Außerdem, es gibt wichtigere Dinge als Unterricht.

Dein Wohlergehen zum Beispiel." Ich unterdrücke einen Würgereiz. Das fällt denen ja ganz früh ein. Wenn mein Wohlergehen wichtiger wäre als Unterricht, dann hätte man mich nicht jahrelang zur Schule gezwungen.

„Alles o.k. bei dir, Paul? Du bist so blass?", besorgt sieht Frau Kramer mich an, aber ich brauche niemanden, der sich Sorgen um mich macht. Jetzt nicht mehr. Ich zwinge meine Mundwinkel zu lächeln und straffe meine Schultern. Das Letzte, was mir jetzt fehlt, ist, dass mich jemand nach Hause schickt – oder, noch besser, zurück ins Krankenhaus. Nein, ich bin nicht zum Spaß wiedergekommen. Ich bin gekommen, um dieses Spiel durchzuziehen und es zu gewinnen. Für immer.

„Komm, Paul. Die anderen warten schon im Büro von Herrn Sibert." Was? Der auch noch? Die müssen sich ja echt Sorgen machen. Um mich, um den Ruf der Schule, keine Ahnung um was. Aber nur so zum Spaß hat der Schulleiter nie Zeit. Langsam trotte ich Frau Kramer hinterher. Max und die anderen kommen mir entgegen, doch Frau Kramer schüttelt den Kopf.

„Wir haben noch ein Gespräch mit Frau Adler." Max schaut skeptisch. „Aber ihr könnt euch dann ja in der zweiten großen Pause treffen, nicht?" Die anderen nicken. Energisch läuft Frau Kramer weiter. Fast schon entschuldigend zucke ich mit den Schultern und will ihr hinterher laufen, als sich plötzlich ein Bein zwischen meine Füße rammt. Ich stolpere, schaffe es aber in letzter Sekunde noch, mich am Ständer mit den Infoflyern für die Nachmittagsbetreuung festzuhalten. Mein Herz rast und meine Beine zittern. Max lächelt mir leise zu, bevor er geht.

„Paul, die anderen warten." Frau Kramer dreht sich um. Irritiert bleibt sie stehen.

„Wirklich alles in Ordnung, Paul?" Schnell lasse ich den Infoständer los. Meine Knie zittern trotzdem. „Alles o.k.?", wiederholt sie ihre Frage. Ihre Stimme klingt dabei mütterlich und langsam besorgt. Wären wir auf dem Weg zu Herrn Sibert und Frau Adler, wenn alles o.k. wäre? Natürlich nicht.

„Passt schon. Ich habe nur manchmal noch ein bisschen Kopfschmerzen. Es wird aber schon wieder besser", versuche ich sie zu beruhigen. Dann stehen wir vorm Büro des Schulleiters. Herr Sibert öffnet die Tür, noch bevor überhaupt irgendjemand geklopft hat.

„Hallo Paul. Komm rein", sagt er und hält mir seine Hand hin. Frau Adler und Herr Rademacher sitzen bereits am Besprechungstisch. Was für eine Nonsense-Veranstaltung. Aber egal. Lächeln und Winken. Ich denke an die Pinguine aus Madagaskar. Wenn ich ein Vogel wäre, dann wäre ich auch ein Pinguin. Ein Pinguin unter Störchen. Ein Vogel, der kein richtiger Vogel ist, weil er nicht fliegen kann. Weil er nicht normal ist. Weil er einfach nicht passt.

„Guten Morgen, Paul", begrüßt mich auch Herr Rademacher. Sein Blick ist ungewohnt ernst. Wo ist der Schulclown, den ich als Klassenlehrer hatte? Auch Frau Adler reicht mir die Hand, dann setzen wir uns. Mein Blick schweift automatisch aus dem Fenster. Die Gedanken sind frei. Frau Adler unterrichtet Chemie. Wir hatten noch nie was miteinander zu tun. Sie ist die Beratungslehrerin an unserer Schule, wie ich nun erfahre. Vielleicht wollte außer ihr niemand den Job übernehmen, vielleicht ist ihr sonst langweilig. Vielleicht hält sie sich auch deshalb geeignet für diesen Job, weil sie Chemie studiert hat. Chemiker haben ja angeblich für alles eine Lösung. Ich bin Mathematiker und deshalb grundsätzlich skeptisch. Vor allem weiß ich, dass man nicht alles lösen kann. Es gibt Probleme, bei denen man beweisen kann, dass sie nicht lösbar sind. Frau Adler mustert mich. Vermutlich sind wir nicht hier, um uns über die Unterschiede der naturwissenschaftlichen Grundpfeiler zu unterhalten.

„Also, Paul. Schön, dich kennenzulernen. Auch wenn der Anlass natürlich kein besonders erfreulicher ist." Frau Adler lächelt mich an. Ich bemühe mich, ihr Lächeln zu erwidern, ohne dabei schon wieder aus dem Fenster zu starren. „Ich habe gestern ausführlich mit Herrn Dr. Timmendorf telefoniert. Er hat mir berichtet, wie gerne du zur Schule gehst und wie gut du in deine Klasse integriert bist." Donald Trump hätte seine Freude an diesen Fake News. „Allerdings hat er mir auch erzählt, dass du dich noch immer nicht genau an die Tat erinnern kannst. Und dass du nach wie vor schwere Panikattacken hast?" Haben Ärzte nicht Schweigepflicht? Gleichgültig zucke ich mit den Schultern.

„Also erst mal, Paul", beginnt Herr Sibert, „wir verstehen alle, dass es dir nicht leichtfällt, darüber zu sprechen. Aber du musst darüber sprechen. Eigentlich hättest du das schon viel früher tun sollen." Für einen kurzen Augenblick vergesse ich zu atmen. Ist das jetzt wirklich sein Ernst? Wer hat denn im Februar, als ich so verzweifelt war, dass ich die Schule wechseln wollte, obwohl jedem Vollhorst klar ist, dass es lebensmüde ist, während der Pubertät eine Klasse zu wechseln, wer hat da zu mir gesagt, dass das alles nur pubertäre Spielchen sind? Mann, ich war doch im Februar hier in seinem blöden Büro. Mit Prellungen an den Rippen und einer aufgeplatzten Lippe. Und schon da hatte ich ihm erzählt, dass sich das für mich überhaupt nicht mehr nach pubertärem Blödsinn anfühlt und dass ich der Meinung bin, dass auch die Pubertät das Verhalten meiner Mitschüler nicht entschuldigt. Wer verdammt hatte mich einfach nicht ernstgenommen?

„Du weißt doch, dass du jederzeit hättest zu mir kommen können", sagt jetzt Herr Rademacher, der mir, jederzeit, wenn ich auf ihn zukam, sagte, dass ich das alles nicht so ernstnehmen solle, so wären die anderen halt. Mein Blick wandert wieder aus dem Fenster, während sich meine Fäuste in den Hosentaschen ballen. Echt, wie ich diese Heuchler hasse!

„Wir hätten dir helfen können", sagt Frau Kramer jetzt und streicht mir über die Schulter. Sehe ich so aus, als würde ich jetzt noch Hilfe brauchen? Sie wollten mir nicht helfen. Nie. Und jetzt brauche ich ihre Hilfe nicht mehr. Jetzt werde ich mir selbst helfen. Jeder ist sich selbst der Nächste. Ich bin der einzige Mensch, auf den ich mich jetzt noch verlassen kann.

„Wie ist das denn eigentlich genau passiert?", fragt Herr Sibert nun. Schulterzucken. „Hat die Kriminalpolizei eigentlich schon was herausgefunden?" Frau Adler schüttelt mit dem Kopf. Erleichtert atme ich auf. Herr Sibert seufzt schwer. Dann nickt er Frau Adler auffordernd zu.

„Hör zu, Paul. Dass du eine retrograde Amnesie hast, ist neurologisch und psychologisch ziemlich plausibel. Allerdings ist es absolut irrsinnig zu behaupten, dass du nicht wüsstest, wer dir das alles angetan hat." Frau Adler sieht mich fast schon vorwurfsvoll an, man könnte meinen, ich wäre selbst Schuld an der ganzen Geschichte.

„Wer mir was angetan hat?", frage ich.

„Paul. Herr Timmendorf hat mit dir doch auch schon darüber gesprochen. Als sie dich in der Notaufnahme versorgt haben, warst du mit blauen Flecken und Prellungen geradezu übersät. Die Ärzte konnten medizinisch nachweisen, dass einige davon schon mehrere Tage, wenn nicht sogar Wochen alt sind." Frau Adler schaut mich an. Schweigt. Dann ergreift Herr Rademacher das Wort:

„Paul, wenn man sich deine Verletzungen anschaut, dann müssen dich irgendwelche Schüler schon seit Wochen regelmäßig verprügeln. Und du kannst uns nicht erzählen, dass du nicht weißt, wer das ist."

„Es ist kein Petzen, wenn man diejenigen verrät, die einem so grausame Dinge antun. Mensch, die hätten dich fast umgebracht." Frau Kramer wirkt richtig schockiert.

„Es ist sowieso die Frage, ob wir Pauls Sicherheit an dieser Schule überhaupt noch gewährleisten können." Herr Sibert schüttelt resigniert den Kopf. „Wirklich. Dass es schon so weit gekommen ist, an dieser Schule." Wenn Herr Sibert wüsste, zu was es noch kommen wird, an dieser Schule, wenn Herr Sibert das wüsste … Wobei, vermutlich würde er auch dann nichts machen. *How many roads can a man turn his head, pretending he just does'nt see?* Es wäre ja wirklich nicht schwer gewesen, rechtzeitig was zu merken. Rechtzeitig zu merken, dass an dieser Schule oder zumindest in meiner Klasse einige Dinge schieflaufen. Für einen kurzen Moment hängt jeder seinen Gedanken nach, dann meint Frau Adler:

„Also. Jammern und Trübsal blasen hilft uns jetzt gar nichts. Wir müssen handeln. Dazu habe ich, in Rücksprache mit Doktor Timmendorf, folgenden Plan erarbeitet. Ich denke, es wäre gut, wenn wir Pauls Klasse mit einbeziehen. Ein positives und gut funktionierendes soziales Gefüge wirkt sich in solchen Situationen immer förderlich aus. Wenn Paul, zumindest in nächster Zeit, immer mit Schülern aus seiner Klasse unterwegs ist, senkt das auch die Wahrscheinlichkeit dafür, dass er erneut angegriffen wird. Diese Maßnahmen können also präventiv dafür sorgen, dass Paul nicht noch einmal verletzt wird. Allerdings sind damit natürlich nicht alle Probleme vom Tisch." Ich verkneife mir den Kommentar, dass damit überhaupt kein Problem vom Tisch ist, sondern höchstens noch einige Probleme dazukommen. Das ist jetzt auch nicht mehr so wild. „Wichtig ist es auch", fährt Frau Adler fort, „dass wir das Geschehene aufarbeiten. Lückenlos. Also zum einen im Interesse der Polizei als auch im Interesse der Schulgemeinschaft. Wir können solche Ausschreitungen an unserer Schule nicht dulden. Und natürlich ist es auch für Paul wichtig, das Ganze zu verarbeiten. Nicht, dass er noch eine Posttraumatische Belastungsstörung entwickelt." *Mein ganzes Leben ist eine traumatische Belastungsstörung,* denke ich und sehe, wie die Lehrer zustimmend nicken. Ich hoffe, dass die Mühlen so langsam mahlen, dass Frau Adler ihre Maßnahmen nicht mehr umgesetzt bekommt. Für diesen Psychoquatsch fehlt mir jetzt nämlich wirklich die Energie und die Zeit.

„Im Moment wäre mein Vorschlag folgender: Wir sprechen morgen nochmals mit der Klasse, damit alle Bescheid wissen und in der nächsten Zeit ein bisschen auf Paul aufpassen. Mit Max habe ich gestern schon gesprochen. Er hat mir erzählt, wie gut ihr befreundet seid. Außerdem hat er sich bereiterklärt, dir zumindest in den nächsten Wochen nicht von der Seite zu weichen, damit den Tätern deutlich wird, dass sie dir nicht nochmal zu nahe kommen sollten. Und für den Fall, dass doch noch mal was passiert, wäre Max zumindest in der Lage, rechtzeitig Hilfe zu holen." Beifallheischend schaut sie in den Raum. Die Lehrer nicken zustimmend. Allein bei dem Gedanken, Max jetzt als Rundumaufpasser an der Backe zu haben, wird mir schon schlecht. „Und es ist wichtig, Paul, dass du mit uns zusammenarbeitest. Du musst uns sagen, was du weißt. Wer das war. Sonst können wir dir nicht helfen. Ohne die Namen der Täter zu kennen, können wir nichts machen." Die Lehrer im Raum nicken einträchtig. Fast wie Wackeldackel auf dem Armaturenbrett. Was für eine peinliche Veranstaltung, wirklich. Und absolut sinnbefreit. Trotzdem bin ich ganz ruhig. Es kann sich nur noch um Tage handeln, dann ist es endlich vorbei. Der Name des Täters wird auf allen Titelseiten stehen. Mein Name. Paul ist tot. **Das Leben hat ihn getötet.**

„Ich würde vorschlagen, dass wir alle weiterhin in engem Austausch bleiben. Und Paul, wenn du dich hier wieder etwas eingelebt hast, dann können wir uns ja nochmal unterhalten." Frau Adler sieht mich an. Wie gut, dass ich mich hier nicht wieder einleben werde.

„Möchtest du noch etwas sagen?", fragt Herr Sibert und schielt zum Aktenstapel auf seinem Schreibtisch. Ich schüttle den Kopf. Wenn ich in der Schule etwas gelernt habe, dann, dass man um jeden Preis die Klappe halten sollte. Egal was man sagt, sie verstehen einen eh falsch. Der Pfarrer hat im Kindergottesdienst immer vor dem Beten gesagt *Hände falten – Mund halten*. Ich werde meinen Mund halten. Und die Hände falten meinetwegen auch. Nur kurz vorher werde ich einen kleinen Hebel auf Start drücken. Der Schulleiter schüttelt mir erneut die Hand.

„Nein, also wirklich. Schlimm. Dass es sowas gibt. An unserer Schule." Kopfschüttelnd sieht er mich an. Leise lächle ich ihm zu. Du weißt gar nicht, was es alles noch geben wird. Dann verlasse ich endlich das Büro, das in drei Tagen nicht mehr da sein wird. Hilf dir selbst, dann hilft dir Gott. Es kann so einfach sein, Probleme zu lösen. Mathematik macht glücklich. *Quod erat demonstrandum.*

17. KAPITEL

Du kannst nicht immer alleine gewinnen. Alleine verlieren schon.

Vor dem Büro des Schulleiters haut mir Herr Rademacher aufmunternd auf die Schultern.

„Du schaffst das, Paul. Wir schaffen das. Wirst schon sehen, so groß wie die Probleme scheinen, sind sie meistens gar nicht." Optimistisch sieht er mich an. Ich versuche, so auszusehen, wie der alte Paul aussehen würde und bemühe mich um ein Lächeln. *Es gibt Probleme, die noch größer sind, als sie scheinen,* denke ich grimmig, aber ich mache mir keine Sorgen mehr. Meine Lösung ist groß genug, um alle Probleme im Umkreis von 120 Metern zu lösen. Schnell und für immer.

„Gemeinsam kriegen wir das hin", meint jetzt auch Frau Kramer. Wann haben wir das letzte Mal irgendetwas zusammen hingekriegt? Habe ich überhaupt schon mal irgendetwas mit anderen hingekriegt, mit anderen machen können, also konstruktiv? Mein Kopf bleibt leer. Eigentlich fallen mir da nur Pferdeschwanz und Löwenshirt ein. Den Rest der Zeit war ich vermutlich das ‚einsam' von ‚gemeinsam', Max und die anderen waren das ‚gemein'. Summa sumarum könnte man da schon ein gemeinsam draus machen, aber keines, das wirklich positiv ist. Irgendwie hatte ich schon immer Probleme beim Integrieren. Also nicht in Mathe, da kann ich sogar mehrdimensionale Kurvenintegrale berechnen und das sogar beim Kochen oder unter der Dusche. Integrationsprobleme hatte ich immer nur, wenn irgendetwas mit Menschen zu tun hatte, dabei habe ich wirklich alles versucht, um besser klarzukommen. Ich habe versucht, ihnen zuzuhören und sie zu verstehen, ich habe versucht, mich cooler anzuziehen und wochenlang irgendwelche Teeny-Zeitschriften gelesen, um zu verstehen, wie sich normale Jugendliche verhalten. Am Ende habe ich mir sogar

Bundesligaspiele angeschaut, aber das hat auch nichts geholfen. Egal was es war, ich habe einfach nicht dazugehört. Vielleicht ist es wie mit Mathe. Man kann sich nicht selbst integrieren. Keine Funktion kann das. Man muss integriert werden, von außen. Hoffentlich geht dieses Gelaber nicht mehr so lange. Ungeduldig schaue ich an Frau Kramer vorbei auf die Uhr. Mein Spiel muss fertig werden. Außerdem muss ich noch das Päckchen bei der Post abholen.

„Wir haben wirklich Glück, dass du in deine Klasse so toll integriert bist", meint Frau Adler. Ich frage mich schon, wie solche Leute Beratungslehrerin werden können. Ich bin ja allein schon deshalb nicht integrierbar, weil ich gar nicht im Definitionsbereich eines normalen, durchschnittlichen Jugendlichen liege. Irgendwie falle ich einfach raus. Wie durch eine Definitionslücke.

„Dann bis später Paul. Und Kopf hoch", sagt Herr Rademacher und verschwindet ins Lehrerzimmer. Jetzt stehe ich zwischen Frau Kramer und Frau Adler. Anscheinend haben beide gerade einen totalen Kümmer-Flash. Dabei brauche ich keinen mehr, der sich um mich kümmert. Ich mache das, was ich schon die ganze Zeit hätte machen sollen, ich kläre meine Probleme selbst. Wie bei Gruppenarbeiten. Ich weiß nicht, ob es eine pädagogisch fragwürdigere Foltermethode gibt. Wenn Schule schon im Normalzustand der Horror war, dann war jede Gruppenarbeit Horror deluxe, denn jede Gruppenarbeit hat sowohl mir als auch der Gruppe gezeigt, dass wir keine Gruppe sind und vermutlich nie eine sein werden. Bei jeder Gruppenarbeit haben sich die anderen erst mal untereinander über das Thema gestritten, dann untereinander über ein anderes Thema wie die Bundesliga oder Justin Bieber und dann, kurz vor Schluss, haben sie festgestellt, dass wir ja noch gar nichts haben, was wir den anderen Gruppen präsentieren können. Also habe ich dann alleine in den letzten fünf Minuten das Thema samt Kurzpräsentation bearbeitet, was meistens kein Problem war, da ich mich mit den ganzen Kindergartenthemen sowieso schon längst auseinandergesetzt hatte. Dann habe ich den anderen gesagt, was sie sagen sollen, und wir haben alle eine Eins bekommen. Theoretisch hätte das von den Lehrern schon mal jemand kapieren können. Anders als im Sportunterricht rissen sich meine Mitschüler sogar manchmal darum, mit mir in einer

Gruppe zu sein. Vor ein paar Wochen mussten wir in Biologie eine Gruppenarbeit zum Thema DNA machen, und Sven und Max riefen sofort durch die Klasse „Wir nehmen Paul!", als wäre ich ein Gegenstand, den man sich einfach so nehmen kann, wie Klopapier zum Beispiel. Allerdings hatte ich an dem Tag Kopfschmerzen und sogar Fieber, weshalb wir in der Präsentation dann nur eine Eins minus bekommen haben, was Max in der Pause danach zum Anlass genommen hat, mir noch mal eine reinzuhauen. Aber vermutlich hätte er das eh getan.

„Wieso hast du denn nicht früher was gesagt? Du kannst doch mit uns wirklich über alles reden." Frau Kramer reißt mich aus meinen Gedanken. Sie wirkt tatsächlich irgendwie enttäuscht. Ich schweige an ihr vorbei. Wenn ich der Meinung gewesen wäre, dass ich mit meinen Lehrern hätte über alles reden können, dann hätte ich das ja getan. Hatte ich aber nicht. Außerdem kann sich Frau Kramer da wirklich nicht beklagen. Auch ihr hatte ich mal erzählt, dass ich Probleme mit meinen Mitschülern habe, auch sie hat gesehen, dass es in meinen Schulaufsätzen nie ein Happy End gibt. Auch sie muss gesehen haben, dass ich im Unterricht fast die ganze Zeit mehr oder weniger apathisch aus dem Fenster starre. Vor allem aber hat auch sie, auf meine Frage, was ich tun soll, geantwortet, dass das in der zehnten Klasse schon alles besser werden würde, wenn dann die Pubertät sich nicht mehr so stark auswirken würde und so. Und als ich mal vorsichtig gemeint habe, dass ich mich in ihrem Unterricht manchmal unterfordert fühle, hat sie lediglich den Kopf geschüttelt und mich „Motzknochen" genannt.

„Wir sehen uns morgen in Deutsch", sagt Frau Kramer dann und verschwindet in die Lehrerbibliothek. Frau Adler kommt näher. Ihre Augen leuchten, als hätte sie die ganze Zeit darauf gewartet, dass sie endlich mit mir alleine sein kann.

„Paul, ich kann verstehen, wenn es dir schwerfällt, darüber zu sprechen. Aber das muss dir nicht peinlich sein. Jeder von uns könnte Opfer von Gewalt werden", sagt Frau Adler und mustert mich intensiv. Nachdenklich nicke ich. Jeder von euch wird Opfer von Gewalt werden. Damit ihr wisst, wie sich das anfühlt. Der Gedanke tröstet mich irgendwie. Trotzdem hoffe ich, dass das hier nicht mehr so lange dauert. „Es ist wirklich wichtig, dass du uns sagst, wer dir das angetan hat. An die Leute, die dich die ganzen letzten Wochen geschlagen haben, wirst du dich ja noch erinnern können, oder? Und die Wahrscheinlichkeit ist ja schon sehr groß, dass diese Leute auch das im Physikraum getan haben." Von Wahrscheinlichkeit lasse ich mir nichts erzählen. Manchmal ist es fast egal, wie groß die Wahrscheinlichkeiten sind, Hauptsache, sie sind größer als Null. Ich meine, wie groß ist die Wahrscheinlichkeit, dass ein Schüler auf die Idee kommt, die Schule in die Luft zu sprengen? Nicht so besonders groß. Mit gerunzelter Stirn überlege ich, ob überhaupt schon mal ein Schüler in Deutschland eine Schule vollständig gesprengt hat. Frau Adler deutet das in ihrem Übereifer falsch.

„Und, weißt du, wie sie heißen? Oder kannst du sie beschreiben?" Mir fällt kein Fall ein, in dem eine Schule von einem Schüler gesprengt wurde. Ich schüttle den Kopf. Kann sie mich nicht einfach in Ruhe lassen.

„Müssen wir da jetzt drüber reden?", frage ich. Mit Angst. Mit Scham. Mit Abstreiten. Irgendwie ist es fast schon absurd, wie ich versuche, mich als ein Mobbingopfer zu inszenieren, das ich eigentlich nicht bin, aber uneigentlich ja doch. Immerhin scheint sie mir die Rolle des unsicheren Jugendlichen abzukaufen.

„Ich kann verstehen, dass das anstrengend für dich ist. Aber ich versichere dir, reden hilft." Ermutigend lächelt sie mich an. „Und du musst keine Angst haben, dass die Täter sich an dir rächen, wenn du mit uns sprichst, auch wenn sie dich vermutlich deswegen bedroht haben. Wir können so schnell reagieren, das kriegen die gar nicht mit." Etwas skeptisch schaue ich sie an. „Du kannst uns wirklich vertrauen. Wir haben Erfahrung mit Mobbing." Das wage ich allerdings zu bezweifeln. Der mit Mobbing-Erfahrung bin ja wohl eindeutig ich. Vor allem hat mich die ganze Geschichte gelehrt, dass Erfahrungen völlig für'n Arsch sind, wenn man keine Konsequenzen daraus zieht und einfach weiter macht – wie bisher.

Die reinste Form des Wahnsinns ist es, alles beim Alten zu belassen und gleichzeitig zu hoffen, dass sich etwas ändert. Das hat Einstein gesagt, angeblich. Jedenfalls habe ich meine Konsequenzen gezogen. Ich werde diese Welt verändern. Zumindest mal diese Schule. Und das absolut irreversibel. Noch immer sieht Frau Adler mich abwartend an.

„Komm doch noch kurz mit in mein Besprechungszimmer?" Die Beratungslehrerin an unserer Schule hat ein Besprechungszimmer? Dafür habe ich jetzt wirklich keine Zeit. Die Post ruft. Meine Erfahrung hat gezeigt, dass es ein ganz einfaches Mittel gibt, um sich Zeit zu verschaffen. Langsam lasse ich meinen Finger über der Schläfe kreisen und lehne mich an die Wand im Flur. „Alles in Ordnung bei dir?" Besorgt legt mir Frau Adler eine Hand auf den Rücken.

„Passt schon", sage ich schnell. „Es ist nur so, dass halt … keine Ahnung. Das strengt mich alles noch ziemlich an", versuche ich ihr zu erklären. Es ist nicht mal gelogen, nur dass Anstrengung mich noch nie von irgendetwas abgehalten hat, aber das muss ich ihr nicht erzählen.

„Ist bei dir jemand zu Hause, der dich abholen kann?", fragt Frau Adler. Meine Mutter ist da, aber ich will ja gar nicht abgeholt werden.

„Das passt schon. Wird auch sicher bald wieder besser", versichere ich ihr. Wenn meine Mutter mich jetzt abholt, komme ich heute ja gar nicht mehr zur Post. „Kann ich nicht einfach kurz ein paar Minuten an die frische Luft und dann zurück in den Unterricht? Ich habe die ganzen letzten Wochen schon so viel verpasst. Und es gibt ja auch bald Zeugnisse." Frau Adler sieht mich skeptisch an. „Bitte", füge ich hinzu und versuche, etwas fitter auszusehen.

„Hm", sagt sie, „das kann ich verstehen. Erleichtert atme ich auf und schlurfe Richtung Treppenhaus. „Paul?" Ich drehe mich um. „Kommst du morgen trotzdem in mein Beratungszimmer? Sagen wir, vierte Stunde?" Ich nicke. Hauptsache, ich kann jetzt endlich gehen. Im Fenster sehe ich, wie sie mir hinterher winkt. Dann gehe ich die Treppe runter auf den Schulhof.

Der Schulhof ist eigentlich total hässlich. Trotzdem ist es irgendwie schön, ihn für sich alleine zu haben. Nur für den Fall, dass es außer mir auch andere Leute gibt, die im Unterricht ständig aus dem Fenster starren, reibe ich mir in unregelmäßigen Abständen die Schläfen. Als ich mir sicher bin, dass mich keiner beobachtet, husche ich durch den ‚Wald', der eigentlich nur aus acht

Bäumen besteht, und verlasse das Schulgelände. Endlich bin ich außer Sichtweite. Endlich bin ich frei. In solchen Momenten ist es gut, dass ich schon so groß für mein Alter bin. Obwohl ich erst im Herbst fünfzehn werde, hält man mich jetzt schon für einen Erwachsenen. Niemandem fällt auf, dass ich eigentlich in der Schule sein müsste. Über das Pflaster an der Stirn und am Hinterkopf habe ich eine Base-Cap gezogen und hoffe, dass es einigermaßen lässig aussieht, auch wenn ich mich gerade alles andere als lässig fühle. Mein Herz schlägt wie wild gegen meine einigermaßen gut verheilte Rippe. Schweiß sammelt sich auf meiner Stirn und ich denke nicht, dass das was mit den sommerlichen Temperaturen zu tun hat. Zum Glück finden meine Füße den Weg zur Post automatisch, der Rest von mir läuft einfach hinterher. Hoffentlich bekomme ich das Paket einfach so ausgehändigt. Hoffentlich gab es keine Probleme beim Zoll. Das Postamt ist gleich um die Ecke. Ich gehe zu den Schließfächern, versuche ruhig zu wirken. Der Schlüssel klebt in meiner schwitzigen Hand. Was, wenn kein Paket im Fach ist? Vorsichtig greife ich mit der linken Hand ins Schließfach, dann halten meine Hände das kleine Päckchen in der Hand. Der AirMail-Aufkleber leuchtet blau und rot. Dieses Päckchen ist meine persönliche Freiheitsstatue. Glücklich wiege ich das Päckchen in meinen Händen. Es fühlt sich großartig an.

Ich gehe wieder zurück in die Schule, allerdings nicht wegen Erdkunde, wo wir vermutlich schon wieder einen Film über die Rheinbegradigung schauen oder über den Passatwind. Ich will in die Physiksammlung. Bin mal gespannt, wieviel von meinem Spielplan noch steht. Sanft scheint mir die Sonne auf den Rücken, Vögel zwitschern in den Zweigen. *Morning has broken.* Fast muss ich aufpassen, dass ich nicht fröhlich vor mich hin pfeife.

Kurz vor Beginn der zweiten großen Pause betreten meine Füße wieder das Schulgelände. Jetzt lohnt es sich auch nicht mehr, in die Erdkundestunde zu gehen, wo sie im besten Fall noch den Abspann schauen. Allerdings lohnt es sich noch viel weniger, hier mitten auf dem Schulhof stehen zu bleiben und darauf zu warten, dass Max und die anderen auf mich ‚aufpassen‘. Was für eine Schwachsinnsidee. Noch immer habe ich keine Ahnung, ob ich einen Abschiedsbrief schreiben soll. Also nicht, dass ich das Bedürfnis hätte, mich zu verabschieden. Aber wenn ich schon die Schule in die Luft sprenge, dann will ich auch, dass man versteht, warum. Noch zwei Minuten bis zum Gong. Unbemerkt schleiche ich mich auf die Damentoilette im Keller, setze mich auf den Klodeckel und warte darauf, dass die Pause anfängt und wieder aufhört. Halb aus Interesse, halb aus Langeweile lese ich die Schmierereien an der Klotür. Entweder, es haben sich hier außer mir auch andere Jungs reingeschlichen, oder Mädchen kennen auch sehr dreckige Witze. Wobei ich die meisten davon zum Glück nicht verstehe. Es gongt. Bis hier unten hin hört man den Lärm, die schreienden, spielenden, tobenden und anscheinend glücklichen Schüler. Bis heute frage ich mich, wie es den anderen gelingt, die Pausen toll zu finden. Ganz am Anfang fand ich die Pausen doof, weil ich lieber Unterricht gehabt hätte. Pausen sind doof, wenn keiner mit einem spielt. Irgendwann fand ich den Unterricht dann auch langweilig. Allerdings hatten die Pausen den Vorteil, dass man nicht tatenlos herumsitzen musste. Meistens habe ich mich mit einem Physikbuch unter die Treppe gestellt oder in den Pseudowald auf dem Schulhof und gelesen. Bis auf gelegentliche Hänseleien ging das sogar einigermaßen gut. Teilweise kam es mir sogar so vor, als würde ich mit der Umgebung verschmelzen und auf irgendeine Art und Weise so was wie unsichtbar werden. Am Anfang kamen noch Lehrer auf mich zu, fragten mich, was ich las oder warum ich nicht mit den anderen Jungs Fußball spielte. Irgendwann hörten sie auf zu fragen, irgendwann hörten sie auf, mich anzuschauen, irgendwann war es, als hörte ich auf zu existieren. Ich war einfach nicht mehr da, wurde selbst zu einem Baum oder zu einer von den Kisten, die unter der Treppe standen. Und das war okay. Leben und leben lassen. Zumindest meistens. Zumindest erträglicher als der Unterricht, den ich damals schon sterbenslangweilig fand. Das Leben ist zu kurz, um die Zeit damit totzuschlagen, dass man Dinge tut, die man schon kann, schon seit Jahren. Und dann kam Max in meine Klasse. Ich weiß nicht, ob Max zu den Leuten gehört, die Antennen für sowas haben oder ob ich tatsächlich auffällig anders bin. Vielleicht war es ja auch nur Zufall. Jedenfalls hat Max mich gefunden. Schon in der ersten großen Pause. Und er hat mich nie wieder aus den Augen verloren. So gesehen macht er seinen Aufpasserjob prächtig. Mein Blick wandert die Klotür herunter. Stellenweise fängt die Farbe schon an abzublättern. Dann sehe ich die Katze, zwischen ‚Fieckt euch doch ale!' und ‚Anna liebt Anton'. Eigentlich ist es nur ein ziemlich hässliches Wesen mit Kopf, Beinen und Schwanz, aber es muss eine Katze sein, alles andere macht keinen Sinn, denn diese Katze steckt in einer Kiste beziehungsweise einem krummen Viereck, das ich als Kiste interpretiere. Darunter steht: ‚Halb tot oder halb lebendig?' Es kann sich nur um die Schrödingerkatze handeln. Wenn es sie gäbe, also wenn die Katze nicht nur in den Gedanken von Herrn Schrödinger existieren würde, dann vermute ich mal, wäre es der Katze völlig egal, ob sie per Definition halbtot oder halblebendig ist. Vermutlich ist es für eine Katze, einen grundsätzlichen Lebenswillen vorausgesetzt, einfach nur schrecklich, in einer Kiste eingesperrt zu sein. Ganz egal, ob neben ihr ein radioaktives Isotop liegt, dass sie unter Umständen töten wird. Vielleicht bin ich auch so eine Katze. Nur, dass ich mich für eine der beiden Möglichkeiten entschieden habe. Ich werde nicht warten, bis das Atom zerfällt und mich irgendwann mehr oder weniger zufällig tötet. Das ist der Unterschied zwischen mir und ihr. Ich werde mich selbst darum kümmern, dass diese Kiste in die Luft fliegt und alles andere mit ihr. Mein Blick wandert weiter nach unten. ‚Schuhle ist nur was für Strehber'. Ich bin kein Streber, auch wenn die anderen das immer sagen. Ich kann nichts dafür, dass ich so schnell denke, dass ich gerne lerne und Zahlen liebe. Das war schon immer so und ich kann es einfach nicht ändern. Kein Mensch ist absichtlich so schlau. Nicht in einer Gesellschaft, in der man mit Mathefünfen angeben kann und für eine gute Note bestenfalls komisch angeschaut wird. Nicht in einer Gesellschaft, in der zweimaliges Sitzenbleiben einem mehr Sympathien einbringt, als wenn man einmal überspringt. Nicht in einer Gesellschaft, in der es fast schon normal ist, dass auch Vierundzwanzigjährige noch zur Berufsschule gehen, es aber gesetzlich verboten ist, dass man mit vierzehn schon studiert. Es wäre doof, wenn man das alles freiwillig wäre. Oder am besten noch lernen würde, um so schlau zu sein. Und ich war noch so doof gewesen und hatte gehofft, dass es auf dem Gymnasium besser wäre als in der Grundschule. Ich erinnere mich noch an den ersten Schultag an dieser Schule. Gerade hatte ich einen neuen Schulranzen bekommen und ein neues Hemd, ich fühlte mich so cool, so groß, so stark. Und ich lag so daneben mit meiner Hoffnung, dass ich hier endlich was lernen würde, dass sich die Lehrer hier endlich mal freuen würden, dass sie mit einem Schüler in der Klasse über Kant und Voltaire sprechen konnten. Ich hatte gehofft, endlich andere Kinder kennenzulernen, die so waren wie ich, und ich hatte gehofft, dass ich endlich Antworten finden würde auf meine vielen, vielen Fragen. Mann, ich bin echt naiv gewesen. Auf jeden Fall war das Gymnasium noch viel schlimmer und langweiliger als die ganze Zeit davor. Und dass Max dann in meine Klasse kam, hat die Sache natürlich nicht besser gemacht.

Es gongt erneut. Der Lärm, der durch den Lüftungsschacht in die Toilette dringt, ebbt ab. Gerade, als ich die Kabine verlassen will, höre ich, wie die Toilettentür quietscht. Schritte. Schnell ziehe ich meine Beine hoch, damit keiner sehen kann, dass ich da bin, wobei das idiotisch ist, weil ja jeder an dem roten Streifen unter der Klinke sehen kann, dass dieses Klo besetzt ist. Mein Herz schlägt schneller. Die Narbe an meinem Schädel beginnt zu pochen wie verrückt. Haben Max und die anderen mich gefunden? Ich habe keine Zeit, um verprügelt zu werden. Scheiße, Scheiße, Scheiße. Im Kopf gehe ich die Siebzehnerreihe durch, verrechne mich aber schon bei siebzehn mal sechs. Ganz ruhig. Ganz ruhig. Ich versuche eine der Übungen von Dr. Timmendorf zu machen, aber natürlich funktioniert sie nicht. Die Schritte bleiben stehen, dann höre ich das Plätschern des Wasserhahns. Was haben die vor? Wollen die mich etwa ertränken? Mal abgesehen davon, dass ich erst sterben will, wenn mein Spiel fertig ist, stelle ich es mir sehr grausam vor, mit dem Kopf in einem Waschbecken zu ertrinken. Allerdings, den Kopf ins Klo gehalten zu kriegen, ist auch nicht viel besser. Ich weiß, wovon ich rede. Dann hört das Plätschern auf. Haben wir überhaupt Stöpsel, um den Abfluss zu verschließen? Andererseits, Klopapier hat ja auch schon die ein oder andere Verstopfung ausgelöst. Mein Herzschlag dröhnt in meinen Ohren, da war das Pausengekreische Vogelzwitschern dagegen. Gleich werden sie mich finden und holen. Im Kinderschwimmkurs haben wir immer ‚Wer hat Angst vorm schwarzen Mann?‘ gespielt, aber das hier ist kein Spiel. Das ist mein Leben. Noch. Irgendjemand putzt sich lautstark die Nase, dann höre ich, wie die Kabinentür neben mir quietscht. Ich versuche, so leise zu sein, wie ich kann. Die Kabinentür neben mir wird abgeschlossen. Stille. Keine bösen Kommentare. Keine Pinkelgeräusche. Absolute Stille. Das einzige, was ich hören kann, ist ein bemüht leises Atmen. Was wollen die? Was haben die mit mir vor? In der Kabine neben mir ist es immer noch total still. Ich halte das nicht aus. Langsam zähle ich bis zehn, als dann immer noch nichts passiert ist, verlasse ich die Kabine so schnell und so leise, wie ich kann. Fast schon rechne ich damit, ein Bein gestellt zu bekommen, als ich aus der Toilettentür trete, aber nichts passiert. Ohne nach rechts oder links zu schauen, renne ich durch die menschenleeren Flure zur Physiksammlung.

Kaum habe ich die Tür zur Sammlung hinter mir geschlossen, wird mir schwindelig. Mit dem Rücken rutsche ich an der Wand herunter und bleibe atemlos auf dem Boden sitzen. In Topform bin ich anscheinend noch lange nicht. Nach ein paar Minuten hört der Raum vor meinen Augen auf sich zu drehen. Keine Ahnung, wer das war, aber hier wurde sichtbar aufgeräumt. Selbst die Staubecke ist nicht mehr staubig. Ob das jemand von den Physiklehrern war? Dabei hätte ich wirklich zu gerne gewusst, wie es hier aussah. Ich weiß zwar ungefähr, was passiert ist, bevor in meinem Gehirn der Strom ausgefallen ist, aber ich weiß nicht, warum. Für Naturwissenschaftler ist ‚Warum‘ aber die allerwichtigste Frage überhaupt. Irgendwie muss ich ja auch verhindern, dass mir das nochmal passiert. Wenn das Spiel am Freitag beginnt, dann muss es fehlerfrei klappen. Nicht nur einigermaßen, es muss perfekt laufen. Vor allem aber sollte ich davor nicht noch mal im Krankenhaus landen. Das hat mich zeitlich echt ziemlich zurückgeworfen. Aber noch ist es nicht unmöglich. Nichts ist unmöglich. Als der Schwindel endlich nachlässt, stehe ich langsam wieder auf und schließe die Tür hinter mir ab. Sicherheitshalber stelle ich noch einen Stuhl unter die Klinke. Ich brauche jetzt wirklich meine Ruhe. Nochmal suche ich mir alles zusammen, was ich für mein Spiel brauche. An einigen Details habe ich schon im Krankenhaus weitergearbeitet, zumindest im Kopf. Meine Finger wissen, was sie tun müssen, wissen, welches Kabel an welchen Draht gehört und welcher Kondensator sich mit der Spule verbinden muss. Nach und nach werde ich wieder ruhig. Es ist wie beim Kochen. Ich habe ein Rezept und alle erforderlichen Zutaten. Jetzt kommt es nur noch auf die richtige Zubereitung an. Vorsichtig stecke ich einen Kippschalter in den Stromkreis. Das kleine Lämpchen leuchtet grün. Perfekt. Feierlich öffne ich das Paket. Die Metallbox hat den Flug unbeschadet überstanden. Fast bin ich im Flow. Die anderen haben jetzt Religion und hören sich Geschichten an, über Gott und die Welt. Zumindest, wenn sie nicht schlafen. Vielleicht ist schon das ein Beweis dafür, dass Gott nicht existiert. Denn wenn es Gott geben würde, wieso lässt er dann zu, dass der Unterricht in seinem Fach der mit Abstand langweiligste Unterricht überhaupt ist? Kopfschüttelnd konzentriere ich mich wieder auf die Kabel vor mir. Das Ganze fängt an, mir Spaß zu machen. Fast schon schade, dass ich nicht viel von der Explosion mitkriegen werde, weil alle Leute im Umkreis von zehn Metern schon nach Sekundenbruchteilen getötet werden. Immerhin kann ich mir vorstellen, wie das wird. Ich freue mich. Es ist ein bisschen wie Legospielen, nur, dass das Gebilde hinterher mehr kann, als die bunten Plastiksteinchen. Apropos bunt. Vielleicht sollte ich doch noch mit Farben arbeiten, einfach so zum Spaß, wenn ich noch Zeit habe. Nicht mal mehr zweiundsiebzig Stunden, dann ist das alles hier vorbei. Auch wenn man sagt, dass man das Spiel, das manche Leben nennen, nicht alleine gewinnen kann, ich kann das schon. Ich bin ein *Doppelkopf*, vielleicht habe ich einfach ein bisschen zu viel Gehirn für eine Person. Vielleicht brauche ich deshalb keine Hilfe, vielleicht arbeite ich deshalb gerne allein. Normalerweise spielt man *Doppelkopf* immer zwei gegen zwei. Aber ich bin nicht normal. Ich habe eine heimliche Hochzeit. Lächelnd wickle ich den dickeren Draht um die Spule. In nicht mal mehr drei Tagen spiele ich *Einer gegen Alle*. Sie werden keine Chance haben. So oft habe ich gegen sie verloren. Jetzt nicht mehr. Auch das zweite Lämpchen blinkt grün. Langsam fange ich an, Max zu verstehen. Andere zu zerstören macht schon irgendwie Spaß.

18. KAPITEL

Du bekommst die Arbeit als Letzter – und bist trotzdem als Erster fertig.

Kurz nach Beginn der sechsten Stunde bin ich fertig. Es macht keinen Sinn mehr, jetzt noch in den Unterricht zu gehen. Durch den Fahrradkeller schleiche ich mich nach draußen und verschwinde unbemerkt. Anscheinend bin ich doch noch nicht ganz fit im Kopf, denn gerade, als ich in unsere Straße einbiegen will, fällt mir ein, dass ich ja schlecht eine Stunde zu früh nach Hause kommen kann. Meine Mutter würde dumme Fragen stellen oder sich Sorgen machen oder beides. Unauffällig husche ich an unserem Haus vorbei. Glücklicherweise hat mein Vater letztes Jahr große Hecken pflanzen lassen, nachdem er sich von seinen politischen Gegnern beobachtet und ausspioniert gefühlt hat. Irgendwer hätte meinem Vater mal erklären können, dass die wahre Spionage heute im Internet stattfindet, und dass eine Hecke vor dem Haus nicht verhindern kann, dass sich irgendwer, zum Beispiel jemand von einer anderen Partei, in seinen Rechner hackt. Allerdings hatte ich nicht das Bedürfnis, dieser Gegner zu sein, sodass dieses Nadelgewächs jetzt noch immer meterhoch vor unserem Haus steht. Wenn ich mich richtig erinnere, hat Roswitha irgendwann mal was von Home Office erzählt. Kurz zögere ich, aber dann drücke ich die Klingel. Sofort fängt Jackson an, begeistert zu bellen. Etwas weniger schnell aber ebenso begeistert öffnet Roswitha mir einige Sekunden später die Tür.

„Hallo Paul. Schön, dass du vorbeischaust. Willst du was trinken?" Ich schüttle den Kopf und setze mich zu Jackson auf den Fußboden. Begeistert schlabbert er mein Gesicht ab.

„Pass auf mit dem Pflaster", murmle ich lachend. Jackson schlabbert trotzdem drüber. Roswitha schließt lächelnd die Tür.

„Was essen?" Wieder schüttle ich den Kopf. Ich will ja auch gar nicht lange bleiben. Nur, ich weiß nicht, wie die nächsten Tage so werden, und Roswitha und Jackson sind die einzigen, von denen ich mich verabschieden will. Nicht aus Vorwurf oder um ihnen ein schlechtes Gewissen zu machen, sondern einfach, weil ich sie gern habe. Irgendwie.

„Um halb zwei muss ich zuhause sein. Zum Essen", sage ich und kraule Jackson hinter seinen Schlappohren. Roswitha scheucht uns auf die Terrasse, die man von unserem Haus glücklicherweise nicht sehen kann. Ich lasse mich neben Jackson ins wild wuchernde Gras fallen. Als ich klein war, habe ich gedacht, dass Roswitha irgendwas im Garten vergraben hat und nur darauf wartet, dass Gras über die Sache wächst. Dann hat sie mir aber erklärt, dass sie einfach nicht die Kraft und die Zeit und schon gar nicht die Lust hat, regelmäßig den Rasen zu mähen. Ich mag das. Unser Rasen sieht aus wie frisch aus dem Katalog. Grün aber irgendwie tot. Über uns ist der wolkenlose Himmel. Ob ich dann auch bald im Himmel bin? Wie sich das wohl anfühlt? Lächelnd beobachte ich die fliegenden Vögel. Jackson hat seine Vorderpfote auf meinen Bauch gelegt, so als wollte er mich festhalten. Ich glaube, ich habe mich noch nie so sicher gefühlt.

„Stell dir vor, Paul", reißt Roswitha mich plötzlich aus meinen Gedanken. „Ich habe ein Preisausschreiben gewonnen! Von der Zeitschrift *Dein Hund und du*. Und das Lustige ist, ich kann mich gar nicht mehr daran erinnern, dass ich da mitgemacht habe."

„Bist du schon so alt, dass du sowas vergisst?", frage ich grinsend. Roswitha ist sicherlich schon über sechzig.

„Ein Gutes hat das ja. Die Überraschung war umso größer. Und dann war ich heute bei der Bank, um den Scheck einzulösen, und der war tatsächlich echt. Einfach so, dreitausend Euro!" Roswitha ist völlig aus dem Häuschen. Ich hätte nicht gedacht, dass sie sich so sehr freut. „Dreitausend." Sie schüttelt den Kopf, als könnte sie es immer noch nicht glauben. Ich glaube das sehr wohl. Schließlich habe ich jetzt dreitausend Euro weniger auf dem Sparbuch.

„Und der Bankangestellte hat mir noch mal versichert, dass das auch alles ganz ordnungsgemäß abgelaufen ist. Ach, Paul, ich freue mich so." Roswitha strahlt mich an, als wäre sie eine Sonne und ich ein Planet. Lächelnd schaue ich in den Himmel. Neben mir hechelt Jackson. Eigentlich könnte ich für immer hier liegen bleiben. „Ich weiß gar nicht, was ich machen soll, mit dem ganzen Geld. Das ist so viel, weißt du? Ich bekomme ja nicht so viel Rente." Jackson schlabbert mir erneut über's Gesicht. Mr. X hätte jetzt bestimmt Schiss, dass sich die Wunden irgendwie entzünden. Mir ist das egal. Zwei Tage Entzündung halte ich im Notfall auch noch aus.

„Gibt es denn nichts, was du schon immer mal haben wolltest? Oder etwas, was du schon immer mal tun wolltest?", frage ich sie.

„Du meinst, außer einmal wieder wandern gehen, ohne diese Beine, die schon nach einer halben Stunde Stehen wehtun?" Man kann fast hören, wie Roswitha nachdenkt. Die Sonne scheint warm auf meine Haut. „Ich glaube, ich würde gerne mal wieder ans Meer. Eine Woche Wellnesshotel am Strand oder so." Roswitha seufzt genießerisch.

„Dann mach das!", meine ich, schließlich werde ich ja auch bald das machen, von dem ich so lange geträumt habe.

„Findest du nicht, dass ich das Geld besser sparen sollte?" Ich schüttle den Kopf und sage:

„Yolo."

„Was?", fragt sie irritiert.

„Yolo. Das sagt man so", erkläre ich. Manchmal merkt man, dass ich der einzige Mensch bin, mit dem Roswitha regelmäßig Kontakt hat. „Das ist die Abkürzung für *You only live once.*" Und darüber hinaus eine absolut tröstliche Feststellung für Menschen, die mit einem Leben schon total überfordert sind. „Also quasi sowas wie eine Neuübersetzung von *Carpe diem*", füge ich hinzu. „Das Leben ist zu kurz, um seine Träume auf später zu verschieben." Erstaunt sieht sie mich an.

„Manchmal kann man ja schon staunen darüber, was alles so in deinem Kopf passiert. Für einen Vierzehnjährigen wirkst du manchmal echt total erwachsen", sagt sie nachdenklich. „Vielleicht hast du mich angesteckt mit deinem Altersvirus", grinse ich und verschweige ihr, dass ich nicht vorhabe, wesentlich älter zu werden als ich jetzt bin.

„Vielleicht hast du Recht, vielleicht mache ich das wirklich." Für eine Weile hört man nur Jacksons Hecheln. Dann schlägt die Kirchturmuhr halb zwei.

„Ich muss." Schwerfällig rapple ich mich wieder auf.

„Du kannst ja bald mal wiederkommen", sagt Roswitha fröhlich. Schnell beuge ich mich runter zu Jackson, damit sie nicht bemerkt, wie das Lächeln in meinem Gesicht schlagartig zusammenfällt. Die beiden bringen mich zur Tür. Wie aus dem Nichts überkommt mich ein Gefühl von Schwere. Ich knie mich zu Jackson auf den Boden, kraule ihm ein letztes Mal den Kopf und flüstere ihm ein „Danke, Kumpel. Für alles." ins Ohr, so leise, dass es vermutlich nicht mal eine Fledermaus gehört hätte. Anschließend schaue ich Roswitha an. Eigentlich bin ich ja ein sehr rationaler Typ, trotzdem beuge ich mich Richtung Rollstuhl und umarme sie unbeholfen.

„Für was war denn das?", fragt sie überrascht. Ich bemühe mich um ein Lächeln.

„Es ist einfach schön, dass es euch gibt", sage ich und versuche, dabei einigermaßen normal zu wirken. Anscheinend gelingt mir das nicht wirklich, denn ich erkenne einen Hauch von Besorgnis in ihren Augen. „Ich bin einfach nur froh, dass ich wieder aus dem Krankenhaus raus bin. Und dass wir Nachbarn sind", sage ich und lächle jetzt tatsächlich. Endlich glaubt sie mir.

„Wir sind auch froh, dass du jetzt wieder im Nachbarhaus wohnst, Paul", sagt sie. Schnell wende ich mich ab und laufe zu unserem Haus rüber. Als ich mich umdrehe, sehe ich, wie sie fröhlich winkt, während Jackson mit dem Schwanz wedelt. Zum Glück kann sie nicht in mein Gesicht sehen.

Noch während ich den Schlüssel im Schloss drehe, öffnet meine Mutter von innen die Tür. Sie wirft mir einen besorgten Blick zu.

„Deine Augen sind ja ganz rot. Alles in Ordnung?" Ich nicke. Die Welt ist so in Ordnung, wie sie halt ist, wenn man sich und die gesamte Schule in die Luft jagen wird. Ob man Dinge vermissen kann, wenn man tot ist? Der Kloß in meiner Kehle wächst.

„Du bist auch ganz blass", stellt meine Mutter fest. „War das heute zu anstrengend in der Schule?" Schnell schüttle ich den Kopf.

„Schule war o.k. Das sind nur die Augen. Ich glaube, das liegt an den Augentropfen, die du gestern noch aus der Apotheke geholt hast. Vielleicht bin ich gegen die allergisch oder so." Meine Mutter wiegt nachdenklich den Kopf. „Und wenn ich zwei, drei Nachmittage im Freibad war, dann bin ich auch nicht mehr so käsig", füge ich hinzu und husche an ihr vorbei die Treppe hoch in mein Zimmer.

„Du weißt aber, dass du die nächsten vier Wochen noch nicht schwimmen sollst?", fragt sie mich.

„Jaha", rufe ich und schließe die Tür hinter mir. Erschöpft lasse ich mich auf mein Bett fallen. Der Sternenhimmel über mir wirft mehr Fragen auf, als er löst. Dann kann ich die Augentropfen nicht mehr zurückhalten.

Als ich am Mittwochmorgen die Treppe runterschlurfe, fühle ich mich wie gerädert. Eigentlich hatte ich gedacht, dass ich wunderbar schlafen werde, sobald die Bombe fertig ist. War aber irgendwie nicht so. Während ich teelöffelweise Zucker in meinen Tee kippe, obwohl ich Zucker im Tee normalerweise gar nicht leiden kann, frage ich mich, ob ich heute Nacht überhaupt geschlafen habe. Ich komme mir so vor wie die Schrödingerkatze auf dem Mädchenklo. Ziemlich kaputt und weder tot noch lebendig.

„Du musst diese Woche noch nicht in die Schule, wenn du dich noch nicht fit fühlst", meint meine Mutter besorgt. Mein Vater schaut von seiner Zeitung hoch, als wäre ihm erst jetzt aufgefallen, dass ich mit am Tisch sitze. Lars verschlingt gerade die zweite Schüssel Müsli und schaut nur mäßig interessiert in meine Richtung.

„Der Junge geht in die Schule", meint mein Vater. „Das schafft er schon. Außerdem sollen wir Eltern ja kein Mädchen aus ihm machen. Also nicht noch mehr Mädchen, als er ohnehin schon ist." Mein Vater schnaubt verächtlich und verschwindet wieder hinter dem Sportteil. Ich denke an X-Chromosomen, daran, dass mein Vater wirklich ein Idiot ist und daran, dass ich heute trotzdem in die Schule will. Vielleicht haben wir im Chemieraum noch ein paar Elemente, mit denen man das Ganze um ein paar Effekte erweitern könnte. Quasi als Explosion plus Feuerwerk. Der Tee ist mittlerweile absolut ungenießbar geworden, also kippe ich ihn in die Spüle. Von meinem Toast tropft Honig, aber das ist mir egal.

„Vielleicht sollten wir noch eine Internetkampagne starten?", überlegt mein Vater laut und schaut meinen Bruder fragend an. „Für die Spontanwähler." Mein Bruder nickt zustimmend, dabei hat er von Politik so viel Ahnung wie ich von Fußball und der Bundesliga. Mir egal. Sollen sie doch machen, was sie wollen. Letztlich werden alle Kampagnen meines Vaters vergebens sein. Nicht mal Neonazis wählen den Mann zum Bürgermeister, dessen Sohn das größte Gymnasium der Stadt in die Luft gejagt hat. Das wird noch eine interessante Überraschung für meinen Vater. Eine Überraschung, die er mehr als verdient hat. *Suum cuique.* Jedem das seine. Und wenn sich Gott nicht darum kümmert, diese Welt gerechter zu machen, dann mache ich das halt selbst. Routiniert schneide ich das Brot und lasse die Frühstücksdose mit den trockenen Scheiben in meinem Schulrucksack verschwinden. In der Schule hatte ich noch nie sonderlich viel Appetit.

„Tschüss dann", sage ich und verlasse das Haus Richtung Bushaltestelle. Mein Vater hat vermutlich nicht mal gemerkt, dass ich gegangen bin.

„Hallo, Paul." Max schlägt mir zur Begrüßung so fest auf den Rücken, dass mir für einen kurzen Augenblick die Luft wegbleibt. Fast ein bisschen über-rascht schaut er auf seine rechte Hand, während er mich mit der linken die letzten Meter zum Klassenzimmer schiebt. „Bist ja doch noch nicht wieder fit", grinst er.

„Natürlich ist der Paul noch nicht ganz fit. Deswegen sollen wir ja auf ihn ‚aufpassen'", erklärt Sven Max überdeutlich und schubst mich gegen die Klassenzimmertür.

„Wie gut, dass der Rademacher morgens immer zu spät kommt." Max baut sich bedrohlich vor mir auf. Für ihn ist das hier alles nur ein Spiel. Manchmal frage ich mich, ob der Rademacher pünktlicher kommen würde, wenn er wüsste, was vor dem Unterricht in seiner Klasse alles so abgeht. Und damit meine ich nicht, dass Johanna von Saskia die Hausaufgaben abschreibt. Ich merke, wie sich in meinen verkrampften Fingern der Schweiß sammelt.

„Wieso warst du gestern nicht in Erdkunde? Und nicht in Reli?", will Max wissen. Verhör, Befehl und Beleidigungen. Ich glaube, eine andere Art von Kommunikation kennt er gar nicht.

„Mir ging es nicht so gut", sage ich leise und beiße die Zähne fest aufeinander. Heute ist schon Mittwoch. Ich muss nicht mal mehr einundfünfzig Stunden durchhalten. 183.600 Sekunden, dann ist das hier alles vorbei.

„Dir ging es nicht so gut, soso." Kann sein, dass Max mich auf eine ziemlich perverse Art und Weise wirklich vermisst hat. Wenn man sich Max so anschaut, ist der Ethik-Unterricht jedenfalls genauso für'n Arsch wie der Religionsunterricht. „Kommt das jetzt häufiger vor?", will er wissen.

„Was?", frage ich. Leider ist mein Gehirn gerade so schwer von Begriff, dass ich wirklich keine Ahnung habe, wovon er gerade redet.

„Dass es dir nicht so gut geht und dass du dann nach Hause abdampfst. Und keiner von uns weiß, wo du bist, Mann. Kommt das noch häufiger vor?", flüstert er mir ins Ohr, auf eine Art und Weise, die deutlich macht, dass er jederzeit zuschlagen kann. Schnell schüttle ich den Kopf. Mann, so schwer kann das doch nicht sein, zwei Tage ohne eine ernsthafte Schlägerei durchzuhalten, aber anscheinend ist es das doch. Gerade als Max ausholen will, um zu zu schlagen, hört man das Pfeifen von Herrn Rademacher. *Highway to hell.* Was für eine Ironie des Schicksals. Immerhin lässt Max seine Hand wieder sinken.

„Denk einfach daran, dass wir immer für dich da sind, Mann." Er haut mir nochmal auf den Rücken und verschwindet endlich ins Klassenzimmer.

„Morgen zusammen!", begrüßt uns Herr Rademacher. Wie kann man um die Uhrzeit nur so motiviert sein? Gut gelaunt pfeffert er seinen Rucksack aufs Pult, klatscht in die Hände und beginnt mit dem Unterricht – oder dem, was er dafür hält. Heute geht es mal wieder um die Klassenfahrt. „Von einigen von euch fehlen mir noch die Zustimmungserklärungen eurer Eltern. Unter anderem von dir, Paul." Fragend sieht er mich an. Ich starre fragend zurück. Wieso fragt man nicht die Schüler um ihr Einverständnis, ob die zu so einem Blödsinn überhaupt mitwollen? Wieso haben Eltern überhaupt so viele Rechte über mich, nur weil unsere DNA stellenweise übereinstimmt? Ich meine, wenn irgendjemand sich ehrenamtlich engagieren will, braucht man sofort ein polizeiliches Führungszeugnis, aber Vater werden kann jeder noch so große Vollidiot. Diese Welt ist einfach absolut unlogisch und böse und ungerecht. Was soll's, die Klassenfahrt wird eh nicht stattfinden. „Also bis spätestens Freitag müsst ihr die Erklärungen unterschrieben abgegeben haben. Außerdem haben einige von euch das Geld noch nicht überwiesen." Nachdem er ein letztes Mal streng in die Runde geschaut hat, beginnt er mit einer Wiederholung der Potenzrechenregeln. Träge lehne ich meinen Kopf gegen die Scheibe. Warum habe ich heute Nacht nicht einfach geschlafen? Die Stimme von Herrn Rademacher wird leiser und leiser, es ist, als würde sich die ganze Welt von mir wegbewegen. Dann klopft es an die Tür. Ich zucke zusammen. Die Klasse lacht schallend. Es klopft erneut. Energisch. Herr Sibert steckt seinen Kopf ins Klassenzimmer, kommt aber nicht rein.

„Kann ich dich bitte mal kurz sprechen?" Ernst sieht er Herrn Rademacher an. Selbst der erkennt sofort, dass es sich dabei nicht um eine Bitte handelt.

„Macht ihr einfach die Aufgabe sieben, ich bin gleich wieder da." Herr Rademacher verschwindet raus auf den Flur und schließt die Tür hinter sich. Natürlich macht keiner die Aufgaben. Ich habe keinen Bock und kann sie sowieso schon. Die anderen haben keinen Bock und können sie sowieso nicht. Jonas und Sven unterhalten sich über die Bundesliga. Anna und Saskia reden über GNTM. Immerhin weiß ich jetzt, was das ist. Trotzdem kann ich nicht verhindern, dass mein Kopf wieder schwerer wird. Der Lärm im Klassenzimmer wird nach und nach zu einem Hintergrundgeräusch. Die Augen fallen mir zu.

Ich werde erst wieder wach, als ich die anderen lachen höre. „O wie süß, der kleine Paul sabbert ja noch im Schlaf." Hastig wische ich mir über den Mund. Tatsächlich.

„Mach dir keinen Stress", meint Johanna und winkt mit ihrem Handy. „Ist schon online." Vermutlich ist schon so viel Müll über mich im Internet, dass das jetzt auch keinen Unterschied mehr macht. Allerdings fühle ich mich jetzt tatsächlich etwas ausgeruhter. Als die Türklinke hinuntergedrückt wird, verschwinden sie schnell wieder auf ihren Plätzen, als wäre nichts gewesen. Herr

Rademacher kommt ins Klassenzimmer und lässt seinen Blick ernst durch die Klasse schweifen.

„Herr Sibert hat mir eben erzählt, dass allein in eurer Klasse acht Leute akut vom Sitzenbleiben bedroht sind." Betrübt schüttelt er den Kopf, und dass, obwohl er noch gar nicht weiß, von was die ganze Schule bald bedroht sein wird.

„Leute, ihr müsst euch echt mal reinknien, wenn das was werden soll mit dem Abi.", sagt er dann, obwohl er wissen müsste, dass diese Art von freundlicher Strenge in dieser Klasse nicht zieht. Aber vielleicht ist er auch einfach mit seinem Latein am Ende. „Ihr solltet euch dringend mal ranhalten, schließlich schreiben wir am Freitag die letzte Klassenarbeit." Mahnend lässt er seinen Blick schweifen. Die Klasse schweigt unbeeindruckt, auch ich habe gerade andere Probleme, mal abgesehen davon, dass ich diese Aufgaben vermutlich sogar im Koma liegend fehlerfrei lösen könnte. Potenzgesetze sind für mich echt kein Problem. Irgendwie denkt jeder, dass man, wenn man nur gute Noten hat, keine Probleme in der Schule hat. Dabei ist es genau umgekehrt. Je mehr gute Noten man hat, desto mehr Probleme hat man in der Schule. Probleme mit dem Unterricht, der einen langweilt, Probleme mit den Lehrern, die man irgendwie überfordert, allein schon deshalb, weil man nicht ins Raster passt und Probleme mit den Mitschülern, denen man dann nämlich auch nicht passt. Es gab Zeiten, da habe ich mir nichts sehnlicher gewünscht, als einfach dumm zu sein. Natürlich ist es doof, wenn man Probleme mit Mathe hat, weil Mathe einen überfordert. Trotzdem, es ist viel schlimmer, wenn Mathe einen unterfordert. Bei Überforderung kann man Nachhilfe nehmen oder mehr lernen, aber bei Unterforderung? Außerdem ist es ganz normal, mit Mathe nicht klarzukommen. **Normal sein macht die Dinge einfacher.** Aber das schaffe ich einfach nicht. Ich kann nicht normal sein, nicht dumm sein, nicht so sein wie alle anderen. Ein Pinguin kann ja auch nicht fliegen, nur, wenn er es ganz fest versucht. Und es wäre absolut bescheuert anzunehmen, dass Pinguine und Störche nach der Pubertät besser miteinander klar kommen. Verdammt Mann, ich hätte überhaupt kein Problem damit, ein Pinguin zu sein, wenn nicht ständig dieser ganze Storchenschwarm auf mir rumhacken würde. Ich habe überhaupt kein Problem mit Störchen, wenn sie mich nur in Ruhe lassen. Soll doch jeder auf seine Art und Weise glücklich werden. Aber mein Glück werde ich in diesem Leben so nicht finden können. Ich hab schon viel zu lange danach gesucht. Herr Rademacher wiederholt erneut, dass irgendwas hoch null immer eins ergibt. Dann reißt mich der Gong erneut aus dem Halbschlaf.

Gerade als ich das Klassenzimmer verlassen will, ruft Herr Rademacher mich zurück.

„Paul, bleib mal kurz hier." Max seufzt hörbar.

„Kümmer dich mal drum, dass das nicht jede Pause so geht", zischt er mir kaum hörbar zu." Ich nicke ihm zu, dann gehe ich zurück ins Klassenzimmer. Herr Rademacher schließt hinter mir die Tür.

„Es geht um das, was Herr Sibert mir eben gesagt hat." Mein Mathelehrer schaut nachdenklich aus dem Fenster, bevor er seinen Blick wieder mir zuwendet.

„Soll ich mit den anderen für die Klassenarbeit üben?", frage ich mit gerunzelter Stirn.

„Du hast das wirklich geglaubt?" Überrascht schaut Herr Rademacher mich an. Ich zucke mit den Schultern.

„Das mit der Mathearbeit war nur ein Vorwand. Es geht nicht um deine Mitschüler. Herr Sibert wollte mit mir über dich reden." Bin ich jetzt etwa auch versetzungsgefährdet? Mathematisch gesehen ist das gar nicht möglich. Selbst wenn ich jetzt nur noch Sechser schreiben würde, ich käme immer noch auf einen Schnitt von 1,8. Mathe ist ein Arschloch. Fragend schaue ich ihn an.

„Komm mit. Man wartet schon auf uns."

„Das heißt, ich kann schon wieder nicht mit den anderen in die Pause?", frage ich. Eigentlich wollte ich ja alleine in die Physiksammlung, aber das geht den Rademacher nichts an.

„Paul, ich weiß nicht, was die noch alles mit dir gemacht haben, aber … das ist echt starker Tobak." Jetzt verstehe ich gar nichts mehr. Herr Rademacher legt mir seine riesige Hand auf die Schulter. Kreidestaub rieselt auf mein T-Shirt. Weil ich keine andere Wahl habe, gehe ich mit ihm Richtung Lehrerzimmer.

Im Treppenhaus treffen wir auf Max und die anderen. Herr Rademacher wirft ihnen einen Blick zu, keine Ahnung, was er gemacht hat, aber sie lassen uns kommentarlos vorbeigehen. Die Tür zum Büro von Herrn Sibert steht offen.

„Gut, dass du da bist", sagt Frau Adler und klingt ernsthaft erleichtert. Auch Frau Kramer sitzt bereits am Besprechungstisch.

„Setz dich", sagt Herr Sibert und zeigt auf den Stuhl zwischen Frau Kramer und Frau Adler, dann schließt er die Tür. Auf dem Tisch steht ein Teller mit labberig wirkenden Keksen, Kaffee dampft unbeeindruckt aus den Tassen. Dazwischen liegt ein Tablet. So viel Modernität hätte ich dem Sibert gar nicht zugetraut. Für einen kurzen Augenblick ist alles still. Dann räuspert sich Herr Sibert. „Wir haben ein Video bekommen. Heute morgen um Sieben, von einer Nonsense-Mailadresse. Eigentlich ist die auch im Spamordner gelandet, aber der Anhang war außergewöhnlich groß." Ich zucke desinteressiert mit den Schultern. Sehe ich so aus, als wäre ich jemand, der sich für den Spamordner seines Schulleiters interessiert? „Außerdem fiel dein Name im Betreff." Herr Sibert legt eine bedeutungsvolle Pause ein, weiß dann aber nicht, wie er fortfahren soll. „Obwohl einem die Systemtechniker immer sagen, dass man das nicht machen soll, hat die Sekretärin den Anhang geöffnet. Und wir sind echt froh darum." Kann der Typ nicht einfach sagen, was sein Problem ist?

„Wir konnten dich sehen, auf dem Video", meint Frau Kramer, der das Entsetzen noch immer ins Gesicht geschrieben steht. Im Kopf gehe ich die Videos durch, die momentan bei Facebook oder *streberknödel.de* von mir veröffentlicht sein dürften. Natürlich sind die jetzt nicht alle so krass sozial oder positiv, aber dass sie deswegen so schockiert ist? Es klopft an die Tür. Herr Sibert springt auf und öffnet.

„Ach, Sie sind's. Gut, dass Sie sofort kommen konnten." Hinter ihm treten Müller und Schulz ins Büro, sie sehen erstaunlich zivil aus.

„Vielen Dank, dass Sie uns so schnell informiert haben", meint Schulz und setzt sich an den Tisch.

„Dieses Video ändert natürlich alles", fügt Müller hinzu und greift nach den Keksen.

„Paul, warum hast du uns die ganze Zeit angelogen?" Schulz schaut mich ernst an. Ernst und irgendwie enttäuscht. Heißt das, sie haben es rausgekriegt? Eigentlich kann das nur heißen, dass mich irgendjemand gefilmt hat, wie ich die Bombe gebastelt habe. Ich spüre, wie sich alles in mir verkrampft. „Jedenfalls können wir uns nun sehr gut vorstellen, wie das vor zwei Wochen passiert ist." Herr Sibert nickt zustimmend. Mein Atem beschleunigt sich. Wieso nehmen sie mich nicht einfach fest, wenn sie es eh schon wissen? Da mache ich einmal, ein einziges Mal nur, in meinem Leben etwas Kriminelles und werde sofort dabei gefilmt. Meine Beine fangen an zu zittern. Einatmen, ausatmen. Ruhig bleiben. Mir wird schlecht.

„Leider ist das Video nicht vollständig. Zumindest fehlt uns die Information, wie du überhaupt in den Physikraum gekommen bist." Schulz schaut mich an. Sein Umriss verschwimmt vor meinen Augen.

„Alles klar bei dir?" Das wird noch die Frage der Woche, Mann, nichts ist klar. Wäre ich denn sonst hier? Undeutlich spüre ich, wie Frau Kramer mit ihrer Hand tröstend über meinen Rücken streicht, doch das macht es nur noch schlimmer.

„Vielleicht wäre es gut, wenn Sie den Herrn Timmendorf informieren?", wendet sich Herr Sibert an die Beratungslehrerin. Der hat mir jetzt gerade noch gefehlt. Doch Frau Adler hat bereits nach dem Handy gegriffen und verlässt das Büro. Ich war mir so sicher, dass mich niemand im Physikraum beobachtet hat. Und auch nicht auf dem Weg dorthin.

„Ganz ruhig, Paul. Du musst keine Angst mehr haben. Jetzt wird alles gut." Frau Kramer redet mit mir, als wäre ich ein dreijähriges Kind, das sich das Knie aufgeschlagen hat. Wie soll denn jetzt noch alles gut werden? Frau Adler kommt wieder zurück.

„Dr. Timmendorf ist unterwegs." Mir ist alles zuviel.

„Hat er denn das Video schon gesehen?", fragt Schulz. Herr Rademacher schüttelt den Kopf.

„Ich weiß nicht, ob das eine gute Idee ist." Frau Kramer klingt skeptisch.

„Na ja. Er muss ja schon wissen, worum es geht", überlegt Müller.

„Kann sogar sein, dass es ihm hilft." Herr Rademacher sieht mal wieder alles positiv. Wenn Herr Rademacher damals bei der Sintflut dabei gewesen wäre, hätte er sich sicher noch bei Gott für die tolle Herausforderung bedankt. Die Welt um mich herum wird immer unschärfer. Einatmen. Ausatmen. Ich schaffe es einfach nicht, mich zu beruhigen. „Manchmal ist Konfrontation die beste Therapie", meint Frau Adler überzeugt und schiebt mir das Tablet vor die Nase.

„Bist du bereit?" Ohne eine Antwort abzuwarten drückt sie auf Play. Zuerst erkenne ich gar nichts. Wer auch immer dieses Video gedreht hat, hat überhaupt keine Ahnung davon gehabt. Das Bild ist total verwackelt. Nach und nach wird es allerdings schärfer. Dann erkenne ich den ‚Wald' auf unserem Schulhof, erkenne Markus Müllermann und die Mauer, die das Schulgelände vom Nachbargrundstück abtrennt. Vor der Mauer steht eine Gruppe von Jungs. Unbeholfen wird die Szene herangezoomt. Ich erkenne Antons Sportschuhe und die anderen Jungs. Sie stehen mit dem Gesicht zur Mauer. Zu ihren Füßen liegt ein Haufen Klamotten. Man erkennt, dass Jonas wild gestikuliert, aber der Film hat keinen Ton. Wieder wackelt die Kamera. Frau Kramer hört auf, mir über den Rücken zu streichen und starrt gebannt auf den Bildschirm. Erneut kommt die Szene näher. Der Haufen Klamotten ist auf der linken Seite ziemlich rot. Aus den Lautsprechern knackt es. Man hört undeutliche Stimmen. Das Rauschen im Hintergrund wird leiser.

„Wir machen dich platt." Die Stimme ist gut hörbar, aber irgendwie verzerrt. Antons Turnschuh tritt gegen den Haufen. Plötzlich wird das Bild schärfer. Der Haufen Klamotten sieht so aus wie ich. Neben mir schnappt Frau Kramer nach Luft. Ich fühle mich einfach nur zerstört. Was ist mit der Szene im Physikraum? Frau Adler tätschelt mir die Hand und schaltet das Tablet wieder aus. Das war's schon? Nichts mehr mit Bombenbasteln? Fragend schaue ich in die Runde. Ihre Gesichter sind betroffen, enttäuscht, entsetzt. Aber nicht sauer.

„So wie das aussieht, ist das schon häufiger passiert", stellt Müller fest.

„Ganz klarer Fall", stimmt Schulz zu. „Außerdem passt der Tritt am Schluss perfekt zur Rippenfraktur." Nach und nach wird mein Atem wieder ruhiger.

Kann es sein, dass ich echt noch mal Glück gehabt habe? Meine Hände sind klitschnass geschwitzt.

„Zumindest ist jetzt klar, wer dafür verantwortlich ist, was mit Paul passiert ist, auch, wenn das bedeutet, dass wir die letzten zwei Wochen in die völlig falsche Richtung ermittelt haben", meint Müller. „Du hättest uns aber auch schon früher was sagen können." Ich bin zu sehr mit meinem Atem beschäftigt, um darauf zu reagieren. „Wissen Sie denn schon, von wem das Video ist?", fragt Herr Sibert. Müller und Schulz schütteln den Kopf.

„Aber unsere Jungs von der Technik sitzen dran. Allerdings ist das jetzt auch grade gar nicht so wichtig, das Material ist belastbar genug, um ein Verfahren gegen die Jungs einzuleiten." Entsetzt starre ich ihn an.

„Ein Verfahren?" Ich kann nicht verhindern, dass sich meine Stimme dabei überschlägt.

„Natürlich. Paul, egal, was dir die anderen eingeredet haben, das hier ist kein Spiel mehr. Das ist schwere Körperverletzung, vielleicht sogar versuchter Totschlag. Das muss bestraft werden, und zwar mit aller Härte." Verdammte Scheiße. Gerade noch war ich erleichtert, dass sie mich nicht beim Basteln gefilmt haben, und jetzt haben sie rausgekriegt, wer eigentlich hinter den ganzen Hämatomen steckt. Max ist vielleicht nicht der Hellste, aber wenn er etwas sagt, dann meint er es so. Auch, wenn es dabei um Mord geht. Wieso sollte er mich noch verschonen, wenn er weiß, dass er eh erwischt wurde? Es kann doch nicht sein, dass Max mich umbringt, bevor ich ihn umgebracht habe. Andererseits, selbst wenn die ihn jetzt einbuchten oder er einen Schulverweis kriegt, erwische ich ihn am Freitag gar nicht und sterbe dann ja auch wieder allein. Nee, wenn ich Max nicht erwische, dann macht das ganze Spiel keinen Sinn. Tausende Gedanken überschlagen sich in meinem Kopf. Nicht mal mehr fünfzig Stunden. Irgendwie muss das doch zu schaffen sein, dass Max und ich beide am Freitag in der Schule sein werden. „Wie lange dauert das, bis sie die festnehmen?", frage ich schließlich. Meine Stimme zittert. Irgendwie wirkt das glaubwürdig. Meine Panik ist echt.

„Na ja. So schnell wie im Fernsehen geht das natürlich nicht. Vor allem sind deine Mitschüler ja noch minderjährig, da gelten dann auch andere Regeln.

Jedenfalls werden wir uns heute noch sehr deutlich mit den Jungs unterhalten", verspricht mir Müller und bemüht sich, mich dabei zuversichtlich anzulächeln. Das Ganze misslingt. Vermutlich wissen wir beide, dass Mobbing keine Geschichte ist, bei der man viel Zeit hat. Er weiß das aus dem Studium, ich weiß das aus Erfahrung. Probieren geht über studieren. Max und seine Kumpels hatten mir das im wahrsten Sinne des Wortes eingeprügelt. „Das Problem ist auch, dass man außer Anton keinen zweifelsfrei erkennen kann. Die anderen Jungs zu identifizieren und zu überführen wird schon noch einige Zeit dauern." Schulz zuckt bedauernd mit den Schultern. Vermutlich weiß Max jetzt schon, dass die Polizei hier ist, selbst wenn die in Zivil gekommen sind. Und dass man ihn auf dem Video früher oder später erkennen wird, wird er auch rauskriegen. Schneller, als die Polizei das für möglich hält und vor allem schneller, als das gut für mich ist. Schweiß sammelt sich auf meiner Stirn. Meine Hände zittern. Es ist, als hätte ein Wettlauf begonnen. Max gegen mich. Wem von uns es schneller gelingt, den anderen loszuwerden. Scheiße, scheiße, scheiße.

In der siebten Klasse waren wir im Landschulheim. Abends haben wir *Ligretto* gespielt. Es war das einzige Kartenspiel, das Max an diesem Abend gegen mich gewonnen hat. Als wir für den Elternabend eine Bilderwand erstellen sollten, habe ich auf einem Foto gesehen, warum. Max hatte geschummelt. Es gibt im Leben Spiele, die der gewinnt, der am schnellsten fertig ist, egal, ob er sich an die Regeln gehalten hat oder nicht. Mir läuft die Zeit davon. Mir läuft die Energie davon. Nach meinem Optimismus muss man gar nicht erst suchen. **Ich habe Angst. Angst, dass mein Plan nicht aufgeht, Angst, dass ich auch dieses Spiel verlieren werde**. Resigniert vergrabe ich den Kopf in den Armen. Jetzt ist es sowieso egal, was die anderen von mir denken. Oder über mich. Frau Kramer streicht mir tröstend über den Rücken, aber das hilft mir natürlich auch nicht. Dann klopft es an der Tür.

19. KAPITEL

Wenn die Würfel gefallen sind, kannst nicht mal mehr du was daran ändern.

„Hallo, Paul", besorgt lächelt Dr. Timmendorf mich an. Es ist echt krass, was die sich jetzt alle so um mich sorgen. Mein Kopf liegt noch immer auf der Tischplatte. Ich schaue Dr. Timmendorf nicht an. Reihum schüttelt er den Anwesenden die Hand. Meine Hand bleibt unter meinem Kopf liegen, deshalb klopft er mir sacht auf die Schulter. Dann setzt er sich zu uns an den Tisch. Man hört, wie Schulz auf den schlabberigen Keksen herumkaut, sonst ist es still.

„Hat denn schon jemand die Eltern informiert?", will Dr. Timmendorf wissen.

„Sie meinen, um Ihnen zu sagen, dass wir die ganze letzte Woche die Falschen verdächtigt haben? Wie stehen wir denn dann da?", fragt Herr Sibert zurück.

„Na ja. Den Eltern ist ja anscheinend auch nicht aufgefallen, dass Paul von seinen eigenen Mitschülern gemobbt wird", wirft Dr. Timmendorf ein.

„Ich verstehe das einfach nicht." Aus dem Augenwinkel sehe ich, wie Frau Kramer fassungslos den Kopf schüttelt. „Die waren doch immer alle so nett zu Paul. Und den Brief, den sie ihm ins Krankenhaus geschickt haben, das war total rührend."

„Trotzdem. Das Video ist eindeutig. Bilder lügen nicht", stellt Müller fest.

„Es ist eigentlich nichts Ungewöhnliches, dass die Täter nach außen hin sehr freundlich zum Opfer sind, damit keiner was merkt", gibt Frau Adler ihren Senf dazu. „Hätte ja auch fast geklappt. Wie lange wäre das so weitergegangen, wenn wir das Video nicht bekommen hätten?" Herr Rademacher trommelt mit den Fingern auf die Tischplatte. Es hallt in meinen Ohren wie eine Herde Streitrösser. Mein Kopf fängt wieder an, weh zu tun.

„Wir müssen auf jeden Fall die Eltern informieren." Dr. Timmendorf schaut ernst Richtung Schulleiter. Herr Sibert greift seufzend zum Telefon, man merkt ihm an, dass es ihm nicht wirklich passt, nicht mehr der Chef im Raum zu sein.

„Geht keiner ran", sagt Herr Sibert schließlich und legt wieder auf. Das hätte ich ihm auch sagen können. Mittwochvormittag ist mein Vater im Büro und meine Mutter im Frauenkreis vom Roten Kreuz. Wenigstens ein Problem, das jetzt noch nicht auf mich einstürzt.

„Was machen wir denn jetzt?", fragt Frau Kramer.

„Hm. Auf jeden Fall sollte Paul heute nicht mehr zurück in die Klasse. Nicht, bevor wir wissen, wer genau daran beteiligt ist. Sobald die Täter rauskriegen, dass sie aufgeflogen sind, ist Paul noch gefährdeter als ohnehin schon." Die Stimme von Dr. Timmendorf klingt gelassen und überlegt. Zumindest auf die Lehrer im Raum scheint das eine sehr beruhigende Wirkung zu haben. Obwohl es draußen fast dreißig Grad hat, fühlt es sich an, als hätte ich ein Schneegestöber in meinem Kopf. Mühsam unterdrücke ich einen Würgereiz. „Und dann sollten wir schnellstmöglich mit den Tätern sprechen", meint Dr. Timmendorf.

„Dazu müssten wir ja erst mal wissen, wer genau alles beteiligt ist", murrt Müller. Schulz nickt zustimmend. Der Keksteller ist leer.

„Jedenfalls macht es keinen Sinn, Paul wieder in die Klasse zu schicken, solange nicht klar ist, ob sich darin noch Täter befinden. Wer seine Mitschüler so brutal schlägt, wird in der Regel nicht zum schuldbewussten Lamm, wenn man ihn erwischt, sondern rastet erst recht aus." Das ist das erste Mal heute, dass ich denke, dass einer von den Erwachsenen den Ernst der Lage verstanden hat. Max und die anderen müssen in meiner Klasse bleiben. Zumindest bis Freitag. Das allerdings bedeutet, dass auch ich in meiner Klasse bleiben muss.

„Und was heißt das jetzt konkret?", fragt Herr Rademacher und hört für einen kurzen Moment auf, mit den Fingern auf dem Tisch herum zu trommeln.

„Wäre es nicht vielleicht besser, wenn Paul einfach die Schule wechseln würde?", fragt Frau Kramer.

„Wäre das nicht das völlig falsche Signal?", fragt Frau Adler zurück. „Dann hätten die anderen ihn ja rausgemobbt und hätten das Gefühl, gewonnen zu haben." Herr Rademacher nickt zustimmend.

„Sehe ich auch so. Außerdem deckt sich das ja nicht durch die Schulordnung. Da steht: Wer sich kriminell verhält, fliegt. Und nicht die, die Opfer von kriminellen Taten geworden sind."

„Vielleicht wäre es am besten, zuerst mal mit diesem Anton zu sprechen?", schlägt Müller vor.

„Und was machen wir mit Paul?", will Frau Kramer wissen. Schön, dass noch irgendwem auffällt, dass ich auch noch da bin.

„Na ja, das beste wäre schon, wenn wir ihn nach Hause schicken würden, zumindest, bis sich die Lage hier wieder beruhigt hat." Ruckartig hebe ich den Kopf. Anscheinend ein bisschen zu schnell. Vor meinen Augen wackelt das Büro.

„Ich will hierbleiben", sage ich. Nur noch bis Freitag. Nur noch zwei Tage, das muss doch irgendwie möglich sein. Skeptisch und überrascht starren sie mich an.

„Ich weiß nicht, ob das eine gute Idee ist", zweifelnd kratzt sich Dr. Timmendorf am Kopf.

„Bitte. Ich schaffe das. Und so gefährlich sind die nicht", versuche ich sie zu beschwichtigen.

„Nicht so gefährlich? Paul? Die haben dich fast umgebracht. Die Leute aus deiner Klasse!" Dr. Timmendorf starrt mich fassungslos an.

„Die müssen ihn wirklich total eingeschüchtert haben. Das muss ja schrecklich für ihn gewesen sein, gestern wieder in die Klasse zurückzukehren und heute wieder die Täter zu treffen. Und er hat trotzdem nichts gesagt." Die Stimme von Frau Adler klingt fast mitleidig. Schulz nickt zustimmend.

„Und es war nicht die ganze Klasse", sage ich, schicke ein Stoßgebet in den Himmel und versuche es mit der Flucht nach vorne. Nach hinten kann ich ja gar nicht mehr fliehen, schließlich stehe ich schon mit dem Rücken zur Wand.

„Selbst wenn. Wer garantiert uns, dass du die Wahrheit sagst?", fragt Herr Sibert. „Ihr habt uns doch alle die letzten Wochen was vorgespielt und wir sind darauf reingefallen." Kopfschüttelnd schaut er in die Runde.

„Sie müssen mir glauben", sage ich einfach. Was sollte ich sonst sagen? Nachdenklich knabbere ich an der Unterlippe. Es wird mir nichts anderes übrigbleiben, als ihnen eine neue Geschichte aufzutischen. Es ist die einzige Chance, die ich habe. Ich denke an Pferdeschwanz und Aladin. Ich kann es schaffen. Ich muss es einfach schaffen. Nur noch 48 Stunden. So schwer kann das ja nicht sein.

„Keine Ahnung. Es ist einfach nur so … so … ähm … also …" Ich druckse ein bisschen herum, um Zeit zu gewinnen und Sympathie. Fragend schauen sie mich an. „Sie haben gesagt, ich soll nicht darüber reden. Mit niemandem", bringe ich schließlich hervor. Nervös knete ich meine Hände. Das ist ein riskanter Versuch und er geht schon wieder an den Tatsachen vorbei. Andererseits, mir bleibt nichts anderes übrig, als Kompromisse zu machen, schon gar nicht, wenn ich wenigstens Max am Freitag noch erwischen will. „Sie haben gesagt, sie machen mich platt, wenn ich mit irgendjemandem rede." Es ist einfacher, das zu sagen, was der Wahrheit entspricht. Glaubwürdiger. Frau Adler und Dr. Timmendorf sehen sich wissend an.

„Das ist ganz typisch für Mobbing", sagt Frau Adler und wirkt fast so, als wäre sie ein bisschen erleichtert, dass sich die Situation dem annähert, was sie in ihrem Studium oder ihrer Ausbildung gelernt hat.

„Also, eigentlich wollen die anderen das gar nicht. Also mich fertig machen", sage ich, obwohl zumindest ein Großteil es doch will. Und für die Opfer ist es völlig egal, weil die Mitläufer manchmal noch härter sein können, als die eigentlichen Täter. Auch die vielen, die zuschauen und nichts tun, auch die sind schuld. Deswegen will ich sie ja alle erwischen. Alle auf einen Streich. Aber das kann ich nur, wenn sie mir jetzt glauben, dass es nicht alle sind. „Die haben alle auch nur Angst", versuche ich zu erklären und die Klasse paradoxerweise in Schutz zu nehmen. Ich will das Problem selbst lösen, auf meine Art. „Und Max ist wirklich mein Freund", füge ich hinzu. Skeptisch sieht Herr Rademacher mich an.

„Aber ist das im Video nicht der Kapuzenpulli von Max?" Herr Rademacher zeigt auf einen der Jungs. Natürlich ist das Max. Ich knabbere auf meiner Lippe und denke nach. Max darf auf keinen Fall verdächtigt werden. Erstens, weil er mich sonst sofort umbringt. Zweitens, weil er sonst von der Schule fliegt, bevor ich ihn umgebracht habe.

„Das ist Max", gebe ich leise zu. „Er hat versucht, sie aufzuhalten. Auch wenn man das auf dem Film nicht sieht."

„Die Qualität ist tatsächlich sehr schlecht", stimmt Schulz mir zu.

„Und Max war es auch, der ihn am Ende davon abgehalten hat, mir auch noch ins Gesicht zu treten. Hinterher hat Max mich dann ja auch ins Sanitätszimmer gebracht." Herr Rademacher nickt:

„Das stimmt."

„Die Klasse ist echt in Ordnung. Eigentlich sind alle in Ordnung. Der Brief war auch wirklich echt." Mit den Armen umklammere ich meinen Brustkorb und krümme mich etwas zusammen. Mit Angst. Mit Scham. Mit Abstreiten. Die Geschichte darf mir nicht zu leicht und zu schnell über die Lippen kommen. Ich muss mir Zeit lassen, damit sie mir glauben. Unter dem Tisch zittern meine Beine. Man sieht Frau Adler an, dass sie es sieht. Adleraugen. Mir ist das recht.

„Und wer war es dann? Was ist genau passiert?", fragt Frau Kramer vorsichtig. Schulz und Müller zücken erwartungsvoll ihre Notizblöcke, Dr. Timmendorf lehnt sich erwartungsvoll nach oben. Schweigend schüttle ich den Kopf. Die Spannung im Raum steigt. Die Zeit läuft.

„Wenn er rauskriegt, dass ich mit Ihnen geredet habe, bringt er mich um", sage ich. Irgendwie stimmt das ja, wobei ich vermute, dass Max es schon längst weiß.

„Du musst keine Angst haben, Paul. Dir kann nichts passieren." Dr. Timmendorf sieht mich ermutigend an.

„Wir passen auf dich auf", sagt Frau Kramer.

Ich verkneife mir einen sarkastischen Kommentar. Wenn sie so gut auf mich aufpassen, wie sie das die ganzen letzten Jahre getan haben, dann können sie das gleich bleiben lassen. In der Siebten haben sie mich im Landschulheim in Unterwäsche an einen Baum gefesselt. Abends. Für ein Indianerspiel. Die ganze Klasse ist schreiend um mich rumgetanzt. Und als sie keine Lust mehr hatten, sind sie einfach ins Haus gegangen. Auch, als dann die Nacht kam. Ich war zwölf und es war Oktober und es war kalt. Ich hatte Angst vor irgendwelchen wilden Tieren, ich hatte Angst davor, zu erfrieren. Das wussten sie. Aber sie wussten auch, dass ich vor ihnen noch viel größere Angst hatte und dass ich eher sterben würde, als um Hilfe zu rufen. Irgendwann, kurz nach Mitternacht, hing mein Kopf schon ganz schlaff auf meinem Hals. Wenn ich nicht so eng an den Baum geschnürt gewesen wäre, wäre ich sicher schon umgefallen. **Mein Gott, warum hast du mich verlassen.** Echt, ich habe gebetet, dass jemand kommt und mich befreit, aber irgendwie wusste ich schon damals, dass man von einem Gott, der seinen eigenen Sohn am Kreuz hängen lässt, nicht viel erwarten kann. Aber dann habe ich Schritte gehört.

„Wehe du schreist!", flüsterte eine Stimme aus der Dunkelheit. Ich glaube nicht, dass ich noch die Energie hatte, zu schreien. Stumm vor Angst schüttelte ich den Kopf. Dann erkannte ich Antons Schlafanzug, den mit den Feuerwehrautos. „Wehe, du sagst den anderen auch nur ein Wort." Fragend sah ich ihn an. Vorsichtig fing Anton an, die Knoten hinter meinem Rücken zu lösen. Erst die Fesseln am Bauch, dann die an den Füßen und zum Schluss die an den Händen. Kaum hatte er mich vom Baum gelöst, fiel ich auf den kalten Boden. Von oben sah er mich an. „Du wartest hier, noch mindestens zehn Minuten. Keiner darf uns zusammen sehen. Dann kannst du reinkommen. Wenn dich jemand fragt, hast du die Fesseln alleine aufgekriegt. Klar?", fragend schaute er mir in die Augen. Ich nickte schwach. „Zehn Minuten." Dann drehte er sich um und schlich zurück ins Haus. Am nächsten Tag hatte ich Fieber.

„Hast du dich gestern nicht warm genug angezogen, beim Wandern?", fragte Herr Roth vorwurfsvoll und schickte mich zurück ins Bett. Den Rest der Woche war Anton gemeiner zu mir als alle anderen. Vielleicht hatte er ein schlechtes Gewissen, weil er nett zu mir gewesen war. Trotzdem. Anton hatte mich befreit. Wenn auch nur einmal. Wenn auch nur heimlich.

„Paul, was denkst du?" Dr. Timmendorf hat mit Frau Kramer den Platz getauscht und legt seine Hand auf mein zitterndes Knie. Ich schüttle den Kopf. „Du kannst es uns erzählen", versucht er, mich zu ermutigen. Frau Kramer nickt.

„Wir helfen dir, Paul. Du bist nicht allein." Das Zittern meiner Beine wird stärker, ich habe es nicht mehr unter Kontrolle. „Wer war das? Sprich es aus. Das hilft." Der nächste Satz kann alles entscheiden. Max darf nicht von der Schule fliegen. Nicht vor Freitag.

„Egal, wer es ist. Ein Schulausschluss wirklich kein Problem. Ab sofort, sowas geht ganz schnell", verspricht Herr Sibert. In das Schneegestöber in meinem Kopf mischt sich schwarzer Nebel. Mir ist so schlecht.

„Willst du's lieber aufschreiben?", fragt Dr. Timmendorf, der sich daran zu erinnern scheint, dass ich nicht der Typ bin, der viel redet. Wortlos reicht er mir ein Blatt und einen Kugelschreiber. Meine Hände zittern, als ich zum Stift greife. In den Falten zwischen meinen Fingern sammelt sich Schweiß. Einen kurzen Augenblick schwebt meine Hand über dem Papier. Fragend schaue ich in die Runde. Alle nicken mir gespannt zu.

„Du machst das gut, Paul." Es ist das erste Mal seit Jahren, dass Herr Rademacher mich für etwas lobt. Wir alle spüren, dass es kurz vor knapp ist. *Allons enfants, de la patrie, le jour de gloire est arrivé. Auf dass das Blut unserer Feinde unsere Ackerfurchen tränke.* Aber ich will nicht irgendwelche Feinde erwischen. Ich will den Tod des Königs. Auch wenn das jetzt bedeutet, dass ich einen Bauern opfern muss. Der Bauer wird von der Schule fliegen, aber überleben. Der König wird hierbleiben, aber sterben. Mit krakeligen Buchstaben schreibe ich „Anton" auf das Papier. Dann vergrabe ich den Kopf in den Händen, damit mir keiner in die Augen schauen kann. Ich bin fix und fertig. Das erkennt man auch so.

„Anton?", fragt Frau Kramer ungläubig. Ich nicke, ohne sie anzuschauen. „Er soll der Anführer sein?" Wieder nicke ich. Meine Knie zittern noch immer.

„Das Video bestätigt das", meint Herr Sibert scharfsinnig. Schulz und Müller machen sich irgendwelche Notizen.

„Aber er wirkte auf mich immer so lieb." Frau Kramer kann es kaum glauben. Ganz unrecht hat sie nicht. Anton ist wirklich einer von den weniger brutalen, aber unschuldig ist er halt auch nicht. „Ich meine, solchen Rowdys wie Max und Sven hätte ich das noch zugetraut, aber Anton?"

„Er bringt mich um. Er bringt mich um", murmle ich und werfe meinen Kopf unruhig hin und her. Das Ganze ist nicht mal gespielt.

„Ganz ruhig, Paul. Keiner wird dich umbringen." Hoffentlich geht mein Plan auf. Hoffentlich kann ich sie alle umbringen. Hoffentlich bringt Max mich davor nicht um, schließlich habe ich einen aus seiner Gang verraten. Hoffentlich reicht mir die Zeit. Hoffentlich kann ich in der Schule bleiben. Hoffentlich fliegt meine Lüge nicht auf. Irgendwie ist mir das alles zuviel. Ich will einfach nur noch, dass es vorbei ist. Für immer.

„Ich habe Angst", flüstere ich und fange wieder an, meine Hände zu kneten.

„Das ist ganz normal. Aber wir kümmern uns um dich", sagt Frau Adler.

„Dann rufe ich mal die Eltern von Anton an!", wirft Herr Sibert ein. Frau Adler nickt. Natürlich geht auch zuhause bei Anton keiner ran. Herr Sibert verlässt das Büro, um die Sekretärin auf die Suche nach der Dienstnummer von Antons Eltern zu schicken. Als er zurückkommt, sagt er: „Als Nächstes sollten wir dann wohl mit Anton sprechen. Also, obwohl die Beweise eindeutig sind, trotzdem."

„Ich kann ihn holen", bietet Herr Rademacher an und verlässt das Büro.

„Halten Sie das für eine gute Idee?", fragt Frau Kramer skeptisch. Auch wenn ich keine bessere Idee habe, bin ich froh, dass sie fragt. Irgendwie bin ich nämlich nur mittelscharf darauf, dass Anton hier gleich seine Version der Geschichte erzählt. Am Ende belastet er noch Max und zerstört dadurch meine Glaubwürdigkeit. Scheiße, scheiße, scheiße. Wer auch immer dieses beknackte Video gefilmt hat. Hoffentlich ist der am Freitag auch in der Schule. Hoffentlich kriege ich das überhaupt bis Freitag noch hin. Erschöpft vergrabe ich den Kopf wieder in meinen Händen.

„Man, man, man." Herr Sibert schüttelt den Kopf. „Dass sowas möglich ist. Noch dazu an unserer Schule."

Auf dem Gang hört man schon die Stimmen von Anton und Herrn Rademacher. Nervös richte ich mich wieder auf. Unruhig wandert mein Blick durch den Raum. Meine Hände zittern, obwohl sie auf meinen Oberschenkeln liegen, aber die zittern auch.

„Sind Sie sich sicher, dass das eine gute Idee ist?", wiederholt Frau Kramer ihre Frage.

„Wir sind ja dabei", sagt Schulz zuversichtlich. Frau Adler nickt. „Konfrontation hilft." Ich glaube, sie weiß gar nicht, was das Wort bedeutet, aber dann ist es schon zu spät. Herr Rademacher schiebt Anton in den Raum, drückt ihn auf den Platz neben Herrn Sibert und setzt sich anschließend auf den Schreibtisch. Anton sieht einigermaßen verwirrt aus. Aber auch wütend. Und ein kleines bisschen eingeschüchtert. Bitte, bitte, bitte. Sag jetzt nichts Falsches.

„Was soll das hier? Was wollen Sie von mir?", fragt Anton ängstlich, gleichzeitig aber auch innerlich aufgebracht.

„Das wüssten wir gerne von dir." Fragend, aber durchaus auch drohend, schaut Herr Sibert Anton an. Ich richte meine Augen auf meine Schuhe und bemühe mich, Antons Blicken auszuweichen. „Anton. Wie Herr Rademacher dir vermutlich bereits erzählt hat, sitzen wir hier nicht aus Spaß, sondern aus einem sehr ernsten Grund. Paul wurde vor zwei Wochen fast totgeprügelt, und zwar von dir." Ernst zeigt Herr Sibert auf das Tablet.

„WAAAS?", fragt Anton. „Ist das Ihr ernst?" Todernst schaut Herr Sibert ihn an.

„Wir haben Beweise." Schlagartig weicht die Farbe aus Antons Gesicht. Frau Adler drückt auf Play. Schweigend sehen wir erneut das Video.

„Was hast du dazu zu sagen?", fragt Müller. Anton schweigt und weicht seinem Blick aus. Irgendwie wirkt er ziemlich erschrocken. „Das auf dem Video bist eindeutig du." Anton atmet ein, als ob er etwas sagen wollte, lässt es dann aber bleiben. Das auf dem Video ist er ja tatsächlich.

„Das ist eindeutig schwere Körperverletzung. Und muss bestraft werden", erklärt Müller.

„Das wird Konsequenzen haben. Und auch, wenn uns noch nicht klar ist, wie ihr ihn in den Physikraum gekriegt habt und warum. Wir werden das rauskriegen. Und das wird alles andere als lustig." Anton nickt eingeschüchtert. Er versucht gar nicht, das alles abzustreiten. Noch nicht.

„Wir wollten ihn nicht umbringen", sagt Anton schließlich. Skeptisch sieht

Dr. Timmendorf ihn an.

„Und wieso habt ihr das dann fast getan?" Seine Stimme klingt ungewöhnlich scharf. Anton zuckt mit den Schultern.

„Es war nur Spaß. Nur ein Spiel unter Jungs." Frau Adler atmet hörbar aus.

„Das ist überhaupt kein Spiel. Das ist kriminell. Paul hätte tot sein können."

„Ist er aber nicht", gibt Anton zurück. Vermutlich wäre es für uns beide besser, wenn er die Klappe halten würde, bis seine Eltern da sind oder sein Anwalt. Keine Ahnung, ob er überhaupt einen hat. Herr Sibert schüttelt fassungslos den Kopf.

„Mensch, Anton, das hätte ich nun wirklich nicht gedacht. Nicht von dir. Du warst ja sogar mal Klassensprecher!" Anton weicht dem Blick des Schulleiters aus. Sogar ich bin mir im Moment nicht sicher, ob Anton das wollte oder ob er es nur getan hat, weil Max ihn dazu gebracht hat. Möglich wäre auch, dass er es anfangs wollte und dann aber festgestellt hat, dass das Scheiße ist und dann aber nicht mehr aussteigen konnte. Irgendwie wirkt er in die Ecke getrieben. Fast tut er mir leid. Trotzdem kommt er eigentlich noch echt glimpflich davon. Er kriegt den Schulverweis und kommt mit dem Leben davon, Max kommt scheinbar davon und fliegt dann aber mit mir in die Luft – und diese ganzen Pädagogen hier kriegen die größte Überraschung, die sie in ihrem Leben je bekommen haben. „Dann warten wir jetzt gemeinsam auf deine Eltern und klären alles Weitere. Und deine Eltern, Paul, sollten eigentlich auch dazukommen." Meine Eltern sind das, was mir jetzt gerade noch gefehlt hat. Auch Anton wirkt nur mäßig begeistert. Noch kann er mich jederzeit zerstören, in dem er die Wahrheit sagt. Vielleicht schweigen wir beide aus demselben Grund. Wir wissen beide, dass Max sich an uns rächt, sobald einer von uns ihn verpfeift.

Die Sekretärin steckt den Kopf durch die Tür.

„Ich habe beide Eltern erreicht, die von Anton und die von Paul. Sie sind unterwegs." Stille im Raum breitet sich aus. Wenn es nach mir ginge, könnten wir das Video einfach löschen. Aber wenn die Würfel gefallen sind, dann kann man nichts mehr machen. Die Zeit vergeht noch immer nur in eine Richtung. Egal, ob uns das passt oder nicht.

„Noch jemand Kaffee?", fragt Herr Rademacher und steht auf, um im Lehrerzimmer Kaffee zu kochen. Frau Adler und Herr Timmendorf nicken. Anton beobachtet mich nachdenklich. Vermutlich wünscht er mir gerade die Pest an den Hals, wobei die auch nicht schlimmer sein kann als das, was ich gerade am Hals habe.

„Deine Eltern können dich ja direkt nach dem Gespräch mit nach Hause nehmen. Und du, Anton, musst vermutlich auch nicht so schnell wiederkommen", meint Frau Kramer. Dann klopft es. Anton und ich zucken fast gleichzeitig zusammen. Herr Sibert öffnet die Tür, meine Eltern treten ein. Meine Mutter in einer Mischung aus Besorgnis und Irritation, mein Vater eindeutig aufgebracht. Vor dem Wahlkampf ist jede Sekunde kostbar. Herr Rademacher holt zusätzliche Stühle aus dem Nachbarraum, während meine Mutter jedem die Hand schüttelt. Mein Vater bleibt einfach an der Tür stehen. Anscheinend hat er vergessen, dass auch Lehrer potentielle Wähler sind.

„Bitte, setzen Sie sich doch", sagt Herr Sibert und zeigt auf die Stühle. Widerwillig setzt mein Vater sich hin.

„Die Sache ist die, wir wissen jetzt, wer Paul das angetan hat", beginnt Frau Adler das Gespräch.

„Etwa der da?", mein Vater zeigt auf Anton. Frau Adler nickt ernst. „Wirklich? Der ist doch einen Kopf kleiner als Paul!" Fassungslos schüttelt mein Vater den Kopf. Er regt sich nicht auf über Anton, was jeder normale Vater jetzt vermutlich getan hätte, sondern über mich. Über seinen Schwächling von Sohn, der sich von Mitschülern verprügeln lässt, die kleiner sind als er. Mein Herz klopft schneller. Mein Vater, meine Lehrer und Anton im selben Raum ist eine sehr gefährliche Kombination. Gerade, als ich fragen will, ob ich kurz aufs Klo kann, einfach nur, um hier für einen Augenblick rauszukommen, klopft es erneut.

„Herein", ruft Herr Sibert und macht sich gar nicht mehr die Mühe, aufzustehen. Anton und ich starren zur Tür.

„Papa!", ruft Anton. Es fühlt sich an, als würde die Welt stehen bleiben. Mir wird schwindelig. Das Ehepaar, das gerade zur Tür hereinkommt, kenne ich. Sie waren vor paar Wochen bei einer Podiumsdiskussion dabei. Als Hauptsponsor der Partei meines Vaters.

„Ich glaube, Paul muss kurz raus", sagt Dr. Timmendorf. Ich höre seine Stimme wie durch Nebel. Zwischen mir und den anderen im Raum wächst eine Wand. Milchglas. Die Stille zwischen Antons Vater, dem Firmenvorstand, und meinem Vater ist eisig, aber das spüre ich kaum. „Komm, Paul." Dr. Timmendorf hilft mir, aufzustehen. Eilig öffnet Frau Kramer die Tür. Der Boden unter meinen Füßen bebt. Schritt für Schritt. Atemzug für Atemzug. Ganz ruhig bleiben. Sacht spüre ich die Hand von Dr. Timmendorf auf meiner Schulter. Die Stimmen im Raum werden lauter, aber ich verstehe kein Wort. Als Dr. Timmendorf die Tür hinter uns schließt, sacken meine Beine unter mir weg. „Vielleicht hättest du doch noch im Krankenhaus bleiben sollen", meint Dr. Timmendorf nachdenklich. Erschöpft lehne ich an der Wand. Der Fußboden, auf dem ich sitze, ist kalt. Die Welt vor meinen Augen wird langsam wieder schärfer. Herr Timmendorf reicht mir ein Glas Wasser. Ich leere es in einem Zug. Das hilft.

„Ich will da nicht wieder rein", sage ich leise. Mehr zu mir selbst, als zu ihm. Er hört es trotzdem.

„Musst du auch nicht. Ich weiß, dass das alles sehr anstrengend für dich ist. Wir alle wissen das. Und wir wissen, dass es viel Kraft und viel Mut von dir erfordert. Aber du machst das super." Ich kann einfach nicht mehr. Die Flurwand gegenüber ist dreckig. Obwohl die Wände dick sind, hört man, dass es im Büro lauter wird. Anscheinend ist nicht nur mein Vater cholerisch begabt. Ich halte mir die Ohren zu. Das muss ich mir jetzt nicht auch noch antun. Besorgt sieht Dr. Timmendorf mich an. „Es wäre besser, wenn ich da wieder reingehe", sagt er.

„Ich will nicht", flüstere ich.

„Du musst auch nicht. Aber mir ist auch nicht wohl bei dem Gedanken, dich hier draußen alleine sitzen zu lassen, bis das Gespräch da drin vorbei ist. Nicht, wie du im Moment drauf bist." Nachdenklich kratzt er sich am Kopf. „Was habt ihr gerade für ein Fach?"

„Bio", sage ich. Allerdings habe ich gerade auch keinen Nerv auf Unterricht. „Und Max ist wirklich einer von den Guten?", fragt Dr. Timmendorf. Ich nicke. Muss ich ja. „Gut." Er hilft mir aufzustehen. „Dann gehen wir jetzt zu eurem Bioraum." Ich habe nicht die Energie ihn zu fragen, was er vorhat. Kommentarlos laufe ich ihm hinterher. Als wir vor dem Bioraum stehen, klopft er an, steckt den Kopf hinein und gibt Herrn Roth ein Zeichen, rauszukommen.

„Was gibt's?", fragt der Bio-Lehrer, als wir draußen im Flur stehen. „Alles klar bei dir, Paul?" Dr. Timmendorf schüttelt stellvertretend für mich den Kopf.

„Längere Geschichte. Ich bin der Psychiater", stellt er sich vor. „Sie wissen ja bestimmt von dem Fall, dem Anschlag auf Paul im Physikraum. Wie wissen nun, wer Paul das angetan hat. Seine Eltern und die Polizei sind gerade beim Schulleiter und ich sollte da auch gleich wieder dazu. Allerdings ist Paul verständlicherweise gerade ziemlich runter mit den Nerven." Herr Roth nickt:

„Sieht man."

„Jedenfalls muss er bei dem Gespräch nicht dabei sein, wenn ihm das zu viel ist. Allerdings will ich ihn auch nicht alleine draußen sitzen lassen, in dem Zustand, bis seine Eltern ihn mit nach Hause nehmen. Die Frage ist, ob wir Max aus dem Unterricht holen können. Die beiden sind gut befreundet und ich denke, dass ein Freund das ist, was Paul jetzt am dringendsten braucht."

„Auf jeden Fall." Herr Roth nickt, öffnet die Tür des Bioraums und winkt Max nach draußen. Dr. Timmendorf schüttelt Max freundlich die Hand und erzählt ihm knapp, was gerade alles passiert ist. Ich lehne mit dem Rücken an der Wand und bin absolut unfähig, mich zu bewegen. Der Schneesturm in meinem Gehirn hat alles lahmgelegt.

„Pass auf ihn auf. In 'ner halben Stunde könnt ihr dann schon zum Schulleiterbüro kommen. Alles klar?" Max legt mir freundschaftlich den Arm um die Schulter und lächelt Dr. Timmendorf zu, der beruhigt Richtung Lehrerzimmer verschwindet. Auch Herr Roth verschwindet wieder in den Unterricht. Max und ich stehen vor der Tür. Der Flur ist menschenleer.

„Dieser Timmendorf ist mir sympathisch", sagt Max. Sein Lächeln macht mir Angst. Langsam dirigiert er mich Richtung Fahrradkeller. Mir bleibt nichts anderes übrig, als zu tun, was er von mir will. Auch wenn ich noch immer keine Ahnung von Fußball habe, die Geschichte mit Max entpuppt sich langsam aber sicher als Eigentor. *Schöne Scheiße,* denke ich. Max schaut mich an. Sein Lächeln sieht aus wie Weihnachten und Geburtstag gleichzeitig. Oder wie der beginnende Weltuntergang.

20. KAPITEL

Nicht nur für Krabat gab es eine Mühle. Für dich gibt es auch eine.

Eine Zwickmühle.

Als wir im Fahrradkeller angekommen sind, lehne ich mich an die Wand. Ich bin völlig erledigt, dabei hat Max noch gar nicht angefangen.

„Habe ich das jetzt richtig verstanden …" Max baut sich drohend vor mir auf: „Irgendein Vollhorst hat ein Video gedreht von unserem Treffen auf dem Schulhof und das anonym an die Schulleitung geschickt?" Ich nicke, was sollte ich sonst tun. „Okay. Und wieso denken die dann immer noch, dass wir Freunde sind?" Weil sie noch dümmer sind als du.

„Man kann auf dem Video nur Anton zweifelsfrei erkennen. Und da habe ich halt gesagt, dass er der Anführer ist und dass die anderen nur mitgemacht haben. Und dass du mich verteidigt hast."

„Das Ganze ist irgendwie echt absurd." Max schüttelt fasziniert den Kopf. „Wobei das nicht dumm von dir war, Professor. Eigentlich war es sogar ziemlich schlau von dir. Dann können wir nämlich weiterhin Spaß haben – zusammen." Er grinst mich an. Genau das war mein Plan. Nur, dass ich mehr Spaß hätte, wenn ich noch bis Freitag überlebe. Max dehnt sich.

„Machst du Sport, oder was soll das?", frage ich. Ich war schon immer schlecht darin, im richtigen Moment die Klappe zu halten.

„Du weißt genau, was das soll." Vielversprechend grinst er mich an. „Ich muss dich ja leider schon in zwanzig Minuten wieder im Sekretariat abgeben. Und da mein Alibi ja gerade im Schulleiterbüro sitzt, wenn ich das richtig verstanden habe, sollte ich nicht so viele Spuren hinterlassen. Denk mal drüber nach, ob du die blauen Flecken nicht in Zukunft eincremst oder so." Mit jeder Faser meines Körpers hoffe ich, dass es diese Zukunft nicht geben wird. Max fängt an, die Arme kreisen zu lassen. Manchmal frage ich mich, wie er zu dem geworden ist, was er jetzt ist. Ich kann mir einfach nicht vorstellen, dass es Kinder gibt, die schon so grausam auf die Welt kommen. „Was darf's denn heute sein?", fragt Max und lächelt mich an, als wäre er eine Verkäuferin an der Käsetheke. Hundert Gramm Bluterguss? Oder darf's auch zwanzig Gramm mehr sein? **Ich hasse ihn so sehr, dass es für diesen Hass gar keine Worte mehr gibt.** Gekonnt schlägt er mir auf die Nase. Sie fängt an zu bluten, bevor ich es geschafft habe, die Hände schützend vors Gesicht zu halten. Vor Max kann man sich nicht schützen. Lektion Eins eines Opfers. Max ist sowas wie der Antichrist unseres Pausenhofes. Er ist auf seine Art allmächtig. Allmächtig, aber nicht unsterblich. Man, ich hoffe so, dass ich das bis Freitag noch durchhalte. „Willst du das Blut nicht irgendwie aufhalten? Du versaust ja dein ganzes Hemd?", fragend schaut er mich an. Ich zucke mit den Schultern. Wozu auch. „Das ist schon praktisch, dass du so viel Nasenbluten hast. Dann kann ich nachher einfach sagen, dass das was mit dem Stress und der Aufregung zu tun hatte." Lässig wischt er seine Faust an meinem T-Shirt ab. „Ich habe keine Lust, von der Schule zu fliegen, das ist dir schon klar, oder?" Er boxt mir in den Bauch. „Stell dir vor, ich habe das recherchiert. Im Internet. Schläge in den Bauch sind super schlecht nachzuweisen. Cool, oder? Man, ich hab dich wirklich vermisst." Gekrümmt lehne ich an der Kellerwand. Blut tropft munter aus meiner Nase, aber das ist mir egal. **Vielleicht ist Mobbing wie Antibiotika. Irgendwann gewöhnt sich der Körper daran.** Irgendwann spürt man die Schläge und Tritte einfach nicht mehr, irgendwann tun die Beleidigungen nicht mehr weh. Man stirbt einfach nach und nach ab. Und wie eine Agave, die vor ihrem Tod noch einmal aufblüht, oder ein Stern, der sich aufbläht bevor er stirbt, werde auch ich explodieren. Also hoffentlich. Wenn Max mir nicht dazwischenkommt. „Hast du mir eigentlich was mitgebracht?", fragt er. Ich schüttle mit dem Kopf. „Du bist zwei Wochen weg und bringst mir nicht mal Geschenke mit?" Ungläubig starrt er mich an. „Es ist mir scheißegal, wenn die Bullen hier ermitteln. Glaub mir, ich muss nicht mal mit den Fingern schnippsen und habe schon zwanzig Alibis. Oder dreißig." Beifallheischend starrt er mich an. An

Max ist echt ein großartiger Diktator verloren gegangen. Unerwartet kommt er einen großen Schritt auf mich zu, packt mich mit einer Hand am Arm und mit der anderen am Hals. Es fühlt sich an, als hätte er das stundenlang zu Hause geübt. Ohne es zu wollen, fange ich an zu röcheln, ich kriege wirklich schlecht Luft, ganz abgesehen davon, dass meine Nase immer noch blutet. Max wühlt in meinen Hosentaschen. Ich bin unfähig, mich zu bewegen. Der Druck an meinem Hals lässt nicht nach. „Ah, das Handy ist neu?" Lächelnd wiegt Max das Smartphone in der Hand, das ich mir extra für das Spiel gekauft habe. „Lass mal sehen." Interessiert betrachtet er seinen Schatz. „Kein Markenteil, aber nicht übel. Als Anzahlung sollte das zumindest reichen." Wie bin ich bloß auf die Idee gekommen, dass Max schon vier Handys von mir eingesackt hat und das hier nicht brauchen wird? Scheiße man.

„Gib's mir wieder, bitte", röchele ich. Max schaut mich an.

„Warum sollte ich?" Weil auf dem Handy nur eine einzige Datei ist. Die Datei, die ich für mein Spiel brauche, die Datei, die mit dem Chip neben dem Schaltkreis synchronisiert ist. Die Datei, mit der man den Zeitzünder starten kann. Max spielt auf dem Display herum. Das Atmen fällt mir immer schwerer. Zehn Minuten noch, dann muss er mich wieder laufen lassen. Ich huste mein eigenes Blut. „Bääh, ist das eklig." Angewidert weicht Max einen Schritt zurück.

„Gib das Handy her, bitte.", sage ich und weiß, dass es nichts bringt, im Gegenteil. „Da ist ja überhaupt nichts drauf auf dem Handy?" Enttäuscht scrollt Max sich durch die Ordner. Sollte ich es je wiederkriegen, werde ich es sofort mit einem Passwort schützen. Dann hält Max inne. *„Stadt.Land.Schluss"*, liest er vor. „Lustig, ist das sowas wie **Stadt, Land, Fluss?**" Er tippt drauf und die App öffnet sich. „Spiel starten? Klar." Max drückt auf *Start*, der Hintergrund färbt sich grün. Mir wird schlecht. „Da passiert ja gar nichts." Er haut aufs Display, als könnte das was ändern. Als wäre tatsächlich nichts passiert. Aber Max hat den Zeitzünder aktiviert. Irreversibel. „Was für ein Müll. Aber ich behalte es trotzdem." Provozierend grinst er mich an. Die Fahrräder vor meinem Auge werden unscharf. Es war nicht geplant, dass *er* den Zeitzünder aktiviert. Ich bin mir gar nicht sicher, ob ich überhaupt schon fertig war. Aber jetzt kann es keiner mehr stoppen. Die App wird sich in wenigen Minuten selbst zerstören und auch das Handy. Immerhin wird Max dann keine Freude mehr mit mir haben – nicht mit mir. Eigentlich ist jetzt alles erledigt. Übermorgen um 10:24 fliegt die komplette Schule in die Luft. Max wird nicht von der Schule geschmissen, er wird auch am Freitag kommen und sich endlich in Sternenstaub verwandeln. Egal was Max jetzt tut, selbst wenn er mich umbringt, es ist nicht mehr schlimm. *Warte nur, balde, ruhst du auch.* Plötzlich durchflutet mich eine unglaubliche Ruhe, meine Nase hört auf zu bluten. „Welche Rippe habe ich dir letztens gebrochen?" Max lässt seine Faust vor meinen Augen kreisen. Fahrräder tanzen im Takt dazu. Alles dreht sich. Dann geht in meinem Hirn das Licht aus.

„Das ist jetzt nicht dein Ernst, oder?" Ich öffne die Augen. Entgeistert starrt Max mich an. „Du bist umgefallen. Bevor ich dich geschlagen habe." Immerhin, die Fahrräder haben aufgehört, sich zu drehen. „Dann lassen wir das für heute. So kaputt wie du bist, macht das ja wirklich keinen Spaß. Ist sowieso langsam Zeit. Und wir wollen ja beide nicht, dass irgendjemand Näheres über unsere tolle Männerfreundschaft erfährt, was?" Er zieht mich hoch. Unsicher stehe ich auf meinen Beinen. Sie zittern. „Dein T-Shirt ist krass versifft." Noch immer ist der Fahrradkeller menschenleer. Alle anderen haben noch Unterricht. Auch die Flure sind verlassen. Max zieht mich hinter sich zur Kiste mit den Fundsachen. „Da, such dir was Neues aus. Sollte eh keinem auffallen, was du anhast. Und sonst sagen wir, dass ich dir zum Trost was Cooleres geschenkt habe." Begeistert zieht er ein blaues T-Shirt aus der Kiste. „Hier, zieh an." Mir bleibt nichts anderes übrig, als das zu tun, was er sagt. Es passt sogar. Max versenkt mein vollgeblutetes Shirt im Papiermüll. „Scheiß auf Mülltrennung, Professor", sagt er, als er meinen skeptischen Blick bemerkt. „So. Dann musst du jetzt nur noch aufs Klo. Gesicht waschen." Gehorsam trotte ich ihm hinterher. Einatmen. Ausatmen. Rechter Fuß. Linker Fuß. Egal, was es ist, es wird sich nur noch um Stunden handeln. Max spielt mit dem Seifenspender, während ich versuche, mir das Blut aus dem Gesicht zu wischen. „Am besten kippst du dir noch Wasser ins Gesicht, damit dein Kreislauf nicht noch mal wegläuft." Max lacht, als hätte er einen besonders tollen Witz gemacht. „Geht doch", sagt er zufrieden, als ich fertig bin. Tatsächlich sehe ich fast besser aus als vorher. Gemeinsam gehen wir zum Schulleiterbüro. Ich fange an, die Sekunden zu zählen. Jede Sekunde, die das hier noch dauert, ist eine Sekunde zu viel.

Meine Eltern nehmen mich mit nach Hause. Auf dem Rückweg spricht mein Vater kein Wort mit mir, auch meine Mutter schweigt. Keine Ahnung, was bei dem Gespräch in der Schule am Ende rausgekommen war, aber die Begräbnisminen aller Beteiligten waren überdeutlich gewesen. Als wir zuhause ankommen, schickt mein Vater mich wortlos auf mein Zimmer. Mir ist das Recht. Lust, mit meinen Eltern zu reden, habe ich eh nicht. Die werden sich noch wundern. Leise schließe ich die Zimmertür hinter mir und lege die *Brandenburgischen Konzerte* in den CD-Player. Bach füllt den Raum, ich werde ruhig. Vielleicht ist Bach der beste Mathematiker, den es je gab. In meiner Schreibtischschublade krame ich nach Buntstiften und suche meinen Füller. Dann setze ich mich an den Schreibtisch. *Liebe Roswitha!* Die ersten zwei Worte sind immer die einfachsten. Aber dann? Was soll ich schreiben? Wie soll ich es schreiben? Ich will, dass sie mich versteht. Dass sie weiß, warum ich getan habe, was ich getan habe und dass ich nicht anders konnte. Und ich will, dass sie weiß, dass sie der beste Mensch ist, der mir in meinem Leben begegnet ist. Nachdenklich kaue ich an meinem Füller. Er schmeckt nicht. Keine Ahnung, wie ich das formulieren soll. Liebe Roswitha, ich wollte dir nur sagen, dass ich dich gern hatte. Und Jackson. Und ihr hättet es nicht verhindern können, das mit der Schule. Kann man das so schreiben? Mit der linken Hand zerknülle ich das Papier und schaffe es natürlich nicht, mit der Kugel in den Papierkorb zu treffen. Scheiß drauf. Liebe Roswitha, du und Jackson wart die Photonen in der Unendlichkeit meines Universums. Aber ihr hattet nicht genug Energie, um mich vor den schwarzen Löchern der Schule zu retten? Irgendwie zu poetisch. Vielleicht reicht es auch, einfach nur Danke zu schreiben. Oder: War schön mit euch, oder so? Ich reiße die restlichen Blätter aus meinem Block und zerfetze sie, bis nur noch kleine Schnipsel übrig sind. Wieso ist nicht alles im Leben so einfach wie Mathematik?

Draußen fängt es bereits an zu dämmern, als meine Mutter an die Tür klopft. Schnell kehre ich die Papierfetzen unter den Teppich und lege mich aufs Bett.

„Und, wie geht's?" Ich glaube nicht, dass sie die Antwort ernsthaft interessiert, aber ich hatte sowieso nicht vor, ihr die Wahrheit zu erzählen. **Wahrheit macht alles nur noch schlimmer.**

„Ist o.k.", antworte ich. Schweigend setzt sie sich auf meinen Schreibtischstuhl.

„Sei nicht traurig wegen Papa", sagt sie. „Es ist einfach nicht leicht für ihn. Der Sponsor war sein wichtigster Unterstützer – und jetzt, da du seinen Sohn bezichtigt hast, dich zu mobben, nun ja, da war der natürlich nicht so begeistert." Es ist mal wieder so typisch für meinen Vater, dass ihm seine Karriere so viel wichtiger ist als sein Sohn. Grimmig lächle ich in mich hinein. „Musste das heute sein, Paul? Noch vor der Wahl?" Fragend schaut meine Mutter mich an. Sehe ich etwa so aus, als hätte ich das Video gedreht und dem Schulleiter geschickt? „Und dann ausgerechnet der Sohn vom Hauptsponsor?" Habe ich Anton darum gebeten, mich zu treten? Eigentlich können sie ja wirklich dankbar sein, dass ich dadurch Anton quasi gerettet habe.

„Was ist denn jetzt eigentlich dabei rausgekommen?", frage ich meine Mutter.

„Na ja. Das Video war schon eindeutig. Also für diese Woche ist Anton erst mal von der Schule ausgeschlossen. Und die Polizei ermittelt natürlich noch weiter, bis alles lückenlos aufgeklärt ist. Und ...", meine Mutter sieht mich zögernd an.

„Was, und?", frage ich.

„Ich habe darüber nachgedacht, ob du nicht vielleicht doch, also, obwohl Papa dagegen ist, also ob du dir nicht doch ..." Jetzt sag schon, was du sagen willst, Mann. „Also, ob wir dir nicht vielleicht doch Hilfe suchen sollten. Professionelle Unterstützung, wegen der ganzen Sache." Unsicher schaut sie mich an.

„Du meinst, einen Psychologen?", frage ich möglichst schlecht gelaunt, nicht, weil es mich tatsächlich stört, sondern mehr, weil sie diese Reaktion von mir erwartet. Ich meine, natürlich ist es lustig, dass sie mir ausgerechnet dann alle helfen wollen, wenn mir nicht mehr zu helfen ist, beziehungsweise dann, wenn ich mir schon selbst geholfen habe, aber eigentlich ist es mir völlig egal.

„Ja, schon. Einen Psychologen. Weißt du, ich habe vorhin nochmal mit dem Dr. Timmendorf telefoniert. Und der hat mir dann auch noch ins Gewissen geredet. Unter anderem hat er gemeint, dass es, also, dass Leute, die gemobbt werden, also, dass das Folgen haben kann für den ganzen Rest des Lebens. Keine Ahnung. Depressionen hat er gesagt und Belastungsstörungen und Soziale Phobien und Minderwertigkeitsgefühle und solche Sachen. Und dass manche Opfer von schulischer Gewalt das in ihrem Leben nie werden verarbeiten können." Besorgt schaut sie mich an. Ich schweige zurück und starre in den Sternenhimmel über meinem Bett. „Na ja", sagt sie, als von mir keine Antwort kommt. „Müssen wir ja auch nicht heute klären. Vielleicht sprechen wir einfach nächste Woche noch mal drüber, wenn der Papa nicht mehr so im Wahlkampfstress ist." Ich zucke mit den Schultern. Nächste Woche bin ich längst nicht mehr da. Und auch ihr werdet ganz andere Probleme haben. Meine Mutter verlässt mein Zimmer. Der Himmel über mir ist wie ein großes Zelt.

Am Donnerstagmorgen bin ich richtig motiviert.

„Schön, dass es dir wieder besser geht." Meine Mutter klingt ehrlich erfreut, mein Bruder kippt mir zustimmend seinen Kaffee übers T-Shirt, grinsend. Schnell gehe ich hoch und ziehe mich um. Heute muss ich vor den anderen in der Schule sein. Außerdem muss ich noch kurz in die Chemie einbrechen und ein paar Reagenzgläser klauen, bevor ich wieder in die Physik verschwinde. Ich komme mir vor wie ein Astronaut. Alleine in einer fremden, lebensfeindlichen Welt. Alleine auf einer geheimen Mission. Fast schon hüpfend gehe ich zur Bushaltestelle. Der Schulhof ist menschenleer. Auch in der Lehrergarage steht noch kein Auto. Durch das kaputte Fenster im Bioraum klettere ich ins Schulgebäude. Für alle Räume im Gebäude gilt der Generalschlüssel, den ich mir heimlich vom Hausmeister geliehen habe. Freitag kann er ihn dann ja gerne wiederhaben, nur, dass ihm das dann auch nichts mehr bringt. Egal. Leise schleiche ich mich in den Chemieraum. Wie gut, dass in Deutschland am Bildungsetat gespart wird,

sonst hätten wir schon längst Alarmanlagen in der Schule oder Bewegungs-
melder. Haben wir aber nicht. Unbemerkt nehme ich mir die Reagenzgläser,
die ich brauche, um das ganze farblich etwas aufzupeppen. Dann verschwinde
ich wieder in die Physiksammlung. Die Tür schließe ich hinter mir ab und
hole mein Spiel hinter dem Regal hervor. Der Zeitzünder läuft. In siebenund-
zwanzig Stunden ist alles vorbei. Ich will nur noch eine kleine Erweiterung
der Explosion installieren. Ich will eine farbenprächtige Explosion. Gerade, als
ich dazu zwei Drähte miteinander verbinde, fliegt die Sicherung raus und mir
kleine Metallstücke an den Kopf. Ich spüre den Schmerz an meiner Stirn erst,
als das Blut bereits auf den Boden getropft ist. Langsam sickert das Blut durch
meine Finger. Es ist warm und klebt.

Pünktlich zur dritten Stunde sitze ich im Unterricht. Anton ist tatsächlich
nicht im Unterricht. Max schaut mich böse an, vermutlich hat er mich in der
großen Pause vermisst. Gespannt schaue ich nach vorne. Es ist die letzte Musik-
stunde meines Lebens. Das ist ein gutes Gefühl. Also nichts gegen Musik, aber
der Musikunterricht hat diesen Namen einfach nicht verdient. Dabei gehört
Musik sogar zum Profil der Schule. Früher wollte ich ja sogar noch Musik
studieren. Eigentlich war das sogar einer der Gründe, weshalb ich mit dem Fernstudium am MIT angefangen habe, damit ich meinen physikalischen Hunger
so gestillt habe, dass ich mich an der Musikhochschule bewerben kann. Für
Saxophon oder Klavier. Oder beides. Also auf jeden Fall liebe ich Musik. Und
Johann Sebastian Bach. Nur ist das kein Trost, wenn man hier im Unterricht
sitzen muss, Woche für Woche.

„Wir verschieben die Rhythmus-Diktate auf nächste Woche", sagt Herr
Bender. Meine Mitschüler grölen begeistert. Ich atme auf. Wenigstens üben wir
nicht schon wieder die Unterscheidung von Vierteln und Achteln. Gespannt
schaue ich ihn an. „Ich habe mir gedacht, wir fangen heute unser neues Thema
an: Kunstlieder." Herr Bender strahlt, als wäre er der Verkündigungsengel
himself. Ein Stöhnen geht durch die Klasse. Ich stöhne mit. „Zum Einstieg
habe ich euch den *Erlkönig* kopiert. Von Goethe. Kennt ihr?", fragend schaut er
in den Raum. Hat er wirklich vergessen, dass er das schon in der Achten mit uns

gemacht hat, oder rechnet er nur damit, dass wir das vergessen haben? „Also, der Text ist von Goethe, deutscher Dichter der Klassik beziehungsweise des Sturm und Drang, erklärt er. Stille im Klassenzimmer.

„Ist das der mit Elyas M'Barek?", will Saskia wissen.

„Was?", fragend starrt Herr Bender sie an.

„Na, der aus dem Kinofilm. Fuck juh Göthe und so?" Herr Bender zuckt irritiert mit den Schultern.

„Also die Musik ist jedenfalls von Schubert."

„Kenn ich", meint Max und grinst in den Raum. „Der erzählt bei RTL ständig Ossi-Witze." Die Klasse grölt. Man merkt Herrn Bender an, dass es ihm schwerfällt, ruhig zu bleiben. Aber er ist noch nie aufgebraust, auch wenn er dazu sicherlich häufiger mal Grund gehabt hätte.

„Franz Schubert, natürlich." Das Lachen in der Klasse verebbt. „Vielleicht versuchen wir erst mal eine musikalische Analyse", schlägt Herr Bender vor. „Ton-Text-Verhältnis. Ihr wisst schon." In der Klasse wird es langsam stiller. Resigniert fange ich an, den *Erlkönig* selbst zu vertonen, auch wenn natürlich klar ist, dass kein Mensch das je so gut hinkriegen wird wie Schubert, aber irgendwas muss ich tun, sonst drehe ich durch. Keine Ahnung, es reden ja alle immer von Burn out und Überforderung und dem ganzen Stress, den G8 mit sich bringt. Kann ja gut sein, dass das für achtundneunzig Prozent aller Schüler zutrifft, aber nicht für hundert. Aber ich bin halt einer von diesen zwei Prozent, für die das Tempo hier einfach zu langsam ist. Ich meine, alle reden von Inklusion und denken an Behinderte und Rollstuhlfahrer. Rein mathematisch betrachtet sind Behinderung und Hochbegabung betragsmäßig gleich, nur jeweils auf der anderen Seite der Standardabweichung. Ich finde es auch superwichtig, dass Schüler, denen das Lernen nicht so leicht fällt, explizit gefördert werden, dass ihnen geholfen wird. Aber ich finde nicht, dass man das Wort ‚Nachteilsausgleich' so verstehen soll, dass man alle Hochbegabten benachteiligen muss, damit sie nicht zu schnell werden. Adler brauchen keine Treppen, was ist denn daran so schwer zu verstehen? Resigniert seufze ich. Herr Bender sieht mich an:

„Paul, das war jetzt auch nicht meine Idee, das Kunstlied noch mal zu machen. Aber du siehst doch, dass es nötig ist. Außerdem steht es im Lehrplan." Seufzend starre ich aus dem Fenster. Wenn man den Lehrplan fragt, dann gibt es so Schüler wie mich gar nicht. **Anscheinend sind vor Gott und dem Kultusminister alle Schüler gleich.** Und zwar so gleich, dass sie zwar die gleichen Aufgaben kriegen, aber nicht alle das gleiche Recht, ihren Fähigkeiten gemäß gefördert zu werden. Klar, das ist vielleicht erst mal teurer oder zeitaufwändiger, aber davon, dass in nicht mal mehr fünfundzwanzig Stunden die Schule in die Luft fliegt, wird die deutsche Wirtschaft auch nicht merklich profitieren können. Herr Bender bricht die halbherzigen Analyseversuche ab und erzählt der Klasse das, was er uns letztes Jahr auch schon erzählt hat – und in der siebten Klasse, um genau zu sein, auch. Dann drückt er auf Play. Wie immer trägt mich die Musik in eine andere Welt. Wobei der *Erlkönig* eigentlich auch nicht so realitätsfern ist, wie man denken könnte. Man kann sich darüber streiten, was Goethe damit sagen wollte, vielleicht hatte er auch gar keine konkrete Message vor Augen, als der das Gedicht geschrieben hat. Für mich ist die Aussage trotzdem klar. Es geht um das, was passiert, wenn Eltern ihre Kinder nicht ernstnehmen. Manche Väter sind halt einfach ignorante Idioten. Egal. Schubert hat das trotzdem super vertont.

Ohne, dass jemand zuvor geklopft hätte, geht die Tür auf. Herr Rademacher, war klar. Leise flüstert er Herrn Bender was ins Ohr, dann winkt er mich raus. Krass. Ist denen wirklich aufgefallen, dass ich heute in den ersten beiden Stunden nicht da war? Leise verlasse ich das Klassenzimmer, allerdings weniger der Klasse als Schubert zuliebe. Dann schließt Herr Rademacher hinter mir die Tür. Ernst schaut er mich an. Weniger ernst schaue ich zurück.

„Paul. Du weißt, warum ich hier bin. Du warst heute morgen die ersten beiden Stunden nicht im Unterricht. Und da du nicht der Typ bist, der den Unterricht absichtlich schwänzt, muss dich jemand mutwillig aufgehalten haben. Wir gehen mittlerweile davon aus, dass du uns doch nur die halbe Wahrheit erzählt hast. Auffällig ist nämlich auch, dass alle deine Mitschüler ebenfalls gefehlt haben und das, obwohl Frau Weber erzählt hat, dass ihr heute einen

Film geschaut hättet. Vermutlich steckt doch die ganze Klasse dahinter." Ernst schüttelt er den Kopf. „Paul, schau mich an", sagt er, aber ich reagiere nicht. „Tu, was ich dir sage." Herr Rademacher klingt ungewohnt streng, trotzdem schaue ich an ihm vorbei auf den Boden. „Paul", seine Stimme klingt scharf. Mir bleibt nichts anderes übrig, langsam schaue ich auf, senke den Blick dann aber sofort wieder. „Das Pflaster über der Schläfe ist neu." Ich hätte nicht gedacht, dass ihm das auffällt, trotzdem hoffe ich, dass er mich einfach in Ruhe lässt. Ich habe einfach keinen Bock mehr auf dieses ganze Psychogedöns und das Gelaber, das eh nichts bringt, einfach, weil es schon zu spät ist. Schon lang. Herr Rademacher mustert mich kritisch. Langsam bricht mir der Schweiß aus. Wenn sie jetzt rauskriegen, was läuft, oder dass in Wahrheit tatsächlich die ganze Klasse dahintersteckt, bin ich erledigt. Die anderen müssen morgen zur Schule gehen und ich auch. „Alles klar bei dir, Paul? Du siehst total blass aus." Die Stimme von Herrn Rademacher klingt tatsächlich besorgt.

„Passt schon", sage ich und sehe, dass er mir nicht glaubt. Langsam lasse ich mich mit dem Rücken an der Wand auf den Boden fallen. Vielleicht hätte ich heute morgen doch was essen sollen.

„Mensch, Paul, wie konnte das nur alles passieren?" Fragend schaut er mich an. Meine Nase fängt an zu bluten. Wie aus dem Nichts heraus. Ich denke an den Pi-Film und zwar nicht den mit dem Tiger, sondern an den mit dem Mathegenie, der sich sein Gehirn mit einer Bohrmaschine aus dem Kopf holt. Hab ich auch mal überlegt. Das einzige Problem mit der Bohrmaschine ist nur, dass die Bohrmaschine vielleicht für einen Selbstmord ein tolles und haushaltsübliches Instrument ist, allerdings kann man sich schon fragen, wie man mit einer Bohrmaschine Amok laufen soll. Das dauert ja viel zu lange und ich hatte halt nicht vor, von der Polizei abgeknallt zu werden, bevor ich die anderen alle umgelegt habe. Deshalb also keine Bohrmaschine, nur Nasenbluten.

„Paul, was ist da heute morgen passiert? Was haben dir die anderen diesmal angetan? Und wer?" Kurz hört man nur den *Erlkönig*, sonst nichts.

„Da war nichts. Ich habe mir den Kopf am Küchenschrank gestoßen. Beim Frühstück", murmle ich leise und hoffe, dass er mir glaubt. Die Welt vor meinen

Augen fängt wieder an zu verschwimmen. Kann sein, dass es am Stress liegt. Oder daran, dass ich heute morgen nicht gefrühstückt und gestern und die Tage davor eigentlich auch kaum was gegessen habe. Was man nicht isst, kann man nicht wieder rauskotzen. Irgendwie habe ich mich für intelligent gehalten, aber anscheinend wäre es doch schlauer gewesen, sich darum zu kümmern, dass mein Kreislauf zumindest einigermaßen durchhält.

„Paul!", sagt Herr Rademacher jetzt lauter. Als ich noch immer nicht reagiere, fasst er mich am Kinn, um mein Gesicht zu heben. Mit leerem Blick starre ich durch ihn hindurch. Als sich das Pflaster, das ich provisorisch auf meine Wunde an der Stirn geklebt hatte, löst, starrt Herr Rademacher mich entsetzt an.

„Scheiße, Mann. Ein Streifschuss!" Spätestens jetzt glaubt mir keiner mehr, dass das heute morgen beim Frühstück passiert ist. Mein Klassenlehrer hat recht, Scheiße, Mann, wirklich.

„Er sieht nicht aus, als würde er aufstehen können", meint Herr Rademacher. Herr Bender nickt zustimmend. Ich habe gar nicht gemerkt, dass er rausgekommen ist. Immerhin hat er Taschentücher. Dankbar halte ich sie mir unter die Nase. Ich habe überhaupt keine Zeit für das Theater. Kann ich nicht einmal unauffällig sein? Aber vermutlich liegt es in der Sache, dass man nicht gleichzeitig herausragend sein kann und unauffällig. Vielleicht bin ich der Stich, der in jeder Stichprobe heraussticht. Aus dem Klassenzimmer tönt noch immer Dietrich Fischer-Dieskau. Dabei sollte selbst meinen Mitschülern klar sein, dass das Kind inzwischen tot ist.

„Und was machen wir jetzt mit ihm?", fragt Herr Bender.

„Vom Sanni kommt gleich einer, allein schon deswegen." Herr Rademacher zeigt auf die Wunde an meiner Stirn, die fröhlich vor sich hin blutet, als wäre ich eine Art menschlicher Springbrunnen.

„Und dann sollten wir die Polizei rufen", schlägt Herr Bender vor und greift zum Telefon.

„Wenn die jetzt schon anfangen, rumzuballern, dann ist das echt ernst", fügt Herr Rademacher hinzu. So schnell ich kann, schüttle ich den Kopf.

„Keine Polizei. Wirklich nicht", sage ich und schaue die Lehrer flehend an. „Das war meine Schuld. Da können die anderen nichts dafür." Zumindest nicht direkt. Trotzdem brauche ich jetzt keine Polizei. Mann, es ging doch die ganzen letzten Jahre problemlos alles seinen Gang. „Das war ein Unfall, ehrlich." Das war es ja tatsächlich. Trotzdem schüttelt Herr Rademacher den Kopf.

„Paul, die haben auf dich geschossen! Willst du, dass die dich irgendwann umbringen?" Natürlich nicht. Deswegen will ich sie ja vorher umbringen, aber das schaffe ich nur, wenn wir hier alle möglichst schnell wieder zur Tagesordnung übergehen. Vor allem sollte ich dringend mal was essen. Langsam stehe ich auf. Es funktioniert. Eine Welle von Optimismus durchströmt mich.

„Kann ich nicht wieder in den Unterricht?", frage ich und versuche, selbstbewusst zu lächeln.

„Zurück in den Unterricht?", fragt Herr Rademacher entsetzt.

„Zurück in diese Klasse?" Herr Bender kann es nicht fassen.

„So schlimm ist das nicht", sage ich. „Wirklich, ich habe mir einfach nur die Stirn gestoßen." Herr Rademacher schüttelt den Kopf und murmelt irgendwas von Nebenwirkungen von irgendwelchen Medikamenten. Sehe ich so aus, als ob ich die Medikamente aus dem Krankenhaus noch nehmen würde? **Mein Zustand ist nichts als die Nebenwirkung meines Lebens.** Dann höre ich das Trampeln des Sanitätsdienstes.

„Was ist denn jetzt schon wieder?", fragt mich der Schüler aus der Zwölften, so, als wäre ich ein kleines, wildes Kind.

„Los, Hand weg", meint Herr Rademacher streng. Ich lasse die Hand fallen.

„Scheiße", sagt der Zwölftklässler. „Für sowas bin ich nicht ausgebildet. Also ich würde vorschlagen, wir bringen ihn runter ins Sanitätszimmer, und dann soll sich Herr Roth das mal anschauen. Wobei ich vermute, dass das sowieso genäht werden muss." Provisorisch klebt er mir ein Pflaster auf die Stirn. „Kannst du alleine laufen?" Ich nicke. Hoffentlich. Langsam laufe ich dem Sanni hinterher Richtung Sanitätszimmer. „Die Polizei ist unterwegs", verkündet Herr Bender und verschwindet wieder in den Musikraum. Herr Rademacher läuft neben mir. Vermutlich hat er Angst, dass ich jeden Augenblick umfallen könnte. Vermutlich ist diese Angst gar nicht so unberechtigt. Meine Hände umklammern das Treppengeländer. Ich weiß nicht, was ich machen soll. Wie kann ich verhindern, dass Max und die anderen von der Schule fliegen, ohne dass ich ihnen die Wahrheit sagen muss? Es sind nicht mal mehr vierundzwanzig Stunden. So lange muss ich noch durchhalten. Herr Roth schließt die Tür zum Sanitätszimmer auf.

„Setz dich", befiehlt er und zeigt auf die gammelige Liege, die bestimmt 1987 zum letzten Mal überprüft wurde. Mit geübten Fingern zieht der das Pflaster ab. Die Überraschung verschlägt ihm die Sprache. „Waren das die anderen?", fragt er schockiert. Herr Rademacher nickt düster. Aus den Augenwinkeln sehe ich, wie das Polizeiauto auf unseren Schulhof fährt. Ich fühle mich latent umzingelt. Dabei hätte ich bloß auf dieses blöde Farbspecial verzichten müssen. Was bringt es mir, wenn die Schule morgen in Regenbogenfarben explodiert, aber weder ich noch meine Klasse dabei sind? Hochmut kommt vor dem Fall. Vielleicht ist das auch so ein Naturgesetz. Scheiße. Scheiße. Scheiße.

21. KAPITEL

Man kann nicht darauf vertrauen, dass im Skat das drin ist, das man drin haben möchte. Auch du nicht.

„Also, ich kann ihm da provisorisch was drüberkleben, aber die Wunde sollte auf jeden Fall genäht werden", meint Herr Roth und greift zum Verbandskasten.

„Vielleicht machen wir besser vorher noch ein Foto für die Polizei", schlägt Herr Rademacher vor und hält mir sein Smartphone vor die Stirn. Ich weiß nicht, was ich davon halten soll. Die Polizei wird sicher erkennen, dass das keine Schusswunde ist. Das Problem ist nur, sie werden auch zweifelsfrei erkennen, dass das keine Küchenschranktür gewesen sein kann. Die Frage ist nur, was glauben sie dann? Was kann ich ihnen noch erzählen?

„Hat schon jemand seine Eltern angerufen?", fragt Herr Roth und wickelt sicherheitshalber einen Verband um seine Pflasterkonstruktion. Herr Rademacher schüttelt mit dem Kopf.

„Ich weiß nicht, die schienen mir gestern schon nicht so begeistert. Sein Vater ist gerade im Wahlkampf. Irgendwie wirkte der ziemlich gereizt." Das ist er allerdings auch, wenn nicht gerade Wahlkampf ist.

„Eltern sind nie begeistert, wenn die Schule anruft." Herr Roth zuckt mit den Schultern. „Trotzdem. Regeln sind Regeln. Und die Polizei …"

„Ist schon da." Schulz und Müller trampeln in den Raum. Die haben mir gerade noch gefehlt. „Was ist denn heute passiert?", fragend schauen sie mich an. Mein Blick wandert an ihnen vorbei ins Leere. Mir ist schlecht. Vielleicht sollte ich wirklich mal was essen.

„Jetzt haben sie ihn auch noch angeschossen", erklärt Herr Roth.

„Angeschossen?", fragen Schulz und Müller gleichzeitig.

„Ich dachte, dieser Anton hätte einen Schulverweis?", fragt Schulz und sucht den Raum nach Keksen ab. Erfolglos.

„Ja, der ist gerade vom Schulbesuch ausgeschlossen worden. Aber wir denken jetzt, dass Paul uns angelogen hat und doch die ganze Klasse dahintersteckt. Die waren nämlich alle heute morgen nicht im Geschichtsunterricht. Und ab der dritten Stunde waren alle wieder da – und Paul mit Pflaster über der Stirn." Es gongt zur großen Pause. Herr Roth schließt hinter sich die Tür.

„Bei den Eltern geht keiner ran."

„Vermutlich ist die Schulnummer bei denen mittlerweile auf der Blacklist", witzelt Herr Rademacher, wird dann aber wieder ernst. „Und was heißt das jetzt? Krankenwagen?" Entsetzt reiße ich die Augen auf. Wenn ich jetzt im Krankenhaus lande, dann eskaliert das hier alles total. Also, falls man dieses Chaos hier noch steigern kann. „Paul, willst du uns vielleicht jetzt erzählen, was wirklich passiert ist? Und dieses Mal die ganze Wahrheit?" Sicher nicht. Stur starre ich an ihnen vorbei aus dem Fenster.

„Ich glaube, es ist besser, wir lassen Paul erstmal in Ruhe. Vielleicht sprechen wir besser zuerst mit der Klasse. Und zwar mit allen. Und dann sollten wir die Waffe suchen", schlägt Müller vor.

„Kann ich denn die Wunde mal sehen?", fragt Schulz. Herr Roth schüttelt den Kopf.

„Das Pflaster bleibt jetzt drauf, bis das genäht wird. Aber wir haben ein Foto gemacht." Die Polizisten schauen interessiert auf das Smartphone, das ihnen Herr Rademacher vor die Nase hält.

„Sehr ungewöhnliches Kaliber. Schwer zu sagen, was für 'ne Waffe das ist. Vielleicht was aus dem Ausland", meint Müller. Ich weiß nicht, ob ich mich darüber freuen soll, dass sie keine Ahnung haben. „Ich wäre auch dafür, dass wir mit der Klasse reden. Kommen Sie mit?" Herr Rademacher nickt und meint zu mir:

„Zu dir kommen wir später noch mal." Dann verlassen sie das Sanitätszimmer.

„Der Junge macht echt Sachen", höre ich noch einen der Polizisten sagen, dann fällt die Tür hinter ihnen zu. Herr Roth überprüft meinen Puls.

„Ich habe kein gutes Gefühl dabei, dich hier allzu lange zu behalten. Die Wunde am Kopf sollte sich dringend ein Profi anschauen. Ist sonst alles klar bei dir? Schwindel? Kopfschmerzen?" Ich schüttle den Kopf. Immerhin, die Nase hat aufgehört zu bluten. Allerdings ist das mit Nasenbluten wie mit Max. Man weiß nie, wann es wieder anfängt. Unruhig wandert mein Blick durch den Raum. „Vielleicht ist es für die Wunde besser, wenn du dich hinlegst." Gehorsam mache ich, was Herr Roth von mir will. Jetzt ja nicht auffallen. „Willst du mal was trinken?" Ich nicke. „Ich hol dir was", sagt er, lächelt mir zu und verschwindet. Endlich bin ich allein. Allein mit meinen Gedanken, mit meinem Gehirn und mit meiner Angst. Warum kann nicht jetzt schon alles vorbei sein?

Die Zeit vergeht quälend langsam. Ich habe keine Ahnung, was sie mit mir vorhaben. Was meine Eltern entscheiden. Ich will nicht ins Krankenhaus. **Ich will einfach nur, dass alles bleibt, wie es war, bis es sich morgen früh für immer verändert.** Vielleicht könnte ich es nochmal mit Roswitha versuchen, andererseits will ich sie da auch nicht mit reinziehen. Und die Geschichte mit dem Streifschuss passt mir gar nicht ins Konzept. Nur, was soll ich sagen, was es sonst war? Was soll ich machen, wenn sie mich morgen nicht mehr in die Schule lassen? Oder wenn sie die anderen morgen nicht mehr in die Schule lassen? Das Beste wäre natürlich, wenn sie die Klasse und mich aus Mangel an Beweisen laufen lassen würden. Immerhin, eine Waffe werden sie nicht finden. In meinem Gehirn geht es drunter und drüber. Draußen hört man den Lärm der großen Pause. Einige Kinder scheinen echt viel Spaß zu haben. *Magna Mysteria.* Es gibt Dinge, die werden mir für immer ein Rätsel bleiben. Dann kommt Herr Roth wieder ins Zimmer, in der Hand hält er eine Wasserflasche. Vorsichtig richte ich mich auf. Die Welt vor meinen Augen bleibt stabil. Sehr gut. Dankbar greife ich nach der Wasserflasche und trinke sie in großen Zügen aus. Dann lehne ich mich mit dem Rücken an die Wand und schaue aus dem Fenster. Aus dem Fenster schauen beruhigt, keine Ahnung, warum.

„Und, wie fühlst du dich?" Vermutlich wäre ‚grauenhaft' noch eine Untertreibung. „Schon wieder besser", sage ich. Es stimmt sogar. Also zumindest besser als vorhin, nur dass mir diese Streifschussgeschichte immer noch Kopf-zerbrechen bereitet. Schweigend schaut er mich an.

„Wieso hast du uns nie was gesagt? Wir dachten immer, dir geht es gut."
Draußen vor dem Fenster ist der Sommer. Kinder rennen über den Schulhof. Irgendwie friedlich. Wie oft habe ich versucht, mit den Lehrern zu reden, wie oft haben sie mich nicht ernstgenommen. Auch Herr Roth hat gelacht und von ‚Pubertät' gesprochen, von einer ‚Phase', die irgendwann vorbeigeht und davon, dass ich das alles nicht so ernst nehmen soll. Und auch Herr Roth hat gelacht, wenn Max im Sportunterricht irgendwelche fiesen Witze über mich gemacht hat. Zumindest hat er geschmunzelt. Vor allem aber, hat er nichts getan. Auch Herr Roth hat weggeschaut, wenn ich zum fünften Mal gefoult wurde, wenn die Mann-schaften sich darum stritten, welche mich nehmen musste, und auch Herr Roth muss zumindest Bruchstücke von den ganzen Geschichten mitgekriegt haben, die nach der Stunde in der Umkleidekabine abgingen. So laut, wie die waren, konnte man das eigentlich gar nicht mehr überhören. Und zumindest im Schwimm-unterricht hätten ihm die ganzen Hämatome eigentlich auch auffallen müssen. So viele, wie ich meistens hatte, konnte ich mit den Armen oder dem Handtuch gar nicht mehr verstecken. Das alles und noch viel mehr hat er mitgekriegt, genau wie seine Kollegen – und trotzdem hat er nichts getan. Und jetzt wundert er sich. Und morgen dann erst recht. Das ist dann nichts als eine logische Konsequenz.

Plötzlich klopft es an die Tür. Herr Roth springt auf.

„Hoffentlich sind das deine Eltern." Hoffentlich sind sie das nicht. Ich habe Glück. In der Tür stehen zwei Fünftklässler. Die eine weint, der andere steht neben ihr und wirkt ziemlich besorgt. „Was ist denn passiert?", fragt Herr Roth und lässt sie hinein. Das Mädchen versucht unter Tränen zu erzählen, was los ist, bekommt aber keinen verständlichen Satz heraus.

„Wir haben bei den Fahrradständern gespielt. Sie wollten unbedingt Reit-turnier spielen. Und dann ist sie über den einen Fahrradständer gehüpft und dann aber irgendwie umgeknickt und mit dem Arm voll auf den anderen Fahr-radständer geknallt", trägt der Junge seinen Bericht vor, wie bei einem Referat. Das Mädchen hebt demonstrativ den Arm.

„Kannst du die Finger bewegen?", will Herr Roth wissen. Mit schmerzverzerrtem Gesicht wackelt das Mädchen mit den Fingern. „O.k." Herr Roth bedeutet ihr, sich auf die Liege neben mich zu setzen, dann befühlt er ihren Arm. „Der ist vielleicht gebrochen. Oder zumindest verstaucht." Er holt ihr ein Kühlakku aus dem Kühlschrank. „Wartet ihr hier? Ich geh kurz ins Sekretariat und sag Bescheid, dass die deine Mutter anrufen sollen, dass sie dich abholt." Das Mädchen nickt tapfer. Der Junge setzt sich neben sie. Kurze Zeit ist es still. Dann verlagere ich mein Gewicht, weil mein linkes Bein fast schon eingeschlafen ist. Erst jetzt fällt den beiden auf, dass ich da bin. Überrascht schauen sie mich an.

„Dann bist du also Aladin?", staunt der Junge. Überrascht schaue ich zurück.

„Ich bin wer?", frage ich.

„Aladin. Weißt du nicht, wer das ist?" Der Junge schaut mich fragend an.

„Klar, weiß ich, wer Aladin ist. Aber wie kommst du auf die Idee, dass ich das wäre?" *Wie kommst du überhaupt auf die Idee, mich einfach anzuquatschen?* Aber das denke ich nur. Kinder können nichts dafür, wenn sie komische Fragen stellen. Und lieber komische Fragen, als gar keine Fragen. Die beiden würden noch früh genug lernen müssen, was es bedeutet, wenn man in dieser Welt neugierig ist.

„Also nicht, dass du Aladin bist. Also der aus *Tausendundeine Nacht,* aber irgendwie halt doch." Ich kapiere gar nichts. Hätte nicht gedacht, dass ein Zehnjähriger in der Lage ist, mich kognitiv zu überfordern. Aber vielleicht bin ich kognitiv gerade auch etwas angeschlagen.

„Der kapiert doch gar nicht, was du meinst", kritisiert das Mädchen und schaut mich an.

„Aladin … wegen dem Turban, also wegen dem Verband um deinen Kopf. Und weil du Leonie die Geschichte erzählt hast." Wo bleibt der Genitiv? Egal! Wer ist Leonie? Welche Geschichte? Der Junge scheint die Fragezeichen auf meiner Stirn zu bemerken.

„Sag mal, bist du auf den Kopf gefallen?" Ich nicke, gewissermaßen bin ich das schon. „Okay. Also. Leonie ist mit Merle, also mit ihr, beim Reiten." Aha, schön für sie. Noch immer schaue ich ihn fragend an. Ich habe überhaupt keine Ahnung, worauf er hinaus will. „Also, sie sind Freundinnen." Soweit habe ich das jetzt verstanden, nicke ich. „Und als Merle die Leonie im Krankenhaus besucht hat, gestern, da hat Leonie ihr davon erzählt, dass ein Junge von unserer Schule ihrer Freundin die Geschichte von Aladin erzählt hat. Und dass das ganz lustig ist, weil der Junge selber so aussieht wie Aladin, weil der nämlich einen großen Verband um seinen Kopf hat, so wie du."

„Und deshalb hat Tom überlegt, ob du nicht vielleicht der Junge bist, von dem Leonie mir gestern erzählt hat", beendet Merle die Geschichte. Sie ist wirklich ziemlich tapfer. Fragend schauen sie mich an. Ich zucke mit den Schultern und lächle dabei. „Möglich. Kann sein, dass ich Aladin bin. Aber meinen fliegenden Teppich habe ich zuhause vergessen." Ich grinse sie an.

„Du hast einen fliegenden Teppich?", fragt Tom mit vor Staunen aufgerissenen Augen. Merle schnaubt:

„Natürlich nicht, du Dödelkopf. Das war Ihr-rho-ni-hie." Fragend starrt Tom uns beide an.

„Das war ein Witz", erkläre ich. „Natürlich habe ich keinen fliegenden Teppich. Meistens reicht mir mein Fahrrad."

„Aber du bist der Junge aus dem Krankenhaus?" Ich nicke. „Cool."

„Wieso ist das cool?", frage ich. Mit dieser Reaktion hätte ich gar nicht gerechnet. „Und wieso interessiert euch das überhaupt?" Tom und Merle schauen sich an.

„Warum bist du überhaupt hier?" Fragend schaut Merle mich an und scheint dabei sogar die Schmerzen in ihrem Arm zu vergessen. Tja. Warum sind wir hier? Die Frage aller Fragen. Warum sind wir nicht woanders? Warum sind wir überhaupt?

„Wo sollte ich denn sonst sein?" Fragen mit Gegenfragen beantworten kann ich auch.

„Im Unterricht?", fragt sie und schaut mich dabei an, als wäre ich besonders schwer von Begriff.

„Längere Geschichte", sage ich kurz. Die Kleinen müssen nicht alles wissen. Das Leben wird viel zu schnell grausam.

„Warte mal, bist du der, den sie halb erschossen haben?", fragt Tom dann zögernd. „Was?", entsetzt schaut Merle ihn an. Tom zuckt entschuldigend mit den Schultern.

„Auf dem Schulhof steht ein Polizeiauto. Und die Polizei parkt nie so zum Spaß auf einem Schulhof. Außerdem habe ich gehört, wie Herr Sibert und Frau Kramer über einen Jungen gesprochen haben, auf den geschossen wurde. Und entweder, der liegt jetzt schon auf dem Friedhof, oder der ist noch hier." Fragend schaut er mich an.

„Du wärst echt ein toller Detektiv", sage ich anerkennend. „Aber mich hat keiner angeschossen", versuche ich klarzustellen.

„Und wieso sagt Herr Sibert das dann, der ist doch kein Lügner!" Tja. Wie soll ich ihm das erklären.

„Herr Sibert ist einfach nicht so toll detektivisch wie du und deswegen hat er sich geirrt. Vielleicht hat er auch zu viele Krimis geguckt." Bei dem Gedanken muss Tom grinsen. „Warum hast du das mit dem Aladin gefragt?", frage ich. Eigentlich ist es mir total egal, aber Ablenkung hilft gerade wirklich gut.

„Na ja, also das ist …", fängt Merle an, bricht dann aber wieder ab. Ermutigend schaue ich die beiden an.

„Also, das ist eine längere Geschichte", meint Tom.

„Dann fang an", sage ich. „Aber beeile dich ein bisschen. Ich weiß nicht, ob ich überhaupt mit euch reden darf."

„Erwachsene haben manchmal ziemlich komische Regeln." Tom runzelt die Stirn, ich nicke zustimmend. „Also jedenfalls. Keine Ahnung. Also unser Mathelehrer ist schwanger. Also dem seine Frau", beginnt Tom endlich.

„Dessen", raunt Merle ihm zu. „Nicht, dass er denkt, dass wir doof sind, oder so."

„Denke ich schon nicht. Also, was ist mit der Frau von eurem Mathelehrer?"

„Also die ist schwanger. Aber unser Mathelehrer hat sich Elternferien genommen oder wie das heißt", fährt Tom fort.

„Elternzeit?", rate ich. Tom nickt. „Und was hat Aladin jetzt damit zu tun?" Die beiden schauen sich an.

„Der Vertretungslehrer, den wir jetzt haben, der ist total doof. Und voll streng", erzählt Merle.

„Und er kann gar nicht erklären", ergänzt Tom und verdreht die Augen. „Ja. Und als Merle dann gestern erzählt hat, dass Leonie ihr gestern erzählt hat, dass du so voll gut bist mit Zahlen und so, haben wir uns gedacht …" Fragend sieht er mich an, aber ich habe keine Ahnung, was ich antworten soll.

„Was habt ihr euch gedacht?" Es ist sehr anstrengend, mit dem Verband über dem Pflaster die Stirn zu runzeln.

„Also, die Leonie hat gesagt, dass du echt gut bist mit Mathe. Und wir sind das halt nicht. Und dann hatten wir heute morgen in der ersten großen Pause eine heimliche Klassenkonferenz, also ohne Lehrer." „Und das Ergebnis davon war eindeutig", berichtet Tom. Unsicher schaut er zu Merle, aber die nickt ihm ermutigend zu. „Wir wollten dich fragen, also so als Klasse, also, ob du uns nicht helfen willst, mit Mathe. Wenn es deinem Kopf wieder gut geht." Sie schauen mich an wie zwei Hundewelpen. Fassungslos starre ich sie an. „Hab ich was Falsches gesagt?" Tom schaut irritiert. Merle schüttelt den Kopf, aber das, was Tom gesagt hat, war absolut falsch. Zumindest laut meinen Spielregeln. Zumindest für meinen Plan. Das hätte nicht passieren dürfen.

„Ihr wollt was?", frage ich automatisch, als ob mein Gehirn sich vergewissern will, obwohl es sowieso schon weiß, dass es gehört hat, was es nicht hören wollte.

„Hä? Das hab ich doch gerade gesagt!" Tom versteht nicht, was mein Problem ist. Wie sollte er auch. Schwindel überkommt mich und Übelkeit.

„Hui!", sage ich und lehne mich erschöpft an die Wand.

„Heißt das jetzt ja oder nein?" Warum sind Kinder nur so hartnäckig? Die Gedanken überschlagen sich in meinem Kopf. Die Welt ist das Chaos. Mir ist so schlecht.

„Ach komm, sag schon was. Das ist doch nicht so schwer!", Merle schaut mich ungeduldig an.

„Es geht nicht", flüstere ich leise.

„Warum nicht?" Merle zieht einen Schmollmund. „Meine Mama hat gesagt, wenn man etwas richtig richtig will, dann geht alles." Matt schüttle ich den

Kopf. Ich weiß nicht, was mich mehr stresst. Dass jemand seinen Kindern einen solchen Blödsinn erzählt oder dass ich es bin, der diesen Kindern diese letzte Illusion zerstören wird.

„Bitte, wir können das doch morgen in Mathe mal ausprobieren, also wenn es dir dann schon wieder besser geht." Jetzt schaut auch Tom mich bettelnd an. Ich kann ihnen doch jetzt nicht sagen, dass es mir morgen nicht wieder gut gehen wird. Und übermorgen auch nicht. Ich kann ihnen doch jetzt nicht sagen, dass es morgen kein Mathe mehr gibt, dass es überhaupt kein Mathe mehr gibt, weil es für alle Schüler dieser Schule überhaupt keine Zukunft mehr gibt. Ich kann ihnen doch jetzt nicht sagen, dass wir morgen Abend alle tot sind.

Die Tür geht auf.

„Dein Vater kommt gleich", sagt Herr Roth zu Merle. Dann treffen sich unsere Blicke. Ich brauche keinen Spiegel, um zu wissen, dass alle Farbe schlagartig aus meinem Gesicht gewichen ist. Ich brauche kein ‚Wie-verstehe-ich-meine-Lehrer-Seminar' um zu sehen, dass Herr Roth sich Sorgen macht. Ich brauche keine Zauberkugel, um zu wissen, dass ich jetzt echt ein Problem habe. „Paul, was ist los?" Mit schnellen Schritten eilt Herr Roth auf mich zu und hält mich an den Armen fest, als mein Körper, von jeder Energie verlassen, zur Seite kippen will. Ich dachte, dass ich jeden Parameter mit einberechnet hatte, aber das hatte ich nicht. Neben mir sitzen zwei Kinder. Herr Roth vor mir verschwimmt. Wie durch Nebel kriege ich mit, wie er meinen Körper so an die Wand lehnt, dass ich nicht mehr umfallen kann. „Was ist passiert? Was hat er gesagt?", will Herr Roth von den völlig überforderten Fünftklässlern wissen.

„Nichts?", meint Tom unsicher und hat damit irgendwie Recht.

„Kannst du bitte Herrn Sibert holen?", wendet Herr Roth sich an Tom. „Und die Sekretärin soll noch mal bei Pauls Eltern anrufen." Kalt spüre ich seine Finger auf meinem Unterarm. „Lass die Augen auf, Paul", sagt Herr Roth und versucht, mich anzulächeln. Es fällt mir schwer, überhaupt irgendwie auf ihn zu reagieren. Es ist, als wäre schlagartig alle Energie aus mir gewichen, wobei das strenggenommen gar nicht möglich ist, schließlich hatte ich ja davor schon keine Energie mehr. Und was nicht drin ist, kann nicht rausfließen. Grundsatz der Energieerhaltung. Mein Plan hatte ein Loch. Mein Plan hat ein Loch. Zum ersten Mal habe ich eine unvollständige Rechnung aufgestellt, dabei schien alles so perfekt. Und jetzt haben sich die beiden da einfach reingetunnelt. Warum? Warum kann das Leben nicht einmal so funktionieren wie die Mathematik? **Warum müssen in der Realität immer irgendwelche unberechenbaren Dinge passieren?** „Paul, bleib hier." Herr Roth klopft mir leicht auf die Wange. **Wie gerne würde ich für immer verschwinden.** Am liebsten jetzt sofort. Aber das kann ich nicht. Nicht mehr. Da sind zwei Fehler in meiner Rechnung. Einer mit Zahnlücke und eine mit gebrochenem Arm. Scheiße, Mann, wirklich.

„Wir haben gar nichts gemacht", beteuert Merle. Sie lügt. Sie hat gemacht, was ich nie für möglich gehalten hätte. **Sie haben meinen Plan durchkreuzt.** Ausgerechnet jetzt. Und ich kann sie nicht mal dafür hassen.

„Mann, Mann, Mann", meint Herr Sibert, als er das Sanitätszimmer betritt. Ich habe dem nichts hinzuzufügen. Trotzdem versuche ich, mich wieder aufzurichten. Ich will nicht wieder ins Krankenhaus. Ich will, dass dieser Saftladen hier morgen in die Luft fliegt und ich mit ihm. Wobei, im Moment bin ich mir da gar nicht mehr so sicher. Scheiße. Was müssen die beiden auch ausgerechnet Reitturnier spielen? Hätten die nicht irgendwie Fußballspielen oder Aufkleber tauschen können?

„Mir geht es schon wieder besser", sage ich und schaue den Schulleiter an. Mehr als skeptisch schaut er zurück.

„Wir erreichen einfach keinen von den Eltern. Was machen wir? Krankenwagen?" Entschieden schüttle ich den Kopf.

„Mir geht es wirklich schon wieder besser", behaupte ich in der Hoffnung, dass eine Lüge irgendwann wahr wird, wenn man sie nur oft genug wiederholt.

„Was ist hier überhaupt passiert?", fragt Herr Sibert dann.

„Nichts", beteuern die beiden Fünftklässler eingeschüchtert.

„Ich mein gar nicht euch, ich meine Paul." Flüsternd erzählt Herr Roth ihm von dem Streifschuss. Kopfschüttelnd sieht der Schulleiter mich an.

„Hätte nie gedacht, dass du auch irgendwann zum Problemschüler wirst."
Nachdenklich zieht er sich seine Krawatte zurecht. Problemschüler ist ein dehn-
barer Begriff. Es stimmt, Probleme gemacht habe ich ihnen in der Vergangenheit gar nicht. Im Gegenteil. Aber wenn man den Schüler als Problemschüler
bezeichnet, der viele Probleme hat, dann bin ich das schon lange. Und eigentlich hatte ich gedacht, dass ich die ultimative Lösung dafür gefunden hatte. Für
alle Probleme, aber anscheinend …

„Polizei?", fragt er.

„Ist schon in der Klasse. Trotzdem, Pauls Wunde muss auf jeden Fall genäht werden. Und dann nach Hause ins Bett." Herr Roth wirkt ziemlich ernst.
„Alles weitere, was Paul betrifft, sollten wir dann besser nächste Woche klären;
mit seinen Eltern. Im Moment ist der Junge echt fertig." Herr Sibert nickt, als
könnte er das verstehen. In meinem Kopf geht es drunter und drüber. Es ist,
als hätte die Schrödingerkatze im Karton Kätzchen bekommen. Kleine süße
Kätzchen. Du sollst nicht töten, erst recht keine kleinen Kätzchen. Verdammte
Scheiße. Warum kann ich die beiden nicht einfach auch hassen? Warum wird
mir so schlecht bei dem Gedanken, dass sie morgen sterben werden? Mann,
ich war mir so sicher, dass ich Recht habe, dass ich über alles nachgedacht und
alles berechnet habe. Und dann habe ich ausgerechnet die Kinder vergessen.
Tom und Merle. Und alle anderen Kinder, die nichts dafür können. **Die nichts
dafür können, dass Max mich seit Jahren quält, dass mein Vater
ein Idiot ist, dass der Unterricht mich zu Tode langweilt und kein
Lehrer mich ernst nimmt.** Die Kinder haben mir nichts getan. Es wäre absolut ungerecht, sie trotzdem zu bestrafen. Sie trotzdem zu töten. Es wäre absolut falsch. Warum kann ich sie nicht einfach auch hassen? Mann, warum
konnten die nicht einfach was anderes spielen. Oder besser aufpassen. Dann
hätte ich morgen ganz in Ruhe die Schule in die Luft jagen können und alles
wäre gut gewesen. Mann! Warum kann sich das Leben nicht an die Regeln
der Mathematik halten? Und selbst das hätte mir vermutlich nichts geholfen.
Selbst wenn die Irrtumswahrscheinlichkeit kleiner ist als 0,1 Prozent heißt das
nicht, dass man sich nicht irren kann. Und verdammt, **ich hatte mich richtig**

geirrt. Es wäre besser gewesen, die Schule am Unterstufensporttag in die Luft zu jagen, wenn alle Unterstufenschüler in der Sporthalle sind. Aber vermutlich wäre das auch nur eine halbe Lösung gewesen, denn irgendeinen Achtklässler, der nett war, den gibt es vermutlich auch auf meiner Schule. Oder den Typ vom Sanitätsdienst, der hatte mir ja auch nichts getan. So gesehen wäre ein Amoklauf vielleicht doch die bessere Idee gewesen. Allerdings, auch da kann man Kollateralschäden nicht ausschließen. Aber ich hätte zumindest nicht gleich die ganze Schule plattgemacht. Nachdenklich knabbere ich auf meiner Unterlippe, wobei man den Gedankensturm in meinem Kopf vermutlich gar nicht mehr als Nachdenken bezeichnen kann. Irgendwie wächst mir die ganze Sache gerade gewaltig über den Kopf. Jetzt war ich die ganzen letzten acht Schuljahre immer nur unterfordert. Und dann, kurz vor Ende, explodiert die Welt um mich herum. *Error overflow.* Totalausfall. Was soll ich bloß machen? Ich will nicht, dass sie sterben, nicht die Kleinen. Aber ich will, dass Max draufgeht. Und die Lehrer. Und ich, natürlich, das sowieso. Wie soll ich das jetzt noch hinkriegen? Meine Augen starren geradeaus ins Leere, dann treffen sie den Blick von Merle. Er sieht besorgt aus. Und bittend. Ich glaube, die zwei haben ihre Frage tatsächlich ernst gemeint. Noch immer habe ich ihnen nicht darauf geantwortet, aber sie sehen auch nicht so aus, als würden sie mir das übelnehmen. Langsam wird auch Merle blass. Schweiß sammelt sich auf ihrer Stirn. Tapfer beißt sie die Zähne aufeinander. Keine Ahnung, woher das kommt, aber man hat fast das Bedürfnis, sie in den Arm zu nehmen und zu trösten. Wie sie wohl aussieht, wenn sie stirbt? Die Vorstellung ist so grauenhaft, dass sich mir der Magen umdreht, der Magen, in dem sowieso nichts drin ist. Außer Verzweiflung. Unter größter Anstrengung schaffe ich es, einen Würgereiz zu unterdrücken. Dann geht die Tür auf.

„Merle, Schatz, was machst du denn für Sachen!" Der Mann, der durch die Tür kommt, kommt mir irgendwie bekannt vor.

„Papa!", ruft Merle und springt auf.

„Hast du dich verletzt, beim Spielen?", fragt er und kniet sich vor sie auf den Boden. Es tut fast weh, zu sehen, wie lieb er sie hat.

„Sie hat sich beim Spielen in der großen Pause vermutlich den Arm ge-brochen", meint Herr Roth. „Das Beste wäre, Sie fahren mit ihr zur Un-fallambulanz, die ist grad um die Ecke. Dann kann sich das ein Fachmann anschauen." Merles Vater nickt.

„Natürlich." Dann nimmt er sie bei der unverletzten Hand und will mit ihr das Sanitätszimmer verlassen, aber Merle bleibt stehen und schaut mich an. Dann fragt sie Herrn Roth:

„Und was ist mit seinen Eltern? Wieso kommen die nicht?" Herr Roth zuckt mit den Schultern.

„Wir können seine Eltern nicht erreichen. Es geht einfach keiner ans Tele-fon."

„Aber er muss doch eigentlich auch zum Arzt, oder?" Herr Roth nickt ernst.

„Seine Wunde an der Stirn sollte auf jeden Fall genäht werden." Bittend schaut Merle ihren Vater an, auch er ist ihrem Hundeblick machtlos ausgeliefert.

„Dann können wir ihn doch einfach mitnehmen", schlägt sie vor und feuert ihren Hundeblick nun auch Richtung Herrn Roth. Nachdenklich schaut der Merles Vater an. „Also, das wäre in der Tat ungewöhnlich und auch eigentlich gar nicht zulässig, aber für Paul wäre es wirklich gut, wenn die Wunde bald professionell versorgt würde. Hm. Wir können von seiner Familie niemanden erreichen. Also, falls das für Sie keine Umstände macht? Dann können wir auf den Krankenwagen verzichten." Merles Vater nickt. „Kein Problem." Liebevoll wuschelt er Merle durchs Haar. „Ob ich jetzt einen oder zwei Flöhe zum Arzt fahre, macht wirklich keinen Unterschied." Merle umarmt ihn begeistert. „Wo wohnst du denn?" Ich sage ihm unsere Adresse.

„Das trifft sich gut. Wir wohnen in der Nachbarstraße. Dann fahre ich ihn hinterher gleich nach Hause." Merles Vater schüttelt Herrn Roth die Hand.

„Das wäre natürlich wirklich wunderbar. Vielen Dank." Herr Roth wirkt ernsthaft erleichtert und hilft mir, aufzustehen. „Wir werden weiterhin ver-suchen, deine Eltern anzurufen. Und nächste Woche sollten wir dann noch mal in Ruhe über alles sprechen. Oder übernächste. Das eilt nicht, das Wichtigste ist, dass du wieder fit wirst." Ermutigend drückt er mir die Schulter. Das

Wichtigste ist ... Ich weiß gar nicht mehr, was überhaupt wichtig ist. Merle lässt ihren Vater los und fasst mich an der Hand. „Komm, Aladin." Wie ein Hund trotte ich ihr hinterher Richtung Parkplatz. Wie kann man mit einem gebrochenen Arm noch so viel Energie und Lebensfreude versprühen? Ich frage mich ernsthaft, wie sowas physikalisch möglich ist. Am Parkplatz angekommen, hilft mir Merles Vater einzusteigen, auf die Rückbank, weil Merle unbedingt darauf besteht, dass ich neben ihr sitze. Erschöpft lehne ich meinen Kopf an die Fensterscheibe.

„Soll ich dir eine Geschichte erzählen?", fragt Merle. Keine Ahnung, ob sie mich oder sich damit von den Schmerzen ablenken will. Ich habe keine Schmerzen mehr, **ich spüre nichts mehr. Nur noch Leere und Chaos und Angst.** Aber keinen Schmerz. „Also, soll ich?", fragt sie und zupft mich am Ärmel. Abwesend zucke ich mit den Schultern und starre aus dem Fenster.

„Pass auf was du sagst." Merles Vater lächelt mich im Rückspiegel an. „Merle erzählt nur Pferdegeschichten." Erschöpft zucke ich mit den Schultern und schließe die Augen. „Also. Es gibt da ein Pferd", beginnt Merle. Ihr Vater lacht leise, aber es ist ein freundliches Lachen. Mir ist schlecht. Das Pferd, von dem Merle erzählt, ist mir völlig egal. Keine Ahnung, ob es überhaupt existiert. Aber Merle existiert. Und Tom und hunderte andere Kinder, die nichts dafür können, dass mein Leben beschissen ist. Hunderte Kinder, die ihr Leben noch vor sich haben, ihre Zukunft. Hunderte Kinder, die noch neugierig sind und voller Wissbegierde, die noch lernen wollen und für die die Welt ein großes spannendes Abenteuer ist. Ich kann doch diese Kinder nicht einfach abmurksen, nur weil sich mein Leben als Höllenfahrt herausgestellt hat! Die können doch gar nichts dafür. Mann, die ganzen Merles und Toms haben doch ein Recht darauf, zu lernen, groß zu werden, Erfahrungen zu sammeln und Dinge zu entdecken. Die Kleinen haben ein Recht darauf, zu leben. Am liebsten würde ich alles rückgängig machen, aber mein Spiel ist zu genial, um es rückgängig machen zu können. Alle Sicherungen sind nicht mehr zu knacken, der Zeitzünder ist bereits aktiviert. Das Spiel hat schon längst angefangen. Scheiße. Merle erzählt neben mir irgendwas von einem Fohlen und Reiterferien. Ich kann doch nicht schuld daran sein, dass sie nie wieder ein Pferd streicheln wird. Zwei Kinder, die einfach zu gut sind, um sterben zu müssen.

„Wir sind da", meint Merles Vater und parkt vor der Unfallambulanz. Wir steigen aus. Merle fasst meine Hand.

„Du musst keine Angst haben. Die machen eine Betäubung, bevor sie die Wunde nähen", sagt sie. Wenn sie wüsste, wovor ich wirklich Angst habe …

22. KAPITEL

Fang den Hut, ehe er dich fängt. Zerstöre das Leben, ehe es dich zerstört.

Die örtliche Betäubung, von der Merle erzählt hat, gibt es tatsächlich. Sie wirkt sogar. Trotzdem wäre es schön gewesen, wenn der Arzt mein Gehirn gleich mit betäubt hätte. Das denkt immer noch und denkt und denkt. Vermutlich drehe ich langsam durch. „Ganz ruhig. Es ist gleich vorbei", meint der Arzt. „Mach am besten die Augen zu." Gehorsam schließe ich die Augen und sehe sofort, wie Tom und Merle als völlig zerfetzte Leichen aus der zertrümmerten Schule geborgen werden. Mir ist so schlecht.

Wenige Minuten später legt der Arzt seine Sachen weg.

„Ich kleb dir da jetzt noch ein Pflaster drauf und dann kannst du in zwei Wochen zum Fäden ziehen kommen. Wie geht es dir denn sonst? Hast du noch irgendwo was abgekriegt? Und was ist überhaupt passiert?" Schweigend starre ich an ihm vorbei. Er kontrolliert meinen Puls und misst meinen Blutdruck. „Sieht jetzt nicht so toll aus, aber ich schätze mal, dass wir dich trotzdem nach Hause lassen können." Merles Vater kommt ins Behandlungszimmer. „Auf jeden Fall sollte Ihr Sohn den Rest des Tages im Bett verbringen und die nächsten Tage vielleicht besser auch noch. Eine Gehirnerschütterung würde ich nicht ausschließen. Außerdem ist sein Kreislauf ziemlich im Keller. Wie ist der denn zu den ganzen anderen Verletzungen gekommen?" Merles Vater schweigt etwas überfordert. Immerhin sagt er nichts zum Vater-Sohn-Thema.

„War ein Unfall", sage ich und zucke mit den Schultern.

„Und das andere?" Erneutes Schulterzucken. Der Arzt verbindet mir erneut den Kopf. Dann kommt Merle reingehüpft.

„Schau mal, Aladin, ich habe einen Gi-hips." Begeistert wackelt sie mit ihrem gelb verbundenen Arm. Wenn ich dafür alle meine Probleme los werden würde, würde ich sofort mit ihr tauschen. „Du musst unbedingt drauf unterschreiben!", sagt sie.

„Du, Merle, der Paul muss jetzt erst mal ins Bett", versucht ihr Vater, sie zu beruhigen. Ich muss. Ich muss. Ich muss. Der Fluch des Muss spielt auch eine Rolle bei Georg Büchner. Fatalismus und so. Ich hatte immer angenommen, dass wir Menschen einigermaßen frei sind. Aber anscheinend heißt Freiheit auch, dass man Fehler machen kann, dass man Fehler macht. Und wenn ich Pech habe, habe ich da gerade ganz großen Mist gebaut.

„Komm, Aladin.", lächelnd nimmt sie meine Hand. Wie kann man nur so freundlich sein? So liebenswert? Lebenswert. Scheiße, Mann, ich muss irgendwie verhindern, dass Merle morgen stirbt. Und dass Tom morgen stirbt. Und die anderen Kinder. Es ist doch noch gar nicht so lange her, dass ich ein zweiter Gandhi werden wollte und der werde ich nie werden können, wenn ich zulasse, dass morgen die Schule explodiert und Hunderte unschuldige Kinder mit ihr. Nur, wie soll ich das verhindern? Mein Spiel ist absolut wasserdicht, vermutlich sind nicht mal deutsche Atomkraftwerke so kleinschrittig abgesichert. Aber wie hätte ich denn auch auf die Idee kommen sollen, dass ausgerechnet zwei Fünftklässler mir dazwischen kommen würden? Gedankenverloren trotte ich Merle hinterher und setze mich wieder auf die Rückbank.

„Erst noch ein Eis auf die ganze Aufregung oder direkt nach Hause?", fragt Merles Vater und lächelt in den Rückspiegel.

„Hurra, ein Eis!", schreit Merle begeistert. Ob ich als Kind auch mal so war? Seufzend schließe ich die Augen.

„Ich weiß nicht, Merle, vielleicht muss der Paul doch erst nach Hause."

„Paul will auch ein Eis!", sagt Merle bestimmt und ich versuche zu nicken.

„Okay. Aber danach geht's direkt nach Hause." Lächelnd startet er den Wagen. Wie kann ein Vater nur so freundlich sein. Einfach so. Und das nicht nur zu seinen Kindern, sondern sogar zu anderen. Zu Kindern, die er gar nicht kennt. *Magna Mysteria.* Und ich habe immer gedacht, ich wüsste alles.

„Ich will auf jeden Fall Schokolade", überlegt Merle und sieht mich fragend an: „Was willst du?" Ich zucke mit den Schultern, als ob ich mir noch nicht sicher wäre. Alles, was mir jetzt noch helfen kann, wäre ein Wunder. **Aber es gibt keine Wunder. Es gibt nur Logik.** Und wenn ich eine Bombe gebaut habe, die man weder entschärfen noch zerstören kann, dann wird diese Bombe auch explodieren. Vielleicht könnte man die Schule vorher evakuieren, irgendwie? Aber wie soll ich das hinkriegen.

Hallo Leute, sorry, dass ich euch die ganzen letzten Tage angelogen habe. In Wahrheit habe ich eine Bombe gebaut, die morgen Vormittag die ganze Schule in Staub verwandelt? Sehr witzig. Das wird niemals funktionieren. Die Kirchturmuhr schlägt halb eins. Vielleicht schaffe ich es sogar pünktlich zum Mittagessen. Die Schule wird trotzdem schon zu Hause angerufen habe. Mein Vater wird begeistert sein.

„Also, was wollt ihr?" Merles Vater schaut uns fragend an.

„Zwei Kugeln Schoko", sagt Merle und ihre Augen strahlen vor kindlicher Vorfreude. „Und du?"

„Nichts, danke. Außerdem habe ich kein Geld dabei." Meine ganzen Sachen liegen vermutlich noch immer im Musikraum.

„Zählt nicht. Du bist eingeladen." Überrascht schaue ich Merles Vater an. „Also?" Ich zucke mit den Schultern:

„Egal."

„Auch zwei mal Schoko", bestimmt Merle. Lachend geht ihr Vater los und kommt kurz darauf mit dem Eis zurück. Merle und ich sitzen in der Sonne. Wenn ich nicht wüsste, dass morgen die Schule in die Luft fliegt, wäre es jetzt fast sogar schön hier. Aber ich weiß, dass morgen die Schule in die Luft fliegt, und dass dabei viele unschuldige Kinder sterben werden – und ich weiß, dass ich das nicht will. Nicht wirklich. Das kann keiner wollen.

„Hier." Merles Vater drückt mir das Hörnchen mit dem Eis in die Hand. Mir ist zum Heulen. Ich weiß einfach nicht, was ich machen kann. Was ich noch tun kann, um die Explosion zu verhindern. Physikalisch dürfte das ein Ding der Unmöglichkeit sein. Gedankenverloren starre ich mein Eis an. Schokolade tropft an meinen Fingern herunter.

„Tut's arg weh?", fragt Merle und schaut auf mein unberührtes Eis.

„Geht schon", sage ich und fange endlich mit meinem Eis an.

„Und bei dir?"

„Tut fast nicht mehr weh. Hast du einen Kugelschreiber?", fragt sie ihren Vater. Lächelnd reicht er ihr den Stift aus seiner Hemdtasche.

„Hier. Du bist der erste. Du musst unterschreiben!", sagt sie und zeigt auf den gelben Gips. Meine Hand zittert, als ich den Stift nehme. Dann kritzle ich vorsichtig ein Aladin auf das Gelb.

„Ist dir nicht gut?", fragt Merles Vater besorgt. Sag mir einen Mörder, dem es nicht Kopf, Herz und Verstand bricht, auf dem Gipsarm des Mädchens zu unterschreiben, das er morgen umbringen wird. „Ich glaube, wir fahren dich jetzt besser nach Hause", meint er. Langsam gehen wir zurück zum Auto. Ich will nicht nach Hause. Ich will einfach nur tot sein. Einfach nur alles rückgängig machen. Ich will nicht, dass Merle stirbt. Und wenn das bedeutet, dass Max auch überlebt, dann ist das halt so. Aber Max` Tod ist es nicht wert, dass Merle … Ich denke den Gedanken nicht weiter und quetsche mich auf die Rückbank. Merle erzählt schon wieder was von Pferden, aber ich höre ihr nicht zu. **Gedanken rasen durch meinen Kopf, wie ein Sommersturm ohne Ziel.** Wie soll ich es schaffen, bis morgen früh die Schule zu evakuieren? Und selbst, wenn ich das schaffe, was mache ich dann? Was mache ich dann mit meinem Leben? Mit Max? Mit meinem Vater? Selbst wenn ich es rechtzeitig schaffe, dass die Schule geräumt wird, in die Luft gehen wird sie trotzdem. Ich lande im Knast. Und wenn ich Pech habe, gibt es da noch viel mehr Leute wie Max. Das überlebe ich nie. Andererseits, ich muss das ja gar nicht überleben. Es reicht, die anderen zu retten. Es stehen genug Brücken und Hochhäuser in der Stadt, von denen man einfach nur runterfallen muss. In meinem Zustand ist sterben vermutlich gar nicht mehr schwer. Nur, wie kriege ich die Schule evakuiert? Bis morgen früh?

„Ist das die richtige Nummer?" Merles Vater hält vor unserem Haus. Ich nicke. „Warte, ich bring dich kurz", sagt er und steigt aus.

„Bis morgen!" Merle winkt mir zum Abschied. Ohne sie anzuschauen, winke ich zurück.

„Hast du irgendwem gesagt, wie genau das passiert ist?", fragt mein Vater, kaum, dass ich zur Haustür reingekommen bin. Ich zucke mit den Schultern. Seit wann interessiert ihn das?

„Ich hab gesagt, dass ich mich in der Küche gestoßen habe, aber das hat keiner geglaubt."

„Du hättest besser sagen sollen, das ein Auto dich angefahren hat", murmelt er. Das wäre in der Tat schlauer gewesen. „Jedenfalls redest du mit keinem mehr darüber. Es wird sowieso besser sein, wenn du den Rest der Woche in deinem Zimmer verschwindest und dich hier nicht mehr blicken lässt." Böse schaut er mich an. „Echt, der Junge ist schwerer zu hüten als ein Sack Flöhe." Resigniert geht mein Vater in sein Arbeitszimmer und knallt die Tür hinter sich zu. Meine Mutter nimmt mich in den Arm. „Vielleicht hat dein Vater Recht und du legst dich wirklich erst mal ins Bett. Morgen bleibst du dann erst mal zu Hause und dann überlegen wir nächste Woche, ob es nicht doch besser ist, wenn du die Schule wechselst, hm?" Mein Magen knurrt. Das ist auch eine Antwort. „Geh schon hoch, ich bring dir was zu essen." Meine Mutter streicht mir über den Kopf. Erst jetzt bemerke ich die Sorgenfalte auf ihrer Stirn. „Ich komm gleich." Ratlos gehe ich die Treppe hoch und lege mich aufs Bett. Unendlich viele Sterne hängen an der Wand. Mir ist einfach alles zu viel. Mein Blick fällt auf das Physik-Lexikon unter meinem Schreibtisch. Wir hatten das als Preis für die Internationale Physik-Olympiade bekommen, da, wo ich auch Erick kennengelernt habe, der war da Wettbewerbsleiter. Erick, das ist die Idee! Schnell logge ich mich bei Facebook ein. Eigentlich will ich nur schnell Erick schreiben, doch ich stolpere über eine Nachricht von Roswitha.

„Ich fliege am Samstag für drei Wochen nach Menorca. Kannst du so lange auf Jackson aufpassen?" Können wir nicht einfach die Zeit anhalten und alles noch mal auf Anfang setzen? Vielleicht wäre es besser gewesen, wenn ich anstatt einer Bombe eine Zeitmaschine gebastelt hätte. Scheiße, Scheiße, Scheiße. Ich hätte davor echt besser nachdenken müssen.

Als ich das nächste Mal auf die Uhr schaue, ist es schon fast halb Fünf. Noch immer bin ich keinen Schritt weiter gekommen. Ich finde einfach keine

Schwachstelle in meiner Konstruktion. Dazu kommt, dass die Bombe so eine extreme Sprengkraft hat, dass es nichts helfen würde, einfach einen Stahl- oder Betonkasten um sie herum zu bauen. Sowieso hätte ich keine Ahnung, wie man das dann machen sollte. Auch am Zeitschalter kann man nichts drehen, ich hatte die App ja mit Absicht so konstruiert, dass sie sich nach der Aktivierung selbst zerstört und das hat leider tadellos geklappt. Die Schule wird in die Luft fliegen, das kann man rein rechnerisch nicht mehr verhindern. Resigniert lasse ich meinen Bleistift fallen. Je länger ich darüber nachdenke, desto deutlicher wird mir, dass diese Geschichte kein Happy End mehr haben wird. Deprimiert fahre ich den Laptop herunter und bette meinen Kopf auf das Physik-Lexikon. Wenn mir nicht rechtzeitig was einfällt, sind wir morgen um diese Uhrzeit alle tot. Gleichgültig schweigt der Sternenhimmel über meinem Bett. Heute ist das alles andere als tröstlich.

Irgendwie muss ich eingeschlafen sein, denn als ich das nächste Mal auf die Uhr schaue, ist es bereits neunzehn Uhr. Der Sommer draußen vor dem Fenster scheint mich noch immer auszulachen.

„Paul?", meine Mutter ruft von unten. „Abendessen. Kommst du?" Mäßig motiviert schlurfe ich die Treppe hinunter. Mein Vater sitzt schon am Tisch. Lars ist schon wieder beim Training. „Ich hab Nudelsuppe gekocht", sagt meine Mutter und reicht mir den Brotkorb. Appetit habe ich noch immer keinen, trotzdem schlage ich zu. Mein Kreislauf muss dringend wieder richtig auf Touren kommen und vor allem mein Gehirn. Bis auf unser Kauen ist es absolut still. Ich will nicht reden, mein Vater schweigt vermutlich, um mir seine Missbilligung zu zeigen und meine Mutter hat mal wieder keine Ahnung, was sie sagen soll. Was sie sagen kann, ohne, dass mein Vater wieder ausrastet. Hoffentlich lassen sie mich morgen in die Schule. Wenn nicht, dann muss ich trotzdem gehen.

„Die Schule hat noch mal angerufen", sagt meine Mutter. Schlagartig sinkt die Temperatur im Wohnzimmer um zehn Grad. Mein Vater hört auf zu kauen. „Sie sagen, dass es kein Streifschuss war. Da hat wohl ein Arzt angerufen, der das eindeutig ausschließt. Außerdem hat die Spurensicherung weder eine Waffe gefunden noch Schlauchspuren." Schmauchspuren, verbessert mein Gehirn automatisch. Löffel für Löffel esse ich weiter und versuche, möglichst gleichgültig zu wirken, obwohl das, was meine Mutter gerade erzählt, höchst spannend für mich ist. „Außerdem konnte die Klasse nachweisen, dass sie heute morgen, als das zwischen halb Acht und halb Zehn passiert sein muss, alle zusammen am Baggersee waren. Also alle außer Paul. Die haben eindeutige Videobeweise." Kurz zucke ich zusammen. Hoffentlich ist keiner auf die Idee gekommen, dass ich selbst Schuld bin an der ganzen Sache. Oder vielleicht wäre das gerade meine Rettung? „Jetzt überlegen die gerade, ob Paul doch noch von anderen Schülern verprügelt wurde oder ob es irgendwann heute morgen einen Unfall gegeben hat." Fragend schaut sie mich an. „Was sagst du denn dazu? Wieso warst du denn nicht im Unterricht?"

„Ich wollte ja gehen", entscheidet sich mein Gehirn automatisch für die Lüge, „aber dann war ich da und es war sonst außer mir keiner da und dann habe ich gedacht, es fällt aus. Und dann bin ich zum Fluss gelaufen und habe mich mit meinem Buch in die Sonne gesetzt und gewartet." Das mit der Küchenschrank- tür kann ich sowieso vergessen. „Und wie ist das mit der Stirn passiert?" Ich zucke mit den Schultern.

„Ich hatte nicht genug gefrühstückt, glaub ich. Jedenfalls ist mir auf dem Rückweg zur Schule plötzlich schwindelig geworden, und dann bin ich um- gekippt und gegen das Brückengeländer geknallt." Meine Mutter nickt besorgt.

„Dann bleibst du wirklich besser die nächsten Tage im Bett. Da hätten ja noch viel schlimmere Dinge passieren können." Sie streicht mir über die Haare, während sie meinem Vater ein Bier aus der Küche holt.

„Und warum hast du das deinen Lehrern nicht auch so gesagt?", will mein Vater wissen. Mit den Fingern zerreiße ich das Brot auf meinem Teller in kleine Krümel.

„Hab ich. Aber sie haben mir nicht zugehört."

„Saftladen", meint mein Vater kopfschüttelnd. Dann glätten sich seine Züge plötzlich und er springt auf. Mit etwas Fantasie sieht das in seinem Gesicht fast aus wie ein Lächeln. „Ich muss noch mal kurz ins Büro. Bis später!" Meine Mutter und ich schauen ihm verwirrt hinterher. Dann gehe ich auf mein Zimmer.

Nachdenklich kaue ich auf meinem Bleistift. Ich muss morgen unbedingt in die Schule, auch wenn meine Eltern mir das nicht erlauben, aber es geht nicht anders. Erstens muss ich in der Schule sein, um doch noch zu versuchen, die Bombe zu entschärfen. Zweitens muss ich da sein, um die anderen Schüler zu warnen oder zu helfen, die Schule zu evakuieren. Und drittens muss ich da sein, falls erstens und zweitens nicht funktionieren und die Schule tatsächlich hochgeht. Dann muss ich auf jeden Fall im Gebäude sein. Der Radiowecker zeigt 21:56 Uhr. Mein Vater wird vermutlich noch eine Weile im Büro bleiben, mein Bruder ist noch beim Training. Meine Mutter schläft wahrscheinlich schon auf dem Sofa. Donnerstags schaut sie immer so eine irre langweilige Frauensendung. Keiner von ihnen wird vor dem Schlafengehen nach mir schauen, vielleicht denken sie sogar morgen früh noch, dass ich einfach ausschlafe. Für meine Familie ist es egal, ob ich zu Hause im Bett liege oder nicht. Für meine Familie ist es vermutlich sogar egal, ob ich lebe oder nicht. Schnell stopfe ich meine Taschenlampe, mein Schraubenzieherset und das Physiklexikon in meinen Sportbeutel und schleiche mich aus dem Haus. Noch zwölf Stunden, dann wird sich alles entscheiden. Das Garagetor quietscht, als ich es öffne, um das Mofa meines Bruders auf die Straße zu rollen. In den Sommerferien letztes Jahr hat er mir das Fahren beigebracht. Wer braucht schon einen Führerschein! Der Motor knattert, als ich losfahre. Die Zeit rennt mir davon. Lautlos verstecke ich das Mofa hinter den Altglascontainern, klettere durch den Bioraum in die Schule und versuche zu retten, was man noch retten kann.

23. KAPITEL

Nicht jedes Spiel kann man mit einer Strategie gewinnen.

Nachts wirken Schulen viel friedlicher als tagsüber. Unbemerkt husche ich durch die leeren Gänge. In der Ecke des Physikraums blinken die Signallampen meines Experiments wie Irrlichter. Oder Killer-Glühwürmchen. Plötzlich hat das Ganze etwas sehr Bedrohliches. Ich lege mich vor das Spiel auf den Bauch. Ganz genau inspiziere ich Draht für Draht und suche nach Möglichkeiten, die Bombe zu entschärfen. Aber es gibt keine. Die Bombe ist absolut perfekt. Wütend starre ich die Drähte an. Hätte ich nicht irgendwas weniger Perfektes erfinden können? Die Lämpchen blinken vergnügt durch die Nacht. Irgendwie schon faszinierend, dass dieses kleine Ding die ganze Schule zerstören wird. Vermutlich sind es oft die kleinen Dinge, die den größten Schaden anrichten. Wütend verfolge ich das Aus und An der Lämpchen und weiß nicht, ob ich schreien oder weinen soll. Mein Kopf wird immer schwerer und schwerer. Dann, obwohl das in dieser Situation absolut bescheuert ist, schlafe ich ein.

Der Physikraum ist bereits lichtdurchflutet, als ich die Augen wieder aufschlage. Müde reibe ich meinen Nacken. Staub tanzt durch den Raum. Die Lämpchen blinken noch immer fröhlich vor sich hin. Die Uhr zeigt 8:02. Schlagartig bin ich hellwach. Nicht mal mehr zweieinhalb Stunden, bis die Schule in die Luft fliegt. Die Bombe zu entschärfen ist unmöglich, jetzt bleibt nur noch die Flucht nach vorne. Die Wahrheit wird euch frei machen. Ich muss Herrn Sibert von der Bombe berichten. Er muss die Schule räumen lassen und das sofort. Nervös wische ich mir die ersten Schweißtropfen von der Stirn. Obwohl ich nicht glaube, dass das was hilft, schicke ich ein Stoßgebet Richtung Himmel. Allerdings hat Gott ja gegen die beiden Atombomben in Japan auch nichts unternommen und so krass wird es hier zum Glück nicht. Trotzdem.

Jedes tote Kind auf dieser Welt ist eines zu viel. Fast wundert es mich, dass mir das jetzt erst bewusst wird. Echt, das alles wäre viel einfacher, wenn Merle sich nicht gestern den Arm gebrochen hätte. Vielleicht ist sie der Schmetterling in China, der in Amerika ein Erdbeben auslöst. Leise schließe ich die Tür hinter mir. In den benachbarten Räumen ist bereits Unterricht. Die Flure sind menschenleer. Fast schon ein bisschen gottverlassen. Es ist die Ruhe vor dem Sturm oder vor einem Tsunami. Leise quietschen meine Schuhsohlen auf dem Boden, laut poltern die Gedanken durch mein Gehirn, mein Herz schlägt dazu Synkopen. Dann stehe ich vor der Bürotür von Herrn Sibert. Hoffentlich ist er da. Hoffentlich kapiert er jetzt, dass ich ein Problem habe und hält mich nicht für verrückt, so wie letztes Mal. Da war ich bei ihm im Büro und habe ihm eine differenzierte Pro-und Kontraliste gegeben, in der ich die Gründe, die für oder gegen einen Schulbesuch an dieser Schule sprechen, aufgelistet. Die Kontraliste hatte vierzig Punkte, die Proliste keinen einzigen. Trotzdem hat er gemeint, dass Schulunlust überhaupt nichts Außergewöhnliches sei. Und dass kein Schüler in meinem Alter gerne zur Schule geht und dass Schule ja auch nichts ist, wo man gerne hingehen muss. Schule sei ja keine Spaßveranstaltung. Zaghaft klopfe ich. Aus dem Büro kommt ein „Hmm." Dann drücke ich die Klinke herunter und trete ein.

„Paul?" Überrascht schaut er mich an. Ich setze mich in den Stuhl auf der anderen Seite von seinem Schreibtisch und atme einmal tief durch.

„Ich habe ein Problem", sage ich leise und schaue ihn ernst an. Herr Sibert schaut genauso ernst zurück: „Das glaube ich auch." Es kostet mich unglaublich viel Überwindung.

„Ich würde gerne mit Ihnen darüber reden." Abwartend lehnt er sich in meine Richtung, seine Hand noch immer über dem Telefon.

„Hat das nicht noch Zeit bis nächste Woche?", fragt er mich. Entschieden schüttle ich den Kopf.

„Es geht um die Schule. Sie müssen sie evakuieren." Herr Sibert fängt schallend an zu lachen. Langsam rennt mir die Zeit davon. Doch als ich meinen Blick zum Fenster wenden will, bleibt er an der Zeitung hängen. ‚Politischer

Skandal. Jetzt werden schon Kinder zum Wahlkampfobjekt'. Unter der Überschrift prangt ein riesiges Foto – und auf diesem Foto bin ich. Kalkweiß und mit einem blutverschmierten T-Shirt lehne ich an der Motorhaube von Merles Vater und kann mich nur schwer aufrechthalten. Das muss gestern gewesen sein, kurz bevor wir zur Notfallambulanz gefahren sind. Automatisch lese ich, was unter dem Foto steht: „Der vierzehnjährige Paul, Sohn des amtierenden Bürgermeisters, wurde gestern auf dem Schulweg von einem Auto erfasst und dabei schwer verletzt. Beim Unfallfahrer handelt es sich ausgerechnet um den Bürgermeisterkandidaten der Gegenpartei.

„Das kann gar kein Zufall gewesen sein", sagt der Bürgermeister. Er ist entsetzt darüber, dass nun schon zu solch rabiaten Mitteln gegriffen wird, um die Wahl zu beeinflussen. Inwieweit die Wählerinnen und Wähler dem zustimmen, wird sich am Sonntag entscheiden." Mir bleibt die Spucke weg. Mein Vater hat mich also tatsächlich für seinen Wahlkampf instrumentalisiert, deswegen war er gestern nach dem Abendessen so schnell weg. Wie ich ihn hasse, ehrlich. Für einen kurzen Augenblick überlege ich, ob ich nicht doch einfach wieder gehen soll und die Schule explodieren lasse, wie geplant, einfach nur, um meinem Vater die Wahl zu versauen. Dann lasse ich den Gedanken wieder fallen. Merle und die anderen können nichts dafür. Außerdem fange ich sowieso an zu zweifeln, ob diese Bombe meinen Vater tatsächlich zum Umdenken bringen würde. Vermutlich ist es pädagogisch sowieso fragwürdig, jemanden mit dem Brett zu erschlagen, das er vor dem Kopf hat.

„Also, was wolltest du sagen, Paul?", fragt Herr Sibert. Anscheinend hat er den Artikel selbst noch nicht gelesen, oder er hat heute morgen Baldrian genommen und ist deshalb so gelassen. Vielleicht hält er mich auch einfach jetzt schon für so verrückt, dass sein freundliches Lächeln gar nichts mehr mit Interesse zu tun hat, sondern mich einfach so lange ruhig halten soll, bis ich entweder von alleine gehe oder irgendjemand kommt und mich holt.

„Sie müssen die Schule evakuieren!", wiederhole ich. Herr Sibert sieht so aus, als wüsste er nicht, ob er ernst, belustigt oder besorgt sein soll. „Wirklich. Hier im Gebäude ist eine Bombe. Und die wird hochgehen. In zwei Stunden."

„Aha", sagt Herr Sibert und entscheidet sich für skeptisch-belustigt. „Und woher willst du das wissen?" Ich atme tief durch und schaue ihm in die Augen.

„Ich habe sie gebaut." Kopfschüttelnd greift Herr Sibert zum Telefon. „Bitte, Sie müssen mir glauben!" Flehend schaue ich ihn an, aber anscheinend kann ich keinen Hundeblick. Mit der Hand, die er nicht am Hörer hat, bedeutet er mir, zu schweigen. „Paul ist hier", sagt er leise in den Hörer, fast so, als wäre ich irre oder ein Massenmörder. Wobei, wenn jetzt nicht bald die Schule geräumt wird, dann bin ich das tatsächlich. „Es wäre gut, wenn Sie kommen könnten, er dreht nämlich völlig durch." Entschuldigend schaut er mich an, dann legt er wieder auf. „Frau Adler ist unterwegs." Das hilft mir jetzt auch nichts. „Dann kann sie mit dir zusammen darauf warten, dass deine Eltern dich abholen. Hatten wir nicht sowieso ausgemacht, dass du diese und die nächste Woche noch zuhause bleibst?" Fragend schaut er mich an, ohne eine Antwort zu erwarten.

„Sie müssen mir wirklich glauben, Herr Sibert, ich habe eine Bombe gebaut. Die Schule wird um 10:24 Uhr in die Luft fliegen. Alle hier werden sterben, wenn Sie die Schule nicht rechtzeitig evakuieren!" Endlich erkennt er die Panik in meinen Augen. Er steht auf.

„Paul, wir wissen alle, dass du zwei sehr, sehr anstrengende Wochen hinter dir hast. Du bist physisch und psychisch einfach noch nicht wieder fit genug, um das hier in der Schule alles auszuhalten. Aber das wird wieder. Wir schaffen das schon. Du musst dir nur Zeit lassen." Freundschaftlich legt er mir die Hand auf die Schulter, entsetzt starre ich ihn an. Zeit lassen? In 7200 Sekunden explodiert die Schule in Regenbogenfarben und er redet ernsthaft von Zeit lassen? *Bleibe ruhig, bleibe ruhig mein Kind. In dürren Blättern säuselt der Wind.* Verdammt, hat denn keiner aus diesem Gedicht gelernt?

„Herr Sibert, wirklich, Sie müssen mir glauben! Habe ich Sie jemals angelogen?" Der Schulleiter lacht bitter.

„Paul, ich kann deine Verzweiflung verstehen, aber das ist nun wirklich Blödsinn. Ich rufe jetzt deine Eltern an." Erneut greift er zum Telefon. Das ist echt kaum zu glauben. Die ganzen letzten Tage haben sie mir gepredigt, dass ich mit ihnen reden kann, dass sie für mich da sind und dass sie mir zuhören und jetzt das. „Ja. Guten Tag. Hier Sibert, Pauls Schulleiter." Nervös trommle ich mit den Fingern auf seiner Schreibtischplatte. „Können Sie bitte Paul abholen. Ihm geht es nicht gut. Was?" Herr Sibert schaut so überrascht in den Hörer, als würde da gleich eine Maus rauskrabbeln. „Nee, schauen Sie mal nach. Der Paul ist nicht in seinem Bett. Der sitzt bei mir im Büro. Ja, gut. Dann bis später." Gestresst legt Herr Sibert auf. „Du bist echt ein komischer Schüler. Deine Eltern haben dir verboten, heute in die Schule zu gehen, und du bist trotzdem gekommen. Das halte jetzt sogar ich für etwas übermotiviert. Also zumindest in deinem gesundheitlichen Zustand." Schon wieder schüttelt er den Kopf. „Jedenfalls, deine Mutter kann dich leider erst in einer Stunde abholen, sie und dein Vater sind gleich in der Wahlarena, und dem Fernsehen können sie ja schlecht absagen." Mir ist das egal. Ich will eh nicht abgeholt werden, nicht bevor ich die Fünftklässler gerettet habe.

„Bitte, ich kann es Ihnen beweisen. Ich kann Ihnen die Bombe zeigen." Traurig schüttelt Herr Sibert den Kopf.

„Frau Adler kommt gleich. Vielleicht kann sie dir dann ein paar Entspannungsübungen zeigen." Was soll ich denn jetzt machen? Wieso lernt man das eigentlich nicht auch im Physikstudium: Notfallmanagement oder Katastrophenschutz oder so? Das würde mir jetzt mehr helfen als Lagrange-Polynome zehnten Grades. Es klopft an der Tür. Frau Adler. Vielleicht wird sie mir glauben.

„Gut, dass Sie da sind." Herr Sibert wirkt ernsthaft erleichtert. „Paul ist total runter mit den Nerven." Er wirft seiner Kollegin einen vielsagenden Blick zu. „Er versucht gerade mich davon zu überzeugen, die Schule zu evakuieren."

„Wieso das denn?", fragt Frau Adler irritiert.

„Paul behauptet, dass hier in zwei Stunden eine Bombe explodieren wird."

„In einer Stunde und siebenundfünfzig Minuten", korrigiere ich und merke, wie sich die ersten Schweißtropfen auf meiner Stirn sammeln.

„Was denn für eine Bombe?", fragt Frau Adler.

„Eine Bombe, die Paul angeblich selbst gebaut hat", erklärt Herr Sibert und schüttelt den Kopf, ungefähr so, wie Erwachsene den Kopf schütteln, wenn ihnen ein Kindergartenkind erzählt, dass es im Garten ein Einhorn gesehen hat.

„Ach so", meint Frau Adler und nickt fachmännisch. „Das erklärt alles." Fragend schauen Herr Sibert und ich sie an. „Also so, wie es für die Trauer verschiedene Phasen gibt, teilt sich auch die Verarbeitung von Gewalterlebnissen wie Mobbing in verschiedene Abschnitte. Nach Ignorieren, Kleinreden und Leugnen kommt die Phase des Erkennens und Verzweifelns. In dieser Phase, in der Paul sich gerade befindet, sind Rachephantasien völlig normal." Skeptisch zieht Herr Sibert eine Augenbraue hoch. „Solche Rachephantasien werden aber nur äußerst selten in die Tat umgesetzt. Außerdem sind die sehr gut therapierbar." Hat noch immer keiner kapiert, dass ich aus dem Stadium der Rachephantasien schon längst draußen bin?

„Hoffen wir mal", sagt Herr Sibert. „Jedenfalls ist das schon irgendwie ein bisschen beängstigend." Dann fängt er an, seine Papiere zu ordnen. „Wir hatten die ganzen letzten Tage so viel Halligalli hier, da bin ich gar nicht zu meinen Akten gekommen." Seufzend steckt er einen Stapel Papier in den Schredder. „Können Sie sich um ihn kümmern?", fragt Herr Sibert und lächelt dankbar, als Frau Adler nickt.

„Ich meine es ernst. Ich habe die Bombe wirklich gebastelt", versuche ich es ein letztes Mal. Meine Stimme überschlägt sich fast, aber keiner hört mir zu. Mit zur Faust geballten Fingern laufe ich Frau Adler hinterher. Vielleicht kann ich Sie davon überzeugen, wie wichtig es ist, die Schule zu räumen. Sie muss mich doch verstehen können, sie hat das ja schließlich studiert.

„Willst du einen Tee?", fragt sie mich, als wir in ihrem Beratungszimmer angekommen sind. Ich schüttle den Kopf. Ich will, dass man die Schule evakuiert, sonst nichts. „Wie lange hast du diese Rachefantasien denn schon?", fragt Frau Adler und setzt sich mit ihrem Kaffee auf den Stuhl gegenüber.

„Das sind keine Fantasien, nicht mehr. Ich habe eine Bombe gebaut", versuche ich zu erklären.

„Eine Bombe ist ein großes Projekt. Beeindrucken dich große Explosionen?"

„Das ist doch jetzt völlig egal! Ich habe eine Bombe gebaut, die problemlos die ganze Schule zu Feinstaub zerbröseln kann. Das müssen Sie mir glauben." Unruhig sehe ich sie an.

„Mensch, Paul. Das macht doch überhaupt keinen Sinn." Sie stellt die Kaffeetasse zwischen uns auf den Tisch. „Wenn du wirklich eine Bombe gebaut hättest, wieso würdest du uns das denn verraten? Wenn du mich fragst, zeigt das alles ziemlich gut, dass du in dir zwar enorme Aggressionen aufgestaut hast, aber dass du gleichzeitig auch noch bereit bist, Hilfe anzunehmen. Das ist ein gutes Zeichen, denn es heißt, dass deine Seele sich schon aktiv im Verarbeitungsprozess befindet." Frau Adler lächelt mich an. Gleich kriege ich wirklich Aggressionen.

„Bitte, Sie müssen mir glauben!" Meine Verzweiflung wächst exponentiell. Die Zeiger der Uhr scheinen zu rasen.

„Paul, das war alles nicht einfach für dich. Aber Gewalt ist keine Lösung."

„Das weiß ich doch!" Meine Stimme überschlägt sich schon wieder.

„Und wieso redest du dann die ganze Zeit davon, dass du eine Bombe gebastelt hast?" Sie schaut mich an, als wäre ich ein kleines Kind, dass sie davon überzeugen muss, dass im Kleiderschrank kein Monster wohnt.

„Ich habe die Bombe gebaut, bevor ich wusste, dass Gewalt keine Lösung ist", erkläre ich ihr langsam und überdeutlich. Vielleicht versteht sie es dann. „Als ich die Bombe gebaut habe, wollte ich noch, dass die Schule in die Luft fliegt, weil ich alle hier töten wollte. Weil ich nicht mehr kann. Aber jetzt will ich das nicht mehr. Das Problem ist nur, dass die Bombe bereits scharf ist und nicht mehr entschärft werden kann." In ihren Augen liegt eine Mischung aus Unverständnis und Besorgnis. „Die Bombe, die ich gebaut habe, wird um 10:24 Uhr in die Luft gehen und alles im Umkreis von 120 Metern auslöschen. Für immer." Abwartend schaue ich sie an.

„Ich merke schon, deine Fantasien sind bereits sehr detailliert. Helfen dir diese Gedanken, Anspannung abzubauen?" Entsetzt schaue ich sie an. Sehe ich so aus, als würde mir das hier helfen, mich zu entspannen.

„Bitte. Vertrauen Sie mir doch einfach. Räumen Sie doch einfach die Schule, nur bis um Elf. Und wenn dann nichts passiert ist, dann können Sie ja ganz normal wieder Unterricht machen", schlage ich ihr vor. Hauptsache, die Kinder verlassen endlich das Schulgebäude.

„Hm. Ich verstehe langsam, was dein Problem ist." Das hoffe ich doch. Die Zeiger der großen Uhr über ihrem Schreibtisch peitschen erbarmungslos vorwärts. „Die ganzen letzten Wochen hast du sehr ausgeprägt Ohnmachtsgefühle empfunden. Dein Wunsch, jetzt die Schule räumen zu lassen, ist nichts als ein Ausdruck deines Machtbedürfnisses, deiner Sehnsucht nach Selbst- und Fremdwirksamkeit. Weißt du, was das heißt?" Natürlich weiß ich, was Selbstwirksamkeit ist, aber es ist mir gerade völlig egal. „Paul, du befindest dich in einer emotionalen Ausnahmesituation. Du stehst unter dem Einfluss von Medikamenten." Tu ich das? „Und du hast uns die ganzen letzten Tagen irgendwelche Dinge erzählt, die nicht viel Sinn machen oder gar nicht stimmen. Ich kann nicht einfach den Unterricht für über eintausend Schüler ausfallen lassen, nur, weil du das Bedürfnis hast, Macht zu erleben. Verstehst du?" Das Einzige, was ich nach und nach verstehe, ist, dass sie mich nicht versteht und dass es völlig sinnlos ist, mit ihr darüber zu sprechen. Noch 5.640 Sekunden. Es macht keinen Sinn, die hier zu verbringen. Vielleicht fällt mir noch was besseres ein. Hoffentlich.

„Ich muss mal kurz aufs Klo", sage ich. „Bin gleich wieder da." Möglichst unauffällig verlasse ich den Raum. Ich habe nicht vor, heute noch wiederzukommen. Das bringt einfach nichts. Weil ich nicht weiß, wohin ich gehen soll, gehe ich tatsächlich auf Klo. Dieses Mal auf die Jungstoilette direkt im Flur. Alle Kabinen sind frei. Perfekt. Ich setze mich unter den Handtuchhalter, hier im Vorraum ist es nicht so versifft wie weiter hinten. Dann hole ich mein Smartphone aus der Hosentasche. Die ‚Kinder-Notfall-Nummer' ist in meinem Handy eingespeichert, obwohl ich sie erst einmal gewählt habe und das ohne Erfolg. Trotzdem versuche ich es erneut. Es tutet, dann kommt eine Wartemelodie. Nach einer gefühlten Ewigkeit höre ich endlich eine Frauenstimme. „Hallo, hier ist die Kinder-Notfall-Nummer. Was können wir für dich tun?" Die Frau klingt nach Stoffhasen und Gummibärchen. Trotzdem, eine andere Idee habe ich nicht. Mir ist klar, dass manche Leute nicht so gut damit klarkommen, wenn man mit der Tür ins Haus fällt, aber mir fehlt schlicht und einfach die Zeit für sinnloses Vorgeplänkel.

„Ich habe ein Problem", sage ich, das sollte als Einleitung reichen.

„Das ist nicht schlimm. Probleme kann man lösen. Erzähle mir mehr, dann kann ich dir vielleicht dabei helfen." Erneut atme ich einmal tief durch, dann sage ich:

„Ich habe eine Bombe gebaut." Für einen kurzen Moment ist es still in der Leitung. „Haben Sie mich verstanden? Ich habe eine Bombe gebaut!" Die Frau am anderen Ende räuspert sich. Dann sagt sie:

„Damit macht man keine Witze, junger Mann. Das hier ist keine Nummer für Telefonstreiche. Mit ihren Albernheiten versperren Sie die Leitung für Kinder, die wirklich Probleme haben." Ich finde, wenn man weiß, dass die Schule in die Luft fliegt und alle sterben werden, wenn einem nicht bald mal einer glaubt, dann kann man das schon als ein Problem bezeichnen. „Ach ja, noch was. Wir erkennen Ihre Nummer auf dem Display. Wenn Sie hier noch mal anrufen, informieren wir die Polizei." Dann legt sie auf. Stumm starre ich mein Handy an. Scheiße gelaufen. Gedanken rasen durch mein Gehirn. Panik steigt in mir hoch. Nachdenklich scrolle ich durch mein Adressbuch. Irgendwie ist es sehr kurz. Außer der Mailboxabfrage, der Service-Nummer vom ADAC und der Telekom steht nur noch eine weitere Nummer drin. Ich drücke auf den grünen Hörer. Dann das Freizeichen. Ungeduldig wippe ich mit den Füßen. Der hässliche Kachelboden ist angenehm kalt.

„Hallo, hier ist Roswitha?" Sie ist da. Zum Glück. Wenn mich jetzt noch jemand verstehen kann, dann sie. Vermutlich könnte Jackson mich sehr viel besser verstehen, aber ich glaube kaum, dass er Herrn Sibert davon überzeugen kann, die Schule zu räumen.

„Hallo, hier ist Paul", sage ich und versuche, meine Aussage jetzt doch etwas besser vorzubereiten.

„Müsstest du nicht gerade im Unterricht sein?", fragt Roswitha schließlich.

„Doch. Aber ich bin grad auf dem Klo." Aus dem Hörer hört man ein Kichern. „Ich habe ein Problem. Und du bist die Einzige, die mir dabei noch helfen kann."

„Was ist das denn für ein Problem?" Irgendwie klingt Roswitha ziemlich abwesend heute. Ich schweige, dann sage ich:

„Ich, ich habe eine Bombe gebaut." Auf der anderen Seite vom Telefon bleibt es still. „Roswitha?", frage ich.

„Du, sorry, Paul. Ich habe dir gerade nicht zugehört, weißt du, Jackson geht es nicht gut. Ich glaube, ich sollte besser mit ihm zum Tierarzt fahren. Komm doch einfach heute Nachmittag vorbei, dann können wir über alles reden. Ja?" Dann legt sie auf. Tränen sammeln sich in meinen Augen, aber ich wische sie mit dem Handrücken weg. Es gongt zur ersten großen Pause. Viertel nach neun. Und ich bin noch keinen Schritt weiter. Nachdem ich das Handy in meine Hosentasche gesteckt habe, bleibe ich auf dem Boden sitzen und starre an die dreckige Wand über dem Mülleimer, auch dann noch, als die Klotür aufgeht und der Lärm der großen Pause wie eine Welle hinein schwappt. Kinderschritte, Gekicher.

„Aladin?", fragt eine Stimme, die mir seltsam bekannt vorkommt. Ich drehe mich um. Tom. „Das ist Aladin.", sagt Tom und stellt mich dem anderen Jungen vor, als wäre ich ein guter Freund, dabei kennen wir uns erst seit gestern. „Hast du's dir schon überlegt, wegen Mathe?" Fragend schaut er mich an.

„Das wäre echt mega!", meint jetzt auch der Junge neben ihm. Blut tropft aus meiner Nase, meine Hände fangen an zu zittern.

„Alles klar bei dir?", fragt Tom. Ich schüttle den Kopf.

„Ihr müsst abhauen. Wegrennen, so weit weg, wie ihr könnt." Eindringlich schaue ich sie an und hoffe, dass wenigstens die beiden Jungs den Ernst der Lage kapieren.

„Aber wir haben doch Schule!", sagt Tom irritiert.

„Das ist egal. Hier in der Schule ist eine Bombe. Und die wird bald explodieren. Deshalb müsst ihr weg. So schnell wie ihr könnt. Und nehmt die anderen Kinder mit." Tom schaut mich besorgt an und geht tatsächlich. Sein Mitschüler sieht mich komisch an. „Du musst auch weg, sonst stirbst du", sage ich, aber er bleibt stehen. Dann geht die Tür wieder auf.

„Als wir hier gerade reingekommen sind, lag Aladin schon auf dem Fußboden", erkenne ich die Stimme von Tom. Scheiße.

„Gut, dass du Bescheid gesagt hast." Herr Roth kniet sich neben mich. „Solltest du nicht eigentlich zu Hause sein?" Stumm schüttle ich den Kopf. Auch dieses T-Shirt färbt sich langsam rot, aber das ist mir jetzt mehr als egal. „Kannst du aufstehen?", fragt er. Ich nicke. Ob ich will, ist eine andere Frage. „Ich bring ihn ins Sanni, da kriegt er dann auch ein Kühlakku. Und noch mal danke, dass ihr Bescheid gesagt habt." Herr Roth schiebt mich sanft aus der Tür. Meine Beine bewegen sich automatisch.

„Haut ab!", zische ich den Jungs zu und hoffe, dass sie die Warnung verstehen. „Irgendwie ist er schon komisch", höre ich den anderen Jungen sagen.

„Aber irgendwie auch echt krass." Toms Stimme klingt irgendwie anerkennend. Das gibt mir den Rest.

Im Sanitätszimmer drückt Herr Roth mir erst mal eine Rolle Klopapier in die Hand und ein Kühlakku in den Nacken. Als ob das Nasenbluten gerade mein größtes Problem ist. Seine Armbanduhr zeigt 9:25 Uhr. Nicht mal mehr eine Stunde, und noch immer sind alle Kinder im Gebäude. Noch immer glaubt mir keiner. Scheiße. Ich hatte mir das alles so viel einfacher vorgestellt, aber anscheinend kann man nicht jedes Spiel mit einer Strategie gewinnen. Manchmal braucht man auch Glück. **Anscheinend ist das Leben ein Spiel, in dem man mit Grips allein nicht gewinnen kann.** Seufzend halte ich mir das Klopapier an die Nase. Mein Gehirn läuft auf Hochtouren, genau wie meine Nase. Ich hoffe nur, dass es was bringt.

„Was ist denn hier los? Paul?" Neugierig steckt Frau Kramer ihren Kopf ins Sanitätszimmer.

„Anscheinend ist er auf dem Klo zusammengebrochen", erklärt Herr Roth. „Jetzt warten wir auf die Eltern."

„Mensch, Paul. Du machst Sachen." Frau Kramer kommt rein und setzt sich neben mich. „Wir müssen die Schule evakuieren", murmle ich leise, mehr zu mir, als zu ihr, trotzdem dreht sie mir fragend den Kopf zu.

„Wieso denn das?"

„Weil hier in nicht mal einer Stunde eine Bombe explodiert", erkläre ich.

„Eine was?" Verwirrt schaut sie mich an.

„Eine Bombe. Eine Bombe, die so groß ist, dass alles im Umkreis von 120 Metern sofort zu Staub wird." Skeptisch schaut sie mich an.

„Und wie soll diese Bombe in unsere Schule gekommen sein, und warum?"

„Ich habe diese Bombe gebaut und an dieser Schule versteckt. Weil ich nicht mehr kann, weil ich sie alle töten wollte." Herr Roth schaut mich entgeistert an. Für einen kurzen Augenblick ist es absolut still im Raum. „Aber jetzt will ich sie nicht mehr alle töten. Nur, die Bombe ist schon scharf und man kann sie nicht mehr entschärfen. Deshalb müssen wir die Schule evakuieren." Skeptisch wechseln Frau Kramer und Herr Roth einen Blick. Sie glauben mir nicht. Scheiße!

„Paul, ich weiß, dass das alles nicht leicht für dich ist, aber damit macht man keine Witze." Frau Kramer schaut mich ernst an.

„Das ist kein Witz", sage ich und schaue noch ernster zurück.

„Paul. Du gehörst zu den sensibelsten Jungs, die ich je unterrichtet habe, und ich bin jetzt schon fast dreißig Jahre Lehrerin. Du tust doch keiner Fliege was zuleide. Wie solltest du jemanden umbringen? Und warum?" Betrübt seufzt sie und legt mir ihre Hand auf den Rücken. „Vielleicht brauchst du einfach mal 'ne Pause hier. Bleib doch einfach mal die nächste Woche zuhause. Oder auch noch die übernächste. Erhole dich, höre Musik, lies ein gutes Buch. Und dann können wir immer noch darüber reden, wie dich die Ereignisse in den letzten Wochen belastet haben." Es gongt erneut. Die große Pause ist rum. Schon wieder sind zwanzig Minuten vergangen, ohne, dass irgendwas passiert ist. Das Zittern in meinen Händen wird stärker, mein Blick starrt ins Leere. Wo sind die Fluchtpunkte in unserem Leben? Ob Frau Kramer sich noch daran erinnert, wie sie mit uns über den Pointilismus gesprochen hat?

„Was ist nur los mit dir, Paul?", fragt Herr Roth besorgt. Ihre Sorgen helfen mir rein gar nichts, ich brauche ihr Vertrauen. Sie müssen mir zuhören. Und reagieren. Nur dieses eine Mal müssen sie das Richtige tun. Stattdessen schauen wir zu, wie die Zeit verrinnt. **Die Welt ist wie ein Alptraum, aus dem es kein Erwachen gibt.** Dann geht die Tür auf. Meine Mutter.

„Wieso bist du in der Schule? Wir hatten doch gesagt, dass du die nächsten Tage erst mal zuhause bleibst?", fragt sie mich zur Begrüßung. „Komm, wir fahren nach Hause", sagt sie. Ich bleibe sitzen. „Paul. Das Auto steht im Halte-verbot." Ist das etwa meine Schuld? Ich kann hier nicht weg. Noch habe ich nicht alles getan, was ich tun konnte. Die Tür geht auf. Ohne zu klopfen kommt Herr Rademacher herein.

„Paul?", fragt er und grinst mich an, als wäre das Leben nicht nur ein Pony-hof, sondern dazu noch ein Abenteuerspielplatz mit Süßigkeiten für umsonst. Wie ich das hasse. Aber das hier ist meine letzte Chance, Schlimmeres zu ver-hindern. Ich muss ihnen nur zeigen, dass ich es wirklich ernst meine. Todernst. Das wäre noch eine Idee. „Komm, Paul", sagt meine Mutter wieder und hält mir ihre Hand hin, aber ich bin kein Kindergartenkind mehr. Das Fenster steht sperrangelweit offen. Meine Mutter will gerade erleichtert lächeln, als ich in die entgegengesetzte Richtung gehe. Zum Fenster. Fast kann man hören, wie sie alle die Luft anhalten, ich nicht. Erstaunlich leichtfüßig klettere ich auf die Fensterbank und stelle mich ins Fenster. Mit offenen Mündern starren sie mich an. Die Idee könnte meine Rettung sein. Herr Roth will nach seinem Handy greifen, aber ich schüttle den Kopf.

„Keine Polizei. Das hier wird schulintern geklärt." Um zu verdeutlichen, was die Alternative ist, wippe ich ein bisschen vor und zurück. Sofort lässt Herr Roth die Hand sinken. „Eigentlich ist es traurig", sage ich und schaue in die erstarrten Gesichter. Hinter mir im Baum zwitschern Vögel. Der Sommer hinter meinem Rücken hat überhaupt keine Ahnung, was hier gerade abgeht. „Es ist sogar sehr traurig, dass man erst kurz vor dem Abgrund stehen muss, bevor einem auch nur irgendjemand zuhört." Die Tür geht auf. Herr Sibert und Frau Adler treten ein. „Perfekt", sage ich, mitten hinein in das entsetzte Schweigen. „Dann sind wir jetzt ja vollzählig." Herr Roth bedeutet Herrn Sibert, unauffällig das Handy wegzustecken. „Ich mach es kurz. Ihr habt mich nie verstanden. Und wenn – dann falsch. Vermutlich lag das daran, dass ihr mir einfach nie zugehört habt. Immer, wenn ich euch um Rat gefragt habe, habt ihr über mich gelacht und gesagt, dass Probleme in der Pubertät ganz normal sind. Ihr habt mich einfach nicht ernst genommen. Eigentlich habt ihr euch nicht mal für mich interessiert. Denn wenn ihr euch für mich interessiert hättet, dann hättet ihr gemerkt, dass mich die anderen seit Jahren schon mobben und verprügeln, dann hättet ihr gesehen, wie ich neunzig Prozent des Unterrichts damit verbringe, apathisch aus dem Fenster zu starren, dann hättet ihr verstanden, dass ich hier einfach nicht hingehöre, und dass diese Schule und dieses Leben nichts als Quälerei für mich sind. Aber ihr habt es nicht gemerkt, habt es nicht merken wollen. Weil ihr nicht wolltet, dass ihr mit mir auch noch Probleme haben werdet. Dabei bin ich ja wohl der von uns, der die meisten Probleme hatte. Von Woche zu Woche ist es schlimmer geworden. Dieses Leben hat mich fertig gemacht. Und ich wollte, dass ihr das endlich mal alle kapiert. Also habe ich eine Bombe gebastelt. Heute, um 10:24 Uhr, wird sie explodieren und die ganze Schule mit sich reißen." Die anderen werden langsam unruhig. Ich wippe ein bisschen hin und her. Ruhe kehrt zurück. Meine Mission ist noch nicht erfüllt, noch habe ich die Kinder nicht vor meiner eigenen Bombe gerettet. „Eigentlich war ich mir sicher, dass der Tod das Einzige ist, was meine Probleme lösen kann. Aber ich kann nicht hunderte Kinder opfern, nur um meine Probleme zu lösen." Erst jetzt fällt mir auf, dass ich sie konsequent duze, aber das ist mir jetzt auch egal. Über Respekt müssen wir nicht mehr reden, den haben sie ohnehin schon lange verspielt: „Die Kinder können nichts dafür. Sie können nichts dafür, dass ihr mich ignoriert habt und meine Probleme so lange kleingeredet habt, bis sie euch um die Ohren geflogen sind. Mensch, es geht hier um Kinder, die neugierig sind, die lernen wollen, die leben wollen. Es geht hier um die Kinder, die ihre ganze Zukunft noch vor sich haben und die noch nicht so verroht und böse sind, wie die anderen. Die Bombe ist zu gut, ich kann sie nicht mehr entschärfen. Für mich ist es bereits mehr als zu spät, aber die anderen Kinder können noch eine Zukunft haben. Bitte. Tut einmal das Richtige. Nehmt mich nur einmal ernst." Flehend lasse ich meinen Blick durch die Runde schweifen. „Jahrelang habt ihr mich unterschätzt, verspottet und belächelt. Glaubt mir, nur dieses eine Mal. Evakuiert die Schule, bevor es zu spät ist." Meine Beine fangen an zu zittern, Tränen sammeln sich in meinen Augen. Ich kann einfach nicht mehr. Das Zittern in meinen Beinen wird stärker. Ich habe schon wieder vergessen, heute morgen zu frühstücken. „Leute, ich hasse euch. Vielleicht ist dieser Hass begründet, vielleicht ist er es nicht. Aber ich habe ganz sicher einen Grund, euch zu hassen, wenn ihr jetzt schon wieder nichts tut, mir schon wieder nicht glaubt – und warum? Ihr habt noch dreiundvierzig Minuten." Dann gibt der Boden unter meinen Füßen nach. Ich falle.

24. KAPITEL

Game over. Nur für den Fall, dass du nicht weißt, was das heißen soll:

SYNTAX ERROR!

„Man kann ihn noch nicht transportieren", höre ich die Stimme von Herrn Roth. Vermutlich redet er von mir. Unter mir spüre ich die harte Liege. Anscheinend bin ich auf die falsche Seite gefallen, ich weiß nicht, ob ich mich darüber freuen soll.

„Wie gut, dass du ihn noch halten konntest", sagt Mme Sandmüller, keine Ahnung, wo die jetzt hergekommen ist. Aus der Ferne hört man ein Martinshorn. Auch das noch. Ohne auf die Uhr schauen zu müssen weiß ich, dass die Zeit langsam echt knapp wird. Mit geschlossenen Augen liege ich da und denke nach, während die Welt um mich herum sich nach und nach in einen Bienenstock verwandelt.

„Also, ich habe noch mal mit Dr. Timmendorf gesprochen", meint Frau Adler. „Pauls Zustand kann nicht an den Medikamenten liegen, er hat nämlich gar keine Antidepressiva bekommen."

„Hätte er mal besser, was?" Keine Ahnung, wie Herr Rademacher immer noch Witze machen kann.

„Auf jeden Fall hat er gemeint, dass er versucht, vorbeizukommen." Noch einer, der hier gleich in die Luft fliegt. Ganz toll.

„Und was machen wir jetzt?", will Frau Kramer wissen.

„Das hat Paul mich auch immer gefragt", meint Herr Rademacher.

„Und was hast du dann gesagt?"

„Guten Eindruck und dummes Gesicht." Das Grinsen von Herrn Rademacher fällt hörbar in sich zusammen.

„Hilft uns das jetzt?", fragt Frau Kramer gereizt.

„Nee", gibt Herr Rademacher zu.

„Ihm hat das ja anscheinend auch nichts geholfen", sagt Herr Sibert.

„Trotzdem, was ist der Plan?" Frau Kramer wiederholt sich.

„Die Wunde am Kopf ist wieder aufgegangen. Also ein drittes Mal kann man die nicht mehr nähen", meint Herr Roth. „Aber die Sanitäter kommen gleich. Dann bringen sie ihn wieder ins Krankenhaus. Und Dr. Timmendorf wollte ja auch noch kommen."

„Ich weiß nicht, haben Sie schon mal drüber nachgedacht, ob er vielleicht doch einen stationären Aufenthalt bräuchte, also in einer Klinik, wo sie sich mit Leuten auskennen, die solche Wahnvorstellungen haben?" Meine Mutter schluckt. Mir wird schlecht. Diese ‚Wahnvorstellung‘ ist nichts anderes als die Realität. Außerdem wird es für mich keine Zukunft mehr geben, selbst, wenn ich das hier verhindern kann.

„Ich weiß nicht", gibt meine Mutter zu bedenken. „Natürlich haben wir schon gemerkt, dass Paul irgendwie anders ist als sein Bruder zum Beispiel, aber wir haben gedacht, dass", sie seufzt, „dass er normal wird, wenn wir ihn normal behandeln." Es ist krass, das aus ihrem Mund zu hören. Vermutlich haben sich meine Lehrer dasselbe gedacht. Nur, dass einer, der nicht normal ist, auch nicht normaler wird, wenn man ihn so behandelt. Ein Pinguin kann ja auch nicht plötzlich fliegen, nur wenn man ihn von einer Klippe stößt. „Mein Mann und ich haben gedacht, dass sich das nach der Pubertät rauswächst, aber irgendwie war Paul gar nicht in der Pubertät", meint sie dann. Ihr ist mehr aufgefallen, als ich dachte. „Mit seinem Bruder hatten wir immer Ärger mit Alkohol und Drogen und solchen Sachen, auch mit Partys. Mit Paul gar nicht. Überhaupt ist er eher so der stille Typ. Ich kann mich nicht erinnern, dass er schon mal Freunde mit nach Hause gebracht hat oder so. Oder dass er mal jemanden besucht hat. Deshalb war ich ja so erleichtert, als er dann im Krankenhaus diesen Brief bekommen hat von seiner Klasse, und dass er sich mit diesem Max anscheinend so toll versteht. Aber das hier?" Meine Mutter bricht ab.

„Ich kann mir vorstellen, dass die Situation für Sie nicht leicht ist", stellt Frau Adler, die Superpsychologin, fest. „Vielleicht wäre es gut, wenn auch Sie als Familie sich professionelle Unterstützung suchen?" Meine Mutter schluchzt. Das Ganze ist an Rührseligkeit ja schon gar nicht mehr zu überbieten. Dann geht die Tür auf.

„Das da ist er", sagt Herr Sibert und präsentiert mich wie ein seltenes Tier.

„Kennen wir den nicht?", fragt der eine Sanitäter. Eins Plus für gute Aufmerksamkeit. Natürlich kennen sie mich. Und wenn diese Schule nicht bald geräumt wird, dann kennt mich morgen die ganze Republik.

„Den hat es ja mal wieder ganz schön erwischt", meint der andere Sanitäter. Murphys Gesetz.

„Er ist vom Fensterbrett gestürzt", erklärt Herr Sibert. „Wenn er die andere Seite genommen hätte, hätten Sie gar nicht mehr kommen müssen." Keine Ahnung, was das jetzt sollte.

„Suizidversuch?", fragt einer der Sanitäter.

„Der Junge ist gerade völlig neben der Spur", erklärt Herr Roth. Man kann nicht hören, ob er dabei nickt. Meine Mutter schluchzt irgendwo im Hintergrund. Nicht mal sie glaubt mir, dass ich die Bombe gebaut habe. Wahrscheinlich war ich einfach viel zu lange viel zu brav und unauffällig. Scheiß auf die Vergangenheit, aber wenn sie mich jetzt ernstnehmen, dann gibt das die totale Katastrophe! In einem klassischen Drama wäre das jetzt der vierte Akt. Retardierende Phase. Allerdings kommt mir das alles eher vor wie ein *accelerando furioso. I'm on the highway to hell …*

Provisorisch wickelt mir der Sanitäter einen neuen Verband um den Kopf. Die Zeit rast unbeeindruckt weiter. Wo ist der Flaschengeist, den ich um Hilfe fragen kann? Wo ist überhaupt noch jemand, den ich um Hilfe fragen kann und der mir glaubt? Jemand, der mir hilft in Tod und Verzweiflung? Tod und Verzweiflung, das ist die Idee! Schlagartig spüre ich wieder so etwas wie Hoffnung. Meinen ehemaligen Musiklehrer, den könnte ich noch fragen. Wenn mir einer glauben wird, dann er. Da er außer Musik nichts anderes unterrichtet, ist er bestimmt gerade im Musikraum. Er wird mir zuhören. Zuhören müssen. Gerade als mich die Sanitäter auf die Trage heben, um mich für immer aus dieser Schule zu entfernen, schreie ich: „Halt!", öffne die Augen und will mich aufrichten. Der Sanitäter drückt mich auf die Liege zurück.

„Liegen bleiben, junger Mann." Damit Sie mich in Sicherheit bringen und ich der Einzige bin, der meine Bombe überlebt? Ganz sicher nicht! Gerade, als ich ansetzen will was zu sagen, fährt mir Herr Sibert dazwischen:

„Paul, egal, was es ist. Wir können das später klären." Können wir nicht. Wenn jetzt nichts passiert, wird es kein Später geben. Dann gibt es hier nur noch Tod und Verzweiflung, weil der Hölle Rache in meinem Herzen außer Kontrolle geraten ist. Der Boden unter mir beginnt, sich zu bewegen. Diese pflichtbewussten Sanitäter haben mich schon halb aus dem Raum getragen. Ich denke an Merle, Leonie und Pferdeshirt. Pferde sind Fluchttiere. Fight or flight. Wie ich das mal in einem Film über die Kampfkunst des spätmittelalterlichen Orients gesehen habe, krümme ich mich zusammen, um mich dann von der Liege runter auf den Boden rollen zu lassen. Es funktioniert tatsächlich. Die Überraschung ist auf meiner Seite, perplex starren sie mich an. Dann fange ich an zu rennen. Und das kann ich gut. Laufen war das einzige, was in meiner Schulsportkarriere wirklich gut geklappt hat. Im Sportunterricht mussten wir im Sommer immer zum Fluss und wieder zurück joggen. Es war die einzige Sportaufgabe, in der ich der Beste war. Und zwar nicht, weil ich besonders gut im Laufen war, sondern einfach deshalb, weil ich ein Meister darin bin, die Zähne zusammenzubeißen. Wie die anderen habe ich nach den ersten Kilometern Seitenstechen bekommen, aber anders als meine Mitschüler bin ich deshalb nicht langsamer geworden. Ich habe dem Schmerz die Zähne gezeigt, den Schweiß aus meinen Augen gewischt und bin weitergerannt. Auch mit offenen Schnürsenkeln, Kieselsteinen im Schuh oder einem Krampf im Bein. Ich bin gerannt und gerannt und gerannt und war der Erste im Ziel. Auch, wenn ich dann meistens den Rest der Sportstunde gebraucht habe, bis sich mein Atem normalisiert hatte. Trotzdem, ich bin zum Ziel gekommen. Mehr brauche ich jetzt gar nicht, überleben will ich das hier ja schon lange nicht mehr. Meine Beine tragen mich von selbst. Wenn sie gleich aus ihrer Schockstarre aufwachen, werden sie gar nicht wissen, wo sie mich suchen sollen. Vielleicht suchen Sie auf dem Klo nach mir oder im Keller, aber keiner wird auf die Idee kommen, dass ich die Treppen hoch zum Musikraum gerannt bin. Auch ich bin manchmal unberechenbar. Es ist erstaunlich, wie viel so ein bisschen Hoffnung verändern kann. Es ist 9:43 Uhr. Wenn sie sich beeilen und es besser klappt, als bei der jährlichen Feueralarm-Übung, dann können wir noch alle retten. Atemlos klopfe ich an die Tür des Musikraums, dann mache ich sie auf. Ich habe Glück, es ist tatsächlich Herr Sattler.

„Wie siehst du denn aus?", fragend schaut er mich an.

„Aladin!", ruft Merle begeistert. Mir wird schlecht, als ich sie in der Klasse entdecke. Sie sind alle viel zu nah dran am Physikraum. Tom und sein Kumpel grinsen mich an. Zitternd halte ich mich am Türrahmen fest. Hätte nicht wenigstens diese Klasse jetzt Sport haben können?

„Paul?" Herr Sattler kommt mir entgegen und wirkt total irritiert.

„Kann ich Sie mal kurz sprechen, bitte?" Er schüttelt bedauernd den Kopf.

„Paul, du siehst doch, ich bin mitten im Unterricht." Natürlich sehe ich das, das ist ja das Problem.

„Bitte, nur kurz. Es ist wirklich wichtig."

„Der Unterricht ist auch wichtig. Am Mittwoch ist Notenschluss für die Zeugnisse." Es wird diesen verdammten Mittwoch nicht mehr geben, wenn mir nicht bald mal einer zuhört. Dann ist es in einer guten halben Stunde für uns alle für immer vorbei! Ich habe Glück, nach 176 Sekunden kostbarer Überredungszeit stehen wir gemeinsam vor der Tür. „Also, Paul, was gibt's? Warum bist du nicht im Unterricht und was ist mit deinem Kopf?" Anscheinend leben Musiker wirklich in ihrer eigenen Welt.

„Ich habe eine Bombe gebaut." Überrascht starrt Herr Sattler mich an, dann fängt er an zu prusten, als hätte ich ihm einen Trompeterwitz erzählt.

„Mit sowas macht man keine Witze", sagt er, als er sich wieder etwas beruhigt hat. „Das ist kein Witz. Ich habe wirklich eine Bombe gebaut und sie wird in einer halben Stunde die ganze Schule in die Luft jagen", erkläre ich. Er lacht noch immer.

„Ach, Paul. Sowas kannst du doch gar nicht. Mal abgesehen davon, dass du so einen Blödsinn nie machen würdest. Komm, setz dich kurz." Wir setzen uns vor dem Musiksaal auf den Boden. Immerhin nimmt er sich Zeit für mich, Zeit, die wir eigentlich beide nicht haben. Väterlich legt er mir die Hand auf die Schulter. Eigentlich wäre jetzt der perfekte Zeitpunkt, um über Schubert zu fachsimpeln, zumindest, wenn nicht gleich die Schule in die Luft fliegen würde. „Also, ich erklär' dir das mal." Aha. So ist das also. Anstatt, dass mir jemand zuhört, erklären sie mir einfach, was ich für ein Problem habe. Dass ich in der Pubertät bin und viel zu pessimistisch. Wunderbar. Ich werde schon wieder sarkastisch. Gut, vielleicht ist Optimismus manchmal ganz hilfreich, aber man kann doch eine Bombe nicht weglächeln! „Vielleicht hast du 'ne Gehirnerschütterung?", überlegt Herr Sattler. „Dann ist das ganz normal, dass die Gedanken verrückt spielen. Du lässt dich einfach von deiner Mutter abholen, fährst nach Hause und gehst ins Bett. Nächste Woche sieht die Welt schon wieder ganz anders aus." **Nächste Woche ist die Schule einfach gar nicht mehr da.** Und alle anderen auch nicht. „Außerdem sind ja eh bald Ferien. Paul, du packst das!" Optimistisch lächelt er mich an. Mag sein, dass Bombenbasteln eine total bescheuerte Idee ist, aber von einer Überdosis Optimismus ist die Welt auch noch nicht besser geworden. „Paul, du schaffst das", wiederholt er und klopft mir auf die Schulter. „Ich bring dich runter." Keinen Bedarf. Ich bin schon total down. Nur noch eine halbe Stunde. „Komm, ich kann dich doch verstehen. G8 ist einfach viel zu stressig." Mein ehemaliger Musiklehrer schüttelt betrübt den Kopf. „Wird Zeit, dass G9 wieder eingeführt wird." Klar, verglichen mit einer Plutonium-Bombe halte ich G8 auch für das größere Problem. Mein Kunstlehrer hätte mich ja auch am liebsten auf eine Waldorfschule geschickt.

„Kannst du aufstehen?", fragt Herr Sattler mich. Ich schüttle den Kopf. Können tu ich schon, ich will nur nicht. Wozu. „Okay." Der Musiklehrer geht alleine die Treppen hinunter, um die Sanitäter zu holen, aber ich werde nicht mehr hier sitzen, wenn sie wiederkommen. So wie es aussieht, schaffe ich es nicht, dass die Schule evakuiert wird. Mir bleibt nichts anderes, als doch noch zu versuchen, die Bombe zu entschärfen, obwohl ich weiß, dass es aussichtslos ist. Eine letzte Idee habe ich noch, dann muss ich los. Schnell kritzle ich mit einem Bleistiftstummel einige Formeln auf die Rückseite einer Violinsonate, die neben dem Mülleimer auf dem Boden lag. Eigentlich sind das Formeln aus dem vierten Semester, theoretisch müsste das jemand – zumindest von den Lehrern – kapieren können. Zumindest Herr Rademacher. Sicherheitshalber schreibe ich noch einige erklärende Kommentare daneben. Dann höre ich Schritte.

„Und er wollte zu dir in den Unterricht?", fragt Herr Rademacher ungläubig. Schnell verstecke ich mich im Gitarrenschrank, glücklicherweise sind die Instrumente gerade alle in der Werkstatt.

„Ja, er hat mir irgendwas von einer Bombe erzählt. Irgendwie wirkt er echt mitgenommen. Hier ist er." Durch den Spalt zwischen den Schranktüren erkenne ich, wie Herr Sattler auf die Stelle zeigt, an der ich nicht mehr sitze. „Also zumindest war er hier, bis vor kurzem."

„Wirklich, dieser Junge ist schwerer zu hüten als ein Sack mit Flöhen", meint Herr Sibert. „Das gilt für die ganze Rasselbande."

„Und unberechenbar ist er noch dazu", stellt Frau Kramer fest, die, wie auch die anderen, gerade hinzukommt. Sie hebt die Violinsonate auf. „Was ist denn das für ein Blatt?"

„Brahms", meint Herr Sattler, ohne wirklich hinzuschauen.

„Nein, ich meine die ganzen Zahlen." Neugierig schaut Herr Rademacher auf meine Rechnungen. Endlich. Falten graben sich in seine Stirn.

„Keine Ahnung, was das ist."

„Irgendwas mit Physik."

„Vielleicht was von den Zwölfern?"

„Die sind doch gar nicht mehr an der Schule." Wild gehen die Stimmen durcheinander. „Ich bin jetzt seit 20 Jahren Physiklehrer", stellt Herr Rademacher klar. „Keiner von meinen Schülern ist in der Lage, sich auch nur annähernd mit sowas zu befassen. Ganz ehrlich, sogar ich bin mir nicht sicher, was das heißen soll. Ich glaube, dafür braucht man ein spezielles Studium." Ich beiße mir in die Hand, um einen Schrei zu unterdrücken.

„Sind wir nicht eigentlich hier, um diesen Paul zu suchen?", fragt der Sanitäter. Herr Rademacher nickt und schmeißt die Violinsonate samt Rechnungen in den Papierkorb.

„Wo kann mein Sohn denn sein, wenn er nicht hier ist?", fragt meine Mutter.

„Ich will ja jetzt nicht pessimistisch sein, aber wenn das vorhin tatsächlich ein Suizidversuch war, dann sollten wir uns beeilen." Das ist die Stimme von Dr. Timmendorf. Ich glaube kaum, dass er mir glauben würde.

„Wo kann er denn hin sein, wenn er sich vor uns verstecken will?", fragt Frau Adler. „Ich fürchte, ich weiß, wo er ist." Die Stimme von Herrn Roth klingt alarmiert. „Vor ein paar Wochen habe ich mal gesehen, wie er auf dem Dach der Sporthalle herumgeklettert ist. Nicht, dass er da runterspringen will." Plötzlich rennen alle Lehrer weg, dabei war ich nur auf dem Sporthallendach, weil Max meinen Schlüsselbund da hochgeschmissen hat und ich ohne Schlüssel schlecht nach Hause konnte.

Ich öffne die Tür zum Musikraum. Herr Sattler war auch zur Sporthalle gerannt und hatte seine Klasse zurückgelassen. Neugierig schauen die Schüler mich an. Schnell gehe ich zum Pult und stelle mich so hin, dass alle mich hören und sehen können.

„Heißt das, du machst mit uns Mathe?", fragt Merle und strahlt mich an.

„Wo ist überhaupt Herr Sattler?", will Toms Kumpel wissen. Wenn es nicht so ernst wäre, würde sich das hier fast gut anfühlen, aber gerade weil es sich gut anfühlt, ist es noch viel grauenvoller.

„Leute. Ihr müsst hier raus. Raus aus der Schule, so schnell wie möglich. Hier ist eine Bombe in der Schule. Und die wird explodieren. In nicht mal dreißig Minuten." Gebannt starren mich die Kinder an.

„Man macht mit sowas keine Witze", sagt ein Mädchen in der letzten Reihe und schaut mich tadelnd an.

„Das ist kein Witz", antworte ich und schaue todernst in die Klasse. „Ihr müsst raus hier, sofort!" Flehend schaue ich sie an. In den Gesichtern der Kinder mischen sich Furcht, Belustigung und Skepsis. „Bitte!"

„Wir dürfen das Schulgebäude aber nicht während der Unterrichtszeit verlassen, sagt Herr Sattler", meint jetzt ein Junge mit Fensterplatz. Ist das der Sinn von Schule, dass sie den wissbegierigen Kindern die Neugierde abgewöhnt und die nachdenklichen Kinder zu gehorsamen Maschinen verdirbt? Ist das das Ziel unseres Bildungssystems, dass Kinder zu normgerechten Robotern werden, die man an die Industrie verfüttern kann? Haben so viele Menschen für Freiheit, Bildung und Aufklärung ihr Leben opfern müssen, damit die wenigen neugierigen und vernunftbegabten Kinder in der Schule sich zu Tode langweilen, zu regelkonformen Spießern erzogen werden – oder gemobbt werden? „Das hier ist ein Notfall!", schreie ich sie an, aber nicht einmal das scheint sie zu beeindrucken.

„Und wieso kommt dann nicht der offizielle Notfallalarm?", will die Kleine aus der letzten Reihe wissen. Weil den nur der Schulleiter aktivieren kann, der Schulleiter, der mir nicht glaubt!

„Weil unsere Schule keinen Bombenalarm hat! Weil niemand auf die Idee gekommen ist, dass es Schüler gibt, die so schlau und so verzweifelt sind, dass sie eine Bombe bauen, um damit die Schule zu sprengen. Geht doch einfach, bitte!" Verzweifelt lasse ich meinen Blick schweifen, die Kirchturmuhr schlägt zehn. Unschlüssig sehen sich die Kinder an.

„Aladin ist kein Lügner, wir können ihm vertrauen", sagt Merle. Dankbar lächle ich sie an.

„Können wir nicht", sagt Toms Freund. „Herr Roth hat gesagt, dass Paul die Realität nicht mehr richtig versteht, weil sein Gehirn kaputt ist. Weil er einen Wahn hat. Und wenn Herr Roth das sagt, dann muss das stimmen. Herr Roth ist schließlich Lehrer." Das ist der Moment, in dem ich mich ernsthaft frage, ob die Schule nicht auch im Jugendschutzgesetz als ein *Kindswohl gefährdender Ort* aufgeführt werden sollte. „Bitte, Leute, bitte!", flehe ich sie an, dann renne ich in die Physik, bevor mich hier oben noch jemand findet.

In der Physik angekommen knie ich mich vor mein Spiel. Noch 1.200 Sekunden. Das ist nichts. Mein Herz hämmert wie wild, mir ist kotzschlecht und ich kann mich überhaupt nicht konzentrieren. Die Kabel und Drähte verschwimmen vor meinem Auge. *Highway to hell* vermischt sich mit *The final Countdown* zu einer fast schon apokalyptischen Kakophonie. Obwohl ich weiß, dass es keinen Unterschied machen wird, pole ich den Hufeisenmagneten um. Der Stromschlag, der dann folgt, raubt mir fast das Bewusstsein. Es macht keinen Sinn mehr. Ich weiß nicht, ob ich schreien oder weinen soll. Warum? Warum? Danton sagt, dass das der Fels des Atheismus ist. Ich denke, es ist der Vorhof zur Hölle. Warum habe ich nicht einfach gekämpft? Irgendwie versucht, Max auszuhalten? Warum habe ich nicht doch noch mal versucht, mit Roswitha zu reden, bevor ich überhaupt die Bombe gebastelt habe? Vielleicht hätte es schon geholfen, einfach die Schule zu schwänzen. Hakenkreuze ans Rathaus zu schmieren, irgendwas, was auffällt, aber keinen tötet? Vielleicht hätte ich ja auch Drogen nehmen können, Medikamente oder Alkohol. Oder einfach still und heimlich von einer Brücke springen können? Ich meine, so ignorant und schwer von Begriff, wie die alle sind, wird auch niemand kapieren, was mein Problem war, selbst wenn gleich die Schule explodiert. Kästners *Warnung vor Selbstschüssen* fällt mir ein: War dein Plan nicht, irgendwie alle Menschen gut zu machen? Morgen wirst du drüber lachen, aber bessern kann man sie. Vielleicht hatte Kästner Recht und ich hätte noch eine Möglichkeit finden können, ihnen auf eine andere Art und Weise zu zeigen, was mein Problem ist. Oder ich hätte es akzeptieren können, aber versuchen müssen, anderen zu helfen. Merle und Tom mit Mathe zum Beispiel. Ich hätte anderen Kindern Geschichten erzählen oder Geschichten schreiben können. Statt einer Bombe hätte ich ja auch etwas ähnlich Geniales erfinden können, nur etwas, das nicht so gefährlich ist. Vielleicht was für *Jugend forscht* oder die *Masterclass* am MIT? Rein statistisch müsste es ja auch noch andere Leute geben, denen es so geht wie mir. Vielleicht nicht so viele, aber irgendwo müssten die sich doch rumtreiben. Vielleicht hätte ich Freunde finden können, wenn ich die Bombe nicht gebastelt hätte. Ich hätte ja auch einfach von zu Hause abhauen und als unbegleiteter minderjähriger Flüchtling nach Finnland oder in die USA reisen können. Ich hätte Musiker werden können oder Physikprofessor. Oder Lehrer. Irgendwie hätte ich vielleicht eine Möglichkeit gefunden, das besser zu machen, was meine Lehrer bei mir falsch gemacht haben. Ich hätte ein Buch schreibe, über Mobbing oder später mal auf Bildungskongressen davon erzählen können, damit sie verstehen, wie sich das anfühlt. Ich hätte mir einen eigenen Hund kaufen und mit ihm über Quantenphysik reden, hätte die Klavierkonzerte von Bach üben können oder endlich mal

Wallenstein gelesen. Das alles hätte die Zukunft vielleicht noch für mich bereit gehalten, wenn ich gekämpft hätte, gewaltfrei und mit zusammengebissenen Zähnen und vor allem, **ohne andere mit in den Tod zu reißen.** Denn gleich fliegt ja nicht nur meine eigene Zukunft in die Luft, sondern die von über Tausend anderen gleich mit. Diese Bombe wird Familien zerstören, Bilderbuchfamilien, Pachworkfamilien, Alleinerziehende oder so verkorkste Familien wie meine. Aber keine Familie wird durch den Tod ihres Kindes glücklicher werden, vermutlich nicht einmal meine eigene. Diese Bombe wird Kinder zerstören mit Zahnlücken, mit Zahnspangen, mit Haarklammern, dicke, dünne, schlaue, dumme. Diese Bombe wird sie alle umbringen und sie werden nicht einmal wissen, warum. Merle wird nie ein Reitturnier auf einem richtigen Pferd bestreite, Tom wird sich nie als Ermittler beim BKA bewerben können. Max, der Idiot, würde vermutlich nicht mal im Fegefeuer kapieren, was für ein Arschloch er ist, weshalb der ganze Plan eigentlich sowieso hinfällig ist. Hinfällig und brutal und irgendwie egoistisch. *I have a dream.* Vermutlich hatten die ganzen Pazifisten recht. **Gewalt ist keine Lösung, denn sie tötet alle, die am dringendsten hätten Lernen müssen, wie schlecht Gewalt ist, sie tötet alle, die das sowieso schon wissen und vor allem aber tötet sie alle, die noch gar nicht wissen, was Gewalt ist,** einfach, weil sie Kinder sind. Weil sie Kinder sind, die mehr als alles andere eine gute und sichere Zukunft verdient haben. Vielleicht hätte ich tatsächlich den Vertretungsunterricht in Merles Klasse übernehmen dürfen. Dann hätte ich ihnen nicht nur Mathe beibringen, sondern auch zeigen können, wie wichtig es ist, dass es Menschen gibt, die anders sind. Und **dass jeder Mensch das Recht hat, anders zu sein,** ohne deshalb gemobbt oder ausgegrenzt zu werden. Ich hätte Spaß mit ihnen haben können und sie hätten vielleicht gelernt, wie wichtig es ist, die anderen zu akzeptieren, wie sie sind, auch wenn man sie nicht immer versteht. Und vielleicht hätte ich verhindern können, dass aus den Kindern in Merles Klasse irgendwann solche Täter werden wie Max oder solche Opfer wie ich. Vielleicht wäre das wirklich eine Option gewesen. *Bleib am Leben sie zu ärgern,* beendet Kästner seine Warnung. Möglicherweise hätte ich sogar einen Weg gefunden, um den Wahlkampf meines Vaters irgendwie anders zu sabotieren. Was wäre zum Beispiel gewesen, wenn ich einfach in die Partei von Merles Vater eingetreten wäre? Merles Vater, der dieses Wochenende sicherlich keinen Kopf mehr hat für Politik und dass nur, weil ich seine Tochter getötet habe. Natürlich sind die anderen mit schuld. Wenn ich nicht so viel Stress mit Max und meinem Vater und der Schule gehabt hätte, wäre ich nie auf die Idee gekommen, eine Bombe zu basteln. Natürlich sind auch all die Leute schuld, die mir nicht geglaubt, die mir nicht zugehört und meine Hilferufe einfach nicht ernst genommen haben. Trotzdem. Ich habe diese Bombe gebaut. Ich bin ein Mörder geworden, aus Verzweiflung, aber trotzdem, ein Mörder. Eigentlich gibt es nichts, was das entschuldigen kann. Kurz überlege ich, einfach den Hammer zu nehmen und auf die Bombe draufzuschlagen, aber eigentlich weiß ich, dass das nichts helfen wird.

Viertel nach Zehn. Noch neun Minuten. Ob sie mich noch suchen? Die Luft in der Nähe der Anode fängt bereits an zu flimmern. Das wird die absolute Katastrophe. Vielleicht sogar die größte Katastrophe, die diese Stadt hier jemals erlebt hat. Und ich bin schuld. In meinen Ohren rauscht das Blut. Sie alle werden sterben und niemand wird verstehen, was mein Problem war oder dass ich überhaupt eins hatte. Statt die Probleme zu lösen, habe ich ein noch viel größeres Problem geschaffen. Gandhi und Kästner wären enttäuscht von mir. Mein Blick fällt auf den roten Notfallzettel an der Tür. *In case of a fire.* Mit zitternden Fingern hole ich mein Handy aus der Hosentasche. Eins. Eins. Null. Ich verzichte darauf, die Zahl in Primfaktoren zu zerlegen und drücke auf ‚Anrufen'.

„Guten Tag, Notfallzentrale. Was können wir für Sie tun?" Die Lämpchen blinken immer stärker.

„Hallo. Hier ist Paul. Im Schumann-Gymnasium wird in wenigen Minuten eine Bombe explodieren", sage ich mit zitternder Stimme. Mein Herz rast wie verrückt.

„Ach ja? Und woher wollen Sie das wissen?", fragt der Beamte skeptisch.

„Ich habe sie gebaut", sage ich. Die Luft über der Kathode fängt grünlich an zu leuchten.

„Jetzt hören Sie mal auf, so einen Blödsinn zu erzählen. Darüber macht man keine Witze." Der Beamte am Telefon klingt alles andere als begeistert. „Wenn Sie hier noch mal anrufen, hat das strafrechtliche Konsequenzen, verstanden?" Mein Freund und Helfer legt auf. Noch dreihundert Sekunden. Ich versuche es mit der 112.

„Guten Tag, Sie sprechen mit der Notrufzentrale?"

„Hallo", flüstere ich kraftlos. Mir ist so schlecht. Meine Hand krallt sich um das Handy wie um einen Rettungsring.

„Wie heißen Sie? Wie können wir Ihnen helfen?"

„Ich bin Paul." Langsam wird mir schwindelig, in das Grün über der Kathode mischen sich gelbe und rote Streifen. „Vom Schumann-Gymnasium. Wir brauchen hier die Feuerwehr, Rettungswagen, Hundestaffel, alles. Die Schule …" Das Handy fällt mir aus der Hand.

„Bitte, bleiben Sie dran. Was ist passiert? Sind Personen verletzt? Werden Personen vermisst?" Die Stimme ist noch immer in der Leitung.

„Die Schule", sage ich und versuche, das Zittern in meinen Händen so zu kontrollieren, dass ich das Handy wieder an mein Ohr heben kann. „Die Schule, sie wird explodieren", presse ich hervor und hoffe, dass der Mann am Telefon das kapiert. Die Leitung ist still.

„Bitte sprechen Sie lauter, ich konnte Sie nicht verstehen", sagt der Mann. Keiner versteht mich, das ist ja das Problem. Keiner hat mich verstanden und keiner wird mich je verstehen können. Jungs, die die Schule in die Luft sprengen und dabei hunderte Unschuldige töten, kann man nicht verstehen. *The final Countown.* Das Handy rutscht mir erneut aus der Hand, ich habe keine Kraft mehr, es aufzuheben. Das Blinken der Lämpchen hat jetzt überhaupt nichts Tröstliches mehr. **Das Spiel ist so gut wie vorbei.** Ich habe verloren, auf der ganzen Linie habe mich mehr als verzockt, habe ich versagt. Bewusst habe ich meine Mitspieler in Gefahr gebracht, weil ich dachte, dass ich dadurch gewinnen kann. Jetzt verlieren wir alle. Die Zukunft. Das Leben. Die Hoffnung. *Paul, nimm's locker,* hat Herr Rademacher mal gemeint, *das Leben ist nur ein großes Spiel.* Es war ein typischer Rademacher-Satz. Keine Ahnung, ob er Recht hat. Jedenfalls, wenn das Leben ein Spiel ist, dann ist es unfair. Und zwar nicht, weil die Regeln unfair sind, sondern die Menschen, die diese Regeln entweder einhalten oder brechen. Und man hätte vorher sagen müssen, dass es ein Spiel ist ohne Spielanleitung, ein Spiel ohne Ziel und mit offenem Ende – und ein Spiel, das man vermutlich nicht im Alleingang gewinnen kann, falls man es denn überhaupt gewinnen kann. **Wenn das Leben ein Spiel ist, dann ist es ein Spiel, das man nur einmal spielen kann.** Das Leben ist ein Spiel, in dem man nichts geschenkt kriegt. Vielleicht ist das Leben auch wie *Skat* und das Einzige, was man im Laufe der Runden lernen kann, wäre, auch mit einem schlechten Blatt passabel zu spielen. *YOLO. You only live once.* Oder *Carpe Diem.* Wie auch immer. Eigentlich ist es völlig egal, ob das Leben ein Spiel ist – oder nicht. Es ist vorbei. *Game over.* Und ich habe völlig umsonst verloren, denn ich habe verloren, ohne, dass jemand anderes gewinnt, ohne, dass überhaupt irgendetwas dadurch besser geworden ist. Im Gegenteil. Wenn ich jetzt sterbe, habe ich die Welt noch schlimmer gemacht, als sie ohnehin schon ist. Trotzdem wird von den Erwachsenen niemand verstehen, dass es eine Zeit in meinem Leben gab, in der diese Bombe das Einzige war, was mir Trost gegeben hat. Keiner wird wissen und verstehen, dass ich mein Leben beenden wollte, weil ich einfach nicht mehr konnte, weil ich es einfach nicht mehr ausgehalten habe. Wenn ich jetzt sterbe, werden sie auch in hundert Jahren noch denken, dass ein perfektes Zeugnis automatisch ein perfektes Leben bedeutet. Sie werden mich für erfolgreich halten, für schlau und beliebt und haben keine Ahnung von dem Paul, der seine Schulsachen einsam aus dem Müll holen musste, der seine hundert Einser lieber gegen einen einzigen Freund eingetauscht hätte und der lieber glücklich gewesen wäre als genial. Sie werden nichts daraus lernen. Nichts daraus lernen können. Und das ist vielleicht das Schlimmste an der ganzen Geschichte. An meiner Geschichte. Dass sie keine Hoffnung hinterlässt. Keine Botschaft. Keine Zukunft. Nur Tod und Verzweiflung.

Zwischen Anode und Kathode flimmert ein Regenbogen, ein Regenbogen, der keine Versöhnung mehr bringt. 10:23 Uhr. Die Primfaktoren dieser Zahl sind 3, 11 und 31. Das hilft mir nur nichts. Mathe hat noch nie ernsthaft

Probleme gelöst. In Gedanken zähle ich runter. Dann, pünktlich wie erwartet, wird es dunkel. Ganz dunkel. Schwarz.

EPILOG

Wenn das Spiel noch immer nicht zu Ende ist, auch wenn du schon fix und fertig bist …

Ich schwebe. Fliege. Fühle mich leicht. In meinem Kopf ist es still, so still wie lange nicht mehr. So still wie nie. Ich bin ein Pinguin, aber ich kann fliegen, ohne Flügel. Ich fühle mich gut. Ich höre nichts mehr. Spüre nichts mehr. Schwebe. Ich bin nicht mehr da. Leicht. Ganz leicht. Wie Luft. Ach, wenn sich doch alle unsere Probleme in Wohlgefallen auflösen könnten. Und das kleine X, das aus dem Trichter kommt, ist Null, und dass es Glück war, wird man erst aus der Entfernung sehen. Vor meinen Augen ist alles bunt. Sterne tanzen durch die Nacht. Über siebzig Prozent aller Materie ist dunkle Materie. Das All hat mehr schwarze Löcher als Sterne, nur so rein statistisch gesehen. Trotzdem sehen wir nur die Sterne, Sterne, die vielleicht schon längst tot sind, wenn ihr Licht die Erde berührt. Ich fühle mich leicht. So leicht.

„Um Gottes Willen!", sagt irgendjemand. Das höre ich, aber die Stimme kommt nicht bei mir an. Die Welt ist so leicht, mein Gehirn hat aufgehört zu schlagen. Die Gedanken sind frei, irgendwie diffundiert. Sie kommen nicht wieder. Keiner vermisst sie. Es geht mir gut.

„Das Feuer ist zu dicht!", schreit jemand. Ich sehe nichts, spüre nichts, fühle nichts. Was für ein Feuer? Fegefeuer? Was hat das Fegefeuer überhaupt mit Fegen zu tun? In der Hölle verbrennt doch jeder Besen, in der Hölle verbrennt alles. Asche zu Asche. Staub zu Staub. Letztendlich sind wir doch alle Mathematik. **Alles ist Zahl.**

„Ich hab ihn gefunden." Es ist wie die Stimme aus dem Off. Gott? Langsam schwebe ich zurück auf den Boden. Sinkflug. Ich werde schwerer, schwerer, immer schwerer.

„Ich finde keinen Puls." Die Stimme klingt verzweifelt. *Suchet, so werdet ihr finden. Klopfet an, so wird euch aufgetan.* Ich bin ganz ruhig. Alles ist so leicht und so schwer. Immer tiefer falle ich in das schwarze Loch um mich herum. Näher, immer näher komme ich dem Ort, an dem die Parallelen sich berühren. Das Leben kann so einfach sein, so einfach. Vorbei!

Kinder schreien. Mütter schreien. Väter schreien. Die ganze Welt schreit. *Highway to hell. Dies irae.* Die Schule liegt in Schutt und Asche. Wer nicht tot ist, wird noch sterben. Wer noch nicht stirbt, ist schon verzweifelt. Vor Gott und der Mathematik sind alle Menschen gleich, nur das Gesetz macht Unterschiede, in dem es zu Schneckengang verdirbt, was Adlerflug geworden wäre. In dem Loch, wo mal die Schule stand, sammelt sich Staub und Schutt. *Alles schweiget.* Nachtigallen weinen und das Fernsehen sendet den ersten *Brennpunkt.* Über den Bildschirm läuft ein Bild von mir, aber das sehe ich nicht. Kinder schreien. Eltern schreien. Lehrer sind mit ihrem Latein am Ende. Es wird hier keine Schule mehr geben. Unbeteiligt stehe ich daneben, schaue zu, wie man Leiche für Leiche aus den Trümmern holt. Der Regenbogen schwebt noch immer über den Ruinen, die mal eine Schule waren. Mein Vater schwenkt seine Fahne. Wahlkampf bleibt Wahlkampf. Für eine starke Hand in Zeiten der Trauer. Dann sehe ich ihren Vater. Sein Anzug ist zerrissen, sein weißes Hemd voller Staub. In der Hand hält er ein undefinierbares Gebilde. Ein Gebilde mit einem gelben Gips. Mein Magen dreht sich um, die Welt hört auf zu kreisen, die Zeit bleibt stehen. *Error. Over and out.*

Als ich das nächste Mal aus der Dunkelheit krieche, habe ich alles Zeitgefühl verloren. Überhaupt habe ich jedes Gefühl verloren, es gibt keine Gedanken mehr in meinem Kopf. Nichts. Sind Tage vergangen, Stunden, Wochen, Jahre? Ich weiß es nicht. Fragend schaue ich in die schwarze Unendlichkeit vor meinen Augen. Bei Nacht sind alle Schafe schwarz. Wie durch einen schwarzen Nebel spüre ich, dass ich mich bewege, aber ich mache nichts. Ich spüre nichts, ich denke nichts, ich habe aufgehört zu sein.

„Wie gut, dass die Feuerwehr so schnell vor Ort war", sagt eine Stimme, die mir irgendwie bekannt vorkommt. Ich habe aufgehört zu schweben. Die

Schwerkraft ist zurückgekehrt. Vielleicht bin ich auch zurückgekehrt. Alles an mir fühlt sich an wie aus Blei. Oder aus Beton.

„Das grenzt wirklich an ein Wunder." Es gibt keine Wunder, möchte ich sagen, es gibt nur Logik. Alles ist Mathematik. Aber aus meiner Kehle rinnt kein Laut, ich kann mich nicht bewegen.

„Wie geht es ihm?", fragt eine hohe Stimme. Dünn. Müde. Verängstigt.

„Der Kerl hat Glück im Unglück gehabt. Im Moment liegt er im künstlichen Koma, damit sein Körper Zeit hat, sich zu regenerieren." Reden sie von mir? Was ist überhaupt passiert?

„Wie hoch ist denn die Wahrscheinlichkeit, dass er wieder aufwacht?" Die hohe Stimme wirkt aufgelöst.

„Das weiß keiner. Wir können nur hoffen." Schluchzen. Vielleicht können wir nicht einmal das. **Dann schwappt das schwarze Nichts wieder um mich herum.** Vor meinen Augen fliegen Fetzen. Ich weiß nicht, was sie bedeuten sollen. Aladin und eine Wunderlampe. Löwen und Pferde. Lämpchen blinken, es riecht verbrannt. Wir lernen nicht für die Schule. Wir lernen überhaupt nicht. Alles ist so schwer und so tief. Jeder Blick in den Spiegel ist ein Blick in den Abgrund. Ich schaue immer an mir vorbei, auch beim Haarekämmen. Zwei von mir im selben Raum zu sehen, wäre unerträglich. Die Zeit schwebt dahin. Ich werde, du wirst, er wird. Sekunden vergehen, Tage, Jahre, Stunden. Vielleicht auch Wochen. Wer weiß das schon genau. Wer will das schon wissen.

„Du machst wirklich Sachen, Paul." Die Stimme kommt mir bekannt vor, aber ich kann sie nicht zuordnen. „Ich hatte eigentlich gehofft, dich nicht so schnell wieder zu sehen. Mann, Mann, Mann." Wer ist das? Wo bin ich? Und warum? Was ist passiert? Fragen tanzen in meinem Kopf eine irrationale Choreographie zu atonaler Musik. Ich kann mich an nichts erinnern. Irgendjemand hat mein Gehirn gelöscht, meine Festplatte formatiert. **Ich bin gefangen, in einer Nacht, in der es keine Sonne gibt, in einer Dunkelheit, die keinen Tag findet.**

„Du musst nur kämpfen, Paul, du schaffst das." Kämpfen? Wie? Wofür? Gegen wen? Warum? Als wäre in meinem Kopf das Drehbuch für eine Quizshow explodiert. Wo bin ich? Warum? Was soll das alles. Die Frage nach dem Sinn. Müde drehen sich meine Gedanken im Kreis, wie Karussellpferde. Dann dämmere ich wieder weg.

„Ach, Paul, was machst du nur für Sachen?" Es ist die Stimme meiner Mutter. Was macht sie hier? Und was soll ich gemacht haben? Regenbogen, Lämpchen, Draht, dazwischen ein gelber Gips. Das macht alles keinen Sinn. Dann Stille, schluchzen. Warum weint sie? In der sechsten Klasse hat unsere Deutschlehrerin uns *Fallada* vorgelesen, es war absolut unheimlich. „Du darfst nicht sterben." Ihre Stimme zerbricht wie ein dünner Keks und krümelt in die Unendlichkeit zwischen uns. „Ach, Paul." Das macht doch alles keinen Sinn. Die Zeit vergeht weiter. Noch immer fühle ich nichts, spüre ich nichts, ich denke nur, denke ohne Ziel, ohne Ergebnis. Es denkt. Es atmet. Die Stille lärmt zwischen den Zeilen. Eine Tür quietscht.

„Die Werte sehen nicht gut aus." Wessen Werte? Was heißt das, nicht gut? Die Note gut soll vergeben werden, wenn die Leistung den Anforderungen voll entspricht. Das ganze Universum dreht sich in meinem Gehirn.

„Heißt das, dass er …?" Die Stimme meiner Mutter kippt weg.

„Wie gesagt, wir können nichts machen. Nur warten und hoffen." **Warten und hoffen.** Erwachsen müsste man sein. Alles einfach weglächeln. Irgendetwas juckt in meiner Nase, aber ich weiß nicht, was es ist. „Wir können von Glück reden, dass die Sanitäter ihn noch wiederbeleben konnten. Alles andere wird sich mit der Zeit klären." Zeit. Zeit. Zeit. Vor meinen Augen explodieren Sonnen, Sterne und Regenbogen. Irgendjemand schlägt mich mit einem gelben Gipsarm, aber ich spüre nichts. Schläge tun mir nicht weh. Die Zeit vergeht, als wäre alles wie immer. Es ist, als wäre ich gar nicht da.

„Kannst du die Augen öffnen?" Mit größter Anstrengung hebe ich die Augenlider. Irgendjemand muss Gewichte daran geklebt haben, denn es dauert ewig, bis der Schlitz groß genug ist, um hindurchschauen zu können. Ich schaue in die Augen von *Albert Einstein,* begeistert starrt er mich an und das, ohne mir die Zunge herauszustrecken. Nach einigen Sekunden stellt sich mein Blick scharf. Der Mann vor meinen Augen ist kein Physiker, der Mann vor meinen Augen ist Arzt.

„Hallo, Paul. Schön, dass du wieder bei uns bist." Er grinst. „Also natürlich nicht, dass du wieder im Krankenhaus gelandet bist, aber besser hier als auf dem Friedhof, was?" Mr. X schaut, als hätte er einen Witz gemacht, aber außer ihm lacht niemand. Mit einem Schlag kommt die Erinnerung zurück, mit der Geschwindigkeit einer Langstreckenrakete fährt sie mir direkt ins Gehirn. Schnell verschließe ich meine Augen wieder, doch die Erinnerung bleibt. Regenbogen, Gipsarme, blinkende Lämpchen. Wieso bin ich nicht tot? Vermutlich würde sich mein Atem beschleunigen, wenn ich nicht an einer Maschine stecken würde, die diesen unseligen Job für mich übernommen hat. Warum lebe ich noch? Rein rechnerisch hätte die Entfernung zur Bombe ausgereicht, um mich siebenundvierzig Mal zu töten. „Deine Mutter wird sich freuen, dass du wieder da bist." Mr. X` Stimme klingt schon wieder so fröhlich. **Die Stille in meinem Kopf explodiert.** Warum bin ich nicht tot? Ich kann doch nicht im Ernst meine eigene Bombe überlebt haben, oder? Wie bescheuert ist das denn! Und was ist mit den anderen? Wir haben die Schule nicht evakuiert! Rein rechnerisch sind sie jetzt alle tot. Toter als tot. Vor meinem inneren Auge sehe ich das Loch, wo mal unsere Schule stand. Staub liegt überall. Warum? Merle ist tot. Tom ist tot. Über Tausend andere sind auch tot. Und ich? Ich lebe. Weil irgendein überambitionierter Notarzt meinte, mich reanimieren zu müssen. Ohne mich zu fragen. In meinem Kopf mischen sich die Stimmen wütender Eltern, die Stimme meines Vaters und die Stimmen der Polizei. Wie soll ich denn leben, wenn alle anderen tot sind? Und sie müssen tot sein, diese Bombe kann keiner überlebt haben.

„Paul, ganz ruhig. Das Schlimmste ist jetzt überstanden." Mr. X klopft mir auf den Arm, das fühle ich, ohne es zu spüren. Vielleicht ist das die Strafe dafür, dass ich die anderen umgebracht habe. Eigentlich ist das genau das, womit ich meine Eltern bestrafen wollte. Ich glaube schon, dass es schlimmer ist, mit der Schuld leben zu müssen, als einfach tot zu sein. Andererseits, mit der Schuld leben zu müssen, das heißt dann auch Strafprozess, Jugendknast und noch mehr familiäre Ächtung, als ich eh schon habe. Wobei das vermutlich gar nicht das Schlimmste ist. Viel schlimmer ist die Schuld. Vermutlich werde ich kein Kind

mehr ansehen können, ohne mich daran zu erinnern, wie viele Kinder ich umgebracht habe. Wie ich mich kenne, muss ich gar kein Kind mehr sehen, um
mich schuldig zu fühlen. Wie soll ich jetzt mit meiner Zukunft klarkommen,
wenn ich doch weiß, dass ich ihnen allen die Zukunft geraubt habe? Vermutlich
ist es das Beste, wenn ich mich von irgendeiner Brücke stürze, sobald ich dazu
körperlich wieder in der Lage bin. Oder wenn ich die Luft anhalte, sobald mich
diese blöde Maschine neben mir nicht mehr beatmet. Ich habe es verbockt. Ich
habe das Spiel verloren und sie alle getötet. Und habe es dabei nicht mal geschafft, selbst zu sterben. Versagt. Auf der ganzen Linie versagt.

„Weißt du, was passiert ist?", fragt Mr. X. Natürlich weiß ich das noch. Vergessen ist eine Gnade, die nicht jedem zuteil wird. Er macht irgendwas mit den
ganzen Kabeln um mich herum und wartet wahrscheinlich gar nicht wirklich
auf eine Antwort von mir. Dass er überhaupt noch mit mir redet. Vermutlich
verlangt das sein Job von ihm. Oder der Gesamtelternbeirat der Schule, da alle
Eltern wollen, dass er mich am Leben hält, damit ich mit der Schuld leben muss
oder damit sie mich irgendwann persönlich umbringen können, dafür, dass ich
ihre Kinder umgebracht habe. Mir ist kotzschlecht, dabei habe ich seit dem
Donnerstag vor der Sprengung nichts mehr gegessen. Wie lange das wohl schon
her ist? Selbstjustiz bringt nichts. Rache ist ein Gift, das meistens den zerstört,
der sie ausübt. Ich kann nicht mehr. Am liebsten würde ich einfach aufhören zu
atmen, aber der Schlauch in meiner Nase schickt unablässig Sauerstoff in meine
Lunge, und ich habe nicht die Kraft, ihn rauszuziehen. Ich habe überhaupt gar
keine Kraft mehr. Kann sein, dass ich sie noch nie gehabt habe. „Ganz ruhig,
Paul. Ich weiß, dass das nicht leicht ist, trotzdem. Mann, ich bin echt froh, dass
du noch lebst." Schön für ihn. Freut euch des Lebens. Trallalalala. „Ich geb dir
jetzt noch mal was, das dich beruhigt. Und dann schlaf einfach, ja?" Was auch
immer jetzt in meinem Körper landet, es wirkt.

Als ich wieder wach werde höre ich, wie sich zwei Stimmen gedämpft unterhalten.

„Wie geht es ihm denn?", fragt eine Stimme, die ich nicht kenne. Sie klingt
irgendwie aufgeregt.

„Den Umständen entsprechend gut", antwortet die Stimme von Mr. X, aber er wirkt nicht überzeugt.

„Aber er ist wieder aufgewacht?", fragt die andere Stimme.

„Ja, gestern. Gehörst du zur Familie?"

„Nein."

„Dann dürfte ich mit dir eigentlich nicht darüber reden, Schweigepflicht und so." In Mr. X` Stimme liegt ehrliches Bedauern, gepaart mit Pflichtbewusstsein. „Bist du seine Freundin?" Das Mädchen lacht. Es ist ein komisches Lachen, es klingt irgendwie rau. „Paul hat keine Freunde." Sie sagt das so, wie andere Leute sagen, dass eins plus eins zwei ist, so wie man sagt, dass die Erde rund ist und vor allem so, als fände man die Frage des Gegenübers völlig bescheuert. Sie hat Recht. Die Frage ist völlig bescheuert. Ich frage mich, wer sie ist und was sie will. Obwohl ich eigentlich niemanden sehen oder hören will und eigentlich einfach nur tot sein möchte, am besten auf der Stelle, bin ich irgendwie neugierig. Vermutlich ist das eine Art naturwissenschaftlicher Urinstinkt. Zu lernen. Wissen zu wollen. So wie leben zu wollen. Nur, dass mein Überlebensinstinkt irgendwie schon länger kaputt ist. Manchmal habe ich mich gefragt, ob ich so viele Probleme habe, weil ich so schlau bin, oder ob ich nicht vielleicht doch so schlau bin, weil ich so viele Probleme habe. Schon im Kindergarten habe ich mich mit Zahlen getröstet, wenn ich traurig war. Frustmathe habe ich das genannt, so wie Frustschokolade. Nur, dass Mathe nicht dick macht – sondern einsam. Helfen tut wahrscheinlich beides nicht. Wenn die ganze Lernerei etwas besser gemacht hätte, dann wäre ich ja jetzt nicht hier. War mein Leben so scheiße, weil ich ein Freak war? Weil ich so schlau war, so viel gelernt und gerechnet habe? Oder bin ich ein Freak geworden, weil ich außer lernen einfach nichts machen konnte? Weil Bücher, Zahlen und Buchstaben meine einzigen Freunde waren? Möglicherweise habe ich gar nicht aus Neugier gelernt, sondern nur aus Langeweile.

„Kann ich denn zu ihm?", fragt die Mädchenstimme.

„Nein", sagt Mr. X energisch. „Paul braucht jetzt Ruhe. Außerdem ist das hier eine Intensivstation und kein Kinderspielplatz."

„Bitte, nur kurz", bettelt sie. Es scheint ihr irgendwie wichtig zu sein, warum auch immer.

„Ich darf hier nur engste Angehörige reinlassen und auch die dürfen nur ganz kurz …", sagt Mr. X bedauernd. „Außerdem können wir überhaupt nicht absehen, was so ein Besuch in Paul auslösen kann, also psychisch. Das kann wirklich nach hinten losgehen."

„Aber schlimmer kann es ja nicht mehr werden", kontert sie. Mr. X lacht bitter.

„Hm. Ausnahmsweise. Aber wirklich nur ein paar Minuten. Keine schweren Fragen, keine ernsten Themen. Vor allem nichts über die Explosion, nichts, was ihn aufwühlt und ihm mehr zumutet, als er gerade verkraften kann, klar?"

„Klar."

„Im Moment kann er dir eh nicht antworten, aber wenn du merkst, dass er sich verkrampft oder sonst irgendwie komisch reagiert, dann musst du auf den roten Knopf neben dem Kopfkissen drücken."

„O.k.", sagt sie leise. Ich höre, wie sich ihre Schritte meinem Bett nähern. Der Geruch von alten Bananenschalen verteilt sich im Raum. Ich werde nervös, Panik steigt in mir hoch. Was ist, wenn sie die Schwester ist, von jemandem, der durch meine Bombe …, wenn sie mich töten will? Andererseits, das wäre nicht wirklich schlimm, denn töten will ich mich ja selbst. Eigentlich hat sie Recht, schlimmer kann es echt nicht mehr werden.

„Können Sie uns kurz alleine lassen, bitte?", fragt sie.

„Also doch Freundin?", fragt Mr. X und entfernt sich lachend. Ich habe keine Freunde und schon gar keine Freundin.

„Hallo Paul." Vorsichtig schlage ich die Augen auf. Sie steht an meinem Bettende und schaut mich unsicher an. Irgendwoher kommt sie mir bekannt vor. Fragend schaue ich sie an. „Wir haben uns unten im Keller auf dem Klo getroffen." Jetzt fällt es mir wieder ein. Ich habe keine Ahnung, wie sie heißt oder in welcher Klasse sie ist, aber sie muss auf meiner Schule gewesen sein. Gewesen sein? Sekunde mal, das heißt ja, dass … Ich will sie fragen, warum sie auch noch lebt, aber aus meiner Kehle kommt nur ein heiseres Krächzen. Das

Mädchen lächelt scheu und schaut sich neugierig im Raum um. „Sie sagen, dass du mehr Glück als Verstand gehabt hast. Und das muss viel heißen, so schlau, wie du bist." Die Stille zwischen uns ist zum Zerreißen gespannt. Auf dem Monitor neben mir sehe ich, dass sich meine Herzfrequenz erhöht, spüren kann ich das nicht. „Mach dir keine Sorgen. Es ist keinem was passiert, also niemandem außer dir. Merle und Tom geht es gut." Schockiert starre ich sie an. Merle und Tom haben überlebt. Und alle anderen auch. Aber die Bombe hätte sie alle töten müssen. Das Mädchen, das vor mir gerade an ihrem Schlüssel-anhänger spielt, Merle, Tom, mich. Alle. Wir alle hätten tot sein müssen, rein rechnerisch gesehen. Wie kann das sein? Die Frequenz auf dem Monitor erhöht sich kontinuierlich. Sie beugt sich zu mir runter. Gerade, als ich denke, dass sie jetzt auf den roten Knopf drückt, holt sie ein zerknittertes Papier aus ihrer Hosentasche. Eine Violinsonate. Sie zeigt auf die Formel in der linken oberen Ecke. „Hier", sagt sie, hält mir das Papier unter die Nase und zeigt auf die Zahl nach dem X^2: „Du hast dich um Pi Halbe verrechnet."

AUTHENTISCH • INFORMATIV • UNTERHALTSAM

Wolfgang Bosbach • Ulli Potofski
52: ein Jahrgang – zwei Leben

Der eine ein beliebter Politiker, der andere ein erfolgreicher
Fernsehmacher. Beide 1952 geboren. Wolfgang Bosbach und
Ulli Potofski haben viel zu erzählen, erinnern sich an ihre
Kindheit, ihre Anfänge im Berufsleben, ihre Erfolge – an die
eine oder andere Anekdote aus ihrem reichen beruflichen,
aber auch privaten Leben. Angereichert und eingebunden
in die Zeitläufte und ergänzt durch interessante Fakten und
kurze Informationen über im Text genannte Personen, stellt
dieses Buch gleichzeitig eine „Reise" durch fast sieben Jahrzehnte deutsche Zeitgeschichte dar.

A5-Hardcover • 352 Seiten • vierfarbig • Mit zahlreichen Fotos und Lesebändchen!
ISBN: 978-3-947984-06-0 • Bestell-Nummer: L07 • 22,- €

DAS BUCH ZUR GROSSEN JUBILÄUMSTOURNEE!

Jürgen B. Hausmann
Jung, wat biste jroß jeworden!

Herrlich überdreht und doch wie aus dem Leben gegriffen –
der Hausmann hat seine Beobachtungen und Erfahrungen
wieder einmal in urkomische Anekdoten verpackt. Sein
Kabarett entspringt direkt den Wohnzimmern, Vereinsheimen
und Hobbymärkten unseres Landes, seine Figuren stammen
aus der Familie, von nebenan oder laufen ihm zufällig über
den Weg.

Seit 20 Jahren begeistert Jürgen B. Hausmann nun schon mir seinem wunderbaren Kabarett „direkt
von vor der Haustür". Das möchte der Kabarettist natürlich auch mit dem Publikum feiern – mit
seinem Jubiläumsprogramm „Jung, wat biste jroß jeworden.

Format: 21,5 x 13,5 cm • Hardcover • 172 Seiten • Mit zahlreichen Fotos und Lesebändchen
ISBN: 978-3-947984-07-7 • Bestell-Nummer: L08 • 15,- €